晋中统计年鉴

2008

JINZHONG STATISTICAL YEARBOOK

晋中市统计局 编

中国统计出版社
China Statistics Press

（京）新登字 041 号

图书在版编目（CIP）数据

晋中统计年鉴.2008/晋中市统计局编.
—北京：中国统计出版社，2008.9
ISBN 978-7-5037-5544-6

Ⅰ.晋…
Ⅱ.晋…
Ⅲ.统计资料-晋中市-2008-年鉴
Ⅳ.C832.253-54

中国版本图书馆 CIP 数据核字(2008)第 142228 号

晋中统计年鉴—2008

作　　者/晋中市统计局
责任编辑/王立群
装帧设计/艺编广告
出版发行/中国统计出版社
通信地址/北京市西城区月坛南街 57 号　邮政编码/100826
办公地址/北京市丰台区西三环南路甲 6 号
网　　址/www.stats.gov.cn/tjshujia
电　　话/邮购（010）63376907　书店（010）68783172
印　　刷/河北天普润印刷厂
经　　销/新华书店
开　　本/880×1230mm　1/16
印　　张/32.5
字　　数/620 千字
版　　别/2008 年 11 月第 1 版
版　　次/2008 年 11 月第 1 次印刷
书　　号/ISBN 978-7-5037-5544-6/F・2767
定　　价/280.00 元

《晋中统计年鉴—2008》

编者说明

一、《晋中统计年鉴—2008》收录了全市和各县、各部门2007年经济、社会、科技等方面的统计数据，是一部分全面反映晋中市国民经济和社会发展情况的资料性年刊。

二、全书内容共分18个篇章。即：1.综合；2.人口、从业人员和劳动报酬；3.固定资产投资；4.能源；5.物价；6.人民生活；7.农业；8.工业；9.建筑业；10.交通邮电；11.批发零售和贸易餐饮业；12.对外经济贸易和旅游业；13.财政、金融和保险；14.教育、科技；15.文化、体育、卫生、环保、安全生产和社会保障；16.县市篇；17.企业篇；18.比较篇。为了方便读者使用，各篇末附有《主要统计指标解释》，对主要统计指标的涵义、统计范围和统计方法以及历史沿革作了简要说明。

三、本年鉴的指标口径范围，基本上以国家现行的统计报表制度为准。资料来源于统计年报；部分资料来自于抽样调查和有关部门。

四、为了方便读者使用，对有变动的指标在表下做了简要诠释。凡以前发表过的统计数字与本年鉴不一致的，请以本年鉴为准。

五、本年鉴所使用的度量衡单位，均采用国际统一标准计量单位。

六、本年鉴中部分数据合计数或相对数由于单位取舍不同而产生的计算误差，均未作机械调整。

七、年鉴中符号使用说明：

“…”表示数据不足本指标最小单位；

空格表示该项统计指标数据不详或无该项指标数据；

“#”表示其中项。

目　录

第一部分　综合

第二部分　人口、从业人员和劳动报酬

第三部分　固定资产投资

第四部分　能源

第五部分　物价

第六部分　居民生活

第十部分　交通邮电

第十一部分　批发零售贸易和餐饮业

第十二部分　对外经济贸易和旅游业

第十三部分　财政、金融和保险

第十四部分 教育、科技

第十五部分 文化、体育、卫生、环保、安全生产、社会保障

第十六部分 县市篇

第一部分

综　合

1-1 行政区划（2007年）

地 区	镇	乡	街道办事处	行政村委会	社区
	59	59	14	2755	138
榆次区	6	4	9	283	61
	乌金山镇	东阳镇	什贴镇	长凝镇	北田镇
	修文镇	郭家堡乡	张庆乡	庄子乡	东赵乡
	北关街	锦纶街	新华街	西南街	路西街
	经纬办	安宁街	新建街	晋华街	
榆社县	4	5		275	6
	箕城镇	云竹镇	郝北镇	社城镇	河峪乡
	北寨乡	西马乡	岚峪乡	讲堂乡	
左权县	5	5		204	8
	辽阳镇	桐峪镇	麻田镇	芹泉镇	拐儿镇
	寒王乡	石匣乡	龙泉乡	粟城乡	羊角乡
和顺县	5	5		294	4
	义兴镇	李阳镇	松烟镇	青城镇	横岭镇
	喂马乡	平松乡	牛川乡	马坊乡	阳光占乡
昔阳县	5	7		335	4
	乐平镇	皋落镇	冶头镇	沾尚镇	大寨镇
	李家庄乡	界都乡	三都乡	赵壁乡	孔氏乡
	阎庄乡	西寨乡			
寿阳县	7	7		206	6
	朝阳镇	南燕竹镇	宗艾镇	平头镇	松塔镇
	西洛镇	尹灵芝镇	平舒乡	解愁乡	温家庄乡
	景尚乡	上湖乡	羊头崖乡	马首乡	
太谷县	3	6		197	15
	明星镇	胡村镇	范村镇	候城乡	北汪乡
	水秀乡	阳邑乡	小白乡	任村乡	
祁 县	6	2		160	6
	昭馀镇	东观镇	古县镇	贾令镇	城赵镇
	来远镇	西六支乡	峪口乡		
平遥县	5	9		273	4
	古陶镇	段村镇	东泉镇	洪善镇	宁固镇
	南政乡	中都乡	岳壁乡	卜宜乡	孟山乡
	朱坑乡	襄垣乡	杜家庄乡	香乐乡	
灵石县	6	6		291	14
	翠峰镇	静升镇	两渡镇	夏门镇	南关镇
	段纯镇	马和乡	英武乡	王禹乡	坛镇乡
	梁家焉乡	交口乡			
介休市	7	3	5	231	15
	义安镇	张兰镇	连福镇	洪山镇	龙凤镇
	绵山镇	义棠镇	城关乡	宋古乡	三佳乡
	北关街	西关街	东南街	西南街	北坛街

1-2 历届政协晋中市委员会委员人数

项目	一届委员						二届委员			
	2000.10 一届 一次	2001.04 一届 二次	2002.04 一届 三次	2003.03 一届 四次	2003.07 一届 五次	2004.03 一届 六次	2005.05 二届 一次	2006.04 二届 二次	2007.06 二届 三次	2008.04 二届 四次
委员总数(人)	**270**	**270**	**311**	**304**	**305**	**340**	**329**	**329**	**345**	**344**
#中国共产党委员	108	108	125	118	119	143	137	137	142	141
占委员总数%	40.0	40.0	40.2	38.8	39.0	40.1	41.6	41.6	41.2	41.1
#女性	49	49	57	60	60	66	65	65	63	61
按界别分:										
中共	15	15	21	20	21	24	23	23	24	24
民革	5	5	6	6	6	6	6	6	7	7
民盟	8	8	9	9	9	10	10	10	10	10
民建	5	5	6	6	6	6	7	7	8	8
民进	4	4	5	5	5	5	5	5	5	5
农工党	3	3	4	4	4	4	4	4	4	4
九三学社	5	5	6	6	6	7	6	6	6	6
无党派人士	16	16	17	17	17	17	16	16	15	15
共青团	5	5	5	5	5	6	6	6	6	6
总工会	8	8	8	8	8	8	8	8	8	8
妇联	11	11	13	13	13	13	13	13	13	13
青联	4	4	7	7	7	7	6	6	7	7
工商联	10	10	13	13	13	19	18	18	19	19
科协	5	5	7	7	7	7	7	7	7	7
侨联	2	2	3	3	3	4	4	4	5	5
文化艺术界	10	10	10	10	10	10	9	9	12	12
科学技术界	16	16	18	18	18	18	16	16	17	17
社会科学界	5	5	5	5	5	6	6	6	6	6
经济界	18	18	24	23	23	27	27	27	31	31
农业界	15	15	16	15	15	15	15	15	15	15
教育界	19	19	19	19	19	20	20	20	21	21
体育界	4	4	4	4	4	4	4	4	4	4
新闻出版界	5	5	6	6	6	8	8	8	8	7
医药卫生界	13	13	15	15	15	19	17	17	17	16
社会福利界	2	2	2	2	2	2	2	2	2	2
少数民族界	5	5	5	5	5	6	6	6	6	6
宗教界	4	4	5	5	5	5	5	5	5	5
特别邀请人士	48	48	52	48	48	57	55	55	57	58

1-3　历届晋中市人民代表大会代表人数

项　　目	第一届(2004.03)	第二届(2008.04)
代表总数（人）	**358**	**353**
#女代表人数	86	94
占代表总数%	24	26.6
代表人数按组团分（人）		
榆次区	72	69
榆社县	17	16
左权县	18	19
和顺县	18	17
昔阳县	26	25
寿阳县	25	22
太谷县	34	33
祁　县	26	28
平遥县	49	50
灵石县	28	31
介休市	45	43

1-4　人口和自然资源

项　　目	2007	2006	项　　目	2007	2006
总人口　（人）	3109260	3095078	土地面积　（平方公里）	16404	16404
城镇人口　（人）	1293311	1257577	平　原　（平方公里）	2558	2558
乡村人口　（人）	1815949	1837501	丘　陵　（平方公里）	3356	3356
人口密度　（人／平方公里）	189.5	188.7	山　地　（平方公里）	10490	10490
社会从业人员　（万人）	146.88	138.65	煤炭保有资源储量（亿吨）	169.31	169.01
#第一产业	61.46	62.13	铁矿石保有资源储量（亿吨）	0.29	0.29
第二产业	40.79	38.84	铝土矿保有储量（亿吨）		
第三产业	44.63	37.68	铝土矿保有资源储量(亿吨)	0.51	0.51

1-5 国民经济和社会

指　　标	总 量 指 标						
	1980	1990	1995	2000	2005	2006	2007
一、年末总人口(人)	**2559417**	**2833183**	**2938724**	**3016536**	**3080324**	**3095078**	**3109260**
二、全社会从业人员(万人)	**97.1**	**128.8**	**144.2**	**136.1**	**138.8**	**138.7**	**146.9**
#职工人数(人)	255563	390669	390633	302753	293356	287235	309946
三、地区生产总值(亿元)	**10.1**	**37.7**	**98.6**	**148.8**	**331.0**	**385.7**	**470.2**
第一产业	2.4	8.9	20.2	20.7	36.9	35.4	40.7
第二产业	5.5	18.2	46.3	69.2	173.4	209.7	258.4
第三产业	2.2	10.6	32.2	58.9	120.6	140.5	171.1
四、农业生产							
农林牧渔业总产值(亿元)	3.8	13.8	36.4	37.9	64.4	56.6	68.5
主要农产品产量							
粮　食 (吨)	825165	1222596	1147694	788387	1240267	1309512	1427492
棉　花 (吨)	3855	9609	7176	1391	445	316	252
油　料 (吨)	7718	28354	18673	47672	23530	17574	12671
肉类总产量 (吨)	17901	31718	76319	94377	122012	69566	71992
大牲畜年末数 (头)	203729	247437	340639	326749	308603	210098	198209
猪年末数 (头)	491100	380727	705435	726557	717625	495412	554345
羊年末数 (只)	1004800	696919	928197	1066841	1046227	675898	687368
农业机械总动力(万千瓦)	70.0	122.6	154.3	204.8	258.9	265.6	276.4
化肥施用折纯量 (吨)	26154	60980	78893	78547	93772	95933	99561
五、工业生产							
工业总产值 (万元)	120480	412754	1018228	1065208	3502938	4197935	5667867
轻工业	63858	137979	262167	209393	336360	387748	468172
重工业	56622	274775	756061	855815	3166578	3810187	5199695
主要工业产品产量							
原　煤 (万吨)	947	2472	2387	1371	4813	5639	5687
发电量 (亿千瓦小时)	0.4	1.9	15.4	14.2	70.4	80.6	86.0
焦　炭 (万吨)	15.2	261.8	678.8	724.2	683.0	816.9	1087.1
化　肥 (吨)	3.9	7.5	8.2	12.7	19.1	16.0	11.5
水　泥 (万吨)	20.0	49.8	96.0	113.6	166.8	138.3	145.2
纱 (吨)	34649	34388	27234	27486	34171	36553	24061
布 (万米)	11622	13070	11317	8736	6822	5757	2718
生　铁 (万吨)	3.5	18.4	46.3	28.6	70.0	130.9	128.8
中成药 (吨)	-	781	1558	1100	679	879	1089
液压元件 (万件)	-	-	13.9	15.1	28.0	29.7	53.5

发展总量与速度指标

速度指标									
指数(2007为以下各年%)						平均增长速度（%）			
1980	1990	1995	2000	2005	2006	1981-2007	1991-2007	1996-2007	2001-2007
121.5	**109.7**	**105.8**	**103.1**	**100.9**	**100.5**	**0.72**	**0.55**	**0.47**	**0.43**
151.3	**114.1**	**101.8**	**107.9**	**105.8**	**105.9**	**1.55**	**0.78**	**0.15**	**1.10**
121.3	79.3	79.3	102.4	105.7	107.9	0.72	-1.35	-1.91	0.34
1527.2	**628.6**	**368.4**	**232.8**	**128.5**	**114.7**	**10.6**	**11.4**	**11.5**	**12.8**
330.0	193.3	160.4	122.3	96.3	100.7	4.5	4.0	4.0	2.9
1740.6	758.1	402.1	261.5	133.6	116.6	11.2	12.7	12.3	14.7
3364.6	766.1	436.9	243.2	130.9	115.5	13.9	12.7	13.1	13.5
396.4	226.6	162.4	130.3	100.1	104.8	5.2	4.9	4.1	3.9
173.0	116.8	124.4	181.1	115.1	109.0	2.05	0.92	1.83	8.85
6.5	2.6	3.5	18.1	56.6	79.7	-9.61	-19.28	-24.35	-21.66
164.2	44.7	67.9	26.6	53.9	72.1	1.85	-4.63	-3.18	-17.25
402.2	227.0	94.3	76.3	59.0	103.5	5.29	4.94	-0.49	-3.79
97.3	80.1	58.2	60.7	64.2	94.3	-0.10	-1.30	-4.41	-6.89
112.9	145.6	78.6	76.3	77.2	111.9	0.45	2.23	-1.99	-3.79
68.4	98.6	74.1	64.4	65.7	101.7	-1.40	-0.08	-2.47	-6.09
394.7	225.5	179.1	135.0	106.8	104.1	5.22	4.90	4.98	4.38
380.7	163.3	126.2	126.8	106.2	103.8	5.08	2.93	1.96	3.44
1274.3	621.5	402.5	330.3	149.3	123.3	9.9	11.3	12.30	18.6
600.5	230.1	238.3	414.8	118.2	100.9	6.86	5.02	7.50	22.54
24232.2	4444.9	558.4	605.6	122.2	106.7	22.55	25.01	15.41	29.34
7152.0	415.2	160.1	150.1	159.2	133.1	17.13	8.74	4.00	5.98
294.5	153.7	139.8	90.8	60.3	71.9	4.08	2.56	2.83	-1.38
727.0	291.6	151.3	127.8	87.1	105.0	7.62	6.50	3.51	3.57
69.4	70.0	88.3	87.5	70.4	65.8	-1.34	-2.08	-1.03	-1.88
23.4	20.8	24.0	31.1	39.8	47.2	-5.24	-8.82	-11.21	-15.36
3698.8	699.8	278.2	450.2	184.0	98.4	14.31	12.13	8.90	23.98
-	139.4	69.9	99.0	160.4	123.9	-	1.97	-2.94	-0.15
-	-	384.9	355.0	190.3	180.1	-	-	11.89	19.84

1-5 国民经济和社会

指标	总量指标						
	1980	1990	1995	2000	2005	2006	2007
六、运输邮电							
货物运输量(万吨)	706	2728	3450	6081	6977	7170	7167
货物周转量(万吨公里)	14855	115770	162062	350644	373361	403757	465406
旅客发送量(万人)	56	1250	1020	2325	2609	2994	3079
旅客周转量(万人公里)	1708	85723	53119	115252	140797	153328	163576
邮电业务总量(万元)	345	2167	10936	52756	197948	274109	306699
电话用户(户)	6484	12886	44276	375245	1553313	1730281	2158563
#固定电话(户)	6484	12886	41704	258429	941708	941440	915336
七、固定资产投资(万元)							
全社会固定资产投资	17765	53949	207883	351842	1508881	2013297	2837447
#住　　宅	2672	8092	36738	67927	194894	341704	452205
第一产业	1252	558	618	5274	16222	25375	82480
第二产业	13716	24345	103863	182669	924719	1194800	1647846
第三产业	2797	29046	103402	163899	567940	793122	1107121
八、国内贸易							
社会消费品零售总额(万元)	52988	141118	433673	739828	1147322	1320112	1621356
九、对外贸易							
海关进出口总额(万美元)		4290	8100	12888	40316	41615	50628
出口额		4290	8100	12459	39330	40773	49908
进口额				429	986	842	720
十、财　　政							
财政总收入(万元)	16940	36561	81473	120696	525503	797966	880588
一般预算收入(万元)	16940	36561	47647	72519	192131	409643	410153
一般预算支出(万元)	10832	38170	80468	130227	394496	664054	721064
十一、物价指数(以上年为100)							
商品零售价格总指数		100.7	114.7	96.8	102.0	102.0	104.0
居民消费价格总指数		100.8	117.3	102.9	103.2	102.3	104.9
十二、工　　资							
全部职工工资总额(万元)	18495	73326	159873	163868	390911	454275	543228
全部职工平均工资(元)	745	1925	4134	5443	13344	15563	17444
十三、教育、文化							
高等学校数(所)	2	2	2	2	3	3	5
高等学校在校学生数(人)	3274	4107	4418	10087	33658	36408	40695
中等专业学校在校学生数(人)	4325	7621	8107	12105	13916	16151	18615
普通中学在校学生数(人)	179797	152747	157114	186273	218641	216779	212256
小学在校学生数(人)	412242	273099	278874	275787	276967	266528	264312
十四、卫　　生							
医院床位数(张)	6414	9065	9812	9744	10494	10582	10630
专业卫生技术人员(人)	7775	11058	12359	13812	13304	12299	13408
#医　　生(人)	3651	5580	6347	6745	6211	5605	5936

发展总量与速度指标(续)

速度指标									
指数(2007为以下各年%)						平均增长速度 (%)			
1980	1990	1995	2000	2005	2006	1981-2007	1991-2007	1996-2007	2001-2007
1015.2	262.7	207.7	117.9	102.7	100.0	8.96	5.85	6.28	2.38
3133.0	402.0	287.2	132.7	124.7	115.3	13.61	8.53	9.19	4.13
5498.2	246.3	301.9	132.4	118.0	102.8	16.00	5.45	9.64	4.09
9577.0	190.8	307.9	141.9	116.2	106.7	18.41	3.87	9.83	5.13
88898.3	14153.2	2804.5	581.4	154.9	111.9	28.59	33.82	32.02	28.59
33290.6	16751.2	4875.2	575.2	139.0	124.8	24.00	35.15	38.25	28.40
14116.8	7103.3	2194.8	354.2	97.2	97.2	20.12	28.50	29.36	19.80
15972.1	5259.5	1364.9	806.5	188.0	140.9	20.67	26.25	24.33	34.74
16923.8	5588.3	1230.9	665.7	232.0	132.3	20.93	26.70	23.27	31.10
6587.9	14781.4	13346.3	1563.9	508.4	325.0	16.78	34.16	50.35	48.12
12014.0	6768.7	1586.6	902.1	178.2	137.9	19.41	28.14	25.90	36.92
39582.4	3811.6	1070.7	675.8	194.7	139.6	24.80	23.88	21.84	31.38
3059.9	1148.9	373.9	219.2	141.3	122.8	13.51	15.44	11.62	11.86
	1180.1	625.0	392.8	125.6	121.7		15.63	16.50	21.59
	1163.4	616.1	400.6	126.9	122.4		15.53	16.36	21.93
			167.8	73.0	85.5				7.68
5198.3	2408.5	1080.8	729.6	167.6	110.4	15.76	20.58	21.94	32.83
2421.2	1121.8	860.8	565.6	213.5	100.1	12.53	15.28	19.65	28.09
6656.8	1889.1	896.1	553.7	182.8	108.6	16.82	18.87	20.05	27.70
	182.9	108.6	113.2	106.1	104.0		3.6	0.7	1.8
	227.4	126.6	117.5	107.3	104.9		5.0	2.0	2.3
2937.2	740.8	339.8	331.5	139.0	119.6	13.34	12.50	10.73	18.67
2341.5	906.2	422.0	320.5	130.7	112.1	12.39	13.84	12.75	18.10
250.0	250.0	250.0	250.0	166.7	166.7	3.45	5.54	7.93	13.99
1243.0	990.9	921.1	403.4	120.9	111.8	9.78	14.44	20.33	22.05
430.4	244.3	229.6	153.8	133.3	115.3	5.55	5.39	7.17	6.34
118.1	139.0	135.1	113.9	97.1	97.9	0.62	1.95	2.54	1.88
64.1	96.8	94.8	95.8	95.4	99.2	-1.63	-0.19	-0.45	-0.61
165.7	117.3	108.3	109.1	101.3	100.5	1.89	0.94	0.67	1.25
172.5	121.3	108.5	97.1	100.8	109.0	2.04	1.14	0.68	-0.42
162.6	106.4	93.5	88.0	95.6	105.9	1.82	0.36	-0.56	-1.81

1-6 水资源总量(2006年)

单位: 亿立方米

地 区	水资源总量	地表水资源量	地下水资源量	重复计算量	年降水量
晋中市	9.21	5.12	7.30	3.21	81.78
榆次区	0.72	0.16	0.61	0.18	5.05
榆社县	0.72	0.60	0.55	0.44	8.08
左权县	1.27	1.07	0.97	0.77	11.12
和顺县	1.63	1.10	1.14	0.60	12.73
昔阳县	1.54	0.90	1.06	0.43	11.92
寿阳县	0.77	0.63	0.33	0.18	9.96
太谷县	0.46	0.06	0.43	0.03	4.24
祁 县	0.35	0.09	0.43	0.17	3.42
平遥县	0.54	0.14	0.58	0.18	5.74
灵石县	0.71	0.21	0.58	0.09	3.61
介休市	0.65	0.18	0.61	0.14	3.61

1-7 实际用水量

单位:万立方米

地 区	2007					2006				
	总 计	#农田灌溉	#工 业	#城镇生活	#农村生活	总 计	#农田灌溉	#工 业	#城镇生活	#农村生活
晋中市	59612.5	40790.6	9911.5	4698.5	4118.5	57991.6	38446.7	11107.1	4453.1	3934.7
榆次区	12420.0	8353.3	1280.0	2328.3	458.4	11972.7	7869.0	1352.1	2343.3	408.3
榆社县	2387.6	1400.9	659.4	64.2	139.8	2410.1	1376.0	702.6	57.5	244.0
左权县	2452.9	1023.7	886.7	144.0	398.5	2376.8	1085.0	760.9	135.9	395.0
和顺县	864.2	221.0	344.2	100.0	199.0	785.2	167.0	290.9	100.0	227.4
昔阳县	1691.0	756.0	220.0	190.0	455.0	1600.0	755.0	220.0	150.0	455.0
寿阳县	1212.9	320.0	396.9	156.0	340.0	1111.4	334.0	311.5	142.0	323.9
太谷县	9210.3	7305.3	1200.3	296.0	408.7	9245.0	6972.0	1593.6	294.4	385.0
祁 县	9202.0	8137.9	482.4	220.0	361.7	9065.5	7078.0	1418.4	220.0	349.1
平遥县	9500.0	8334.6	500.0	230.0	435.4	9365.2	8174.7	573.8	174.8	441.9
灵石县	2171.5	220.0	1441.5	280.0	230.0	2077.7	200.0	1387.7	270.0	220.0
介休市	8500.0	4718.0	2500.8	690.0	592.0	7982.0	4436.0	2495.6	565.2	485.2

1-8　平均每天主要社会经济活动

指　　标	1980	1990	1995	2000	2005	2006	2007
每天创造的财富							
地区生产总值（万元）	276.9	1033.5	2701.8	4076.8	9069.0	10566.6	12882.1
农林牧渔总产值(万元)	103.7	378.4	996.4	1038.1	1764.7	1550.7	1877.4
原　煤（万吨）	2.6	6.8	6.5	3.8	13.2	15.4	15.6
焦　炭（吨）	416	7173	18598	19840	18712	22381	29784
发电量（万千瓦小时）	9.7	53.0	421.9	389.0	1928.8	2208.0	2356.2
生　铁（吨）	95.4	504.2	1268.2	783.8	1917.6	3586.6	3528.5
化　肥（吨）	107.0	204.9	225.3	347.2	522.5	438.4	315.1
布　（万米）	31.8	35.8	31.0	23.9	18.7	15.8	7.4
纱　（吨）	94.9	94.2	74.6	75.3	93.6	100.1	65.9
水　泥（吨）	547	1364	2629	3112	4569	3789	3978
其它经济活动							
全社会固定资产投资额(万元)	48.7	147.8	569.5	964.0	4133.9	5515.9	7773.8
社会消费品零售总额(万元)	145.2	386.6	1188.1	2026.9	3143.4	3616.7	4442.1
进出口总额（万美元）		11.8	22.2	35.3	110.5	114.0	138.7
出口额（万美元）		11.8	22.2	34.1	107.8	111.7	136.7
进口额（万美元）				1.2	2.7	2.3	2.0
财政总收入（万元）	46.4	100.2	223.2	330.7	1439.7	2186.2	2412.6
一般预算收入（万元）	46.4	100.2	130.5	198.7	526.4	1122.0	1123.7
一般预算支出（万元）	29.7	104.6	220.5	356.8	1080.8	1819.3	1975.5
人口							
出生人数（人）	127.2	181.0	113.5	89.9	100.4	94.1	94.8
死亡人数（人）	44.7	49.6	50.2	53.1	59.9	53.7	56.0

1-9 社会经济主要指标人均水平

指 标	1980	1990	1995	2000	2005	2006	2007
一、地区生产总值（元）	**395**	**1337**	**3338**	**4917**	**10772**	**12491**	**15161**
二、农林牧渔业总产值（元）	**147.9**	**487.6**	**1237.5**	**1256.1**	**2091.1**	**1828.8**	**2203.9**
三、主要产品产量							
原 煤（吨）	3.7	8.7	8.1	4.5	15.6	18.2	18.3
焦 炭（吨）	0.1	0.9	2.3	2.4	2.3	2.6	3.5
发电量（千瓦时）	13.9	68.3	524.0	470.7	2285.5	2603.9	2765.9
生 铁（公斤）	136.0	649.6	1575.1	948.4	2272.3	4229.6	4142.1
化 肥（公斤）	152.6	264.0	279.8	420.1	619.1	516.9	369.9
布（米）	45.4	46.1	38.5	29.0	22.1	18.6	8.7
纱（公斤）	135.4	121.4	92.7	91.1	110.9	118.1	77.4
水 泥（公斤）	780.3	1757.7	3265.7	3765.9	5413.7	4468.7	4669.9
粮 食（公斤）	3224.0	4315.3	3905.4	2613.6	4026.4	4230.9	4591.1
棉 花（公斤）	15.1	33.9	24.4	4.6	1.4	1.0	0.8
油 料（公斤）	30.2	100.1	63.5	158.0	76.4	56.8	40.8
蔬 菜（公斤）	910.4	1666.0	3205.4	6648.8	8706.3	8071.5	7131.7
水 果（公斤）	107.1	143.6	218.2	368.7	721.5	481.4	784.2
肉类总产量（公斤）	69.9	112.0	259.7	312.9	396.1	224.8	231.5
四、居民消费品零售额 （元）	**207.0**	**498.1**	**1475.7**	**2452.6**	**3724.7**	**4265.2**	**5214.6**
五、人民生活							
职工平均工资 （元）	745	1925	4134	5443	13344	15563	17444
城镇居民可支配收入（元）		1092	2550	3964	8033	9188	10862
城镇居民消费性支出（元）		841	1938	3307	5572	6135	7161
农民家庭纯收入（元）	108	606	1317	2202	3315	3648	4207
农民家庭生活费支出（元）		496	1109	1252	2173	2399	2642
城乡居民储蓄存款年末余额（元）	52	816	2676	5167	11700	13181	15103

1-10 国民经济主要比例关系

单位: %

指标	1990	1995	2000	2005	2006	2007
一、地区生产总值中三次产业比例						
第一产业	23.6	20.5	13.9	11.2	9.2	8.6
第二产业	48.3	45.9	46.5	52.4	54.4	55.0
第三产业	28.1	32.6	39.6	36.4	36.4	36.4
二、从业人员中三次产业比例						
第一产业	48.4	45.7	48.4	44.8	44.8	41.8
第二产业	30.1	28.8	25.5	28.5	28.0	27.8
第三产业	21.5	25.5	26.1	26.7	27.2	30.4
三、固定资产投资中三次产业比例						
第一产业	1.0	0.3	1.5	1.1	1.3	2.9
第二产业	45.1	50.0	51.9	61.3	59.3	58.1
第三产业	53.8	49.7	46.6	37.6	39.4	39.0
四、工业增加值中轻重工业比例						
轻工业		14.7	16.3	9.8	8.9	8.5
重工业		85.3	83.7	90.2	91.1	91.5
工业增加值中八大行业比例		91.7	91.0	92.4	94.1	94.0
#煤炭		32.9	25.2	41.0	39.8	36.9
焦炭		11.0	18.5	20.7	21.0	23.4
化工		5.7	7.0	6.6	7.4	7.7
纺织		5.2	5.6	1.4	1.0	0.5
机械		19.1	17.7	10.5	10.9	10.5
冶金		5.5	3.7	3.6	6.5	8.3
电力		8.0	7.4	4.1	4.1	2.8
非金属矿制品		4.3	6.0	4.4	3.5	4.0
五、农林牧渔业总产值内部比例						
农业产值	76.9	64.9	62.3	58.7	69.0	67.4
林业产值	4.8	3.8	5.9	4.7	4.0	5.1
牧业产值	18.0	31.2	31.6	33.4	23.9	24.8
渔业产值	0.2	0.2	0.2	0.2	0.2	0.2
农林牧渔服务业	-	-	-	3.0	2.9	2.4

1-11 人民物质文化生活提高情况

指　　标	1990	1995	2000	2005	2006	2007
一、城乡居民收入						
城镇居民人均可支配收入（元）	1092	2550	3964	8033	9188	10862
农民人均纯收入（元）	606	1317	2202	3315	3648	4207
职工平均工资（元）	1925	4134	5443	13344	15563	17444
二、平均每人住房面积						
城镇居民使用面积（平方米）	11.2	12.9	14.7	20.3	20.7	21.9
农村居民居住面积（平方米）	17.7	20.6	22.6	23.4	24.9	26.2
三、交通、文化、教育、卫生						
每百户拥有（抽　样）						
电视机(彩电)						
城镇居民　（台）	37.7	89.2	107.6	115.6	123.0	123.0
农　民　（台）	9.0	29.9	60.4	95.1	99.7	103.1
洗衣机						
城镇居民　（台）	75.4	94.6	96.7	105.0	105.0	105.0
农　民　（台）	30.8	48.0	60.9	79.8	75.1	78.8
电冰箱						
城镇居民　（台）	12.3	30.8	51.0	93.0	91.0	91.0
农　民　（台）	0.2	1.9	6.3	14.0	16.4	18.8
摩托车						
城镇居民　（辆）		6.9	31.4	32.0	36.0	36.0
农　民　（辆）	2.0	5.3	29.3	59.3	56.7	58.8
每千人拥有医院床位数(张)	3.20	3.34	3.23	3.41	3.42	3.42
每千人拥有卫生技术人员（人）	3.90	4.21	4.58	4.32	3.97	4.31
四、储　蓄						
城乡居民储蓄存款年末余额（亿元）	23.1	78.7	156.2	360.4	408.0	469.6
平均每人储蓄存款余额（元）	816	2676	5167	11700	13181	15103

1-12　主要年份地区生产总值

按当年价格计算

年　份	地区生产总值（万元）	第一产业	第二产业			第三产业	人均地区生产总值（元/人）
				工　业	建筑业		
1952	17574	11081	2926	2429	497	3567	118
1953	21599	12953	3817	3131	686	4829	143
1954	23151	12516	4711	4209	502	5924	151
1955	24771	13540	4617	4306	311	6614	158
1956	27246	14606	5617	5105	512	7023	169
1957	27185	13795	6072	5750	322	7318	166
1958	34850	16349	9478	7987	1491	9023	216
1959	38405	14608	13169	11691	1478	10628	227
1960	38619	12246	14730	12623	2107	11643	226
1961	31030	12048	8609	8181	428	10373	180
1962	29504	12771	8134	7975	159	8599	169
1963	31175	12999	9539	9243	296	8637	174
1964	36105	14674	12313	11229	1084	9118	197
1965	42402	15351	16969	15706	1263	10082	225
1966	45272	15497	19140	17862	1278	10635	234
1967	42166	15977	16668	15995	673	9521	213
1968	33623	16006	8616	8017	599	9001	205
1969	38156	16772	11756	11088	668	9628	183
1970	51433	17742	22721	21628	1093	10970	240
1971	56871	20535	24396	22104	2292	11940	257
1972	56905	18381	25772	22489	3283	12752	249
1973	58188	16748	27485	23449	4036	13955	248
1974	59803	19950	25242	22129	3113	14611	251
1975	65759	21857	29123	25811	3312	14779	272
1976	61392	21038	25414	22460	2954	14940	250
1977	73922	22429	35270	31285	3985	16223	297

1-12 主要年份地区生产总值(续)

按当年价格计算

年 份	地区生产总值(万元)	第一产业	第二产业	工 业	建筑业	第三产业	人均地区生产总值(元/人)
1978	83625	23949	42068	37892	4176	17608	337
1979	97298	28399	48719	43606	5113	20180	388
1980	101084	24070	55411	48531	6880	21603	395
1981	107869	25274	55419	48534	6885	27176	417
1982	121622	31075	58914	49995	8919	31633	464
1983	140648	39464	63952	54891	9061	37232	532
1984	166771	48688	75267	64301	10966	42816	625
1985	199951	53176	94368	80846	13522	52407	742
1986	221117	48226	110107	94652	15455	62784	817
1987	248484	48920	127425	110765	16660	72139	912
1988	298343	66717	148450	135389	13061	83176	1085
1989	346154	69556	178450	164422	14028	98148	1246
1990	377212	88995	182315	168784	13531	105902	1337
1991	392882	79918	195646	178418	17228	117318	1369
1992	420293	86970	200437	182633	17804	132886	1454
1993	552720	113893	261091	237233	23858	177736	1893
1994	750353	180970	328553	296682	31871	240830	2556
1995	986160	201977	462607	417015	45592	321576	3338
1996	1165634	215461	546808	497723	49085	403365	3942
1997	1302092	214011	605147	546044	59103	482934	4389
1998	1381309	237143	624911	551854	73057	519255	4641
1999	1361834	200169	625102	548541	76561	536563	4551
2000	1488030	207135	692327	612581	79746	588568	4917
2001	1616202	226191	748379	654243	94136	641632	5323
2002	1865053	254437	866460	764647	101813	744156	6135
2003	2234210	274934	1100340	951273	149067	858936	7335
2004	2817245	330245	1432000	1252000	180000	1055000	9209
2005	3310171	369329	1734458	1511144	223314	1206384	10772
2006	3856794	354240	2097470	1835031	262439	1405084	12491
2007	4701976	407130	2584228	2288058	296170	1710618	15157

1-13 主要年份地区生产总值构成

单位: %

年 份	地区生产总值	第一产业	第二产业			第三产业
				工 业	建筑业	
1952	100.0	63.1	16.6	13.8	2.8	20.3
1953	100.0	60.0	17.7	14.5	3.2	22.3
1954	100.0	54.1	20.3	18.2	2.1	25.6
1955	100.0	54.7	18.6	17.4	1.2	26.7
1956	100.0	53.6	20.6	18.7	1.9	25.8
1957	100.0	50.8	22.3	21.1	1.2	26.9
1958	100.0	46.9	27.2	22.9	4.3	25.9
1959	100.0	38.0	34.3	30.5	3.8	27.7
1960	100.0	31.7	38.2	32.7	5.5	30.1
1961	100.0	38.8	27.8	26.4	1.4	33.4
1962	100.0	43.3	27.6	27.0	0.6	29.1
1963	100.0	41.7	30.6	29.6	1.0	27.7
1964	100.0	40.6	34.1	31.1	3.0	25.3
1965	100.0	36.2	40.0	37.0	3.0	23.8
1966	100.0	34.2	42.3	39.5	2.8	23.5
1967	100.0	37.9	39.5	37.9	1.6	22.6
1968	100.0	47.6	25.6	23.8	1.8	26.8
1969	100.0	44.0	30.8	29.1	1.7	25.2
1970	100.0	34.5	44.2	42.1	2.1	21.3
1971	100.0	36.1	42.9	38.9	4.0	21.0
1972	100.0	32.3	45.3	39.5	5.8	22.4
1973	100.0	28.8	47.2	40.3	6.9	24.0
1974	100.0	33.4	42.2	37.0	5.2	24.4
1975	100.0	33.2	44.3	39.3	5.0	22.5
1976	100.0	34.3	41.4	36.6	4.8	24.3
1977	100.0	30.4	47.7	42.3	5.4	21.9

1-13 主要年份地区生产总值构成(续)

单位: %

年 份	地区生产总值	第一产业	第二产业			第三产业
				工 业	建筑业	
1978	100.0	28.6	50.3	45.3	5.0	21.1
1979	100.0	29.2	50.1	44.8	5.3	20.7
1980	100.0	23.8	54.8	48.0	6.8	21.4
1981	100.0	23.4	51.4	45.0	6.4	25.2
1982	100.0	25.6	48.4	41.1	7.3	26.0
1983	100.0	28.0	45.5	39.0	6.5	26.5
1984	100.0	29.2	45.1	38.6	6.5	25.7
1985	100.0	26.6	47.2	40.4	6.8	26.2
1986	100.0	21.8	49.8	42.8	7.0	28.4
1987	100.0	19.7	51.3	44.6	6.7	29.0
1988	100.0	22.4	49.7	45.3	4.4	27.9
1989	100.0	20.1	51.6	47.5	4.1	28.3
1990	100.0	23.6	48.3	44.7	3.6	28.1
1991	100.0	20.3	49.8	45.4	4.4	29.9
1992	100.0	20.7	47.7	43.5	4.2	31.6
1993	100.0	20.6	47.2	42.9	4.3	32.2
1994	100.0	24.1	43.8	39.5	4.2	32.1
1995	100.0	20.5	46.9	42.3	4.6	32.6
1996	100.0	18.5	46.9	42.7	4.2	34.6
1997	100.0	16.4	46.5	41.9	4.5	37.1
1998	100.0	17.2	45.2	40.0	5.3	37.6
1999	100.0	14.7	45.9	40.3	5.6	39.4
2000	100.0	13.9	46.5	41.2	5.4	39.6
2001	100.0	14.0	46.3	40.5	5.8	39.7
2002	100.0	13.6	46.5	41.0	5.5	39.9
2003	100.0	12.3	49.2	42.6	6.6	38.5
2004	100.0	11.7	50.8	44.4	6.4	37.5
2005	100.0	11.2	52.4	45.7	6.7	36.4
2006	100.0	9.2	54.4	47.6	6.8	36.4
2007	100.0	8.6	55.0	48.7	6.3	36.4

1-14　主要年份地区生产总值指数

上年为100

年　份	地区生产总值	第一产业	第二产业	工　业	建 筑 业	第三产业
1953	122.1	116.9	136.8	135.3	146.5	143.5
1954	104.9	97.0	129.5	138.6	75.6	126.7
1955	103.6	102.7	101.9	105.5	62.0	112.2
1956	114.3	112.7	125.4	122.9	171.5	110.6
1957	95.4	94.1	99.4	102.5	58.3	96.6
1958	132.9	125.6	169.4	156.7	463.7	122.6
1959	104.0	89.1	125.5	127.2	112.3	132.9
1960	92.5	83.5	109.4	108.0	122.6	93.4
1961	80.4	90.9	59.8	64.9	20.0	88.7
1962	95.7	106.8	86.3	88.4	34.8	78.4
1963	108.9	106.9	114.4	113.1	200.0	108.8
1964	114.5	115.4	125.8	119.9	339.6	97.1
1965	115.6	104.9	142.4	144.1	120.7	114.1
1966	101.1	94.7	112.2	113.2	97.2	101.8
1967	94.6	102.5	84.9	86.8	51.9	90.0
1968	84.9	97.0	55.9	54.5	97.0	100.7
1969	109.4	104.6	131.0	132.5	106.1	101.7
1970	126.0	106.2	184.6	186.0	155.8	111.8
1971	109.7	106.5	113.6	109.3	221.2	111.7
1972	98.0	90.4	105.1	102.1	142.3	106.3
1973	102.6	90.9	112.3	110.6	127.4	112.5
1974	104.4	118.0	91.5	93.4	77.2	104.5
1975	111.2	105.0	120.5	121.7	109.5	107.0
1976	92.9	97.2	84.8	84.6	87.2	101.5
1977	118.2	105.4	138.5	138.5	138.5	107.9

1-14 主要年份地区生产总值指数(续)

上年为100

年 份	地区生产总值	第一产业	第二产业	工 业	建 筑 业	第三产业
1978	105.5	92.3	117.9	119.2	104.6	104.8
1979	111.5	122.6	107.2	106.4	115.8	100.4
1980	100.1	79.8	115.4	113.8	131.8	105.0
1981	106.4	101.1	100.0	99.8	102.2	139.9
1982	110.8	114.0	106.2	103.3	131.4	117.9
1983	112.8	122.3	106.4	107.5	98.8	114.1
1984	120.0	119.3	121.9	121.3	125.8	117.1
1985	112.6	99.6	118.3	118.5	117.0	120.1
1986	104.8	83.7	112.5	112.4	112.9	115.1
1987	107.2	96.6	109.9	111.1	101.0	111.4
1988	109.9	114.9	106.1	109.7	76.3	114.0
1989	105.9	103.0	107.3	108.7	91.1	105.6
1990	103.4	106.5	100.1	100.4	95.9	107.5
1991	101.9	92.6	102.5	100.8	127.2	108.2
1992	108.0	106.5	107.3	107.8	101.4	110.3
1993	116.0	109.6	120.4	121.4	112.7	113.3
1994	113.9	109.0	115.2	115.0	120.5	111.2
1995	117.4	102.3	123.5	123.5	127.2	116.6
1996	116.1	116.3	115.7	117.0	101.4	116.5
1997	110.4	96.4	112.7	113.5	102.6	113.8
1998	108.5	113.8	104.6	103.1	125.8	112.7
1999	102.9	95.9	100.1	98.8	116.0	110.2
2000	110.5	107.2	112.5	112.6	111.7	109.1
2001	108.3	106.0	108.0	105.2	124.9	110.2
2002	112.8	111.3	112.2	112.8	108.7	113.9
2003	113.7	102.0	119.5	116.5	133.1	112.0
2004	115.7	101.7	117.8	118.0	116.5	117.4
2005	112.7	103.8	114.7	113.2	123.8	112.6
2006	112.0	95.6	114.6	114.6	114.9	113.3
2007	114.7	100.7	116.6	118.4	104.2	115.5

1-15　支出法地区生产总值

单位：万元

指　　标	按当年价格计算		2007年为2006年%
	2007	2006	
总　　计	**4701976**	**3856794**	**114.7**
一、最终消费	**2168599**	**1822226**	**113.4**
居民消费	1528567	1276794	114.1
农村居民	526337	468858	107.1
城镇居民	1002230	807936	118.2
政府消费	640032	545432	111.8
二、资本形成总额	**2704071**	**2045183**	**123.2**
固定资本形成总额	2548447	1918590	123.9
存货增加	155624	126593	113.4
三、货物和服务净出口	**-170694**	**-10615**	

1-16　总　产　出

单位：万元

指　　标	按当年价格计算	
	2007	2006
总　　计	**12326609**	**9689286**
第一产业	685263	632810
第二产业	8773427	6671178
工　业	7097680	5352730
建筑业	1675747	1318448
第三产业	2867919	2385298
#交通运输、仓储和邮政业	779038	648481
批发和零售业	449000	383560

1-17 资本形成总额

单位：万元

指　　标	2007	2006
总　　计	**2704071**	**2045183**
固定资本形成总额	**2548447**	**1918590**
第一产业	76680	26375
第二产业	1550346	1129101
第三产业	921421	763114
存货增加	**155624**	**126593**
第一产业	2072	-13605
第二产业	133298	127599
第三产业	20254	12599

1-18 支出法地区生产总值构成

单位：%

指　　标	按当年价格计算	
	2007	2006
总　　计	**100.0**	**100.0**
一、最终消费	**46.1**	**47.2**
居民消费	32.5	33.1
农村居民	11.2	12.2
城镇居民	21.3	20.9
政府消费	13.6	14.1
二、资本形成总额	**57.5**	**53.0**
固定资本形成总额	54.2	49.7
存货增加	3.3	3.3
三、货物和服务净出口	**-3.6**	**-0.3**

1-19-1　地区生产总值构成项目(2007年)

单位：万元

指　　标	总　计	劳动者报　酬	生产税净　额	固定资产折　　旧	营业盈余
地区生产总值	**4701976**	**1959804**	**674668**	**689602**	**1377902**
第一产业	407130	284766	565	19039	102760
农、林、牧、渔业	407130	284766	565	19039	102760
第二产业	2584228	946469	512300	367937	757522
工　业	2288058	780296	475634	338456	693672
建筑业	296170	166173	36666	29481	63850
第三产业	1710618	728569	161803	302626	517620
交通运输、仓储和邮政业	324218	112182	23718	52877	135441
信息传输、计算机服务和软件业	114954	20745	5101	31387	57721
批发和零售业	308000	76505	74993	51972	104530
住宿和餐饮业	105417	37055	5270	5925	57167
金融业	142475	66379	13320	7932	54844
房地产业	128968	8554	13021	86278	21115
租赁和商务服务业	43015	11652	20754	9466	1143
科学研究、技术服务和地质勘查业	19628	14269	956	1865	2538
水利、环境和公共设施管理业	22424	13259	317	8167	681
居民服务和其他服务业	83457	16067	3199	5303	58888
教　育	147442	129352	195	17895	
卫生、社会保障和社会福利业	54011	34752	154	5838	13267
文化、体育和娱乐业	14535	7809	566	1935	4225
公共管理和社会组织	202074	179989	239	15786	6060

1-19-2 地区生产总值构成项目(2006年)

单位: 万元

指标	总计	劳动者报酬	生产税净额	固定资产折旧	营业盈余
地区生产总值	**3856794**	**1600657**	**528426**	**482773**	**1244938**
第一产业	354240	254267	788	15789	83396
农、林、牧、渔业	354240	254267	788	15789	83396
第二产业	2097470	784072	400651	215273	697474
工　业	1835031	639351	373899	190835	630946
建筑业	262439	144721	26752	24438	66528
第三产业	1405084	562318	126987	251711	464068
交通运输、仓储和邮政业	269593	67409	19668	43582	138934
信息传输、计算机服务和软件业	92924	15556	4547	28051	44770
批发和零售业	260437	62755	63190	44381	90111
住宿和餐饮业	89266	15464	4511	5374	63917
金融业	104342	52203	8913	7199	36027
房地产业	95221	7643	6789	78147	2642
租赁和商务服务业	36458	9233	14200	8666	4359
科学研究、技术服务和地质勘查业	16583	11822	808	1809	2144
水利、环境和公共设施管理业	18176	11744	365	3298	2769
居民服务和其他服务业	71844	11023	3006	2480	55335
教　育	125000	112965	150	8903	2982
卫生、社会保障和社会福利业	45311	29592	141	3430	12148
文化、体育和娱乐业	11923	6954	499	1629	2841
公共管理和社会组织	168006	147955	200	14762	5089

主要统计指标解释

行政区划　指国家对行政区域的划分。根据宪法规定，我国的行政区域划分如下：⑴全国分为省、自治区、直辖市；⑵省、自治区分为自治州、县、自治县、市；⑶自治州分为县、自治县、市；⑷县、自治县分为乡、民族乡、镇；⑸直辖市和较大的市分为区、县；⑹国家在必要时设立的特别行政区。

自然资源　指人类可以直接从自然界获得，并用于生产和生活的物质资源。自然资源一般可以分成可再生资源和非再生资源两大类。可再生资源指在较短时间内可以再生、可以循环利用的资源，包括土地资源、水资源、气候资源、生物资源和海洋资源等。非再生资源指在使用后不能再生的资源，包括矿产资源和地热能源。

土地资源　土地指陆地的表层部分，它主要由岩石、岩石的风化物和土壤构成。土地资源按利用类型可以分为农用地、建筑用地和未利用地。农用地包括耕地、园地、林地、牧草地和水面。建筑用地包括居民点及工矿用地、交通用地和水利设施用地。未利用地指农用地和建筑用地以外的土地，包括滩涂、荒漠、戈壁、冰川和石山等。

耕地面积　指种植各种农作物的土地面积，包括灌溉水田、望天田、水浇地、旱地、菜地等。

森林资源　指森林、林木、林地以及依托森林、林木、林地生存的野生动物、植物和微生物。林木指树木和竹子。森林指以乔木为主体的植物群落，是集生的乔木及与共同作用的植物、动物、微生物和土壤、气候等的总体。

森林面积　指由乔木树种构成，郁闭度0.2以上（含0.2）的林地或冠幅宽度10米以上的林带的面积，即有林地面积。森林面积包括天然起源和人工起源的针叶林面积、阔叶林面积、针阔混交林面积和竹林面积，不包括灌木林地面积和疏林地面积。

森林覆盖率　指一个国家或地区森林面积占土地面积的百分比。在计算森林覆盖率时，森林面积包括郁闭度0．2以上的乔木林地面积和竹林地面积，国家特别规定的灌木林地面积、农田林网以及四旁（村旁、路旁、水旁、宅旁）林木的覆盖面积。森林覆盖率是反映森林资源的丰富程度和生态平衡状况的重要指标。计算公式为:

森林覆盖率（%）=森林面积／土地总面积×100%

水资源　水在自然界中以固体、液体和气态三种聚集状态存在，分布于海洋、陆地（包括土壤）以及大气之中，通过水循环形成水资源。水资源包括经人类控制并直接可供灌溉、发电、给水、航运、养殖等用途的地表水和地下水，以及江河、湖泊、井、泉、潮汐、港湾和养殖水域等。水资源是发展国民经济不可缺少的重要自然资源。

矿产资源　矿产指由地质作用形成，富集于地壳中或出露于地表达到工农业利用要求的有用矿物。矿产是一种重要的自然资源，是社会发展的重要物质基础。从某种意义上讲，一个国家对矿产资源开发利用的广度和深度，可以作为这个国家经济发展水平的标志。

矿产保有储量　指探明的矿产储量（包括工业储量和远景储量），扣除已开采部分和地下损失量后的年末实有储量，是反映国家矿产资源现状的重要指标。

可比价格　指计算各种总量指标所采用的扣除了价格变动因素的价格，可进行不同时期总量指标的对比。按可比价格计算总量指标有两种方法：一种是直接用产品产量乘某一年的不变价格计算；另一种是用价格指数进行缩减。

不变价格　指以同类产品某年的平均价格作为固定价格，用于计算各年的产品价值。按不变价格计算的产品价值消除了价格变动因素，不同时期对比可以反映生产的发展速度。新中国成立后，随着工农业产品价格水平的变化，国家统计局先后五次制定了全国统一的工业产品不变价格和农业产品不变价格。从 1952 年到 1957 年使用 1952 年工（农）业产品不变价格，从 1957 年到 1970 年使用 1957 年不变价格，从 1971 年到 1980 年使用 1970 年不变价格，从 1981 年到 1990 年使用 1980 年不变价格，从 1991 年开始使用 1990 年不变价格。

平均增长速度 我国计算平均增长速度有两种方法：一种是习惯上经常使用的"水平法"，又称几何平均法，是以间隔期最后一年的水平同基期水平对比来计算平均每年增长（或下降）速度；另一种是"累计法"，又称代数平均法或方程法，是以间隔期内各年水平的总和同基期水平对比来计算平均每年增长（或下降）速度。在一般正常情况下，两种方法计算的平均每年增长速度比较接近；但在经济发展不平衡、出现大起大落时，两种方法计算的结果差别较大。

本《年鉴》内所列的平均增长速度，除固定资产投资用"累计法"计算外，其余均用"水平法"计算。从某年到某年平均增长速度的年份，均不包括基期年在内。

地区生产总值（GDP） 指一个国家（或地区）所有常住单位在一定时期内生产活动的最终成果。国内生产总值有三种表现形态，即价值形态、收入形态和产品形态。从价值形态看，它是所有常住单位在一定时期内生产的全部货物和服务价值超过同期中间投入的全部非固定资产货物和服务价值的差额，即所有常住单位的增加值之和；从收入形态看，它是所有常住单位在一定时期内创造并分配给常住单位和非常住单位的初次收入分配之和；从产品形态看，它是所有常住单位在一定时期内最终使用的货物和服务价值与货物和服务净出口价值之和。在实际核算中，地区生产总值有三种计算方法，即生产法、收入法和支出法。三种方法分别从不同的方面反映国内生产总值及其构成。

三次产业 是根据社会生产活动历史发展的顺序对产业结构的划分，产品直接取自自然界的部门称为第一产业，对初级产品进行再加工的部门称为第二产业，为生产和消费提供各种服务的部门称为第三产业。它是世界上较为通用的产业结构分类，但各国的划分不尽一致。

我国的三次产业划分是：

第一产业：农业（包括种植业、林业、牧业和渔业）。

第二产业：工业（包括采掘业，制造业，电力、煤气及水的生产和供应业）和建筑业。

第三产业：除第一、第二产业以外的其他各业。由于第三产业包括的行业多、范围广，根据我国的实际情况，第三产业可分为两大部分；一是流通部门，二是服务部门。具体又可分为四个层次：

第一层次：流通部门，包括交通运输、仓储及邮电通信业，批发和零售贸易、餐饮业。

第二层次：为生产和生活服务的部门，包括金融、保险业，地质勘查业、水利管理业，房地产业，社会服务业，农、林、牧、渔服务业，交通运输辅助业，综合技术服务业等。

第三层次：为提高科学文化水平和居民素质服务的部门，包括教育、文化艺术及广播电影电视业，卫生、体育和社会福利业，科学研究业等。

第四层次：为社会公共需要服务的部门，包括国家机关、政党机关和社会团体以及军队、警察等。

支出法地区生产总值 指一个国家(或地区)所有常住单位在一定时期内用于最终消费、资本形成总额，以及货物和服务的净出口总额，它反映本期生产的地区生产总值的使用及构成。

最终消费 指常住单位在一定时期内对于货物和服务的全部最终消费支出，也就是常住单位为满足物质、文化和精神生活的需要，从本国经济领土和国外购买的货物和服务的支出；不包括非常住单位在本国经济领土内的消费支出。最终消费分为居民消费和政府消费。

居民消费 指常住住户对货物和服务的全部最终消费支出。居民消费按市场价格计算，即按居民支付的购买者价格计算。购买者价格是购买者取得货物所支付的价格，包括购买者支付的运输和商业费用。居民消费除了直接以货币形式购买货物和服务的消费之外，还包括以其他方式获得的货物和服务的消费支出，即所谓的虚拟消费支出。居民虚拟消费支出包括以下几种类型：单位以实物报酬及实物转移的形式提供给劳动者的货物和服务；住户生产并由本住户消费了的货物和服务，其中的服务仅指住户的自有住房服务；

金融机构提供的金融媒介服务；保险公司提供的保险服务。

政府消费　指政府部门为全社会提供公共服务的消费支出和免费或以较低价格向住户提供的货物和服务的净支出。前者等于政府服务的产出价值减去政府单位所获得的经营收入的价值，政府服务的产出价值等于它的经常性业务支出加上固定资产折旧；后者等于政府部门免费或以较低价格向住户提供的货物和服务的市场价值减去向住户收取的价值。

资本形成总额　指常住单位在一定时期内获得的减去处置的固定资产加存货的变动，包括固定资本形成总额和存货增加。

固定资本形成总额　指常住单位购置、转入和自产自用的固定资产，扣除固定资产的销售和转出后的价值，分有形固定资产形成总额和无形固定资产形成总额。有形固定资产形成总额包括一定时期内完成的建筑工程、安装工程和设备工器具购置（减处置）价值，以及土地改良、新增役、种、奶、毛、娱乐用牲畜和新增经济林木价值。无形固定资产形成总额包括矿藏的勘探、计算机软件、娱乐和文学艺术品原件等获得减处置。

存货增加　指常住单位存货实物量变动的市场价值，即期末价值减期初价值的差额。存货增加可以是正值，也可以是负值；正值表示存货上升，负值表示存货下降。它包括生产单位购进的原材料、燃料和储备物资等存货，以及生产单位生产的产成品、在制品等存货等。

货物和服务净出口　指货物和服务出口减货物和服务进口的差额。出口包括常住单位向非常住单位出售或无偿转让的各种货物和服务的价值；进口包括常住单位从非常住单位购买或无偿得到的各种货物和服务的价值。由于服务活动的提供与使用同时发生，因此服务的进出口业务并不发生出入境现象，一般把常住单位从国外得到的服务作为进口，非常住单位从本国得到的服务作为出口。货物的出口和进口都按离岸价格计算。

劳动者报酬　指劳动者因从事生产活动所获得的全部报酬。包括劳动者获得的各种形式的工资、奖金和津贴，既包括货币形式的，也包括实物形式的；还包括劳动者所享受的公费医疗和医药卫生费、上下班交通补贴和单位支付的社会保险费等。对于个体经济来说，其所有者所获得的劳动报酬和经营利润不易区分，这两部分统一作为劳动者报酬处理。

生产税净额　指生产税减生产补贴后的余额。生产税指政府对生产单位生产、销售和从事经营活动以及因从事生产活动使用某些生产要素（如固定资产、土地、劳动力）所征收的各种税、附加费和规费。生产补贴与生产税相反，指政府对生产单位的单方面收入转移，因此视为负生产税，包括政策亏损补贴、粮食系统价格补贴、外贸企业出口退税收入等。

固定资产折旧　指一定时期内为弥补固定资产损耗按照核定的固定资产折旧率提取的固定资产折旧，或按国民经济核算统一规定的折旧率虚拟计算的固定资产折旧。它反映了固定资产在当期生产中的转移价值。各类企业和企业化管理的事业单位的固定资产折旧是指实际计提并计入成本费中的折旧费；不计提折旧的政府机关、非企业化管理的事业单位和居民住房的固定资产折旧是按照统一规定的折旧率和固定资产原值计算的虚拟折旧。原则上，固定资产折旧应按固定资产的重置价值计算，但是目前我国尚不具备对全社会固定资产进行重估价的基础，所以暂时只能采用上述办法。

营业盈余　指常住单位创造的增加值扣除劳动者报酬、生产税净额和固定资产折旧后的余额。它相当于企业的营业利润加上生产补贴，但要扣除从利润中开支的工资和福利等。

第二部分

人口、从业人员和劳动报酬

2-1　主要年份总户数、总人口数

单位：人

年　份	总户数(户)	总人口	按性别分		按城乡分	
			男　性	女　性	城镇人口	乡村人口
1949	364070	1381443	739616	641827	127914	1253529
1952	398223	1501990	803796	698194	146110	1355880
1957	432173	1631584	874987	756597	222914	1408670
1962	468456	1764114	932028	832086	199121	1564993
1965	480897	1900903	1003706	897197	232189	1668714
1970	529153	2152743	1129733	1023010	263947	1888796
1975	573877	2422602	1263145	1159457	335604	2086998
1978	597566	2512104	1313842	1198262	366538	2145566
1980	618614	2559417	1329219	1230198	401679	2157738
1985	664801	2689377	1393732	1295645	469772	2219605
1990	781411	2833183	1471803	1361380	542390	2290793
1995	851153	2938724	1528450	1410274	620473	2318251
2000	917011	3016536	1571127	1445409	975277	2041259
2001	931730	3026354	1576187	1450167	977473	2048881
2002	946624	3039604	1582454	1457150	1066834	1972770
2003	956016	3052612	1581788	1470824	1093589	1959023
2004	1006265	3065713	1579777	1485936	1127465	1938248
2005	1004416	3080324	1586863	1493461	1215761	1864563
2006	1044644	3095078	1595084	1499994	1257577	1837501
2007	1070933	3109260	1598454	1510806	1293311	1815949

注：本表总户数为公安年报数。

2-2　主要年份人口自然变动

单位：人

年　份	出　生		死　亡		自然增长	
	人　数	出生率（‰）	人　数	死亡率（‰）	人　数	增长率（‰）
1949	31525	22.82	16794	12.16	14731	10.66
1952	37689	25.38	17693	11.91	19996	13.48
1957	49134	30.26	19653	12.10	29482	18.15
1962	66337	38.13	19807	11.38	46530	26.74
1965	66287	35.37	19466	10.39	46821	24.99
1970	69773	32.81	18037	8.48	51736	24.33
1975	60208	25.03	18276	7.60	41932	17.43
1978	42673	17.08	16454	6.59	26219	10.49
1980	46424	18.22	16327	6.41	30097	11.81
1985	41503	15.50	16878	6.30	24625	9.19
1990	66061	23.54	18101	6.45	47960	17.09
1995	41441	14.15	18333	6.26	23108	7.89
2000	32824	10.91	19367	6.44	13457	4.47
2001	32934	10.90	19133	6.33	13801	4.57
2002	32759	10.80	19511	6.43	13248	4.37
2003	32326	10.61	19324	6.34	13002	4.27
2004	34171	11.17	21070	6.89	13101	4.28
2005	36661	11.93	21849	7.11	14812	4.82
2006	34346	11.12	19591	6.34	14755	4.78
2007	34615	11.16	20432	6.59	14183	4.57

2-3 主要年份从业人员年末人数

单位：人

年　份	从业人员合　计	职　工				其他从业人　员	城镇私营企业及个体	农村及乡镇企业
			国有单位	城镇集体单位	其他单位			
1952	588938	50210	50210				30090	508638
1957	599804	77913	77913				570	521321
1962	669326	91087	76539	14548			1729	576510
1965	730134	107817	93989	13828			631	621686
1970	792186	139040	120306	18734				653146
1975	882554	177310	149781	27529			6	705238
1978	948017	233507	196427	37080				714510
1980	970648	255563	215114	40449			269	714816
1985	1142034	330098	245078	85020			6253	805683
1990	1287709	390669	288792	101691	186	16931	9139	870970
1995	1442194	390633	300775	87208	2650	8396	43354	999811
2000	1360650	302753	206673	41821	54259	6823	46870	1004204
2001	1340534	294745	204238	39549	50958	6005	42603	997181
2002	1336930	286197	194843	35009	56345	9098	40119	1001516
2003	1337848	284797	189871	31267	63659	11749	42136	999166
2004	1369186	286581	189626	32377	64578	10953	57855	1013797
2005	1387979	293356	196427	27632	69297	9424	57825	1027374
2006	1386499	287235	194968	25482	66785	9489	52013	1037762
2007	1468769	309946	179553	23721	106672	10421	100252	1048150

2-4 主要年份分产业从业人员

单位：万人

年　份	全社会从业人员				从业人员构成(%)		
		第一产业	第二产业	第三产业	一产比重	二产比重	三产比重
1952	58.89	50.61	1.67	6.62	85.93	2.83	11.23
1957	59.98	51.45	3.60	4.93	85.78	6.00	8.23
1962	66.93	54.77	3.80	8.36	81.83	5.68	12.49
1965	73.01	58.94	5.97	8.10	80.72	8.18	11.10
1970	79.22	58.78	7.01	13.43	74.20	8.84	16.96
1975	88.26	66.00	11.70	10.56	74.78	13.25	11.96
1978	94.80	62.89	17.09	14.82	66.34	18.03	15.63
1980	97.06	65.22	18.47	13.37	67.19	19.03	13.78
1985	114.20	55.03	33.61	25.56	48.18	29.43	22.39
1990	128.77	62.31	38.78	27.68	48.39	30.11	21.50
1995	144.22	65.86	41.52	36.84	45.66	28.79	25.54
2000	136.07	65.83	34.68	35.56	48.38	25.49	26.13
2001	134.05	65.19	34.34	34.52	48.63	25.62	25.75
2002	133.69	64.55	34.76	34.38	48.28	26.00	25.72
2003	133.78	63.24	35.73	34.82	47.27	26.71	26.02
2004	136.92	62.85	43.67	30.40	45.91	31.89	22.20
2005	138.80	62.13	39.59	37.08	44.76	28.52	26.71
2006	138.65	62.13	38.84	37.68	44.81	28.01	27.18
2007	146.88	61.46	40.79	44.63	41.84	27.77	30.39

2-5　城镇单位从业人员

单位：人

项　　目	从业人员 2007	从业人员 2006	#女性 2007	#女性 2006	在岗职工 2007	在岗职工 2006	其他从业人员 2007	其他从业人员 2006
总　　计	**320367**	**296724**	**112189**	**107847**	**309946**	**287235**	**10421**	**9489**
一、按企业、事业、机关分组								
企　业	202656	184753	56882	55203	194359	177065	8297	7688
事　业	92143	78051	48073	42780	90165	76425	1978	1626
机　关	25568	33920	7234	9864	25422	33745	146	175
二、按国民经济行业分组								
农、林、牧、渔业	2546	2306	736	658	2517	2238	29	68
采矿业	52735	68554	7050	11874	52600	68454	135	100
制造业	84081	55487	25543	21431	83358	55086	723	401
电力、燃气及水的生产和供应业	8497	7630	2702	2550	8454	7580	43	50
建筑业	14923	10838	1787	1469	14818	10483	105	355
交通运输、仓储和邮政业	8472	5970	2820	1942	8219	5776	253	194
信息传输、计算机服务和软件业	3317	3123	1660	1477	2500	2303	817	820
批发和零售业	17206	17599	6229	6474	17056	17261	150	338
住宿和餐饮业	3394	2330	1993	1277	3358	2325	36	5
金融业	14387	13404	8392	6830	8373	7974	6014	5430
房地产业	2501	1390	866	570	2426	1360	75	30
租赁和商务服务业	2987	2345	1031	792	2947	2319	40	26
科学研究、技术服务和地质勘查业	4844	4627	1484	1387	4194	3972	650	655
水利、环境和公共设施管理业	5421	5210	1903	1788	5419	5207	2	3
居民服务和其他服务业	475	423	266	196	472	416	3	7
教　育	43454	42890	27365	26724	42728	42363	726	527
卫生、社会保障和社会福利业	14123	13623	8773	8669	13733	13320	390	303
文化、体育和娱乐业	3327	3326	1539	1570	3311	3314	16	12
公共管理和社会组织	33677	35649	10050	10169	33463	35484	214	165
总计中:国有控股	**104548**	**132953**	**29755**	**40247**	**99874**	**127913**	**4674**	**5040**

2-6 城镇单位从业人员劳动报酬

单位：千元

项　　目	从业人员劳动报酬		在岗职工工资总额		其他从业人员劳动报酬		在岗职工平均工资(元)	
	2007	2006	2007	2006	2007	2006	2007	2006
总　　计	**5572672**	**4644472**	**5432284**	**4542746**	**140388**	**101726**	**17444**	**15563**
一、按企业、事业、机关分组								
企　业	3505780	2947576	3378872	2856596	126908	90980	17154	15646
事　业	1579495	1173486	1566807	1164400	12688	9086	17516	15297
机　关	487397	523410	486605	521750	792	1660	19474	15716
二、按国民经济行业分组								
农、林、牧、渔业	35653	27080	35437	26596	216	484	14107	11996
采矿业	1384192	1629766	1381454	1628217	2738	1549	24874	22304
制造业	1045822	531481	1033276	527596	12546	3885	12352	9327
电力、燃气及水的生产和供应业	241831	164203	241417	163876	414	327	29086	21571
建筑业	134418	69480	133435	68907	983	573	8918	6653
交通运输、仓储和邮政业	132273	69840	131142	69055	1131	785	16615	12041
信息传输、计算机服务和软件业	65004	48303	58760	42055	6244	6248	25208	18445
批发和零售业	183648	144953	182908	142723	740	2230	10783	8342
住宿和餐饮业	30363	15875	30001	15861	362	14	8803	6854
金融业	367740	279538	266562	204125	101178	75413	32193	26046
房地产业	30591	16090	29544	16009	1047	81	12403	12091
租赁和商务服务业	47062	29786	46761	29574	301	212	16242	12875
科学研究、技术服务和地质勘查业	71130	58037	67596	54617	3534	3420	16171	13403
水利、环境和公共设施管理业	65055	55262	65044	55239	11	23	12394	10980
居民服务和其他服务业	5137	4532	5127	4498	10	34	10909	10865
教　育	844353	714615	840584	712068	3769	2547	19749	16851
卫生、社会保障和社会福利业	221212	196285	217454	194209	3758	2076	15939	14641
文化、体育和娱乐业	52197	45885	52049	45764	148	121	15626	13914
公共管理和社会组织	614991	543461	613733	541757	1258	1704	18666	15511
总计中:国有控股	**2194619**	**2368728**	**2126910**	**2317614**	**67709**	**51114**	**21113**	**17813**

2-7 国有单位从业人员

单位：人

项　目	从业人员		#女　性		在岗职工		其　他	
	2007	2006	2007	2006	2007	2006	2007	2006
总　计	**185309**	**199789**	**74855**	**76171**	**179553**	**194968**	**5756**	**4821**
一、按隶属关系分组								
中　央	20112	21415	8283	8413	16636	18771	3476	2644
省、自治区、直辖市	45558	61666	13970	16912	44899	61014	659	652
地　区	17099	15530	6294	5745	16899	15355	200	175
县及县以下	102540	101178	46308	45101	101119	99828	1421	1350
二、按企业、事业、机关分组								
企　业	72417	92606	22371	26273	68734	89554	3683	3052
#地　方	55232	74082	15117	18892	55011	73652	221	430
事　业	87324	73263	45250	40034	85397	71669	1927	1594
#地　方	85544	71775	44632	39530	83631	70203	1913	1572
机　关	25568	33920	7234	9864	25422	33745	146	175
#地　方	24421	32517	6823	9346	24275	32342	146	175
三、按国民经济行业分组								
农、林、牧、渔业	2502	2238	722	638	2473	2170	29	68
采矿业	28819	47124	5368	9189	28798	47121	21	3
制造业	15115	14850	5988	6057	15067	14820	48	30
电力、燃气及水的生产和供应业	4770	4429	1401	1351	4733	4429	37	
建筑业	2540	1916	609	415	2518	1606	22	310
交通运输、仓储和邮政业	7989	5437	2710	1822	7736	5243	253	194
信息传输、计算机服务和软件业	1485	2170	660	912	1457	2138	28	32
批发和零售业	8730	9891	2516	2960	8686	9630	44	261
住宿和餐饮业	1233	1312	750	723	1231	1312	2	
金融业	7602	6809	4216	3517	4341	4568	3261	2241
房地产业	1809	1208	625	484	1759	1179	50	29
租赁和商务服务业	2403	1850	872	621	2386	1831	17	19
科学研究、技术服务和地质勘查业	4798	4580	1482	1385	4148	3925	650	655
水利、环境和公共设施管理业	4817	4708	1571	1500	4815	4705	2	3
居民服务和其他服务业	196	206	68	66	196	202		4
教　育	43343	42779	27307	26667	42624	42259	719	520
卫生、社会保障和社会福利业	10430	9584	6512	6228	10084	9306	346	278
文化、体育和娱乐业	3051	3049	1428	1467	3038	3040	13	9
公共管理和社会组织	33677	35649	10050	10169	33463	35484	214	165

2-8 国有单位从业人员劳动报酬

单位：千元

项 目	从业人员劳动报酬		在岗职工工资总额		其他从业人员劳动报酬		在岗职工平均工资(元)	
	2007	2006	2007	2006	2007	2006	2007	2006
总 计	**3715911**	**3574241**	**3648447**	**3528712**	**67464**	**45529**	**20388**	**18028**
一、按隶属关系分组								
中 央	515085	398450	463429	364580	51656	33870	27995	19423
省、自治区、直辖市	1196622	1488300	1192890	1484700	3732	3600	26566	23909
地 区	299571	238844	297479	237268	2092	1576	18014	15885
县及县以下	1704633	1448647	1694649	1442164	9984	6483	16782	14431
二、按企业、事业、机关分组								
企 业	1697689	1917276	1643045	1882079	54644	35197	23714	20651
#地 方	1243304	1571754	1240147	1570315	3157	1439	22290	20869
事 业	1530825	1133555	1518797	1124883	12028	8672	17936	15754
#地 方	1500894	1112388	1489035	1103828	11859	8560	17958	15785
机 关	487397	523410	486605	521750	792	1660	19747	15716
#地 方	456628	491649	455836	489989	792	1660	19120	15412
二、按国民经济行业分组								
农、林、牧、渔业	35159	26615	34943	26131	216	484	14158	12160
采矿业	953315	1315668	952347	1315630	968	38	32159	27034
制造业	164689	138114	163333	137945	1356	169	10705	9112
电力、燃气及水的生产和供应业	183897	122869	183603	122869	294		39073	27717
建筑业	19901	14800	19672	14490	229	310	8089	9324
交通运输、仓储和邮政业	128034	65080	126903	64295	1131	785	17105	12376
信息传输、计算机服务和软件业	27863	36553	27729	36405	134	148	21216	17172
批发和零售业	114421	94574	114005	92531	416	2043	13081	9643
住宿和餐饮业	10162	9258	10161	9258	1		8129	7138
金融业	188801	143755	138153	111953	50648	31802	31891	24917
房地产业	23004	14428	22909	14356	95	72	13327	12549
租赁和商务服务业	40638	24143	40462	23948	176	195	17044	13253
科学研究、技术服务和地质勘查业	70772	57706	67238	54286	3534	3420	16265	13477
水利、环境和公共设施管理业	57890	51850	57879	51827	11	23	12487	11418
居民服务和其他服务业	2939	2992	2939	2968		24	14919	14621
教 育	842914	713203	839185	710696	3729	2507	19765	16860
卫生、社会保障和社会福利业	187378	154451	184240	152749	3138	1702	18420	16455
文化、体育和娱乐业	49143	44721	49013	44618	130	103	16033	14799
公共管理和社会组织	614991	543461	613733	541757	1258	1704	18666	15511

2-9　集体单位从业人员

单位：人

项　　目	从业人员		#女　性		在岗职工		其　他	
	2007	2006	2007	2006	2007	2006	2007	2006
总　　计	**24413**	**26780**	**8873**	**10455**	**23721**	**25482**	**692**	**1298**
一、按企业、事业、机关分组								
企　业	19594	22056	6050	7745	18953	20790	641	1266
事　业	4819	4724	2823	2710	4768	4692	51	32
二、按国民经济行业分组								
农、林、牧、渔业	44	55	14	16	44	55		
采矿业	1635	4192	45	1746	1635	4192		
制造业	5679	6019	2359	2563	5598	5920	81	99
建筑业	4358	3352	486	480	4285	3308	73	44
交通运输、仓储和邮政业	222	225	31	37	222	225		
信息传输、计算机服务和软件业								
批发和零售业	3418	3657	1133	1291	3411	3646	7	11
住宿和餐饮业	447	264	259	176	431	264	16	
金融业	3509	4007	1560	1274	3051	2901	458	1106
房地产业	39	49	17	14	39	49		
租赁和商务服务业	345	349	99	107	342	346	3	3
科学研究、技术服务和地质勘查业	46	47	2	2	46	47		
水利、环境和公共设施管理业	517	502	298	288	517	502		
居民服务和其他服务业	247	190	176	116	244	187	3	3
教　育	111	111	58	57	104	104	7	7
卫生、社会保障和社会福利业	3533	3497	2231	2191	3489	3472	44	25
文化、体育和娱乐业	263	264	105	97	263	264		

2-10 集体单位从业人员劳动报酬

单位：千元

项目	从业人员劳动报酬		在岗职工工资总额		其他从业人员劳动报酬		在岗职工平均工资（元）	
	2007	2006	2007	2006	2007	2006	2007	2006
总计	**309132**	**288339**	**293007**	**273578**	**16125**	**14761**	**12056**	**10619**
一、按企业、事业、机关分组								
企业	260462	248916	244997	234569	15465	14347	12544	11110
事业	48670	39423	48010	39009	660	414	10061	8387
二、按国民经济行业分组								
农、林、牧、渔业	494	413	494	413			11227	7509
采矿业	24384	52574	24384	52557		17	15269	13259
制造业	46422	47612	46202	47204	220	408	7992	7304
建筑业	47825	25339	47259	25079	566	260	9966	7407
交通运输、仓储和邮政业	2159	2138	2159	2138			10136	9631
批发和零售业	26898	24303	26855	24299	43	4	7791	6711
住宿和餐饮业	5238	1812	5058	1812	180		12159	6864
金融业	105161	93068	90720	79429	14441	13639	30080	27753
房地产业	563	574	563	574			14436	11714
租赁和商务服务业	4600	4297	4595	4288	5	9	13280	12322
科学研究、技术服务和地质勘查业	358	331	358	331			7783	7043
水利、环境和公共设施管理业	5380	3412	5380	3412			10209	6935
居民服务和其他服务业	2091	1414	2081	1404	10	10	8635	7630
教育	1439	1412	1399	1372	40	40	13452	13192
卫生、社会保障和社会福利业	33150	28560	32530	28186	620	374	9345	8194
文化、体育和娱乐业	2970	1080	2970	1080			11293	4106

2-11　其他单位从业人员

单位：人

项　　目	从业人员		#女　性		在岗职工		其　他	
	2007	2006	2007	2006	2007	2006	2007	2006
总　　计	**110645**	**70155**	**28461**	**21221**	**106672**	**66785**	**3973**	**3370**
一、按登记注册类型分组								
1.内　资	88880	68271	22030	20367	85836	65694	3044	2577
股份合作	5578	5475	2363	2490	5458	5359	120	116
有限责任公司	59267	39589	12515	8864	58656	39076	611	513
#国有独资	1832	1790	753	727	1579	1522	253	268
股份有限公司	23961	23164	7115	8995	21648	21216	2313	1948
其　他	74	30	37	14	74	30		
2.港、澳、台商投资	11957	473	3926	183	11833	473	124	
3.外商投资	9808	1411	2505	671	9003	618	805	793
二、按企业、事业、机关分组								
企　业	110645	70091	28461	21185	106672	66721	3973	3370
事　业		64		36		64		
三、按国民经济行业分组								
农林牧渔业		13		4		13		
采矿业	22281	17238	1637	939	22167	17141	114	
制造业	63287	34618	17196	12811	62693	34346	594	97
电力、燃气及水的生产和供应业	3727	3201	1301	1199	3721	3151	6	272
建筑业	8025	5570	692	574	8015	5569	10	50
交通运输、仓储和邮政业	261	308	79	83	261	308		
信息传输、计算机服务和软件业	1832	953	1000	565	1043	165	789	1
批发和零售业	5058	4051	2580	2223	4959	3985	99	
住宿和餐饮业	1714	754	984	378	1696	749	18	788
金融业	3276	2588	2616	2039	981	505	2295	66
房地产业	653	133	224	72	628	132	25	5
租赁和商务服务业	239	146	60	64	219	142	20	2083
水利、环境和公共设施管理业	87		34		87			1
居民服务和其他服务业	32	27	22	14	32	27		4
卫生、社会保障和社会福利业	160	542	30	250	160	542		
文化、体育和娱乐业	13	13	6	6	10	10	3	

2-12 其他单位从业人员劳动报酬

单位：千元

项目	从业人员劳动报酬		在岗职工工资总额		其他从业人员劳动报酬		在岗职工平均工资（元）	
	2007	2006	2007	2006	2007	2006	2007	2006
总计	**1547629**	**781892**	**1490830**	**740456**	**56799**	**41436**	**13783**	**10520**
一、按登记注册类型分组								
1.内资	1205175	755571	1159954	720547	45221	35024	13286	10398
股份合作	55118	57515	54497	56641	621	874	9728	10198
有限责任公司	788620	445715	780500	440120	8120	5595	12885	10421
#国有独资	23755	22497	20473	19485	3282	3012	12756	11052
股份有限公司	360502	251856	324022	223301	36480	28555	15388	10401
其他	935	433	935	433			12635	14433
2.港、澳、台商投资	187636	6926	185827	6926	1809		15649	14581
3.外商投资	154818	19395	145049	12983	9769	6412	16152	21179
二、按企业、事业、机关分组								
企业	1547629	781384	1490830	739948	56799	41436	13783	10522
事业		508		508				7938
三、按国民经济行业分组								
农林牧渔业		52		52				4000
采矿业	406493	261524	404723	260030	1770	1494	16637	12764
制造业	834711	345755	823741	342447	10970	3308	13156	9794
电力、燃气及水的生产和供应业	57934	41334	57814	41007	120	327	16055	12960
建筑业	66692	29341	66504	29338	188	3	8538	5415
交通运输、仓储和邮政业	2080	2622	2080	2622			7969	8245
信息传输、计算机服务和软件业	37141	11750	31031	5650	6110	6100	30304	35313
批发和零售业	42329	26076	42048	25893	281	183	8760	6655
住宿和餐饮业	14963	4805	14782	4791	181	14	8486	6363
金融业	73778	42715	37689	12743	36089	29972	40439	26438
房地产业	7024	1088	6072	1079	952	9	9731	8237
租赁和商务服务业	1824	1346	1704	1338	120	8	10717	9423
水利、环境和公共设施管理业	1785		1785				20756	
居民服务和其他服务业	107	126	107	126			3344	4667
卫生、社会保障和社会福利业	684	13274	684	13274			4275	24491
文化、体育和娱乐业	84	84	66	66	18	18	6000	6000

2-13　离开本单位仍保留劳动关系职工的生活费

分　组	人数(人)		生活费(千元)		平均生活费(元)	
	2007	2006	2007	2006	2007	2006
总　计	**30231**	**33394**	**151665**	**148444**	**4956**	**4528**
一、国有单位	**16037**	**17430**	**126934**	**122330**	**7858**	**6994**
按隶属关系分组						
中　央	3172	2852	27104	24054	8513	8643
省	4002	4744	26596	30961	6624	6406
地　区	2063	2006	7062	6863	3337	3333
县及县以下	6800	7828	66172	60452	9677	7734
按企业、事业、机关分组						
企　业	12102	13535	59542	61506	4897	4545
#地　方	8997	10769	32594	38953	3605	3590
事　业	2789	2473	45424	36465	15860	14334
#地　方	2722	2392	45268	35100	16184	14338
机　关	1146	1422	21968	24359	19424	17215
#地　方	1146	1417	21968	24223	19424	17179
按国民经济行业分组						
农、林、牧、渔业	107	130	413	619	3860	4551
采矿业	1940	2422	18236	21541	9992	9178
制造业	6467	7284	17208	16173	2604	2201
电力、燃气及水的生产和供应业	111	168	2141	2523	19288	15018
建筑业	223	225	743	513	3302	2260
交通运输、仓储和邮政业	494	412	2977	2389	6002	5813
信息传输、计算机服务和软件业	96	198	1254	2595	12667	12847
批发和零售业	2082	2025	4115	3444	1974	1703
住宿和餐饮业	166	147	472	415	2843	2823
金融业	617	641	13260	12051	21353	19008
房地产业	34	39	234	218	5707	4739
租赁和商务服务业	161	64	704	366	3955	5719
科学研究、技术服务和地质勘查业	145	178	383	1812	2623	9389
水利、环境和公共设施管理业	64	51	431	130	6631	2549
居民服务和其他服务业	28	28	24	24	857	857
教　育	1748	1773	36854	31502	20316	17981
卫生、社会保障和社会福利业	153	158	1370	1100	9013	4701
文化、体育和娱乐业	118	69	1558	618	13316	8957
公共管理和社会组织	1283	1418	24557	24297	19367	17195
二、城镇集体单位	**4650**	**5888**	**3972**	**6381**	**828**	**1079**
#企　业	4350	5678	3225	5282	717	927
三、其他各种类型单位	**9544**	**10076**	**20759**	**19733**	**2151**	**2104**
#内资	9344	10044	18950	19406	2005	2077
港、澳、台商投资	152		1241		8219	
外商投资单位	48	32	568	327	11833	10219

2-14　主要年份职工平均工资

单位：元

年　份	全部职工平均工资	国有单位平均工资	城镇集体单位平均工资
1952	315	315	
1957	542	542	
1962	580	596	500
1965	639	649	571
1970	575	587	494
1975	617	635	512
1978	614	624	558
1979	655	671	564
1980	745	768	623
1981	757	783	637
1982	762	793	635
1983	802	833	684
1984	977	1035	826
1985	1001	1061	921
1986	1160	1269	858
1987	1283	1358	1059
1988	1540	1663	1197
1989	1793	1949	1354
1990	1925	2090	1503
1991	2090	2229	1693
1992	2343	2515	1849
1993	2687	2854	2131
1994	3487	3747	2597
1995	4134	4400	3150
1996	4500	4633	3611
1997	4801	4902	4001
1998	4770	5001	4080
1999	4769	5091	3660
2000	5443	5841	4219
2001	6686	7387	4782
2002	7826	8755	5454
2003	9388	10618	6615
2004	11077	12614	8247
2005	13344	15386	9042
2006	15563	18028	10619
2007	17444	20388	12056

主要统计指标解释

人口数　指一定时点、一定地区范围内的有生命的个人的总和。

年度统计的年末人口数 指每年 12 月 31 日 24 时的人口数。年度统计的全国人口总数内未包括台湾省和港澳同胞以及海外华侨人数。

市镇总人口和乡村总人口

其定义有两种口径:

第一种口径（按行政建制）

市人口：市管辖区域内的全部人口（含市辖镇，不含市辖区县）;

镇人口：县辖镇的全部人口（不含市辖镇）;

县人口：县辖乡人口。

第二种口径（按常住人口划分）

市人口：设区的市的区人口和不设区的市所辖的街道人口;

镇人口：不设区的市所辖镇的居民委员会人口和县辖镇的居民委员会人口;

县人口：除上述两种人口以外的全部人口。

1952-1980 年数据为第一种口径的数据，1982 年以后的数据为第二种口径的数据。

出生率(又称粗出生率)　指在一定时期内(通常为一年)平均每千人所出生的人数的比率，一般用千分率表示。计算公式为:

出生率＝年出生人数／年平均人数×1000‰

式中：出生人数指活产婴儿，即胎儿脱离母体时(不管怀孕月数)，有过呼吸或其他生命现象。年平均人数指年初、年底人口数的平均数，也可用年中人口数代替。

死亡率(又称粗死亡率)　指在一定时期内(通常为一年)一定地区的死亡人数与同期平均人数(或期中人数)之比，一般用千分率表示。计算公式为:

死亡率＝年死亡人数／年平均人数×1000‰

人口自然增长率　指在一定时期内(通常为一年)人口自然增加数(出生人数减死亡人数)与该时期内平均人数(或期中人数)之比，一般用千分率表示。计算公式为:

人口自然增长率＝（本年出生人数－本年死亡人数）／年平均人数×1000‰

＝人口出生率－人口死亡率

在业人口(又称就业人口)　指十五周岁及十五周岁以上人口中从事一定的社会劳动并取得劳动报酬或经营收入的人口。

经济活动人口　指在 16 岁以上，有劳动能力，参加或要求参加社会经济活动的人口；包括从业人员和失业人员。从业人员　指从事一定社会劳动并取得劳动报酬或经营收入的人员，包括全部职工、再就业的离退休人员、私营业主、个体户主、私营和个体从业人员、乡镇企业从业人员、农村从业人员、其他从业人员(包括民办教师、宗教职业者、现役军人等)。这一指标反映了一定时期内全部劳动力资源的实际利用情况，是研究我国基本国情国力的重要指标。

各单位的从业人员　指在各级国家机关、政党机关、社会团体及企业、事业单位中工作，取得工资或其他形式的劳动报酬的全部人员。包括在岗职工、再就业的离退休人员、民办教师以及在各单位中工作的外方人员和港澳台方人员、兼职人员、借用的外单位人员和第二职业者。不包括离开本单位仍保留劳动关系的职工。各单位的从业人员反映了各单位实际参加生产或工作的全部劳动力。

城镇私营和个体从业人员 城镇私营从业人员指在工商管理部门注册登记，其经营地址设在县城关镇(含城关镇)以上的私营企业从业人员；包括私营企业投资者和雇工。城镇个体从业人员指在工商管理部门注册登记，并持有城镇户口或在城镇长期居住，经批准从事个体工商经营的从业人员；包括个体经营者和在个体工商户劳动的家庭帮工和雇工。

城镇登记失业人员 指有非农业户口，在一定的劳动年龄内，有劳动能力，无业而要求就业，并在当地就业服务机构进行求职登记的人员。

城镇登记失业率 指城镇登记失业人数同城镇从业人数与城镇登记失业人数之和的比。计算公式为：

城镇登记失业率=城镇登记失业人数／（城镇从业人数+城镇登记失业人数）×100%

职工 指在国有经济、城镇集体经济、联营经济、股份制经济、外商和港、澳、台投资经济、其他经济单位及其附属机构工作，并由其支付工资的各类人员，不包括返聘的离退休人员、民办教师、在国有经济单位工作的外方人员和港、澳、台人员（1998 年以后的数据均为在岗职工数据，其他相关指标如职工工资总额，职工平均工资等指标也从 1998 年按此口径进行了相应调整）。

国有单位职工 指在国有经济单位及其附属机构工作，并由其支付工资的各类人员。

城镇集体单位职工 指在城镇集体经济单位及其管理部门工作，并由其支付工资的各类人员。

其他单位职工 指在联营经济、股份制经济、外商投资经济、港、澳、台投资经济单位工作，并由其支付工资的各类人员。

在岗职工 指在本单位工作并由单位支付工资的人员，以及有工作岗位，但由于学习、病伤产假等原因暂未工作，仍由单位支付工资的人员。

职工工资总额 指各单位在一定时期内直接支付给本单位全部职工的劳动报酬总额。工资总额的计算原则应以直接支付给职工的全部劳动报酬为根据。各单位支付给职工的劳动报酬以及其他根据有关规定支付的工资，不论是计入成本的还是不计入成本的，不论是按国家规定列入计征奖金税项目的，还是未列入计征奖金税项目的，不论是以货币形式支付的还是以实物形式支付的，均包括在工资总额内。

奖金 指支付给职工的超额劳动报酬和增收节支的劳动报酬。

职工平均工资 指企业、事业、机关单位的职工在一定时期内平均每人所得的货币工资额。它表明一定时期职工工资收入的高低程度，是反映职工工资水平的主要指标。计算公式为：

职工平均工资＝报告期实际支付的全部职工工资总额／报告期全部职工平均人数

第三部分

固定资产投资

3-1　主要年份按三次产业分全社会固定资产投资

单位：万元

年　份	总　计	#住　宅	第一产业	第二产业	第三产业
1978	11032	579	2307	6317	2408
1979	11079	1132	2693	6355	2031
1980	17765	2672	1252	13716	2797
1981	12344	1999	169	9872	2303
1982	14332	3301	291	10177	3864
1983	16252	2664	1078	11145	4029
1984	21446	2347	315	15390	5741
1985	30043	3460	517	20365	9161
1986	33858	3305	303	24280	9275
1987	35997	3734	208	23337	12452
1988	38375	3612	515	20127	17733
1989	48197	4727	630	35177	12390
1990	53949	8092	558	24345	29046
1991	81269	12190	875	41642	38752
1992	86511	12977	1723	44848	39940
1993	171742	25761	681	100038	71032
1994	210724	31609	731	94228	115765
1995	207883	36738	618	103863	103402
1996	208329	32192	1228	102319	104782
1997	211427	35469	1090	117306	93031
1998	279506	69819	3066	124457	151983
1999	328755	66638	2234	84471	242050
2000	351842	67927	5274	182669	163899
2001	398711	66890	9160	204172	185379
2002	473866	78606	22592	189329	261945
2003	951739	84493	18334	580346	353059
2004	1217770	126578	18532	792020	407218
2005	1508881	194894	16222	924719	567940
2006	2013297	341704	25375	1194800	793122
2007	2837447	452205	82480	1647846	1107121

3-2 全社会固定资产投资主要指标完成情况

单位：万元

指 标	2007	2006	比上年增减%
计划总投资	8758454	5851280	49.7
本年新开工项目计划总投资	2775157	1929532	43.8
自开始建设累计完成投资	5146458	3518689	46.3
本年完成投资	2837447	2013297	40.9
其中:500万元以下项目	28955	35016	-17.3
其中:国有经济控股	1267250	1026762	23.4
其中:住宅投资	452207	342279	32.1
本年新增固定资产	1678120	841044	99.5
施工项目个数（个）	1002	827	21.2
其中:500万元以下项目(个)	144	152	-5.3
其中:本年新开工（个）	578	584	-1.0
本年投产项目个数（个）	397	262	51.5
本年施工房屋面积（平方米）	10953627	9555067	14.6
其中:住宅(平方米)	8197151	4650553	76.3
本年竣工房屋面积（平方米）	2934906	2035015	44.2
其中:住宅（平方米）	2010716	1178358	70.6
本年资金来源小计	2914615	2052135	42.0
国家预算内资金	99366	94714	4.9
国内贷款	384417	185824	106.9
利用外资	107041	12273	772.2
其中:外商直接投资	32731	12273	166.7
自筹资金	1977945	1470611	34.5
企事业单位自有资金	561643	622323	-9.8
其他资金来源	345846	288713	19.8
本年各项应付款合计	221528	177020	25.1
其中:工程款	112900	84456	33.7
本年资金来源中省外资金	516577	176853	192.1
规划用地面积(万亩)	16.73	5.22	220.5
本年实际征用和购置土地面积(万亩)	2.38	1.14	108.8
本年实际征用和购置土地成交价款	83006	40926	102.8

3-3　全社会固定资产投资规模(2007年)

指　　标	计　划 总投资 (万元)	自开始建设 累计完成投资 (万元)	本年完 成投资 (万元)	本年新增 固定资产 (万元)	施工项目 个　数 (个)	其中:本 年新开工 (个)	本年投产 项目个数 (个)
总　　计	**9202454**	**5149458**	**2837447**	**1678120**	**1002**	**578**	**399**
#本年新开工项目	2784182	1177516	1177516	490368	578	578	222
本年投产项目	6544017	2708375	1704397	234344	602	355	
按隶属关系分							
中央	319017	67470	54606	15117	6	2	3
地方	8883437	5081988	2782841	1663003	996	576	396
按登记注册类型分							
国有	2438938	1324755	898996	512760	302	191	153
非国有	6763516	3824703	1938451	1165360	700	387	246
按建设性质分							
新建	4466882	2230149	1175856	665396	397	226	145
扩建	1055259	714640	368264	281770	175	83	78
改建和技术改造	2232836	1303323	848104	462138	306	206	124
单纯建造生活设施	715837	367683	202650	105300	115	59	49
迁建	38143	19767	9912	1150	6	2	2
恢复	1194	865	357	680	3	2	1
单纯购置	2892	4691	4691	4291			
按三次产业分							
第一产业	165215	114945	82480	64802	71	53	37
第二产业	6044679	3044218	1647846	941247	505	271	154
第三产业	2992560	1990295	1107121	672071	426	254	208
按投资总规模分							
500万元以下	34984	32472	28955	25780	144	128	108
500-1000万元	87868	77376	60253	50583	126	88	66
1000-3000万元	482807	425004	324142	229758	280	164	119
3000-5000万元	528834	414018	288459	176533	142	65	47
5000万元-1亿元	1026395	661631	456667	238375	151	73	32
1亿元-5亿元	2569764	1543577	850212	324954	133	53	20
5亿元-10亿元	987057	454635	152478	193682	13	3	3
10亿元以上	2795334	1032405	448668	281060	13	4	4

3-4 建国以来工业固定资产投资

单位：万元

年 份	工业合计	煤炭工业	纺织工业	炼焦工业	化学工业	建材工业	机械工业	电力工业	其他工业
1949	1	1							
1950	1373	1372							1
1951	1326	1	71			1	1231		22
1952	1729	1	42			1	1683		2
1953	2024	3	1006			1	1000	4	10
1954	1445	963	129				315	26	12
1955	370	6	162		1	2	172	12	15
1956	578	180	29		5	41	248	47	28
1957	710	346	30		25	94	140	6	69
1958	4940	2605	1182		54	91	334	122	552
1959	3395	376	1558		36	108	297	54	966
1960	5535	2532	921		48	67	283	42	1642
1961	635	116	190		125	12	43	11	138
1962	234	73	29				6	19	107
1963	376	69	20			10	53	127	97
1964	2039	1367	177		13	33	184	117	148
1965	3769	1537	639		14	108	1390	52	29
1966	3941	1307	985		38	66	1263	209	73
1967	2456	898	661		260	156	213	59	209
1968	1893	630	470		461	18	134	49	131
1969	2285	901	292		408	14	402	104	164
1970	4137	1294	305		733	174	613	168	850
1971	3598	990	166		912	219	499	335	477
1972	5731	1554	587		1725	325	527	238	775
1973	6556	1514	2095		1494	314	596	105	438
1974	3647	1112	720		619	86	452	67	591
1975	3305	727	458		303	46	1227	26	518
1976	3786	400	514		1099	91	1340	75	267
1977	4377	573	409		1270	91	1513	71	450

3-4　建国以来工业固定资产投资(续)

单位：万元

年　份	工业合计	煤炭工业	纺织工业	炼焦工业	化学工业	建材工业	机械工业	电力工业	其他工业
1978	6270	1782	327		1602	117	1261	140	1041
1979	6328	2292	831		848	365	731	273	988
1980	13688	9746	1136		547	201	777	137	1144
1981	9868	6069	1707		140	73	391	95	1393
1982	10050	4829	2141		420	159	1073	142	1286
1983	10990	5615	1431		731	351	891	1219	752
1984	15269	6611	1550		1371	640	2471	953	1673
1985	20286	7900	2740		1835	1412	3687	674	2038
1986	24158	8921	3192		974	1718	4211	984	4158
1987	23187	9427	2106		566	2089	4254	1059	3686
1988	25077	10026	2201		3646	1219	3499	225	4261
1989	35048	17594	1725		6414	1803	6268	113	1131
1990	22519	13738	841		3202	1328	3312		98
1991	36364	18833	1054	1121	6370	2056	4817	365	1748
1992	40877	16568	1097	1375	4450	1613	5633	8322	1819
1993	93470	24925	3901	11002	3830	8675	10049	22250	8838
1994	100282	29001	2613	7463	3141	9021	9059	35078	4906
1995	102784	30982					564	11154	60084
1996	102164	44762	5396		2361		842	4387	44416
1997	116710	56865					1500	4502	53843
1998	124457	46541	332		5869	200	3497	11666	56352
1999	82964	19560	1831		11618	934	5062	2757	41202
2000	181832	45645	2397		9664		14052	65392	44682
2001	198472	30057	4774		11746		25271	45632	80992
2002	187131	30995	1253		15470		28951	28727	81735
2003	579226	100568	9762	97366	31490		100	140253	199687
2004	787867	130893	3898	240295	19193	57581	18362	164154	153491
2005	919534	362635	3055	225951	28732		8515	75812	214834
2006	1193295	574617	5475	107982	92296	79228	81409	151074	101214
2007	1645323	757370	6035	141797	69271	73947	133797	255852	207254

3-5　分行业全社会固定资产投资完成情况

单位：万元

指　　标	2007	2006	增长%
总　　计	**2837447**	**2013297**	**40.9**
(一)农、林、牧、渔业	**82480**	**25375**	**225.0**
农业	7875	4089	92.6
谷物及其他作物的种植	330	500	-34.0
蔬菜、园艺作物的种植	6159	3139	96.2
水果、坚果、饮料和香料作物的	1286	450	185.8
林业	25931	1013	2459.8
林木的培育和种植	25931	1013	2459.8
畜牧业	19081	11580	64.8
农、林、牧、渔服务业	29593	8693	240.4
农业服务业	28393	6693	324.2
畜牧服务业	1200		
(二)采矿业	**767276**	**576863**	**33.0**
煤炭开采和洗选业	757370	574617	31.8
石油和天然气开采业	4411		
黑色金属矿采选业	3885	136	2756.6
非金属矿采选业	1610	2110	-23.7
土砂石开采	1610	2110	-23.7
(三)制造业	**626195**	**465358**	**34.6**
农副食品加工业	26576	27534	-3.5
植物油加工	366		
屠宰及肉类加工	15911	16685	-4.6
其他农副食品加工	9212	3740	146.3
食品制造业	18140	16821	7.8
焙烤食品制造	1600		
方便食品制造	829	828	0.1
罐头制造	5200		
调味品、发酵制品制造	5165	6330	-18.4
其他食品制造	3831	1800	112.8
饮料制造业	23224	16800	38.2
酒的制造	11925	11000	8.4
软饮料制造	10399	5800	79.3
纺织业	3835	4065	-5.7
棉、化纤纺织及印染精加工	75	4065	-98.2
针织品、编织品及其制品制造	3760		
纺织服装、鞋、帽制造业	2200	1410	56.0
木材加工及木、竹、藤、棕、草制	1330	150	786.7
锯材、木片加工	150		
人造板制造	380		
木制品制造	800	150	433.3
家具制造业	2590		
造纸及纸制品业	4180	4000	4.5
造纸	745		
纸制品制造	3435	4000	-14.1

3-5 分行业全社会固定资产投资完成情况(续1)

单位：万元

指 标	2007	2006	增长%
印刷业和记录媒介的复制	8300	1300	538.5
印刷	8300	1300	538.5
文教体育用品制造业		2500	
体育用品制造		2500	
石油加工、炼焦及核燃料加工业	145894	107982	35.1
化学原料及化学制品制造业	69271	92296	-24.9
基础化学原料制造	57608	78480	-26.6
肥料制造	2290	4486	-49.0
涂料、油墨、颜料及类似产品制		250	
专用化学产品制造	9373	9080	3.2
医药制造业	17397	4187	315.5
橡胶制品业		530	
轮胎制造		530	
塑料制品业	9209	4400	109.3
非金属矿物制品业	73947	79228	-6.7
水泥、石灰和石膏的制造	6383	31619	-79.8
水泥及石膏制品制造	10850	2100	416.7
砖瓦、石材及其他建筑材料制造	14161	13067	8.4
玻璃及玻璃制品制造	30461	26058	16.9
耐火材料制品制造	500		
石墨及其他非金属矿物制品制造	11592	6384	81.6
黑色金属冶炼及压延加工业	75146	13858	442.3
有色金属冶炼及压延加工业	10699	6092	75.6
常用有色金属冶炼	7654	6092	25.6
稀有稀土金属冶炼	245		
金属制品业	26776	22322	20.0
结构性金属制品制造	15558	14328	8.6
金属工具制造		3266	
建筑、安全用金属制品制造	4020	4510	-10.9
不锈钢及类似日用金属制品制造	1643	113	1354.0
其他金属制品制造		105	-100.0
通用设备制造业	33060	25100	31.7
锅炉及原动机制造	375	1620	-76.9
金属加工机械制造	800	80	900.0
泵、阀门、压缩机及类似机械的	3705	6960	-46.8
轴承、齿轮、传动和驱动部件的		240	
风机、衡器、包装设备等通用设	7941	7835	1.4
通用零部件制造及机械修理	1820	300	506.7
金属铸、锻加工	17779	8065	120.4
专用设备制造业	33928	14991	126.3
矿山、冶金、建筑专用设备制造	19197	6270	206.2
化工、木材、非金属加工专用设	3144	1020	208.2
纺织、服装和皮革工业专用设备	7094	5770	22.9
电子和电工机械专用设备制造	506	263	92.4
医疗仪器设备及器械制造	500	1000	-50.0
环保、社会公共安全及其他专用	3487	668	422.0

3-5 分行业全社会固定资产投资完成情况(续2)

单位：万元

指 标	2007	2006	增长%
交通运输设备制造业	5415	6694	-19.1
铁路运输设备制造		1226	
汽车制造	5415	5328	1.6
交通器材及其他交通运输设备制		140	
电气机械及器材制造业	12410	11302	9.8
电机制造	805		
输配电及控制设备制造	3970	500	694.0
电线、电缆、光缆及电工器材制	6230	7202	-13.5
通信设备、计算机及其他电子设备	20920	1000	1992.0
通信设备制造	1905		
电子计算机制造	19015	900	2012.8
电子元件制造		100	
仪器仪表及文化、办公用机械制造	1288		
通用仪器仪表制造	1288		
工艺品及其他制造业	460	796	-42.2
(四)电力、燃气及水的生产和供应业	**251852**	**151074**	**66.7**
其中:电力(月报)	200353	102900	94.7
电力、热力的生产和供应业	219301	121818	80.0
电力生产	189240	90714	108.6
水的生产和供应业	15571	12934	20.4
(五)建筑业	**2523**	**1505**	**67.6**
房屋和土木工程建筑业	2523	1505	67.6
土木工程建筑	300	600	-50.0
(六)交通运输、仓储和邮政业	**179630**	**170648**	**5.3**
铁路运输业	47035	32405	45.1
道路运输业	122435	130888	-6.5
道路运输辅助活动	122435	125938	-2.8
城市公共交通业	6384		
仓储业	3776	7355	-48.7
(七)信息传输、计算机服务和软件业	**16776**	**1256**	**1235.7**
电信和其他信息传输服务业	16776	1256	1235.7
电信	16776	1256	1235.7
(八)批发和零售业	**35408**	**35337**	**0.2**
批发业	18077	17071	5.9
农畜产品批发	220	330	-33.3
食品、饮料及烟草制品批发	1344	3170	-57.6
纺织、服装及日用品批发	1420		
文化、体育用品及器材批发	1500		
矿产品、建材及化工产品批发	8268	6946	19.0
机械设备、五金交电及电子产品	1700	3800	-55.3
零售业	17331	18266	-5.1
综合零售	13350	8666	54.1
食品、饮料及烟草制品专门零售	810	750	8.0
汽车、摩托车、燃料及零配件专	2171	8850	-75.5
五金、家具及室内装修材料专门	1000		

3-5 分行业全社会固定资产投资完成情况(续3)

单位：万元

指　　标	2007	2006	增长%
(九)住宿和餐饮业	**33839**	**31679**	**6.8**
住宿业	24005	22878	4.9
餐饮业	9834	8801	11.7
(十)金融业		**320**	
保险业		320	
(十一)房地产业	**500130**	**350189**	**42.8**
房地产开发	227613	206784	10.1
(十二)租赁和商务服务业		**3000**	
商务服务业		3000	
(十三)科学研究、技术服务和地质勘查业	**1390**	**2000**	**-30.5**
专业技术服务业	1390	2000	-30.5
工程技术与规划管理		2000	
(十四)水利、环境和公共设施管理业	**221701**	**171853**	**29.0**
水利管理业	16361	19389	-15.6
水资源管理	7587	12025	-36.9
环境管理业	14623	5856	149.7
自然保护		4000	
环境治理	14623	1856	687.9
公共设施管理业	190717	146608	30.1
游览景区管理	21381	11841	80.6
(十五)居民服务和其他服务业	**17311**		
居民服务业	17311		
(十六)教育	**55014**	**53053**	**3.7**
教育	55014	53053	3.7
中等教育	34918	23823	46.6
高等教育	7682	24200	-68.3
其他教育	5260	400	1215.0
(十七)卫生、社会保障和社会福利业	**10307**	**5775**	**78.5**
卫生	10307	5715	80.3
医院	4360	4190	4.1
社会福利业		60	
提供住宿的社会福利		60	
(十八)文化、体育和娱乐业	**10930**	**7006**	**56.0**
广播、电视、电影和音像业	4556	500	811.2
文化艺术业	6144	3786	62.3
体育	230	2720	-91.5
(十九)公共管理和社会组织	**24685**	**28056**	**-12.0**
国家机构	24546	27425	-10.5
国家行政机构	19268	22344	-13.8
人民法院和人民检察院	2129	4331	-50.8
群众团体、社会团体和宗教组织	139	117	18.8
群众团体	139	117	18.8
基层群众自治组织		514	

3-6 分行业按构成分的全社会固定资产投资完成情况(2007年)

单位：万元

指标	本年完成投资	建筑工程	安装工程	设备工器具购置	其他费用
总计	**2837447**	**1680795**	**180253**	**702947**	**273452**
(一)农、林、牧、渔业	**82480**	**38907**	**1196**	**8785**	**33592**
农业	7875	3570	70	2355	1880
谷物及其他作物的种植	330	237			93
蔬菜、园艺作物的种植	6159	2515	70	2000	1574
水果、坚果、饮料和香料作物的	1286	808		315	163
林业	25931	12336		1284	12311
林木的培育和种植	25931	12336		1284	12311
畜牧业	19081	9140	489	1575	7877
农、林、牧、渔服务业	29593	13861	637	3571	11524
农业服务业	28393	13861	637	3571	10324
畜牧服务业	1200				1200
(二)采矿业	**767276**	**408404**	**54329**	**222681**	**81862**
煤炭开采和洗选业	757370	404157	53165	221701	78347
石油和天然气开采业	4411	1161	500	200	2550
黑色金属矿采选业	3885	2086	54	780	965
非金属矿采选业	1610	1000	610		
土砂石开采	1610	1000	610		
(三)制造业	**626195**	**238565**	**70228**	**254288**	**63114**
农副食品加工业	26576	14110	2267	6227	3972
植物油加工	366	302			64
屠宰及肉类加工	15911	7787	1591	3783	2750
其他农副食品加工	9212	5512	671	2290	739
食品制造业	18140	5231	1288	7264	4357
焙烤食品制造	1600	300			1300
方便食品制造	829	450	100	209	70
罐头制造	5200	500	100	4400	200
调味品、发酵制品制造	5165	2951	75		2139
其他食品制造	3831	481	700	2050	600
饮料制造业	23224	9238	764	11625	1597
酒的制造	11925	3171	114	8423	217
软饮料制造	10399	5167	650	3202	1380
纺织业	3835	1235	1000	1300	300
棉、化纤纺织及印染精加工	75	75			
针织品、编织品及其制品制造	3760	1160	1000	1300	300
纺织服装、鞋、帽制造业	2200	800	1400		
木材加工及木、竹、藤、棕、草制	1330	700	75	478	77
锯材、木片加工	150	10	20	88	32
人造板制造	380	380			
木制品制造	800	310	55	390	45

3-6 分行业按构成分的全社会固定资产投资完成情况(2007年)(续1)

单位：万元

指 标	本年完成投资	建筑工程	安装工程	设备工器具购置	其他费用
家具制造业	2590	1340	300	340	610
造纸及纸制品业	4180	700	30	3405	45
造纸	745	700			45
纸制品制造	3435		30	3405	
印刷业和记录媒介的复制	8300	700		1600	6000
印刷	8300	700		1600	6000
石油加工、炼焦及核燃料加工业	145894	58482	20212	63345	3855
化学原料及化学制品制造业	69271	12280	6239	45229	5523
基础化学原料制造	57608	8130	5490	39620	4368
肥料制造	2290	1750	100	430	10
专用化学产品制造	9373	2400	649	5179	1145
医药制造业	17397	9020	1165	6432	780
塑料制品业	9209	2890	735	1640	3944
非金属矿物制品业	73947	27742	4146	37664	4395
水泥、石灰和石膏的制造	6383	2401	1829	2101	52
水泥及石膏制品制造	10850	6812	599	2390	1049
砖瓦、石材及其他建筑材料制造	14161	5722	581	5425	2433
玻璃及玻璃制品制造	30461	6191	405	23199	666
耐火材料制品制造	500	8	92	400	
石墨及其他非金属矿物制品制造	11592	6608	640	4149	195
黑色金属冶炼及压延加工业	75146	26128	8988	26360	13670
有色金属冶炼及压延加工业	10699	6116	1649	1668	1266
常用有色金属冶炼	7654	3787	1649	1668	550
稀有稀土金属冶炼	245	245			
金属制品业	26776	18286	1632	4604	2254
结构性金属制品制造	15558	10872	1420	1352	1914
建筑、安全用金属制品制造	4020	2300		1620	100
不锈钢及类似日用金属制品制造	1643	359	12	1032	240
通用设备制造业	33060	8825	10841	12276	1118
锅炉及原动机制造	375	170	50	110	45
金属加工机械制造	800	800			
泵、阀门、压缩机及类似机械的	3705	664	32	3005	4
风机、衡器、包装设备等通用设	7941	3652	1870	2330	89
通用零部件制造及机械修理	1820	770		175	875
金属铸、锻加工	17779	2129	8889	6656	105
专用设备制造业	33928	18341	2177	8391	5019
矿山、冶金、建筑专用设备制造	19197	10713	2140	3579	2765
化工、木材、非金属加工专用设	3144	2279		230	635
纺织、服装和皮革工业专用设备	7094	2326		4140	628
电子和电工机械专用设备制造	506	506			
医疗仪器设备及器械制造	500	400			100
环保、社会公共安全及其他专用	3487	2117	37	442	891

3-6 分行业按构成分的全社会固定资产投资完成情况(2007年)(续2)

单位: 万元

指　　标	本年完成投资	建筑工程	安装工程	设备工器具购置	其他费用
交通运输设备制造业	5415	2905	260	1345	905
汽车制造	5415	2905	260	1345	905
电气机械及器材制造业	12410	3641	4050	3850	869
电机制造	805	82			723
输配电及控制设备制造	3970	310	3118	490	52
电线、电缆、光缆及电工器材制	6230	3249	870	2101	10
通信设备、计算机及其他电子设备	20920	8655	1010	9105	2150
通信设备制造	1905	755			1150
电子计算机制造	19015	7900	1010	9105	1000
仪器仪表及文化、办公用机械制造	1288	880			408
通用仪器仪表制造	1288	880			408
工艺品及其他制造业	460	320		140	
(四)电力、燃气及水的生产和供应业	**251852**	**62920**	**18773**	**163811**	**6348**
其中: 电力(月报)	200353	43069	10499	143633	3152
电力、热力的生产和供应业	219301	48199	14249	153681	3172
电力生产	189240	41266	8619	136203	3152
水的生产和供应业	15571	9915	508	2827	2321
(五)建筑业	**2523**	**2005**			**518**
房屋和土木工程建筑业	2523	2005			518
土木工程建筑	300	300			
(六)交通运输、仓储和邮政业	**179630**	**161193**	**599**	**5405**	**12433**
铁路运输业	47035	45955		1000	80
道路运输业	122435	109921	360	1772	10382
道路运输辅助活动	122435	109921	360	1772	10382
城市公共交通业	6384	3416	209	2459	300
仓储业	3776	1901	30	174	1671
(七)信息传输、计算机服务和软件业	**16776**	**596**	**2480**	**13650**	**50**
电信和其他信息传输服务业	16776	596	2480	13650	50
电信	16776	596	2480	13650	50
(八)批发和零售业	**35408**	**25338**	**2429**	**4806**	**2835**
批发业	18077	12004	1829	2075	2169
农畜产品批发	220	150	15	55	
食品、饮料及烟草制品批发	1344	1344			
纺织、服装及日用品批发	1420	1000			420
文化、体育用品及器材批发	1500	235			1265
矿产品、建材及化工产品批发	8268	5223	1074	1651	320
机械设备、五金交电及电子产品	1700	1500	100	100	
零售业	17331	13334	600	2731	666
综合零售	13350	11289	500	1120	441
食品、饮料及烟草制品专门零售	810	810			
汽车、摩托车、燃料及零配件专	2171	935	5	1111	120
五金、家具及室内装修材料专门	1000	300	95	500	105

3-6　分行业按构成分的全社会固定资产投资完成情况(2007年)(续3)

单位：万元

指　　标	本年完成投资	建筑工程	安装工程	设备工器具购置	其他费用
(九)住宿和餐饮业	**33839**	**26796**	**1660**	**1911**	**3472**
住宿业	24005	18892	1460	1311	2342
餐饮业	9834	7904	200	600	1130
(十一)房地产业	**500130**	**432004**	**19764**	**9450**	**38912**
房地产开发	227613	193472	11995	3016	19130
(十三)科学研究、技术服务和地质勘查业	**1390**	**300**	**110**	**980**	
专业技术服务业	1390	300	110	980	
(十四)水利、环境和公共设施管理业	**221701**	**190658**	**2178**	**8413**	**20452**
水利管理业	16361	14758	85	1218	300
水资源管理	7587	6102	62	1174	249
环境管理业	14623	10548	165	3910	
环境治理	14623	10548	165	3910	
公共设施管理业	190717	165352	1928	3285	20152
游览景区管理	21381	17288	200		3893
(十五)居民服务和其他服务业	**17311**	**13727**	**1817**	**1607**	**160**
居民服务业	17311	13727	1817	1607	160
(十六)教育	**55014**	**44696**	**2077**	**2912**	**5329**
教育	55014	44696	2077	2912	5329
中等教育	34918	26758	862	2344	4954
高等教育	7682	7028	105	549	
其他教育	5260	4120	1080		60
(十七)卫生、社会保障和社会福利业	**10307**	**7777**	**470**	**460**	**1600**
卫生	10307	7777	470	460	1600
医院	4360	3880	220	260	
(十八)文化、体育和娱乐业	**10930**	**5564**	**1470**	**2990**	**906**
广播、电视、电影和音像业	4556	1050	1220	2190	96
文化艺术业	6144	4364	250	800	730
体育	230	150			80
(十九)公共管理和社会组织	**24685**	**21345**	**673**	**798**	**1869**
国家机构	24546	21206	673	798	1869
国家行政机构	19268	17650	314	798	506
人民法院和人民检察院	2129	1878			251
群众团体、社会团体和宗教组织	139	139			
群众团体	139	139			

3-7 分行业按经济类型分的全社会

指　　标	总计	国有单位	集体单位
总　　计	**2837447**	**922404**	**263003**
(一)农、林、牧、渔业	**82480**	**55211**	**4995**
农业	7875	4633	495
谷物及其他作物的种植	330		330
蔬菜、园艺作物的种植	6159	4500	165
水果、坚果、饮料和香料作物	1286	133	
林业	25931	25881	50
林木的培育和种植	25931	25881	50
畜牧业	19081	2298	4450
农、林、牧、渔服务业	29593	22399	
农业服务业	28393	21199	
畜牧服务业	1200	1200	
(二)采矿业	**767276**	**230366**	**144841**
煤炭开采和洗选业	757370	230366	143641
石油和天然气开采业	4411		1200
黑色金属矿采选业	3885		
非金属矿采选业	1610		
土砂石开采	1610		
(三)制造业	**626195**	**7185**	**8700**
农副食品加工业	26576	450	
植物油加工	366		
屠宰及肉类加工	15911	150	
其他农副食品加工	9212	300	
食品制造业	18140		
焙烤食品制造	1600		
方便食品制造	829		
罐头制造	5200		
调味品、发酵制品制造	5165		
其他食品制造	3831		
饮料制造业	23224		1300
酒的制造	11925		1300
软饮料制造	10399		
纺织业	3835		
棉、化纤纺织及印染精加工	75		
针织品、编织品及其制品制造	3760		
纺织服装、鞋、帽制造业	2200		
木材加工及木、竹、藤、棕、草制	1330		
锯材、木片加工	150		
人造板制造	380		
木制品制造	800		

固定资产投资完成情况(2007年)

单位:万元

私营及个体	联营	股份有限公司	外商	港澳台	其他内资
218918	**4167**	**1273372**	**36376**	**11800**	**107407**
9391		**10409**			**2474**
1253		1494			
		1494			
1153					
2094		8915			1324
6044					1150
6044					1150
38691	**1917**	**347305**	**3211**		**945**
35381	1917	345120			945
			3211		
1700		2185			
1610					
1610					
63292		**493108**	**29685**	**200**	**24025**
8110		17557	310		149
		366			
3020		12592			149
5090		3822			
5315		12344	481		
		1600			
		829			
5200					
115		5050			
		3350	481		
450		15866			5608
		5017			5608
450		9949			
450		3385			
		75			
450		3310			
		2200			
950		380			
150					
		380			
800					

3-7 分行业按经济类型分的全社会

指　　标	总计	国有单位	集体单位
家具制造业	2590		
造纸及纸制品业	4180		
造纸	745		
纸制品制造	3435		
印刷业和记录媒介的复制	8300		
印刷	8300		
石油加工、炼焦及核燃料加工业	145894	3500	
化学原料及化学制品制造业	69271	1330	2000
基础化学原料制造	57608		2000
肥料制造	2290	1330	
专用化学产品制造	9373		
医药制造业	17397		
塑料制品业	9209		
非金属矿物制品业	73947		2550
水泥、石灰和石膏的制造	6383		
水泥及石膏制品制造	10850		
砖瓦、石材及其他建筑材料制造	14161		2550
玻璃及玻璃制品制造	30461		
耐火材料制品制造	500		
石墨及其他非金属矿物制品制造	11592		
黑色金属冶炼及压延加工业	75146		
有色金属冶炼及压延加工业	10699		
常用有色金属冶炼	7654		
稀有稀土金属冶炼	245		
金属制品业	26776		
结构性金属制品制造	15558		
建筑、安全用金属制品制造	4020		
不锈钢及类似日用金属制品制造	1643		
通用设备制造业	33060		2150
锅炉及原动机制造	375		
金属加工机械制造	800		
泵、阀门、压缩机及类似机械的	3705		
风机、衡器、包装设备等通用设	7941		2150
通用零部件制造及机械修理	1820		
金属铸、锻加工	17779		
专用设备制造业	33928		
矿山、冶金、建筑专用设备制造	19197		
化工、木材、非金属加工专用设	3144		
纺织、服装和皮革工业专用设备	7094		
电子和电工机械专用设备制造	506		
医疗仪器设备及器械制造	500		
环保、社会公共安全及其他专用	3487		

固定资产投资完成情况(2007年)(续1)

单位:万元

私营及个体	联营	股份有限公司	外商	港澳台	其他内资
340		2250			
		4180			
		745			
		3435			
		8300			
		8300			
12940		125027	130	200	4097
1250		56431	8260		
200		47408	8000		
		700	260		
1050		8323			
		16887	510		
		9209			
6522		56632	150		8093
5986		397			
		10850			
215		11246	150		
		22368			8093
		500			
321		11271			
		75146			
4487		5268	944		
4487		2223	944		
		245			
6820		19956			
		15558			
4020					
		1643			
5532		21920			3458
375					
		800			
		1167			2538
		5791			
		1820			
4517		12342			920
7008		26920			
4524		14673			
		3144			
712		6382			
		506			
500					
1272		2215			

3-7 分行业按经济类型分的

指　　标	总计	国有单位	集体单位
交通运输设备制造业	5415		700
汽车制造	5415		700
电气机械及器材制造业	12410		
电机制造	805		
输配电及控制设备制造	3970		
电线、电缆、光缆及电工器材制	6230		
通信设备、计算机及其他电子设备	20920	1905	
通信设备制造	1905	1905	
电子计算机制造	19015		
仪器仪表及文化、办公用机械制造	1288		
通用仪器仪表制造	1288		
工艺品及其他制造业	460		
(四)电力、燃气及水的生产和供应业	**251852**	**97447**	**3416**
其中：电力(月报)	200353	73513	
电力、热力的生产和供应业	219301	85213	248
电力生产	189240	62400	
水的生产和供应业	15571	9784	468
(五)建筑业	**2523**	**800**	
房屋和土木工程建筑业	2523	800	
土木工程建筑	300		
(六)交通运输、仓储和邮政业	**179630**	**163880**	**2272**
铁路运输业	47035	41035	
道路运输业	122435	117246	2272
道路运输辅助活动	122435	117246	2272
城市公共交通业	6384	5599	
仓储业	3776		
(七)信息传输、计算机服务和软件业	**16776**	**250**	
电信和其他信息传输服务业	16776	250	
电信	16776	250	
(八)批发和零售业	**35408**	**5020**	**550**
批发业	18077	4010	
农畜产品批发	220		
食品、饮料及烟草制品批发	1344	850	
纺织、服装及日用品批发	1420	1420	
文化、体育用品及器材批发	1500	1500	
矿产品、建材及化工产品批发	8268	240	
机械设备、五金交电及电子产品	1700		
零售业	17331	1010	550
综合零售	13350	500	550
食品、饮料及烟草制品专门零售	810	510	
汽车、摩托车、燃料及零配件专	2171		
五金、家具及室内装修材料专门	1000		

全社会固定资产投资完成情况(2007年)(续2)

单位:万元

私营及个体	联营	股份有限公司	外商	港澳台	其他内资
		3615			1100
		3615			1100
1830		9175			1405
		805			
		3970			
1830		4400			
			18900		115
			18900		115
1288					
1288					
		460			
365		**147870**			**2754**
		126840			
		133840			
		126840			
365		2200			2754
		1723			
		1723			
		300			
3000		**10478**			
3000		3000			
		2917			
		2917			
		785			
		3776			
		13046	**3480**		
		13046	3480		
		13046	3480		
4830		**22300**			**2708**
330		13155			582
220					
		494			
110		7336			582
		1700			
4500		9145			2126
4500		7800			
		300			
		1045			1126
					1000

3-7 分行业按经济类型分的

指　　标	总计	国有单位	集体单位
(九)住宿和餐饮业	**33839**		**50**
住宿业	24005		50
餐饮业	9834		
(十一)房地产业	**500130**	**92736**	**88455**
房地产开发	227613	32306	4780
(十三)科学研究、技术服务和地质勘查业	**1390**		
专业技术服务业	1390		
(十四)水利、环境和公共设施管理业	**221701**	**188984**	**4266**
水利管理业	16361	13944	1377
水资源管理	7587	6787	50
环境管理业	14623	14425	68
环境治理	14623	14425	68
公共设施管理业	190717	160615	2821
游览景区管理	21381	9792	500
(十五)居民服务和其他服务业	**17311**	**3105**	**1200**
居民服务业	17311	3105	1200
(十六)教育	**55014**	**35373**	**638**
教育	55014	35373	638
中等教育	34918	16675	
高等教育	7682	7682	
其他教育	5260	4300	400
(十七)卫生、社会保障和社会福利业	**10307**	**6687**	**3620**
卫生	10307	6687	3620
医院	4360	4040	320
(十八)文化、体育和娱乐业	**10930**	**10930**	
广播、电视、电影和音像业	4556	4556	
文化艺术业	6144	6144	
体育	230	230	
(十九)公共管理和社会组织	**24685**	**24430**	
国家机构	24546	24291	
国家行政机构	19268	19108	
人民法院和人民检察院	2129	2129	
群众团体、社会团体和宗教组织	139	139	
群众团体	139	139	

全社会固定资产投资完成情况(2007年)(续3)

单位:万元

私营及个体	联营	股份有限公司	外商	港澳台	其他内资
8726		**23290**			**1773**
4226		17956			1773
4500		5334			
90623	**2250**	**185747**		**4500**	**35819**
54616		135911			
		1390			
		1390			
		15706		**7100**	**5645**
		1040			
		750			
		130			
		130			
		14536		7100	5645
		11089			
					13006
					13006
		745			**18258**
		745			18258
		185			18058
		560			
		255			
		255			
		160			

3-8 按行业分的

指　　标	本年资金来源合计	上年末结余资金	本年资金来源小计	国家预算内资金	国内贷款
总　　计	**2965142**	**50527**	**2914615**	**99366**	**384417**
(一)农、林、牧、渔业	**82791**	**2150**	**80641**	**23879**	**7730**
农业	8060	2150	5910	425	2350
谷物及其他作物的种植	500		500		
蔬菜、园艺作物的种植	6174	2150	4024		2350
水果、坚果、饮料和香料作物的种植	1286		1286	425	
林业	24242		24242	15449	560
林木的培育和种植	24242		24242	15449	560
畜牧业	20389		20389	145	3600
农、林、牧、渔服务业	30100		30100	7860	1220
农业服务业	29700		29700	7460	1220
畜牧服务业	400		400	400	
(二)采矿业	**767733**	**11417**	**756316**	**1600**	**106949**
煤炭开采和洗选业	758212	11417	746795	1600	106949
石油和天然气开采业	4306		4306		
黑色金属矿采选业	3885		3885		
非金属矿采选业	1330		1330		
土砂石开采	1330		1330		
(三)制造业	**649991**	**2457**	**647534**	**4000**	**49877**
农副食品加工业	26707	83	26624	200	6190
植物油加工	366		366		
屠宰及肉类加工	16676	83	16593		5090
其他农副食品加工	8712		8712		1100
食品制造业	17534		17534		2300
焙烤食品制造	1600		1600		
方便食品制造	1100		1100		300
罐头制造	5200		5200		2000
调味品、发酵制品制造	4865		4865		
其他食品制造	3254		3254		
饮料制造业	35564	200	35364		900
酒的制造	24685		24685		400
软饮料制造	9979	200	9779		
纺织业	3935		3935		2000
棉、化纤纺织及印染精加工	275		275		
针织品、编织品及其制品制造	3660		3660		2000
纺织服装、鞋、帽制造业	2200		2200		
木材加工及木、竹、藤、棕、草制造	1330		1330		
锯材、木片加工	150		150		
人造板制造	380		380		
木制品制造	800		800		

资金来源情况(2007年)

单位：万元

利用外资	其中：外商直接投资	自筹资金	企事业单位自有资金	其他资金来源	本年各项应付款合计	其中：工程款	其中：省外资金
107041	**32731**	**1977945**	**561643**	**345846**	**221528**	**112900**	**516577**
		43794	**9210**	**5238**	**3827**	**3625**	**10304**
		2655	300	480			526
		200	200	300			
		1494		180			526
		861					
		5852		2381	1889	1889	3019
		5852		2381	1889	1889	3019
		16244	5992	400	412	410	800
		19043	2918	1977	1526	1326	5959
		19043	2918	1977	726	526	5959
					800	800	
14575	**1811**	**573707**	**244481**	**59485**	**17779**	**16416**	**133558**
12764		565997	239966	59485	17394	16396	131338
1811	1811	2495	1400		105		1400
		3885	2885				590
		1330	230		280	20	230
		1330	230		280	20	230
74780	**27910**	**497806**	**144708**	**21071**	**89346**	**27579**	**213548**
		18817	4722	1417	1384	634	3000
		366	366				300
		10086	1449	1417	750		
		7612	2597		500	500	2400
1223	500	13411	6385	600	1379	979	631
		1600					
		800					
1000	500	2000	1000	200			
		4465	1850	400	400		
223		3031	2400		950	950	631
		34464	9523		840		26188
		24285	7069				18884
		9779	2054		840		7304
		1935			100		
		275					
		1660			100		
		2200					800
		1330	380				150
		150					150
		380	380				
		800					

3-8 按行业分的

指标	本年资金来源合计	上年末结余资金	本年资金来源小计	国家预算内资金	国内贷款
家具制造业	2840		2840		
造纸及纸制品业	4180		4180		
造纸	745		745		
纸制品制造	3435		3435		
印刷业和记录媒介的复制	8500		8500		
印刷	8500		8500		
石油加工、炼焦及核燃料加工业	139435		139435		8000
化学原料及化学制品制造业	75641		75641		6350
基础化学原料制造	63338		63338		5100
肥料制造	2530		2530		
专用化学产品制造	9773		9773		1250
医药制造业	18418		18418	800	1100
塑料制品业	10105		10105		1635
非金属矿物制品业	74845	230	74615		7221
水泥、石灰和石膏的制造	5986		5986		
水泥及石膏制品制造	11630	230	11400		1020
砖瓦、石材及其他建筑材料制造	15381		15381		960
玻璃及玻璃制品制造	29668		29668		4141
耐火材料制品制造	500		500		350
石墨及其他非金属矿物制品制造	11680		11680		750
黑色金属冶炼及压延加工业	74498	300	74198		5000
有色金属冶炼及压延加工业	10441		10441		
常用有色金属冶炼	7241		7241		
稀有稀土金属冶炼	400		400		
金属制品业	28671		28671		2300
结构性金属制品制造	16153		16153		2300
建筑、安全用金属制品制造	4020		4020		
不锈钢及类似日用金属制品制造	1543		1543		
通用设备制造业	33393	543	32850		30
锅炉及原动机制造	480		480		30
金属加工机械制造	800		800		
泵、阀门、压缩机及类似机械的	5650		5650		
风机、衡器、包装设备等通用设备制造	11032	543	10489		
通用零部件制造及机械修理	2150		2150		
金属铸、锻加工	12641		12641		
专用设备制造业	39778	1101	38677		6851
矿山、冶金、建筑专用设备制造	20818	201	20617		6851
化工、木材、非金属加工专用设	4000		4000		
纺织、服装和皮革工业专用设备	9002	500	8502		
电子和电工机械专用设备制造	506		506		
医疗仪器设备及器械制造	500		500		
环保、社会公共安全及其他专用	4952	400	4552		

资金来源情况(2007年)(续1)

单位：万元

利用外资	其中：外商直接投资	自筹资金	企事业单位自有资金	其他资金来　源	本年各项应付款合计	其中：工程款	其中：省外资金
		2840					
		4180	745				3435
		745	745				
		3435					3435
		8500					
		8500					
6500	6500	124935	28763		35586	11080	79733
500	500	66991	43202	1800	250		28500
		56838	40858	1400	250		20000
500	500	2030	2030				500
		8123	314	400			8000
10	10	15958	2708	550	120	120	8227
		7670	3170	800	225		800
900	900	64054	15742	2440	3786	1033	38172
		5986	689		397		
		10300		80	600	410	5400
		13021	1154	1400			6815
900	900	23667	13854	960	2759	623	15457
		150					
		10930	45		30		10500
43407		25791	7291		26001	6000	
		9514	1870	927	413	353	3000
		6314	1870	927	413	353	3000
		400					
600	600	25061	11886	710	2182	964	3997
		13693	6888	160	1662	544	2454
600	600	2870		550			
		1543	1543		100		1543
240		27880	6926	4700	7481	1206	2771
		250		200			
		800					
		5650	2736				
		5989		4500	1000		
		2150			1000	1000	
240		12401	4190		5481	206	2771
2500		22199	800	7127	8540	4480	10964
		7439	800	6327	4240	3480	8314
2500		1500			4000	1000	2500
		7802		700			
		506					
		400		100			
		4552			300		150

3-8 按行业分的

指　　标	本年资金来源合计	上年末结余资金	本年资金来源小计	国家预算内资金	国内贷款
交通运输设备制造业	5700		5700		
汽车制造	5700		5700		
电气机械及器材制造业	12501		12501		
电机制造	1000		1000		
输配电及控制设备制造	4545		4545		
电线、电缆、光缆及电工器材制	5580		5580		
通信设备、计算机及其他电子设备制造	22015		22015	3000	
通信设备制造	3000		3000	3000	
电子计算机制造	19015		19015		
仪器仪表及文化、办公用机械制造	1300		1300		
通用仪器仪表制造	1300		1300		
工艺品及其他制造业	460		460		
(四)电力、燃气及水的生产和供应业	**248335**	**596**	**247739**	**15960**	**109209**
其中：电力(月报)	197509		197509	8465	105769
电力、热力的生产和供应业	215727		215727	12565	105769
电力生产	186331		186331		105269
水的生产和供应业	15271		15271	3395	740
(五)建筑业	**2700**		**2700**		
房屋和土木工程建筑业	1700		1700		
土木工程建筑	300		300		
(六)交通运输、仓储和邮政业	**176699**		**176699**	**9520**	**49160**
铁路运输业	47221		47221		40000
道路运输业	119318		119318	9520	9160
道路运输辅助活动	119318		119318	9520	9160
城市公共交通业	6384		6384		
仓储业	3776		3776		
(七)信息传输、计算机服务和软件业	**16760**		**16760**		
电信和其他信息传输服务业	16760		16760		
电信	16760		16760		
(八)批发和零售业	**36588**		**36588**	**510**	**300**
批发业	18382		18382		
农畜产品批发	220		220		
食品、饮料及烟草制品批发	1244		1244		
纺织、服装及日用品批发	1420		1420		
文化、体育用品及器材批发	1500		1500		
矿产品、建材及化工产品批发	8298		8298		
机械设备、五金交电及电子产品	1700		1700		
零售业	18206		18206	510	300
综合零售	13700		13700	160	300
食品、饮料及烟草制品专门零售	810		810	350	
汽车、摩托车、燃料及零配件专	2696		2696		
五金、家具及室内装修材料专门	1000		1000		

资金来源情况(2007年)(续2)

单位：万元

利用外资	其中：外商直接投资	自筹资金	企事业单位自有资金	其他资金来　源	本年各项应付款合计	其中：工程款	其中：省外资金
		5700	480		380	80	
		5700	480		380	80	
		12501			679	650	2720
		1000					
		4545					1731
		5580			650	650	300
18900	18900	115	115				
18900	18900	115	115				
		1300					
		1300					
		460					460
6156		**113407**	**41799**	**3007**	**14966**	**3998**	**22716**
6156		76569	32158	550	13243	3064	18514
6156		88299	32208	2938	13973	3279	18514
6156		74356	29945	550	12943	2764	18514
		11067	2854	69	300	300	4202
		1000	**1000**	**1700**			
				1700			
				300			
		86778	**3457**	**31241**	**8015**	**7515**	**23615**
		7221	2221		500		22000
		73277		27361	7515	7515	1615
		73277		27361	7515	7515	1615
		2504	785	3880			
		3776	451				
		14490	**11460**	**2270**	**16**		**3000**
		14490	11460	2270	16		3000
		14490	11460	2270	16		3000
		34204	**8219**	**1574**	**326**	**246**	**1050**
		16948	2368	1434	150	150	1050
		220					50
		1230		14	100	100	
				1420			
		1500	1500				
		8298	868		50	50	1000
		1700					
		17256	5851	140	176	96	
		13200	4200	40			
		460					
		2696	1651		176	96	
		900		100			

3-8 按行业分的

指　　标	本年资金来源合计	上年末结余资金	本年资金来源小计	国家预算内资金	国内贷款
(九)住宿和餐饮业	**30919**		**30919**		**390**
住宿业	21885		21885		390
餐饮业	9034		9034		
(十一)房地产业	**599365**	**30720**	**568645**	**1360**	**21747**
房地产开发	270741	30703	240038		12067
(十三)科学研究、技术服务和地质勘查业	**1390**		**1390**		
专业技术服务业	1390		1390		
(十四)水利、环境和公共设施管理业	**227696**	**2684**	**225012**	**24743**	**34545**
水利管理业	16989	344	16645	3886	2000
水资源管理	9301		9301	3510	2000
环境管理业	18360		18360		4000
环境治理	18360		18360		4000
公共设施管理业	192347	2340	190007	20857	28545
游览景区管理	22776		22776		
(十五)居民服务和其他服务业	**17311**		**17311**	**1090**	
居民服务业	17311		17311	1090	
(十六)教育	**61109**	**503**	**60606**	**4329**	**4030**
教育	61109	503	60606	4329	4030
中等教育	38066	503	37563	3012	
高等教育	9600		9600		4000
其他教育	5060		5060		
(十七)卫生、社会保障和社会福利业	**12451**		**12451**	**1200**	**480**
卫生	12451		12451	1200	480
医院	4840		4840		480
(十八)文化、体育和娱乐业	**10930**		**10930**	**426**	
广播、电视、电影和音像业	4556		4556	122	
文化艺术业	6144		6144	74	
体育	230		230	230	
(十九)公共管理和社会组织	**22374**		**22374**	**10749**	
国家机构	22235		22235	10610	
国家行政机构	17869		17869	7478	
人民法院和人民检察院	2933		2933	1794	
群众团体、社会团体和宗教组织	139		139	139	
群众团体	139		139	139	

资金来源情况(2007年)(续3)

单位：万元

利用外资	其中：外商直接投资	自筹资金	企事业单位自有资金	其他资金来源	本年各项应付款合计	其中：工程款	其中：省外资金
		27863	**17863**	**2666**	**3270**	**2170**	
		18829	14863	2666	2470	2170	
		9034	3000		800		
4500		**356225**	**61160**	**184813**	**56793**	**38981**	**57797**
		88942	45318	139029	41191	26242	20101
		1390					
		1390					
4010	**10**	**153168**	**15781**	**8546**	**16286**	**3136**	**44307**
		7833		2926	1542	1491	507
		2344		1447			451
		14360	130				13000
		14360	130				13000
4010	10	130975	15651	5620	14744	1645	30800
10	10	21793	4634	973	291	105	4300
		15907	**1200**	**314**			
		15907	1200	314			
3020	**3000**	**35841**	**730**	**13386**	**4062**	**3846**	**5382**
3020	3000	35841	730	13386	4062	3846	5382
3000	3000	22115	211	9436			220
		4000		1600	3566	3566	4950
		5060	200		200	200	
		9979	**415**	**792**	**426**		**1120**
		9979	415	792	426		1120
		3568	320	792			1020
		6754		**3750**			**180**
		4434					
		2320		3750			180
		5632	**160**	**5993**	**6416**	**5388**	
		5632	160	5993	6416	5388	
		4398	160	5993	2446	2346	
		1139			2254	2254	

3-9 新增生产能力(2007年)

指　　标	建设规模	本年施工规模		累计新增生产能力	
			其中：本年新开工能力		其中：本年新增能力
原煤开采(万吨/年)	4771	3394	2007	939	889
洗煤(万吨/年)	1134	1059	170	1134	1059
焦炭(万吨/年)	1221	830	205	705	455
铁矿开采(原矿)(万吨/年)	17	17	17	17	17
生铁(万吨/年)	310	210	110	250	150
铁合金(折标吨/年)	66000	66000	66000	66000	66000
钢材（万吨/年）	120	120	120		
镍冶炼(吨/年)	5000	5000			
火力发电(万千瓦)	93.5	90	47.1	3.9	2.9
输电线路长度(11万伏及以上)(公里)	29.89	29.89		29.89	29.89
水泥(万吨/年)	60	60	5	55	55
石墨及炭素制品(吨/年)	48750	26120	10870	45250	24800
电石(吨/年)	40000	40000		40000	40000
农用氮、磷、钾化学肥料（吨/年）	60000	25000			
氮肥(吨/年)	30000	20000			
钾肥(吨/年)	30000	5000			
塑料树脂及共聚物(吨/年)	5000	5000	5000	4000	4000
化学原料药(吨/年)	312	312		12	12
中成药(吨/年)	93	93	43	93	93
其它汽车制造(辆/年)	1600	1600	1600	600	600
酒（万吨/年）	6.6	1.7	1.4	0.9	0.9
啤　酒(万吨/年)	2.5	0.3			
白　酒(万吨/年)	4.1	1.4	1.4	0.9	0.9

3-9　新增生产能力(2007年)(续)

指　　标	建设规模	本年施工规　模	其中：本年新开工能力	累计新增生产能力	其中：本年新增能力
新建铁路主线正线交付运营里程(公里)	3.54	2.62	1.32		
新建公路(公里)	318.95	308.95	308.95	293.01	283.01
改建公路(公里)	496.41	487.63	457.03	369.48	360.7
一级公路(公里)	20	20	20	20	20
二级公路（公里）	33	33	33	33	33
三级公路（公里）	50.8	50.8	50.8	43	43
新建独立公路桥梁(延长米)	193	193	193	43	43
新建独立公路桥梁(座)	2	2	2	1	1
新(扩)建客、货运站(个)	2	2	2		
新(扩)建客、货运站(平方米)	28449	28449	28449		
耕地面积(万亩)	1	1		0.18	0.18
造林面积(万亩)	30.72	26.22	25.72	26.22	26.22
水库容量(总库容)(亿立方米)	0.15	0.15	0.15		
高等院校：学生席位(个)	36127	31927	21432	19527	16327
建筑面积(平方米)	292708	254414	195983	125945	94534
医院病床(张)	449	449	300	449	449
宾馆、旅馆、招待所客房数(间)	880	390	280	60	60
宾馆、旅馆、招待所客房数(平方米)	37730	23400	16400	4000	4000
城市自来水供水能力(万吨/日)	23.9	13.2	11.8		
城市道路扩建长度(公里)	115.61	100.34	57.34	100.76	86.49
城市道路扩建面积(万平方米)	325.78	297.81	82.81	265.93	241.21
城市排水管道铺设长度(公里)	79	79		79	79
城市污水处理能力(万吨/日)	23.41	17.71	5.7	3	1
城市永久性桥梁(座)	4	4	4	4	4
城市防洪堤长度(公里)	1.6	1.6	1.6	1.6	1.6
铁矿选矿处理量(万吨/年)	6	6	6	6	6
精甲醇(吨/年)	100000	100000			
机制纸(万吨/年)	12	12		12	12
移动通信基站设备(指安装能力)(个/年)	71	71	71	71	71

3-10 房地产开发完成情况

项 目	2007	2006
本年完成投资(万元)	227613	206784
#商品住宅	201301	170786
本年新增固定资产(万元)	157395	124141
本年商品房屋销售额(万元)	223261	193472
#商品住宅	203606	163470
本年销售面积(平方米)	1238588	1277193
#商品住宅	1188764	1180053
本年施工房屋面积(平方米)	3445887	3234353
#商品住宅	3217943	2940844
本年新开工施工房屋面积(平方米)	1458182	1543402
#商品住宅	1386694	1413464
本年竣工房屋面积(平方米)	1006297	912335
#商品住宅	943303	832254
本年竣工房屋价值(万元)	139232	114439
#商品住宅	124498	95317

3-11 房地产开发施工、销售和空置情况(2007年)

指 标	合计	住宅	#90平方米以下住房	#经济适用房	#别墅、高档公寓	办公楼	商业营业用房	其他
房屋施工面积(平方米)	3445887	3117943	424162	416644		28441	162416	37087
#本年新开工	1458182	1386694	189098	170088			52767	18721
房屋竣工面积 (平方米)	1006297	943303	132091	216437			41113	21881
#不可销售	15050	1200						13850
商品住宅竣工套数(套)		8223	1681	2252				
竣工房屋价值(万元)	139232	124498	14770	22959			10794	3940
出租房屋面积(平方米)								
商品房销售面积(平方米)	1238588	1188764	146855	232114			49824	
现 房	654800	621721	76470	168187			33079	
期 房	583788	567043	70385	63927			16745	
商品房销售额(万元)	223261	203606	21010	28011			19655	
现 房	117908	105352	10914	20115			12556	
期 房	105353	98254	10096	7896			7099	
商品住宅销售套数(套)		10429	1793	2386				
现 房		5436	984	1696				
期 房		4993	809	690				
空置面积 (平方米)	68215	48537	999	540			19678	
空置1-3年面积	60884	45324	999	540			15560	
空置3年以上面积	4118						4118	

3-12 房地产开发资金来源情况(2007年)

单位：万元

指标	本年资金来源合计	上年末结余资金	本年资金来源小计	国内贷款	自筹资金	其他资金来源	#定金及预付款
总计	**270741**	**30703**	**240038**	**12067**	**88942**	**139029**	**91972**
按登记注册类型							
内资	270741	30703	240038	12067	88942	139029	91972
国有	36344	1334	35010	400	11000	23610	10843
集体	3481	151	3330		2530	800	
股份合作	3481	151	3330		2530	800	
国有联营							
集体联营							
国有与集体联营							
其他联营							
国有独资公司							
其他有限责任公司	132146	10923	121223	6850	44364	70009	48800
股份有限公司	20715	5784	14931	400	14005	526	326
私营独资	11120		11120		6850	4270	1683
私营合伙							
私营有限责任公司	64835	12511	52324	4417		39814	30320
私营股份有限公司	2100		2100				
其他内资企业							
按隶属关系							
中央	1520		1520				
省							
地区	60679	3963		5997	6670		
县	116931	14671		1370	45297		
乡镇							
其他	91611	12069		4700	36975		

3-13 房地产开发

指标	企业个数（个）	计划总投资	累计完成投资	本年完成投资	#土地开发投资额	建筑工程	安装工程
总计	**93**	**689411**	**505340**	**227613**	**10144**	**193472**	**11995**
按登记注册类型							
内资	93	689411	505340	227613	10144	193472	11995
国有	11	57814	62683	32306	250	30066	908
集体		4145	4780	4780		4780	
股份合作	1	4145	4780	4780		4780	
国有联营							
集体联营							
国有与集体联营							
其他联营							
国有独资公司							
其他有限责任公司	52	436806	304556	129565	2724	111900	7745
股份有限公司	8	44684	21897	6346		5002	1344
私营独资	4	26700	15200	12800	2240	8160	1100
私营合伙							
私营有限责任公司	14	109562	87724	39816	4930	31644	898
私营股份有限公司	2	9700	8500	2000		1920	
其他内资企业	1						
按隶属关系							
中央	1	1801	1780	1520		1520	
省							
地区	17	143691	113796	46334	5292	39296	667
县	35	221870	182492	94286	2612	79927	5827
乡镇							
其他	40	322049	207272	85473	2240	72729	5501

投资(2007年)

单位：万元

设备工器具购置	其他费用	#旧建筑物购置费	#土地购置费	住宅	#90平方米以下住房	#经济适用房	#别墅、高档公寓	办公楼	商业营业用房	其他	本年新增固定资产
3016	**19130**	**370**	**8309**	**201301**	**28245**	**37236**		**1572**	**19455**	**5285**	**157395**
3016	19130	370	8309	201301	28245	37236		1572	19455	5285	157395
26	1306			30669	7118	15195			1300	337	25800
				4780	4780						3900
				4780	4780						3900
1540	8380	370	4939	112666	10721	14124		1572	11366	3961	77116
				4846	795				1500		16923
1100	2440		2440	10238	100	6850			2562		13900
350	6924		930	36182	4731	1067			2647	987	17856
	80			1920					80		1900
				1520	76	1200					1780
86	6285		931	38216	8535	8986			6560	1558	27737
1750	6782	370	2300	89894	16658	16740		373	3162	857	67846
1180	6063		5078	71671	2976	10310		1199	9733	2870	60032

3-14 房地产开发

指标	固定资产原价	固定资产累计折旧	#本年折旧	资产总计	负债总计	所有者权益合计
总计	**34077**	**6969**	**1411**	**512578**	**382766**	**129812**
按登记注册类型						
内资	34077	6969	1411	512578	382766	118935
国有	3305	692	94	60353	58026	2327
集体	864	108	6	15486	19942	-4456
股份合作	864	108	6	15486	19942	-4456
国有联营						
集体联营						
国有与集体联营						
其他联营						
国有独资公司						
其他有限责任公司	17350	3021	779	269720	186074	83646
股份有限公司	9027	1278	364	34127	23371	10756
私营独资	10124	567	584	64	18	78
私营合伙	246	89	52	7960	6884	1076
私营有限责任公司	3204	1752	116	105818	80039	25779
私营股份有限公司	81	20		8237	8430	-193
其他内资企业						
按隶属关系						
中央	545	258	12	1804	840	964
省						
地区	5894	2743	380	117214	74418	42796
县	21906	2932	753	267235	220328	46907
乡镇						
其他	5732	1036	266	126325	87180	39145

企业财务状况(2007年)

单位：万元

经营收入总计	商品房屋销售收入	其他收入	经营成本	经营税金及附加	主营业务利润	利润总额	应交所得税	全部从业人员年平均人数(人)
197668	**193414**	**4254**	**152926**	**12057**	**29377**	**18413**	**6544**	**2909**
197668	193414	4254	152926	12057	29377	18413	6544	2890
19315	18818	497	16281	1563	1453	33	36	420
1532	1532		1519	197	-184	-416		30
1532	1532		1519	197	-184	-416		30
						-4		22
			7205	452	549	75	25	76
130892	127915	2977	95888	6900	25600	19086	5704	1629
2078	2078		1505	150	208	-7	19	269
11320	11320		10124	567	584	64	18	78
24636	24636		19884	2543	1800	132	767	406
7895	7115	780	7725	137	-84	-479		58
1300	1300		1164	25	111	13	1	87
31012	31012		24999	2274	3457	1691	571	415
102602	99698	2904	72859	6504	20551	15378	4787	1451
62754	61404	1350	53904	3254	5258	1331	1185	956

3-15 房地产开发企业土地购置、开发和空置情况(2007年)

单位：平方米

指　　标	本年完成开发土地面积	待开发土地面积	本年购置土地面积	本年土地成交价款(万元)	空置面积	#空置面积(一年至三年)	#空置面积(三年以上)
总　　计	**554476**	**364698**	**167772**	**8278**	**68215**	**60884**	**4118**
按登记注册类型							
内　资	554476	364698	167772	8278	68215	60884	4118
国　有	34000				5013	1800	
集　体							
股份合作							
国有联营							
集体联营							
国有与集体联营							
其他联营							
国有独资公司							
其他有限责任公司	202255	120739	86472	5073	19307	15189	4118
股份有限公司	168091	46804	7705	800	28595	28595	
私营独资	48800		42000	1500			
私营合伙							
私营有限责任公司	101330	197155	31595	905	15300	15300	
私营股份有限公司							
其他内资企业							
按隶属关系							
中　央							
省							
地　区	98000	204845	31285	2011	4118		4118
县	230671	70599	51542	1329	64097	60884	
乡　镇							
其　他	225805	89254	84945	4938			

主要统计指标解释

全社会固定资产投资　固定资产投资是社会固定资产再生产的主要手段。通过建造和购置固定资产的活动，国民经济不断采用先进技术装备，建立新兴部门，进一步调整经济结构和生产力的地区分布，增强经济实力，为改善人民物质文化生活创造物质条件。这对我国的社会主义现代化建设具有重要意义。

固定资产投资额是以货币表现的建造和购置固定资产活动的工作量，它是反映固定资产投资规模、速度、比例关系和使用方向的综合性指标。全社会固定资产投资按经济类型可分为国有、集体、个体、联营、股份制、外商、港澳台商、其他等。按照管理渠道，全社会固定资产投资总额分为基本建设、更新改造、房地产开发投资和其他固定资产投资四个部分。

房地产开发投资　指房地产开发公司、商品房建设公司及其他房地产开发法人单位和附属于其他法人单位实际从事房地产开发或经营的活动单位统一开发的包括统代建、拆迁还建的住宅、厂房、仓库、饭店、宾馆、度假村、写字楼、办公楼等房屋建筑物和配套的服务设施，土地开发工程（如道路、给水、排水、供电、供热、通讯、平整场地等基础设施工程）的投资；不包括单纯的土地交易活动。

固定资产投资的资金来源　根据固定资产投资的资金来源不同，分为国家预算内资金、国内贷款、利用外资、自筹资金和其他资金来源。

⑴国家预算内资金：指中央财政和地方财政中由国家统筹安排的基本建设拨款和更新改造拨款，以及中央财政安排的专项拨款中用于基本建设的资金和基本建设拨款改贷款的资金等。

⑵国内贷款：指报告期内企、事业单位向银行及非银行金融机构借入的用于固定资产投资的各种国内借款。包括银行利用自有资金及吸收的存款发放的贷款、上级主管部门拨入的国内贷款、国家专项贷款(包括煤代油贷款、劳改煤矿专项贷款等)、地方财政专项资金安排的贷款、国内储备贷款、周转贷款等。

⑶利用外资：指报告期内收到的用于固定资产投资的国外资金，包括统借统还、自借自还的国外贷款，中外合资项目中的外资，以及对外发行债券和股票等。国家统借统还的外资指由我国政府出面同外国政府、团体或金融组织签订贷款协议、并负责偿还本息的国外贷款。

⑷自筹资金：指建设单位报告期内收到的，用于进行固定资产投资的上级主管部门、地方和企、事业单位自筹资金。

⑸其他资金来源：指报告期内收到的除以上各种拨款、固定资产投资按国民经济行业分建设项目归哪个行业，按其建成投产后的主要产品或主要用途及社会经济活动性质来确定。基本建设按建设项目划分国民经济行业，更新改造、国有单位其他固定资产投资及城镇集体投资根据整个企业、事业单位所属的行业来划分。一般情况下，一个建设项目或一个企业、事业单位只能属于一种国民经济行业。为了更准确地反映国民经济各行业之间的比例关系，联合企业(总厂)所属分厂属于不同行业的，原则上按分厂划分行业。

固定资产投资按建设性质分　建设项目的性质一般分为新建、扩建、改建、迁建、恢复。基本建设按建设项目划分建设性质，更新改造、国有单位其他固定资产投资及城镇集体投资等按整个企业、事业单位的建设情况确定建设性质，房地产开发单位、农村投资、城镇工矿区私人建房等投资不划分建设性质。

⑴新建：一般是指从无到有、“平地起家”新开始建设的单位。有的单位原有的基础很小，经过建设后其新增加的固定资产价值超过原有固定资产价值(原值)三倍以上的也算新建。

⑵扩建：一般是指为扩大原有产品的生产能力，在厂内或其他地点增建主要生产车间(或主要工程)、独立的生产线或分厂的企业；事业单位和行政单位在原单位增建业务用房(如学校增建教学用房、医院增建门诊部或病床用房、行政机关增建办公楼等)也作为扩建。

⑶改建：一般是指现有企业、事业单位为了技术进步，提高产品质量，增加花色品种，促进产品升级

换代，降低消耗和成本，加强资源综合利用和三废治理、劳保安全等，采用新技术、新工艺、新设备、新材料等对现有设施、工艺条件进行技术改造或更新(包括相应配套的辅助性生产、生活福利设施)。有的企业为充分发挥现有生产能力，进行填平补齐而增建不增加本单位主要产品生产能力的车间等，也属于改建。

固定资产投资按构成分 固定资产投资活动按其工作内容和实现方式分为建筑安装工程，设备、工具、器具购置，其他费用三个部分。

⑴建筑安装工程(建筑安装工作量)：指各种房屋、建筑物的建造工程和各种设备、装置的安装工程。包括各种房屋建造工程，各种用途设备基础和各种工业窑炉的砌筑工程；为施工而进行的各种准备工作和临时工程以及完工后的清理工作等；铁路、道路的铺设，矿井的开凿及石油管道的架设等；水利工程；防空地下建筑等特殊工程；以及各种机械设备的安装工程；为测定安装工程质量，对设备进行的试运工作。在安装工程中，不包括被安装设备本身的价值。

⑵设备、工具、器具购置：指购置或自制达到固定资产标准的设备、工具、器具的价值，固定资产的标准按财务部门规定。新建单位、扩建单位的新建车间按照设计和计划要求购置或自制的全部设备、工具、器具，不论是否达到固定资产标准均计入“设备、工具、器具购置”中。

⑶其他费用：指在固定资产建造和购置过程中发生的，除建筑安装工程和设备、工具、器具购置以外的各种应摊入固定资产的费用。

施工项目 指报告期内曾进行建筑或安装工程施工活动的建设项目，包括报告期内新开工项目、报告期以前开工跨入报告期继续施工的项目以及报告期施过工并在报告期内全部建成投产或停缓建的项目。

全部建成投产项目 工业项目是指设计文件规定形成生产能力的主体工程及其相应配套的辅助设施全部建成，经负荷试运转，证明具备生产设计规定合格产品的条件，并经过验收鉴定合格或达到竣工验收标准，与生产性工程配套的生活福利设施可以满足近期正常生产的需要，正式移交生产的建设项目。非工业项目是指设计文件规定的主体工程和相应的配套工程全部建成，能够发挥设计规定的全部效益，经验收鉴定合格或达到竣工验收标准，正式移交使用的建设项目。

新增生产能力 指通过固定资产投资活动而增加的设计能力或工程效益，它是用实物形态表示的固定资产投资的成果。新增生产能力的计算，是以能独立发挥生产能力或工程效益的单项工程(或项目)为对象。当单项工程(或项目)建成，经有关部门鉴定合格，正式移交投入生产，即可计算新增生产能力。

新增生产能力或工程效益有以下几种表现形式：

⑴以建设项目或单项工程建成后的年产能力表示，如煤炭开采、石油开采等。

⑵以建设项目或单项工程建成后处理原料的能力表示，如选矿工程的年处理矿石能力、洗煤厂年洗原煤能力等。

⑶以新增的主要设备数量或容量表示，如棉纺锭锭数、发电机组容量等。

⑷以建筑物容积、容量、面积或长度表示，如水库容量、铁路公路里程等。

新增生产能力的数量一般按设计能力计算。设计能力是指设计文件中规定的在正常情况下能够达到的生产能力，而不论投产后的实际产量如何。以设备数量、建筑物容积、面积、长度等表示的新增生产能力或工程效益，则按建成的实际数量计算。

房屋建筑面积 指从房屋外墙线算起的各层平面面积的总和，包括可供使用的有效面积和房屋结构(如柱、墙)占用的面积。多层建筑按各层（包括地下室）面积总和计算。

住宅建筑面积 指施工和竣工房屋建筑面积中供居住用的施工和竣工房屋建筑面积。

施工面积 指报告期内施工的全部房屋建筑面积。包括本期新开工的面积、上期跨入本期继续施工的房屋面积、上期停缓建在本期恢复施工的房屋面积、本期竣工的房屋面积及本期施工后又停缓建的房屋面积。

竣工面积 指在报告期内房屋建筑按照设计要求已全部完工，达到住人和使用条件，经验收鉴定合格，正式移交使用单位的建筑面积。

房屋建筑面积竣工率　指一定时期内房屋竣工面积占同期房屋施工面积的比率。它是从房屋建筑施工速度的角度反映投资效果和建筑业经济效益的指标。

新增固定资产　指通过投资活动所形成的新的固定资产价值，包括已经建成投入生产或交付使用的工程价值和达到固定资产标准的设备、工具、器具的价值及有关应摊入的费用。它是以价值形式表示的固定资产投资成果的综合性指标，可以综合反映不同时期、不同部门、不同地区的固定资产投资成果。

建设项目投产率　指一定时期内全部建成投入生产项目个数与同期正式施工项目个数的比率。它是从项目建设速度的角度反映投资效果的指标。

固定资产交付使用率　指一定时期新增固定资产与同期完成投资额的比率。它是反映各个时期固定资产动用速度，衡量建设过程中投资效果的一个综合性指标。

第四部分

能　源

4-1-1　年销售收入在500万元以上工业企业

指　　标	原煤	洗精煤	其他洗煤	煤制品	型煤	煤粉	焦炭	其他焦化产品	焦炉煤气(万立方米)	高炉煤气(万立方米)
全部工业企业	**45252469**	**13979569**	**1166421**	**3302**	**1302**	**2000**	**956863**	**83571**	**229985**	**161881**
轻工业	300063		570	1255	1255		2361		138	
重工业	44952406	13979569	1165851	2047	47	2000	954502	83571	229847	161881
采矿业	28468703	519346	369100				120310		5873	12210
煤炭开采和洗选业	28456212	508146	369100						5873	
黑色金属矿采选业	12491	11200					120310			12210
制造业	13734514	13417977	519107	3302	1302	2000	836553	83571	223503	149671
农副食品加工业	28672									
食品制造业	22799		570	335	335					
饮料制造业	71793									
纺织业	10793									
纺织服装、鞋、帽制造业	4867									
木材加工及木、竹、藤等										
造纸及纸制品业	18490									
印刷业和记录媒介的复制										
文教体育用品制造业	350						2361			
石油加工炼焦及核燃料	11153712	13287795	514450				488000	2800	223356	149671
化学原料及化学制品制造	1186714		911				135078	23250		
医药制造业	9229									
橡胶制品业	1779									
塑料制品业	685									
非金属矿物制品业	456946	8824	1639	920	920		1576	56016		
黑色金属冶炼及压延	350740	121358					91166			
有色金属冶炼及压延	267219						22568			
金属制品业	36952		660				41673	1505		
通用设备制造业	32524			2029	29	2000	49760		9	
专用设备制造业	68454		70				4372			
交通运输设备制造业	9371		807							
电气机械及器材制造业	1850			18	18					
工艺品及其他制造业	576								138	
电力、煤气及水的生产等	3049252	42246	278214						609	
电力、热力的生产和供应	3047727	6285	278214							
燃气生产和供应业		35961							609	
水的生产和供应业	1526									

分行业分品种能源消费量(2007年)

单位：吨

其他煤气(万立方米)	天然气(万立方米)	液化天然气	汽油	煤油	柴油	燃料油	液化石油气	其他石油制品	热力(百万千焦)	电力(万千瓦时)	其他燃料(吨标准煤)	煤矸石
2056	**6**	**2727**	**10223**	**2035**	**65082**	**141**	**2821**	**26411**	**934180**	**571656**	**153793**	**846939**
	3	2593	1260	126	2745		2821	1	62820	35128		
2056	3	134	8963	1909	62337	141		26410	871360	536528	153793	846939
			4953	1386	21639	126		14		121745		
			60		511					5795		
	6	2727	4919	649	40932	15	2821	26397	934180	363179	3102	4006
2056			222		40					2172		
			89		60					1091		
			147		51					4303		
			61	4	14				62820	6999		
			25		4					135		
										119		
			64		254					2613		
			13		5					68		
			18		170					371		
			1379	343	10505	10			864956	66858	196	1100
2056			311	9	2028				6404	144409		
			164		70					1913		
	3		42		141					4466		
			23		11					773		
	3	2593	622	122	21227		2821	26393		39626	2906	2906
			153	1	727			3		44998		
			43		205	5				21511		
			147	9	713					3285		
		134	752	50	4098					6802		
			412	112	397					8524		
			166		186					1521		
			50		3					397		
			17		26					225		
			351		2511					86733	150691	842933
			305		2498					85538	150691	842933
			3		13					112		
			43							1083		

4-1-2 国有及年销售收入在500万元以上的非国有

指　　标	原煤	洗精煤	其他洗煤	煤制品	型煤	煤粉	焦炭	其他焦化产品	焦炉煤气（万立方米）
全部工业企业	**40016121**	**10495224**	**295522**	**2637**	**46**	**2591**	**534934**	**57327**	**215815**
采矿业	25174230	437500	295168				87361		6290
煤炭开采和洗选业	25170530	437500	295168						6290
黑色金属矿采选业	3700						87361		
制造业	11811462	9567659	354	2620	29	2591	444223	57327	204179
农副食品加工业	21804								
食品制造业	20833		354						
饮料制造业	54110								
纺织业	23215								
纺织服装、鞋、帽制造业	4254								
造纸及纸制品业	15530								
印刷业和记录媒介的复制									
文教体育用品制造业	189						2190		
石油加工炼焦及核燃料	9601598	9382811							197338
化学原料及化学制品制造	1145752	114251					222413	23395	5140
医药制造业	10367								
橡胶制品业	3194								
塑料制品业	790								
非金属矿物制品业	323593	2368					824	22696	
黑色金属冶炼及压延	392541	68229					129644	10406	1701
有色金属冶炼及压延	6165						1610		
金属制品业	48257			300		300	46609	830	
通用设备制造业	22467			2304	13	2291	36889		
专用设备制造业	77058						4030		
交通运输设备制造业	35518						14		
电气机械及器材制造业	2813			16	16				
工艺品及其他制造业	1414								
电力、煤气及水的生产等	3030429	490065		17	17		3350		5346
电力、热力的生产和供应	3020108	180741					3350		
燃气生产和供应业	8380	309324							5346
水的生产和供应业	1941			17	17				

工业企业分行业分品种能源消费量(2006年)

单位:吨

高炉煤气(万立方米)	液　化天然气	汽油	煤油	柴油	燃料油	液　化石油气	其他石油制品	热力(百万千焦)	电力(万千瓦时)	其他燃料(吨标准煤)	煤矸石
47520	**563**	**11735**	**2313**	**44786**	**183**	**1041**	**15481**	**62820**	**490565**	**131174**	**734457**
		6517	1383	20063	168				96378		
		6453	1383	19377	148				92194		
		64		686	20				4184		
47520	563	4705	930	20823	15	1041	15481	62820	301512		
		254		57					3050		
		59		40					1384		
		64		49					1776		
		89	4	27				62820	13104		
		28		4					99		
		51		84					2436		
									42		
		26		379					400		
47520		1366	443	10428	6				49183		
		345	7	1386					121562		
		117		75					2316		
		68		91					4296		
		22							409		
	563	663	269	3589		1041	15481		31066		
		117	1	589	9				46926		
		14	6	48					1278		
		121	9	592					3206		
		638	99	2810					7361		
		466	92	368					9048		
		136		178					2138		
		44		4					373		
		17		25					61		
		513		3900					92675	131174	734457
		401		3803					89568	131174	734457
		35		89					1267		
		77		8					1839		

4-2-1 年销售收入在500万元以上工业企业能源购进、消费与库存情况(2007年)

能源名称	计量单位	年初库存量	购进量		消费量				年末库存量
			实物量	金额(万元)	合计	1.工业生产消费	用于原材料	2.非工业生产消费	
原煤	吨	2424469	28587406	842071	45252469	45031701	426608	220768	1717870
洗精煤	吨	207537	8550011	456361	13979569	13979569			544425
其他洗煤	吨		344491	5952	1166421	1166351	911	70	61620
煤制品	吨	2063	2780	81	3302	3284		18	1441
型煤	吨	3	1305	52	1302	1284		18	6
煤粉	吨	2060	1475	30	2000	2000			1435
焦炭	吨	47412	433906	36910	956863	956684	125378	179	29420
其他焦化产品	吨	508	83990	9287	83571	83571	45202		927
焦炉煤气	万立方米		147	40	229985	210510		19475	
高炉煤气	万立方米				161881	161881			
其他煤气	万立方米				2056	2056			
天然气	万立方米		6	10	6	6			
液化天然气	吨	17	2791	2035	2727	2722		5	81
汽油	吨	123	10230	5894	10223	7492	2	2731	112
煤油	吨	23	2030	1101	2035	2022	7	13	18
柴油	吨	1437	64797	34798	65082	53556	97	11526	993
燃料油	吨		149	118	141	141			8
液化石油气	吨		2827	1290	2821	2821			6
其他石油制品	吨	1061	28662	5076	26411	26411	17101		3312
热力	百万千焦		62820	400	934180	934180			
电力	万千瓦时		395647	181006	571656	541518		30138	
其他燃料	吨标准煤		158434	1870	153793	153793			
煤矸石	吨		851476	1870	846939	846939			
能源合计	吨标准煤				48832207	48503540		328668	

4-2-2 国有及年销售收入在500万元以上的非国有工业企业能源购进、消费与库存情况(2006年)

能源名称	计量单位	年初库存量	购进量		消费量				年末库存量
			实物量	金额(万元)	合计	1.工业生产消费	用于原材料	2.非工业生产消费	
原煤	吨	2052294	28287306	7271582	40016121	39766894	936819	249227	2405336
洗精煤	吨	289840	5028684	2544502	10495224	10495224			190162
其他洗煤	吨		354	77	295522	295522			
煤制品	吨	1	4699	1400	2637	2614		23	2063
型煤	吨	1	48	17	46	23		23	3
煤粉	吨		4651	1383	2591	2591			2060
焦炭	吨	41680	517031	327957	534934	531777	113000	3157	51593
其他焦化产品	吨	146	58863	157244	57327	57327	23526		1948
焦炉煤气	万立方米				215815	200577		15238	
高炉煤气	万立方米				47520	47520			
其他煤气	万立方米	29	578	3178	563	563			44
汽油	吨	165	11695	64825	11735	8787	47	2948	121
煤油	吨	40	2299	13246	2313	2292	15	21	24
柴油	吨	1503	45013	239945	44786	41866	146	2920	1760
燃料油	吨	6	177	619	183	183			
液化石油气	吨	4	1040	5362	1041	1041			
其他石油制品	吨		16542	15570	15481	15481	15481		1061
热力	百万千焦		62820	31	62820	62820			
电力	万千瓦时		308487	1343116	490565	463681		26884	
其他燃料	吨标准煤		131174	17094	131174	131174			1061
煤矸石	吨		734457	17094	734457	734457			
能源合计	吨标准煤				40740555	40429909		310646	

4-3 煤焦生产、销售、库存量

单位：万吨

指标	生产量		销售量		通过铁路销往省外		通过公路销往省外		库存量	
	2007	2006	2007	2006	2007	2006	2007	2006	2007	2006
原煤	5687.1	5639.4	4486.0	4699.9	853.8	956.6	1122.2	508.3	182.0	225.0
国有重点矿	2001.2	1849.0	804.0	973.0	502.0	633.0			10.0	10.0
非重点煤矿	3685.9	3790.4	3682.0	3726.9	351.8	323.6	1122.2	508.3	172.0	215.0
县以上地方矿	1518.2	1033.9	1487.2	1001.0	329.6	303.9	468.5	114.0	89.4	88.8
县以下乡村矿	2167.7	2756.4	2194.7	2725.9	22.2	19.7	653.6	394.3	82.5	126.2
洗精煤	2788.5	2467.8	2017.2	1774.8	1089.7	881.6	182.6	443.6	91.6	101.4
焦炭	1087.1	816.9	1045.8	745.7	578.3	504.6	191.1	68.9	71.5	83.7
大机焦	720.1	465.6	667.4	402.4	361.2	288.1	148.1	27.8	49.6	45.7
小机焦	221.4	186.6	229.5	179.1	108.9	62.1	20.8	41.1	10.3	21.2
清洁型焦	145.5	159.2	148.9	162.1	108.2	152.1	22.2		11.6	16.0
改良焦		5.5		2.2		2.2				0.9
集运站			1208.8	981.4	644.8	621.5	563.9	359.8	56.5	92.0
原煤			1191.7	924.9	627.8	595.2	563.9	329.8	56.1	91.6
焦炭			17.0	56.5	17.0	26.4		30.1	0.4	0.4

主要统计指标解释

能源生产总量　指一定时期内全国一次能源生产量的总和，是观察全国能源生产水平、规模、构成和发展速度的总量指标。一次能源生产量包括原煤，原油，天然气，水电、核能及其他动力能(如风能、地热能等)发电量，不包括低热值燃料生产量、生物质能、太阳能等的利用和由一次能源加工转换而成的二次能源产量。

能源消费总量　指一定时期内全国物质生产部门、非物质生产部门和生活消费的各种能源的总和，是观察能源消费水平、构成和增长速度的总量指标。能源消费总量包括原煤和原油及其制品、天然气、电力，不包括低热值燃料、生物质能和太阳能等的利用。能源消费总量分为终端能源消费量、能源加工转换损失量和损失量三部分。

⑴终端能源消费量：指一定时期内全国生产和生活消费的各种能源在扣除了用于加工转换二次能源消费量和损失量以后的数量。

⑵能源加工转换损失量：指一定时期内全国投入加工转换的各种能源数量之和与产出各种能源产品之和的差额，是观察能源在加工转换过程中损失量变化的指标。

⑶能源损失量：指一定时期内能源在输送、分配、储存过程中发生的损失和由客观原因造成的各种损失量，不包括各种气体能源放空、放散量。

第五部分

物　价

5-1　主要年份各种价格总指数

上年价格=100

年　份	商品零售价格总指数	居民消费价格总指数
1989	116.6	118.4
1990	100.7	100.8
1991	103.7	104.8
1992	105.3	105.6
1993	111.9	113.3
1994	120.2	122.1
1995	114.7	117.3
1996	106.2	107.2
1997	100.8	101.7
1998	96.7	97.8
1999	96.0	98.2
2000	96.8	102.9
2001	99.9	100.1
2002	98.4	98.3
2003	102.3	103.3
2004	104.0	104.4
2005	102.0	103.2
2006	102.0	102.3
2007	104.0	104.9

5-2 居民消费价格分类指数

上年价格=100

指　　标	2007	2006
居民消费价格总指数	**104.9**	**102.3**
一、食　　品	112.9	106.0
1.粮　　食	108.8	104.5
2.淀粉及薯类	109.3	108.6
3.干豆类及豆制品	111.6	105.4
4.油　　脂	120.0	104.7
5.肉禽及其制品	139.2	102.3
食用畜肉及副产品	142.7	105.7
禽	138.2	93.3
肉禽加工制品	110.4	102.6
6.蛋	125.2	102.0
7.水产品	100.8	100.8
鱼	98.8	98.8
其他水产品	105.8	106.7
8.菜	103.3	110.1
鲜　　菜	102.4	109.9
干菜及菜制品	113.6	107.5
9.调味品	108.8	105.3
10.糖	101.2	102.2
11.茶及饮料	102.0	102.7
茶　　叶	102.3	103.2
饮　　料	101.9	102.6
12.干鲜瓜果	109.8	120.4
鲜　　果	111.1	124.5
干(坚)果及瓜果制品	105.5	106.0
13.糕点饼干面包	100.4	99.5
14.奶及奶制品	107.3	115.3
15.在外用膳食品	105.2	103.0
主　　食	107.1	102.1
炒　　菜	102.3	103.8
地方小吃	110.0	105.0
16.其他食品及食品加工服务	102.5	100.3
二、烟酒及用品	103.4	104.0
1.烟　　草	102.2	104.9
2.酒	108.2	105.1
3.吸烟饮酒用品	71.2	95.6
三、衣　　着	98.5	100.9
1.服　　装	95.0	100.0
男式服装	96.4	100.9
女式服装	94.5	99.6
儿童服装	94.1	99.1
2.衣着材料	102.0	100.2
3.鞋袜帽	107.2	104.1
鞋	107.4	101.2
袜　　子	103.3	102.1
帽　　子	105.0	103.4
4.衣着加工服务	109.7	103.1

5-2　居民消费价格分类指数(续)

指　　标	2007	2006
四、家庭设备用品及维修服务	100.8	100.6
1.耐用消费品	100.1	100.1
家　　具	101.8	101.7
家庭设备	99.3	98.9
2.室内装饰品	99.2	98.2
3.床上用品	99.4	99.5
4.家庭日用杂品	100.7	100.7
5.家庭服务及加工维修服务	108.8	109.2
五、医疗保健和个人用品	102.9	102.9
1.医疗保健	102.1	101.6
医疗器具及用品	93.4	89.5
中药材及中成药	110.4	102.9
西　　药	98.3	98.2
保健器具及用品	96.6	91.0
医疗保健服务	100.3	109.5
2.个人用品及服务	104.4	105.7
化妆美容用品	99.8	99.5
卫生用品	100.8	100.5
个人饰品	107.7	112.0
个人服务	109.8	110.9
六、交通和通信	101.2	102.5
1.交　　通	102.9	107.6
交通工具	99.5	101.0
车用燃料及零配件	104.0	109.3
车辆使用及维修	104.2	103.6
市区公共交通	102.8	106.7
城市间交通	107.3	120.2
2.通　　信	98.8	96.0
通信工具	87.3	85.8
通信服务	101.9	99.8
七、娱乐教育文化用品及服务	100.0	99.4
1.文娱用耐用消费品及服务	94.3	94.4
2.教　育	100.7	100.5
教材及参考书	96.9	98.5
学杂托幼费	100.5	100.4
3.文化娱乐用品	100.4	100.3
文化娱乐	99.7	100.6
书报杂志	101.4	100.2
文娱费	99.9	99.9
4.旅游及外出	104.6	102.8
八、居　住	103.8	103.2
1.建房及装修材料	102.8	103.3
2.租　　房	100.0	100.0
3.自有住房	107.4	103.9
4.水、电、燃料	103.8	104.3

5-3 商品零售价格分类指数

上年价格=100

指　　　标	2007	2006
商品零售价格总指数	**104.0**	**102.0**
一、食品类	113.5	106.4
1.粮　　食	108.6	104.7
2.淀粉及薯类	109.3	108.6
3.干豆类及豆制品	111.6	105.4
4.油　　脂	120.1	104.8
5.肉禽及其制品	139.6	102.3
6.蛋	125.2	102.0
7.水产品	100.7	100.8
8.菜	103.4	110.0
9.调味品	109.0	105.3
10.糖	101.2	102.3
11.干鲜瓜果	109.8	120.5
12.糕点饼干面包	100.3	99.5
13.奶及奶制品	107.3	115.3
14.在外用膳食品	105.2	103.0
15.其他食品	102.5	100.3
二、饮料、烟酒	103.2	103.9
1.茶及饮料	101.8	102.6
2.烟　　草	102.2	104.8
3.酒	107.6	105.0
三、服装、鞋帽类	98.8	102.0
1.服　　装	95.6	100.4
2.鞋袜帽	107.0	104.0
3.其　　他	98.2	103.2
四、纺织品类	100.3	99.5
1.衣着材料	102.0	100.4
2.床上用品	99.6	99.2
五、家用电器及音像器材	96.3	94.8
1.家庭设备	99.2	98.8
2.文娱用耐用消费品	92.2	89.7
3.音像器材类	99.9	112.1

5-3　商品零售价格分类指数(2007年)(续)

指　　标	2007	2006
六、文化办公用品	98.5	99.0
七、日用品	100.6	101.3
1.日用百货	100.9	103.4
2.日用杂品	102.5	103.1
3.洗涤用品	100.8	100.3
4.其他日用品	98.2	98.3
八、体育娱乐用品	99.4	100.3
1.体育用品	99.3	100.1
2.娱乐用品	99.4	100.4
九、交通、通信用品	94.3	93.4
1.交通运输机械	98.2	99.8
2.通讯器材类	88.0	86.2
十、家　　具	101.5	99.9
十一、化妆品类	100.1	100.4
十二、金银珠宝类	106.0	115.4
十三、中西药品及医疗保健用品类	102.5	99.1
1.医疗器具及用品	93.4	89.5
2.中药材及中成药	110.3	102.9
3.西　　药	98.3	98.2
4.保健器具及用品	97.1	91.6
十四、书报杂志及电子出版物类	99.6	98.9
1.教材及参考书	98.5	98.5
2.书报杂志	101.3	100.2
3.电子音像制品	103.0	102.0
十五、燃料类	107.9	113.1
1.煤炭及制品类	109.6	112.6
2.石油及制品类	105.2	110.0
十六、建筑材料及五金电料类	101.7	102.5
1.建筑装璜材料	102.9	103.0
2.五金电料类	100.0	101.8

5-4 农业生产资料价格分类指数

上年价格=100

类　　别	2007	2006
农业生产资料价格指数	104.3	105.2
一、农用手工工具	104.0	109.0
二、饲　料	106.6	103.8
三、产品畜	125.1	93.1
四、半机械化农具	100.0	100.5
五、机械化农具	100.0	101.0
六、化学肥料	101.6	113.1
七、农药及农药械	100.7	103.7
1.化学农药	100.4	103.4
2.农药器械	102.6	105.2
八、农用机油	104.0	106.3
九、其他农业生产资料	103.7	109.6
十、农业生产服务	107.2	107.9

5-5 原材料、燃料动力购进价格指数

上年价格=100

名　　称	2007	2006
总　指　数	**105.1**	**105.7**
一、燃料动力类	107.2	103.3
二、黑色金属材料类	102.9	104.6
钢　　材	100.6	107.3
其　　他	112.2	94.5
三、有色金属材料和电线类	133.4	136.0
四、化工原料类	102.8	94.8
五、木材及纸浆类	100.0	100.0
六、建筑材料及非金属矿类	102.3	93.7
七、其他工业原材料及半成品类	110.8	132.6
八、农副产品类	98.1	114.1
九、纺织原料类		

5–6　工业品出厂价格指数

上年价格=100

指　　　　标	2007	2006
全部工业品	**105.2**	**99.8**
1.轻工业	102.2	105.6
以农产品为原料	100.5	107.7
以非农产品为原料	104.0	103.5
重工业	105.6	98.8
采掘工业	97.4	103.6
原料工业	114.5	95.4
加工工业	100.4	99.6
2.生产资料	105.2	99.6
采掘工业	97.9	103.3
原料工业	116.3	94.7
加工工业	100.8	102.2
生活资料	103.7	102.5
食　　品	103.5	103.1
衣　　着	101.0	79.7
一般日用品	103.9	102.6
耐用消费品	107.4	105.4
按工业部门分:		
1.冶金工业	106.1	102.7
2.电力工业	103.5	101.2
3.煤炭及炼焦工业	107.2	98.5
4.石油工业		101.1
5.化学工业	102.7	102.3
6.机械工业	99.1	96.8
7.建筑材料工业	100.8	105.6
8.森林工业		
9.食品工业	104.7	104.1
10.纺织工业	96.4	113.7
11.缝纫工业	101.0	79.7
12.皮革工业		
13.造纸工业	101.5	100.1
14.文教艺术用品工业	107.1	103.8
15.其他工业	103.7	101.8

5-7 工业品分行业出厂价格指数

上年价格=100

指　　标	2007	2006
全部工业品	**105.2**	**99.8**
煤炭开采和洗选业	97.7	103.5
黑色金属矿采选业	109.8	91.8
非金属矿采选业	100.5	100.7
农副食品加工业	108.1	101.3
食品制造业	102.3	106.4
饮料制造业	105.3	103.4
纺织业	96.5	112.9
造纸及纸制品业	101.5	100.1
文教体育用品制造业	106.8	102.3
石油加工、炼焦及核燃料加工业	119.2	93.1
化学原料及化学制品制造业	101.8	100.6
医药制造业	101.1	99.1
橡胶制品业	116.5	120.4
塑料制品业	100.9	100.3
非金属矿物制品业	102.6	103.0
黑色金属冶炼及压延加工业	108.3	105.4
有色金属冶炼及压延加工业	98.8	90.1
金属制品业	102.6	102.1
通用设备制造业	102.1	99.3
专用设备制造业	97.7	93.5
交通运输设备制造业	95.4	102.9
电气机械及器材制造业	122.1	120.3
仪器仪表及文化、办公用	107.4	107.7
电力、热力的生产和供应业	103.5	101.2
燃气生产和供应业	100.0	101.6
水的生产和供应业	112.1	101.1

主要统计指标解释

商品零售价格指数 是反映城乡商品零售价格变动趋势的一种经济指数。零售物价的调整变动直接影响到城乡居民的生活支出和国家的财政收入，影响居民购买力和市场供需平衡，影响消费与积累的比例。因此，计算零售价格指数，可以从一个侧面对上述经济活动进行观察和分析。

居民消费价格指数　是反映一定时期内城乡居民所购买的生活消费品价格和服务项目价格变动趋势和程度的相对数，是对城市居民消费价格指数和农村居民消费价格指数进行综合汇总计算的结果。利用居民消费价格指数，可以观察和分析消费品的零售价格和服务价格变动对城乡居民实际生活费支出的影响程度。

工业品出厂价格指数　是反映全部工业产品出厂价格总水平的变动趋势和程度的相对数，包括工业企业售给本企业以外所有单位的各种产品和直接售给居民用于生活消费的产品。通过工业品出厂价格指数能观察出厂价格变动对工业总产值的影响。

第六部分

居民生活

6-1　晋中市城镇居民家庭人均全部收入及构成

指　　　标	2007	2006
调查户数（户）	600	600
平均每户家庭人口数（人）	2.93	2.98
平均每户就业人口数（人）	1.96	1.98
平均每一就业者负担人数（人）	1.50	1.50
人均家庭总收入(元)	11523.76	9682.72
#人均可支配收入（元）	10862.09	9187.60
总收入中:工薪收入	8926.40	7201.24
工资及补贴收入	8359.13	6748.04
其他劳动收入	567.27	453.20
经营净收入	466.65	639.26
财产性收入	132.61	66.66
转移性收入	1969.98	1775.55
家庭总收入构成(%)	100.00	100.00
#可支配收入	94.26	94.89
总收入中:工薪收入	77.46	74.37
工资及补贴收入	72.54	69.90
其他劳动收入	4.90	4.68
经营净收入	4.00	6.60
财产性收入	1.15	0.69
转移性收入	17.09	18.33
平均每人全年消费性支出（元）	7160.64	6134.78
人均住房使用面积（平方米）	21.9	20.7

6-2 晋中市城镇居民家庭平均每人全年消费性支出及构成

项目	2007	2006
消费性支出(元)	**7160.64**	**6134.78**
一、食　　品	2269.87	1931.06
1.粮油类	496.87	406.85
2.肉禽蛋水产品类	415.87	330.81
3.蔬菜类	271.73	236.39
4.调味品	27.21	23.01
5.糖烟酒饮料类	317.71	263.79
6.干鲜瓜果类	175.55	150.87
7. 糕点、奶及奶制品	224.06	185.84
8. 其他食品	24.88	30.94
9. 饮食服务	316.01	302.54
二、衣　　着	1033.07	890.19
三、家庭设备用品及服务	425.72	318.50
四、医疗保健	573.03	426.78
五、交通和通信	815.95	771.03
六、教育、文化、娱乐服务	924.65	857.52
七、居　　住	852.35	688.32
八、杂项商品及服务	275.92	219.58
消费性支出构成(%)	**100.00**	**100.00**
一、食　　品	31.66	31.64
1.粮油类	6.93	6.67
2.肉禽蛋水产品类	5.80	5.42
3.蔬菜类	3.79	3.87
4.调味品	0.38	0.38
5.糖烟酒饮料类	4.43	4.32
6.干鲜瓜果类	2.45	2.47
7. 糕点、奶及奶制品	3.12	3.05
8. 其他食品	0.35	0.51
9. 饮食服务	4.41	4.96
二、衣　　着	14.41	14.59
三、家庭设备用品及服务	5.94	5.22
四、医疗保健	7.99	6.99
五、交通和通信	11.38	12.63
六、教育、文化、娱乐服务	12.90	14.05
七、居　　住	11.89	11.28
八、杂项商品及服务	3.85	3.60

6-3 城区城镇居民家庭基本情况

单位：元

指 标	2000	2005	2006	2007
一、调查户数(户)	80	100	100	100
二、平均每户家庭人口数(人)	2.98	2.89	2.88	2.84
三、平均每户就业人口数(人)	1.58	1.45	1.49	1.62
四、平均每一就业者负担人数(人)	1.89	1.99	1.93	1.75
五、家庭总收入(元)	4531.74	9400.49	11051.75	13139.46
#可支配收入	4509.65	8980.59	10122.5	12076.55
(一)工薪收入	2503.87	6437.67	8555.91	10386.60
1.工资及补贴收入	2476.66	6055.96	8172.83	9802.51
2.其他劳动收入	28.22	381.72	383.08	584.09
(二)经营净收入	251.97	47.17	216.75	238.26
(三)财产性收入	75.77	88.24	112.08	135.94
#1.利息收入	38.16	20.14	28.82	73.87
2.股息与红利收入		39.54	53.78	40.13
3.其他投资收入	37.61	4.52	5.55	12.62
4.出租房屋收入	-	21.6	18.88	25.89
(四)转移性收入	1314.00	2827.41	2167.01	2378.66
#1.养老金或离退休金	1129.24	2092.78	1666.43	1597.77
2.社会救济收入	-	10.36	8.47	45.71
3.辞退金	-			0.34
4.赡养收入	93.74	100.51	17.23	49.08
5.捐赠收入	67.82	537.88	396.51	565.98
6.提取住房公积金	-	3.14	6.18	1.34
六、家庭总收入构成(%)	100.00	100.00	100.00	100.00
#可支配收入	99.51	95.53	91.59	91.91
(一)工薪收入	55.25	68.48	77.42	79.05
1.工资及补贴收入	54.65	64.42	73.95	74.60
2.其他劳动收入	0.62	4.06	3.47	4.45
(二)经营净收入	5.56	0.50	1.96	1.81
(三)财产性收入	1.67	0.94	1.01	1.03
#1.利息收入	0.84	0.21	0.26	0.56
2.股息与红利收入		0.42	0.49	0.31
3.其他投资收入	0.83	0.05	0.05	0.10
4.出租房屋收入		0.23	0.17	0.20
(四)、转移性收入	29.00	30.08	19.61	18.10
#1.养老金或离退休金	24.92	22.26	15.08	12.16
2.社会救济收入		0.11	0.08	0.35
3.辞退金				0.00
4.赡养收入	2.07	1.07	0.16	0.37
5.捐赠收入	1.50	5.72	3.59	4.31
6.提取住房公积金		0.03	0.06	0.01

6-3-1 城区城镇居民家庭基本情况(2007年)

按人均月可支配收入分组

指　　标	总　计	200元以下	200-400元	400-600元	600-800元	800-1000元
调查户数（户）	100.00	1.58	7.67	16.83	20.17	17.33
比　重　(%)	100.00	1.58	7.67	16.83	20.17	17.33
每户家庭人口数（人）	2.84	3.00	3.00	3.00	3.00	3.07
每户就业人口数（人）	1.62	2.00	1.86	1.38	1.91	1.64
每一就业者负担人数(人)	1.75	1.50	1.61	2.17	1.57	1.87
每人可支配收入（元）	12076.55	631.72	3602.12	6066.22	8560.81	10664.87
每人消费性支出（元）	8356.44	4024.04	3736.50	4990.14	6801.24	7844.04

6-3-1 城区城镇居民家庭基本情况(2007年)(续)

指　　标	1000-1500元	1500-2000元	2000-2500元	2500-3000元	3000-4000元	4000元以上
调查户数（户）	21.00	7.50	3.83	1.83	1.17	1.08
比　重　(%)	21.00	7.50	3.83	1.83	1.17	1.08
每户家庭人口数（人）	2.96	2.50	2.67	2.40	2.40	2.00
每户就业人口数（人）	1.91	1.08	1.67	0.80	1.60	2.00
每一就业者负担人数(人)	1.55	2.31	1.60	3.00	1.50	1.00
每人可支配收入（元）	14438.98	20923.23	26400.97	33256.36	39505.09	97722.72
每人消费性支出（元）	8953.88	13464.16	15978.17	15889.66	17154.82	68428.07

6-3-2　城区城镇居民家庭基本情况(2006年)

按人均月可支配收入分组

指　　标	总　计	200元以下	200-400元	400-600元	600-800元	800-1000元
调查户数（户）	100	4	5	16	25	19
比　重　(%)	100.00	4.00	5.00	16.00	25.00	19.00
每户家庭人口数（人）	2.88	3.75	2.65	3.06	2.92	2.93
每户就业人口数（人）	1.49	0.96	1.38	1.52	1.27	1.68
每一就业者负担人数(人)	1.93	3.91	1.92	2.01	2.30	1.74
每人可支配收入（元）	10122.50	2027.75	4007.32	5860.62	8340.53	10613.24
每人消费性支出（元）	7551.38	1554.41	4069.29	5964.03	5998.76	7561.47

6-3-2　城区城镇居民家庭基本情况(2006年)(续)

指　　标	1000-1500元	1500-2000元	2000-2500元	2500-3000元	3000-4000元	4000元以上
调查户数（户）	24	7				
比　重　(%)	24.0	7.0				
每户家庭人口数（人）	2.65	2.71				
每户就业人口数（人）	1.65	1.57				
每一就业者负担人数(人)	1.61	1.73				
每人可支配收入（元）	15099.96	20524.76				
每人消费性支出（元）	10791.55	13902.05				

6-3-3 城区城镇居民家庭基本情况(2007年)

按人均月可支配收入分组

指标	总计组	最低收入户	#更低收入户	低收入户	中下收入户	中等收入户	中上收入户	高收入户	最高收入户
调查户数（户）	100	10	5	10	20	20	20	10	10
比重（%）	100.0	10.0	5.0	10.0	20.0	20.0	20.0	10.0	10.0
每户家庭人口数（人）	2.84	3.0	3.0	2.9	3.05	2.95	2.85	2.6	2.2
每户就业人口数（人）	1.62	1.6	1.4	1.6	1.8	1.35	1.85	1.4	1.6
每一就业者负担人数(人)	1.75	1.88	2.14	1.81	1.69	2.19	1.54	1.86	1.38
每人可支配收入（元）	12076.6	4431.4	3477.9	6833.0	8921.2	10925.6	14109.5	19198.6	27391.7
每人消费性支出（元）	8356.4	3701.8	2949.4	5585.7	6486.9	8755.0	8791.2	11458.8	17618.3

6-3-4 城区城镇居民家庭基本情况(2006年)

按人均月可支配收入分组

指标	总计组	最低收入户	#更低收入户	低收入户	中下收入户	中等收入户	中上收入户	高收入户	最高收入户
调查户数（户）	100	10	5	10	20	20	20	10	10
比重（%）	100.0	10.0	5.0	10.0	20.0	20.0	20.0	10.0	10.0
每户家庭人口数（人）	2.88	3.13	3.6	3.1	2.95	3.05	2.63	2.73	2.63
每户就业人口数（人）	1.49	1.18	0.97	1.6	1.36	1.49	1.55	1.7	1.67
每一就业者负担人数(人)	1.93	2.65	3.71	1.94	2.17	2.05	1.7	1.61	1.57
每人可支配收入（元）	10122.5	3141.2	2105.5	5637.9	7519.9	9606.9	12467.7	16266.0	19672.8
每人消费性支出（元）	7551.4	2881.3	1839.9	5789.1	6037.0	6598.6	8496.6	12531.7	13727.9

6-3-5　城区城镇居民家庭基本情况(2007年)

按职业分组

指　　标	各种专业技术人员	机关企事业负责人	办事人员	商业工作人员	服务性工作人员	农林牧渔劳动者	生产运输工人	其他
调查户数（户）	5	2	38			1	38	
比　重（%）	6.0	2.4	45.2			1.2	45.2	
每户家庭人口数（人）	3.0	3.0	2.8			3.0	2.8	
每户就业人口数（人）	2.4	2.0	1.8			2.0	1.7	
每一就业者负担人数(人)	1.25	1.5	1.56			1.5	1.65	
每人可支配收入（元）	12326	19340	12871			7486	10685	
每人消费性支出（元）	9159	10847	8800			6370	7966	

6-3-6　城区城镇居民家庭基本情况(2006年)

按职业分组

指　　标	各种专业技术人员	机关企事业负责人	办事人员	商业工作人员	服务性工作人员	农林牧渔劳动者	生产运输工人	其他
调查户数（户）	5	1	33		1		37	
比　重（%）	6.6	1.3	42.8		1.3		48.5	
每户家庭人口数（人）	3.1	3.0	2.9		3.0		2.9	
每户就业人口数（人）	2.1	2.0	1.8		2.0		1.7	
每一就业者负担人数(人)	1.4	1.5	1.7		1.5		1.7	
每人可支配收入（元）	12999.4	16054.8	11135.7		5982.2		9308.3	
每人消费性支出（元）	10796.2	9799.8	7957.6		4769.5		6885.5	

6-3-7 城区城镇居民家庭基本情况(2007年)

按家庭规模分组

指 标	总 计	一人户	二人户	三人户	四人户	五人及以上户
调查户数（户）	100.0		23.7	69.3	5.0	2.0
比 重 (%)	100.0		23.7	69.3	5.0	2.0
每户家庭人口数（人）	2.8		2.0	3.0	4.0	5.0
每户就业人口数（人）	1.6		1.0	1.8	1.6	2.0
每一就业者负担人数(人)	1.8		2.0	1.6	2.5	2.5
每人可支配收入（元）	12076.6		17992.2	11015.9	9363.9	11562.8
每人消费性支出（元）	8356.4		10960.3	8151.4	5656.0	5697.2

6-3-8 城区城镇居民家庭基本情况(2006年)

按家庭规模分组

指 标	总 计	一人户	二人户	三人户	四人户	五人及以上户
调查户数（户）	100.0		25.1	65.5	5.3	4.1
比 重 (%)	100.0		25.1	65.5	5.3	4.1
每户家庭人口数（人）	2.9		2.0	3.0	4.0	5.0
每户就业人口数（人）	1.5		0.8	1.8	1.6	1.8
每一就业者负担人数(人)	1.9		2.6	1.7	2.6	2.8
每人可支配收入（元）	10122.5		13131.1	9738.3	9562.8	7013.7
每人消费性支出（元）	7551.4		10330.2	7087.5	6520.2	6267.0

6-4 城区城镇居民家庭平均每人全年消费性支出及构成

项 目	2000	2005	2006	2007
消费性支出(元)	4183.99	6659.50	7551.38	8356.4
一、食 品	1377.14	2081.10	2304.01	2684.4
1.粮油类	369.50	424.20	424.48	515.0
2.肉禽蛋水产品类	300.82	417.15	422.08	513.7
3.蔬菜类	149.58	239.83	248.82	336.6
4.调味品	19.99	26.17	24.20	27.5
5.糖烟酒饮料类	228.21	174.99	269.18	307.8
6.干鲜瓜果类	118.06	161.87	208.95	227.4
7. 糕点、奶及奶制品	90.30	212.20	235.94	283.3
8. 其他食品	26.57	34.13	45.86	18.2
9. 饮食服务	74.16	351.56	424.49	454.8
二、衣 着	476.36	896.78	1035.39	1144.6
三、家庭设备用品及服务	283.44	399.04	422.33	453.1
四、医疗保健	291.36	641.84	574.72	625.1
五、交通和通信	325.65	613.02	937.31	1010.3
六、教育、文化、娱乐服务	563.25	981.18	1090.93	1166.4
七、居 住	448.41	793.50	860.39	900.4
八、杂项商品及服务	418.38	253.00	326.31	372.3
消费性支出构成（%）	100.00	100.00	100.00	100.0
一、食 品	32.91	31.25	30.51	32.1
1.粮油类	8.83	6.37	5.62	6.2
2.肉禽蛋水产品类	7.19	6.26	5.59	6.1
3.蔬菜类	3.58	3.60	3.30	4.0
4.调味品	0.48	0.39	0.32	0.3
5.糖烟酒饮料类	5.45	2.63	3.56	3.7
6.干鲜瓜果类	2.82	2.43	2.77	2.7
7. 糕点、奶及奶制品	2.16	3.19	3.12	3.4
8. 其他食品	0.64	0.51	0.61	0.2
9. 饮食服务	1.77	5.28	5.62	5.4
二、衣 着	11.39	13.47	13.71	13.7
三、家庭设备用品及服务	6.77	5.99	5.59	5.4
四、医疗保健	6.96	9.64	7.61	7.5
五、交通和通信	7.78	9.21	12.41	12.1
六、教育、文化、娱乐服务	13.46	14.73	14.45	14.0
七、居 住	10.72	11.92	11.39	10.8
八、杂项商品及服务	10.00	3.80	4.32	4.5

6-4-1 城区城镇居民家庭平均每人全年消费性支出(2007年)

按收入等级分组

指 标	总计组	最低收入户	更低收入户	低收入户	中下收入户	中等收入户	中上收入户	高收入户	最高收入户
消费性支出(元)	8356.4	3701.8	2949.4	5585.7	6486.9	8755.0	8791.2	11458.8	17618.3
一、食 品	2684.4	1572.5	1233.5	2004.8	2196.6	2714.5	2985.1	3318.1	4814.6
#1.粮 食	364.7	270.7	272.3	264.8	346.4	396.6	387.3	418.3	466.0
2.油脂类	69.5	42.0	57.7	51.4	60.3	79.1	65.7	100.6	103.2
3.肉禽及制品	361.3	232.5	163.3	310.0	291.2	394.7	399.8	408.1	551.3
4.蛋 类	92.2	65.9	63.8	86.5	80.2	102.0	95.8	95.2	129.9
5.水产品类	60.2	27.3	15.2	55.2	41.7	54.0	60.5	132.0	93.5
6.菜 类	336.6	221.0	152.2	299.0	337.0	350.8	332.4	399.7	440.8
7.烟草类	174.9	96.2	106.0	166.8	122.7	229.1	195.9	217.3	187.2
8.酒和饮料	221.0	136.7	91.4	180.8	174.7	217.8	269.1	341.0	257.1
9.干鲜瓜果类	227.4	146.8	84.1	204.3	183.7	251.3	239.0	295.7	312.7
10.奶及奶制品	221.0	136.7	91.4	180.8	174.7	217.8	269.1	341.0	257.1
11.饮食服务	454.8	103.3	36.7	122.7	294.3	302.0	550.6	547.8	1858.1
二、衣 着	1144.6	508.4	328.7	816.8	970.8	1001.7	1449.1	1826.7	1694.3
#服 装	94.4	70.2	71.0	95.5	75.4	90.8	110.6	116.2	96.0
衣着材料	7.4	5.7	8.7	5.4	6.2	2.8	13.0	0.4	20.9
三、设备用品及服务	453.1	48.1	40.4	207.8	305.9	617.2	562.2	905.5	472.8
#耐用消费品	286.4	17.1	1.3	112.5	140.0	443.4	354.7	677.2	224.9
四、医疗保健	625.1	250.0	252.7	169.5	353.0	787.4	590.2	687.8	2069.1
五、交通和通讯	1010.3	216.0	183.8	459.1	701.3	718.4	889.5	960.0	4823.9
六、娱乐文教服务	1166.4	502.7	362.9	844.4	960.3	1677.3	936.2	1758.6	1605.1
1.耐用消费品	312.2	64.2	40.2	250.2	342.6	558.2	132.8	375.3	388.6
2.教 育	607.5	339.7	277.9	415.5	499.0	902.9	506.1	950.9	597.5
3.文化娱乐	246.7	98.8	44.9	178.7	118.7	216.3	297.3	432.4	619.1
七、居 住	900.4	480.0	431.3	827.0	735.5	938.8	936.7	1366.5	1276.8
#住 房	142.8	39.5	0.6	118.0	42.6	302.0	15.5	291.3	328.7
水、电、燃料其他	691.6	402.1	393.3	675.1	650.9	583.1	838.1	881.0	899.1
八、杂项商品和服务	372.3	124.2	116.0	256.6	263.4	299.8	442.2	635.7	861.6

6-4-2　城区城镇居民家庭平均每人全年消费性支出(2006年)

按收入等级分组

指　　标	总计组	最　低 收入户	更　低 收入户	低 收 入 户	中　下 收入户	中　等 收入户	中　上 收入户	高 收 入 户	最　高 收入户
消费性支出(元)	7551.4	2881.3	1839.9	5789.1	6037.0	6598.6	8496.6	12531.7	13727.9
一、食　品	2304.0	1029.5	638.4	1966.4	2075.5	2107.3	2541.0	2981.5	4007.6
#1.粮　食	299.9	205.9	147.9	294.4	340.3	316.5	294.7	270.3	330.5
2.油脂类	58.2	50.4	46.8	74.5	63.2	53.1	60.7	53.9	48.8
3.肉禽及制品	303.8	144.4	62.4	279.7	292.8	301.4	301.5	417.9	438.5
4.蛋　类	68.6	52.9	40.4	62.1	70.1	75.8	59.2	74.2	88.1
5.水产品类	45.5	29.7	22.9	31.6	38.6	36.7	51.2	89.1	59.5
6.菜　类	248.8	125.6	76.7	235.8	225.1	290.7	239.0	306.4	326.6
7.烟草类	137.2	31.0	42.5	76.6	84.0	136.3	145.9	227.5	345.4
8.酒和饮料	107.5	45.4	26.9	47.4	85.0	84.6	121.5	191.8	239.8
9.干鲜瓜果类	209.0	75.5	23.8	185.1	203.8	207.3	248.5	203.6	337.6
10.奶及奶制品	182.2	106.1	47.8	150.8	214.7	144.8	220.0	209.2	220.4
11.饮食服务	424.5	54.4	33.9	360.2	247.8	199.2	563.9	701.0	1292.8
二、衣　着	1035.4	361.6	155.4	961.8	887.0	968.5	1246.1	1365.7	1646.7
#服　装	771.8	232.2	100.6	747.2	656.8	723.5	934.5	1051.6	1196.3
衣着材料	11.2	2.8		14.4	10.9	3.2	6.7	3.7	53.7
三、设备用品及服务	422.3	53.8	52.2	240.8	278.1	278.8	283.1	549.2	1875.8
#耐用消费品	265.65	17.28	30.00	154.61	116.42	144.19	150.74	375.85	1422.25
四、医疗保健	574.72	357.06	360.61	194.76	425.63	558.37	704.76	1034.28	917.09
五、交通和通讯	937.31	250.25	157.28	382.92	634.56	667.89	1214.51	2878.83	1145.22
六、娱乐文教服务	1090.93	419.17	171.63	470.67	935.96	1028.86	1226.59	2238.95	1650.50
1.耐用消费品	293.01	31.57	20.67	121.36	398.71	104.58	371.25	421.96	715.32
2.教　育	581.33	315.78	101.79	304.88	427.56	816.76	508.71	1204.22	521.55
3.文化娱乐	216.59	71.82	49.17	44.42	109.70	107.51	346.63	612.77	413.63
七、居　住	860.39	296.73	272.23	1359.03	515.86	701.77	836.88	1099.77	1880.92
#住　房	338.39	17.56	30.08	969.84	42.67	114.06	252.47	451.89	1212.10
水、电、燃料其他	483.59	269.02	240.77	371.17	447.77	546.00	561.48	527.52	605.26
八、杂项商品和服务	326.31	113.19	32.17	212.78	284.30	287.15	443.76	383.52	604.00

6-4-3 城区城镇居民家庭平均

按人均月可支配收入分组

指　　标	总 计	200元下	200-400元	400-600元
消费性支出(元)	8356.44	4024.04	3736.50	4990.14
一、食　品	2684.37	1634.75	1543.70	1909.20
#1.粮　食	364.69	274.70	274.13	287.39
2.油脂类	69.46	57.37	57.32	47.20
3.肉禽及制品	361.29	227.41	233.64	257.47
4.蛋　类	92.23	84.35	72.47	80.76
5.水产品类	60.18	25.03	22.00	37.28
6.菜　类	336.59	217.75	220.02	276.92
7.烟草类	174.94	87.77	89.07	137.78
8.酒和饮料	109.73	46.52	69.32	67.44
9.干鲜瓜果类	227.36	176.71	128.18	183.55
10.奶及奶制品	221.03	133.47	141.50	173.80
11.饮食服务	454.82	126.06	97.79	190.65
二、衣　着	1144.56	428.44	353.31	762.70
#服　装	815.57	296.00	253.99	546.08
衣着材料	7.36	18.95	0.48	3.95
三、设备用品及服务	453.07	57.08	213.66	230.68
#耐用消费品	286.39	22.57	173.02	113.98
四、医疗保健	625.09	313.92	196.45	277.92
五、交通和通讯	1010.25	524.73	254.27	422.68
六、娱乐文教服务	1166.39	414.84	545.68	709.77
1.耐用消费品	312.20	22.53	37.75	72.09
2.教　育	607.52	277.79	466.93	444.71
3.文化娱乐	246.67	114.53	41.00	192.97
七、居　住	900.42	467.55	496.14	447.07
#住　房	142.84	12.63	22.05	8.38
水、电、燃料其他	691.55	454.50	453.68	388.06
八、杂项商品和服务	372.29	182.74	133.28	230.11

每人全年消费性支出(2007年)

600-800元	800-1000元	1000-1500元	1500-2000元	2000-2500元	2500-3000元	3000-4000元	4000元以上
6801.24	7844.04	8953.88	13464.16	15978.17	15889.66	17154.82	68428.07
2432.88	2440.27	2893.00	4168.92	3188.57	4557.52	4541.16	18167.97
379.73	346.32	377.40	557.01	402.03	534.91	626.33	427.13
64.79	64.24	65.58	133.51	109.66	123.14	211.24	63.55
326.03	352.67	439.62	557.46	421.37	559.20	693.02	616.92
85.19	93.34	92.55	132.42	124.08	123.23	135.00	129.39
51.18	52.43	88.59	96.65	97.68	104.61	132.55	65.96
369.33	311.41	351.18	449.85	414.39	488.72	655.44	409.27
167.15	178.58	184.84	270.22	98.36	257.64	262.30	1086.10
98.24	98.82	134.21	151.26	105.30	117.25	220.67	939.43
205.59	208.77	280.76	351.59	276.74	280.30	423.38	339.71
198.22	204.52	274.52	356.59	245.28	314.89	415.22	207.26
287.01	321.53	362.27	802.84	649.91	1311.26	498.21	13539.00
847.53	1247.45	1528.95	1473.28	2226.64	1876.44	3791.01	2476.92
603.61	889.01	1074.94	1049.62	1501.55	1283.16	3045.88	2096.80
7.17	12.95	3.66	21.07	8.59			8.00
178.96	633.45	487.82	1008.36	1160.07	1174.66	321.78	1882.60
42.85	482.16	256.05	667.23	879.62	970.27	190.59	1531.20
492.06	433.67	716.78	1437.91	1504.31	1404.42	3391.91	3022.96
705.39	780.34	831.07	1194.62	975.70	1455.63	1407.00	34235.26
1177.58	1223.41	1157.66	1730.14	3602.65	2223.34	295.41	1471.84
393.45	156.47	241.61	640.58	2455.12	137.95	37.41	924.44
620.55	771.05	686.17	472.41	452.31	1680.78	256.24	184.00
163.58	295.89	229.88	617.14	695.22	404.61	1.76	363.40
703.64	807.55	1013.15	1192.37	2254.03	2828.06	3347.61	4610.60
73.08	148.64	102.43	316.21	699.00	6.53	194.12	3437.00
589.26	592.45	835.01	811.22	1381.24	2287.81	3101.67	1173.60
263.19	277.90	325.45	1258.56	1066.18	369.59	58.94	2559.92

6-4-4 城区城镇居民家庭平均

按人均月可支配收入分组

指　标	总　计	200元下	200-400元	400-600元
消费性支出（元）	7551.38	1554.41	4069.29	5964.03
一、食　品	2304.01	612.33	1403.46	1835.18
#1.粮　食	299.94	137.67	255.86	283.5
2.油脂类	58.24	43.49	57.13	64.03
3.肉禽及制品	303.84	66.76	204.18	257.04
4.蛋　类	72.79	40.14	54.01	69.2
5.水产品类	45.45	25.17	36.14	36.25
6.菜　类	248.82	61.61	182.9	209.64
7.烟草类	137.22	50.97	15.51	80.01
8.酒和饮料	107.46	30.62	67.73	47.91
9.干鲜瓜果类	208.95	22.66	114.05	177.32
10.奶及奶制品	182.21	52.58	160.32	164.97
11.饮食服务	424.49	16.07	105.78	283.4
二、衣　着	1035.39	112.95	637.65	863.08
#服　装	771.8	54.87	424.29	650.3
衣着材料	11.21		5.89	9.41
三、设备用品及服务	422.33	61.99	45.59	315.8
#耐用消费品	265.65	36		179.22
四、医疗保健	574.72	110.28	687.52	299.02
五、交通和通讯	937.31	157.73	367.07	475.78
六、娱乐文教服务	1090.93	172.04	446.76	835.44
1.耐用消费品	293.01	21.42	35.65	306.72
2.教　育	581.33	91.62	310.63	456.83
3.文化娱乐	216.59	59	100.49	71.89
七、居　住	860.39	293.1	302.6	1036.65
#住　房	338.39	36.09	0.56	615.31
水、电、燃料其他	483.59	257.01	279.99	407.8
八、杂项商品和服务	326.31	33.97	178.65	303.08

每人全年消费性支出(2006年)

600-800元	800-1000元	1000-1500元	1500-2000元	2000-2500元	2500-3000元	3000-4000元	4000元以上
5998.76	7561.47	10791.55	13902.05				
2178.49	2226.16	2754.3	4680.21				
366.2	289.37	279.27	346.76				
63.92	55.45	51.57	64.45				
314.21	295.13	366.87	455.97				
82.12	69.11	68.01	111.86				
37.02	29.98	76.63	65.03				
277.62	251.69	276.02	333.59				
104.31	154.84	172.35	395.15				
89.98	103.37	138.77	323.65				
207.57	218.48	235.06	393.91				
190.72	173.56	204.79	261.42				
235.08	318.61	650.13	1615.54				
880.62	1169.17	1341.4	1664.78				
666.11	870.83	1024.01	1166.03				
9.64	3.84	17.8	33.99				
181.43	335.98	781.27	1221.37				
56.28	200.12	546.33	911.94				
457.47	547.26	937.85	889.53				
629.25	980.92	1842.7	1167.09				
906.9	1055.88	1631.12	1926.49				
215.24	271.02	379.96	723.75				
608.15	585.17	793.26	654.42				
83.51	199.7	457.91	548.31				
545.59	886.76	1058.31	1712.79				
34.5	334.75	388.17	1110.12				
471.07	525.48	590.42	568				
219.01	359.34	444.6	639.8				

6-4-5 城区城镇居民家庭平均每人全年消费性支出(2007年)

按家庭规模分组

指　标	总　计	一人户	二人户	三人户	四人户	五人及以上户
消费性支出(元)	8356.4		10960.3	8151.4	5656.0	5697.2
食　品	2684.4		4120.7	2479.6	1912.0	1690.2
#1.粮　食	364.7		516.1	338.2	329.5	268.7
2.油脂类	69.5		101.4	63.8	61.4	52.7
3.肉禽及制品	361.3		538.5	332.0	290.5	274.1
4.蛋　类	92.2		132.8	85.7	76.7	68.2
5.水产品类	60.2		103.0	53.9	31.6	45.6
6.菜　类	336.6		480.2	314.1	274.5	247.7
7.烟草类	174.9		244.7	165.5	129.2	132.5
8.酒和饮料	109.7		181.4	96.2	93.4	84.1
9.干鲜瓜果类	227.4		333.9	213.9	144.1	169.9
10.奶及奶制品	221.0		320.9	207.5	155.1	161.0
11.饮食服务	454.8		858.2	411.1	168.0	27.8
衣　着	1144.6		1110.7	1203.3	897.2	577.7
#服　装	815.6		732.7	863.5	689.8	462.7
衣着材料	7.4		15.4	5.2	14.3	
设备用品及服务	453.1		607.8	425.4	230.2	741.3
#耐用消费品	286.4		373.7	265.8	123.4	628.0
医疗保健	625.1		1591.1	379.7	910.9	586.2
交通和通讯	1010.3		839.8	1105.8	603.4	644.1
娱乐文教服务	1166.4		738.0	1364.5	297.4	812.0
1.耐用消费品	312.2		226.0	370.3	16.5	104.4
2.教　育	607.5		218.3	742.5	263.2	330.0
3.文化娱乐	246.7		293.8	251.7	17.7	377.6
居　住	900.4		1346.8	838.5	697.1	481.7
#住　房	142.8		212.7	146.2		28.7
水、电、燃料及其他	691.6		1066.2	619.1	686.3	436.0
杂项商品和服务	372.3		605.4	354.7	107.8	163.9

6-4-6　城区城镇居民家庭平均每人全年消费性支出(2006年)

按家庭规模分组

指　　标	总　计	一人户	二人户	三人户	四人户	五人及以上户
消费性支出(元)	7551.38		10330.16	7087.49	6520.15	6266.96
食　品	2304.01		3272.75	2203.22	1744.57	1478.60
#1.粮　食	299.94		462.61	276.18	261.25	169.40
2.油脂类	58.24		96.52	48.76	58.38	55.36
3.肉禽及制品	303.8		453.3	295.1	132.8	199.2
4.蛋　类	72.79		111.80	68.39	41.96	51.56
5.水产品类	45.45		77.21	44.28	11.45	14.21
6.菜　类	248.82		380.75	232.50	188.39	144.87
7.烟草类	137.22		155.33	143.54	81.79	89.93
8.酒和饮料	107.5		146.1	108.2	68.9	46.0
9.干鲜瓜果类	208.95		301.26	196.80	176.52	133.07
10.奶及奶制品	182.21		276.05	174.72	127.05	81.41
11.饮食服务	424.49		503.76	426.37	281.09	361.57
衣　着	1035.39		1229.82	1056.59	969.51	422.58
#服　装	771.80		926.70	777.35	788.34	320.65
衣着材料	11.21		12.64	12.42	0.89	6.86
设备用品及服务	422.33		895.01	254.80	589.58	698.64
#耐用消费品	265.65		613.40	128.59	463.68	523.44
医疗保健	574.72		1065.54	460.89	442.72	602.28
交通和通讯	937.31		767.28	1072.21	527.93	484.68
娱乐文教服务	1090.93		1318.41	1118.70	1010.82	348.51
1.耐用消费品	293.01		373.26	323.65	18.65	87.62
2.教　育	581.33		561.97	595.11	866.41	198.54
3.文化娱乐	216.59		383.18	199.95	125.77	62.35
居　住	860.39		1388.60	578.31	1031.75	2098.38
#住　房	338.39		637.02	80.77	662.87	1745.00
水、电、燃料及其他	483.59		702.95	459.32	332.54	336.00
杂项商品和服务	326.31		392.75	342.76	203.27	133.29

6-5 主要年份城镇居民人均可支配收入增长情况

单位：元

年份	可支配收入	比上年增加额	比上年增长(%)
1989	1016		
1990	1092	76	7.5
1991	1313	220	20.2
1992	1357	45	3.4
1993	1667	310	22.8
1994	2099	432	25.9
1995	2550	451	21.5
1996	3015	465	18.2
1997	3116	101	3.3
1998	3289	173	5.6
1999	3406	117	3.6
2000	3964	558	16.4
2001	4496	532	13.4
2002	5316	820	18.2
2003	6056	740	13.9
2004	6943	887	14.6
2005	8033	1090	15.7
2006	9188	1155	14.4
2007	10862	1674	18.2

6-6 主要年份城镇居民人均消费性支出增长情况

单位：元

年份	消费性支出	比上年增加额	比上年增长(%)
1989	796		
1990	841	45	5.7
1991	1140	299	35.6
1992	1056	-84	-7.4
1993	1313	257	24.3
1994	1587	274	20.9
1995	1938	351	22.1
1996	2488	550	28.4
1997	2454	-34	-1.4
1998	2474	20	0.8
1999	2776	301	12.2
2000	3307	532	19.1
2001	3511	204	6.2
2002	4014	503	14.3
2003	4393	379	9.4
2004	4790	397	9.0
2005	5572	782	16.3
2006	6135	564	10.1
2007	7161	1026	16.7

6-7　城区城镇居民家庭平均每人全年购买的主要商品数量

指　标	2000	2005	2006	2007
粮　食（公斤）	114.80	134.83	128.95	123.00
食用植物油（公斤）	9.66	7.59	7.84	8.30
猪　肉（公斤）	10.78	10.72	9.98	10.80
牛羊肉（公斤）	2.17	1.92	2.46	2.80
家　禽（公斤）	1.28	3.04	2.71	3.07
蛋　类（公斤）	15.94	14.58	14.11	14.70
鱼　虾（公斤）	2.50	2.73	2.99	3.65
蔬　菜（公斤）	123.05	140.97	102.82	127.65
酒　类（公斤）	4.62	3.89	5.25	4.90
服　装（件）	5.69	9.10	9.57	8.64
男装	2.32	2.82	2.45	-
女装	3.08	4.20	4.82	-
童装	0.29	2.08	2.30	-
鞋　类（双）	2.47	2.75	2.64	2.53
煤　炭（公斤）	172.92	73.42	89.73	53.63

6-8　城区城镇居民家庭平均每百户年末耐用消费品拥有量

品　名	2000	2004	2005	2006	2007
洗衣机(台)	96.67	97.50	105.00	105.00	105.00
电风扇(台)	82.38	80.00	88.00	85.00	-
电冰箱(台)	50.95	80.00	93.00	91.00	91.00
微波炉(台)		23.75	33.00	40.00	-
电炊具(台)		28.75	58.00	77.00	-
彩色电视机(台)	107.62	122.50	123.00	123.00	123.00
录放像机(台)	12.50	20.00	14.00	15.00	-
组合音响(套)	13.75	21.25	29.00	31.00	31.00
空调器(台)	1.90	17.50	17.00	21.00	26.00
照相机(架)	29.52	50.00	51.00	56.00	56.00
摩托车(辆)	31.43	25.00	32.00	36.00	36.00
家用电脑(台)	6.20	20.00	38.00	43.00	51.00
移动电话(部)	4.80	57.50	96.00	104.00	124.00
家用汽车(辆)	3.75	5.00	5.00	5.00	6.00

6-9 城区城镇居民家庭年末居住情况

单位: %

指　　标	2005	2006	2007
一、按房屋产权	**100.0**	**100.0**	**100.0**
租赁公房	7.0	5.0	3.0
租赁私房	0.0	1.0	1.0
原有私房	1.0	0.0	
房改私房	84.0	91.0	96.0
商品房	1.0	1.0	
其　他	7.0	2.0	
二、住宅建筑式样	**100.0**	**100.0**	**100.0**
单栋住宅	1.0	0.0	
四居室	3.0	5.0	3.0
三居室	19.0	21.0	30.0
二居室	59.0	61.0	62.0
一居室	9.0	9.0	2.0
普通楼房	0.0	0.0	
平房及其他	9.0	4.0	3.0
三、饮水情况	**100.0**	**100.0**	**100.0**
自来水	82.0	88.0	89.0
矿泉水	0.0	0.0	
纯净水	17.0	11.0	11.0
井、河水	1.0	1.0	
其　他	0.0	0.0	
四、用水情况	**100.0**	**100.0**	**100.0**
独用自来水	95.0	97.0	100.0
公用自来水	4.0	2.0	
井、河水	0.0	0.0	
其　他	1.0	1.0	
五、卫生设备	**100.0**	**100.0**	**100.0**
无卫生设备	4.0	3.0	1.0
有厕所浴室	58.0	68.0	58.0
有厕所无浴室	37.0	29.0	41.0
公　用	1.0	0.0	
六、取暖设备	**100.0**	**100.0**	**100.0**
无取暖设备	2.0	1.0	
空调设备	3.0	3.0	2.0
暖　气	94.0	95.0	98.0
其　他	1.0	1.0	
七、炊用燃料使用情况	**100.0**	**100.0**	**100.0**
管道煤气	85.0	85.0	95.0
液化石油气	4.0	3.0	1.0
煤	9.0	9.0	2.0
其　他	2.0	3.0	2.0
八、通信设备使用情况	**100.0**	**100.0**	**100.0**
无电话	1.0	0.0	
有电话	99.0	100.0	100.0
#使用互联网	14.0	25.0	36.0

6-10 主要年份农民家庭基本情况

单位：人

年份	调查户数（户）	调查户常住人口	户均常住人口	平均每户整半劳动力	每个劳力负担人口	平均每人居住面积（平方米）
1983	499	2591	5.19	2.41	2.15	12.9
1984	570	2926	5.13	2.45	2.09	13.6
1985	650	3231	4.97	2.58	1.92	19.9
1986	650	3222	4.96	2.63	1.88	17.9
1987	650	3175	4.88	2.60	1.88	16.8
1988	640	3123	4.88	2.61	1.87	17.8
1989	640	3091	4.83	2.68	1.80	17.8
1990	610	2915	4.78	2.65	1.80	17.7
1991	610	2900	4.75	2.69	1.77	18.3
1992	610	2810	4.61	2.66	1.73	18.5
1993	590	2701	4.58	2.80	1.63	17.8
1994	670	3003	4.48	2.83	1.59	20.6
1995	700	3070	4.39	2.92	1.50	20.6
1996	760	3287	4.33	2.90	1.49	19.7
1997	760	3177	4.18	2.65	1.58	20.5
1998	800	3301	4.13	2.54	1.62	21.7
1999	810	3305	4.08	2.62	1.56	22.4
2000	810	3177	3.92	2.72	1.44	22.6
2001	810	3108	3.84	2.62	1.46	22.9
2002	880	3333	3.79	2.59	1.46	23.5
2003	880	3373	3.83	2.66	1.44	23.9
2004	880	3310	3.76	2.68	1.40	21.2
2005	880	3235	3.68	2.62	1.40	23.4
2006	880	3223	3.66	2.34	1.49	24.9
2007	880	3237	3.68	2.69	1.35	26.2

6-11 农民家庭人口状况

指　　标	2007		2006	
	总 计	每户平均	总 计	每户平均
一、调查户数（户）	**880**		**880**	
二、家庭常住人口(人)	**3237**	**3.68**	**3223**	**3.66**
#整半劳动力数	2392	2.72	2164	2.46
#整劳动力	1556	1.77	1412	1.60
1.学龄前人数	140	0.16	160	0.18
2.7-15岁	360	0.41	388	0.44
#在校人数	353	0.40	383	0.44
3.16-60岁	2522	2.87	2482	2.82
4.60岁以上	215	0.24	193	0.22

6-12 农民家庭劳动力状况

单位：人

指　　标	总 计		每百人	
	2007	2006	2007	2006
调查户家庭常住人口(人)	**3237**	**3223**		
一、劳动力文化状况				
1.不识字或识字很少	45	35	1.4	1.1
2.小学程度	380	343	11.7	10.6
3.初中程度	1595	1470	49.3	45.4
4.高中程度	284	270	8.8	8.3
5.中　　专	51	32	1.6	1.0
6.大专及以上	37	14	1.1	0.4
二、劳动力就业情况				
第一产业	1432	1333	44.2	41.2
#农　　业	1413	1301	43.7	40.2
林　　业	2	14	0.1	0.4
第二产业	396	383	12.2	11.8
采矿业	129	120	4.0	3.7
制造业	204	216	6.3	6.7
电力煤气及水的生产供应业	17	3	0.5	0.1
建筑业	46	44	1.4	1.4
第三产业	526	414	16.2	12.8
#交通运输仓储及邮电通讯业	72	75	2.2	2.3
批发和零售贸易	85	70	2.6	2.2

6-13　农民家庭人均房屋情况

指　　标	2007	2006
一、年内新建房屋面积（平方米）	**0.22**	**0.39**
#砖木结构面积	0.12	0.18
钢筋混凝土结构面积	0.08	0.17
年内新建房屋价值（元）	498.62	436.76
二、年末住房面积（平方米）	**26.15**	**24.86**
#砖木结构面积	22.30	21.04
钢筋混凝土结构面积	3.51	3.24
三、年末住房价值（元）	**8516.14**	**7249.34**

6-14　农民家庭土地经营情况

单位：亩

指　　标	2007			2006		
	总　计	每户平均	每人平均	总　计	每户平均	每人平均
一、期初实际经营土地面积	**7024.29**	**7.98**	**2.17**	**6864.99**	**7.80**	**2.13**
#耕　地	6732.96	7.65	2.08	6542.69	7.43	2.03
#有效灌溉面积	2104.05	2.39	0.65	2449.48	2.78	0.76
二、期内增加的经营土地面积	**258.96**	**0.29**	**0.08**	**451.22**	**0.51**	**0.14**
#耕　地	258.96	0.29	0.08	386.76	0.44	0.12
#有效灌溉面积	64.74	0.07	0.02	161.15	0.18	0.05
三、期内减少的经营土地面积	**258.96**	**0.29**	**0.08**	**225.61**	**0.26**	**0.07**
#耕　地	226.59	0.25	0.07	225.61	0.26	0.07
#有效灌溉面积	129.48	0.15	0.04	64.46	0.07	0.02
四、期末实际经营的土地面积	**7024.29**	**7.98**	**2.17**	**7058.37**	**8.02**	**2.19**
#耕　地	6765.33	7.69	2.09	6703.84	7.62	2.08
#有效灌溉面积	2039.31	2.32	0.63	2546.17	2.89	0.79

6-15 农民家庭人均收支情况

单位：元

指　　标	2007	2006
一、总收入	**5374.79**	**4532.18**
(一)工资性收入	2068.54	1834.03
(二)家庭经营收入	3046.66	2516.59
1.第一产业	2595.26	1984.98
#农　业	1623.60	1321.45
林　业	19.65	5.17
牧　业	951.65	658.37
2.第二产业	82.96	134.50
工　业	22.43	33.60
建筑业	60.53	100.90
3.第三产业	368.45	397.11
交通、运输、邮电业	144.09	198.02
批零贸易业、饮食业	125.03	95.65
社会服务业	20.50	27.35
文教卫生业	3.57	0.87
其他行业	73.57	75.01
(三)财产性收入	49.05	38.92
(四)转移性收入	210.53	142.64
二、总支出	**3916.78**	**3372.53**
(一)家庭经营费用	1037.76	765.33
1.第一产业生产费用	959.30	677.92
#农　业	353.23	297.18
林　业	2.92	1.37
牧　业	603.15	379.37
2.第二产业生产费用	12.54	21.90
工　业	4.45	7.49
建筑业	8.09	14.41
3.第三产业生产费用	65.93	65.51
交通、运输、邮电业	37.79	50.11
批零贸易业、饮食业	20.65	11.29
社会服务业	2.27	1.96
文教卫生业	2.44	0.61
其他行业	2.78	1.55
(二)购置生产性固定资产支出	59.95	38.70
(三)建造生产性固定资产雇工支出	0.73	
(四)税费支出	2.46	7.03
(五)生活消费支出	2642.27	2398.81
(六)财产性支出	22.53	2.99
(七)转移性支出	151.08	159.67
三、全年可支配收入	**4071.25**	**3518.68**
四、全年纯收入	**4206.70**	**3647.88**

6-16 农民家庭平均每人家庭经营纯收入

单位: 元

指标	2007	2006
家庭经营纯收入	**1916.73**	**1665.76**
1.农业收入	1226.33	989.66
2.林业收入	16.69	3.76
3.牧业收入	323.43	253.31
4.渔业收入	0.36	
5.工业收入	16.23	22.90
6.建筑业收入	49.20	83.49
7.运输业收入	94.39	136.97
8.商业、饮食业收入	99.25	78.30
9.社会服务业收入	17.64	24.71
10.文教卫生业收入	1.05	0.23
11.其他行业收入	72.16	72.45

6-17 主要年份农村住户每人平均纯收入

单位: 元

年份	全年纯收入	按纯收入来源分		
		劳动者报酬收入	家庭经营收入	转移性、财产性收入
1983	274			
1984	315			
1985	355			
1986	385			
1987	425			
1988	517			
1989	550			
1990	606			
1991	590			
1992	654			
1993	761			
1994	1016			
1995	1317	241	1006	70
1996	1703	381	1259	63
1997	2032	498	1473	60
1998	2159	543	1547	69
1999	2100	582	1449	70
2000	2202	800	1340	62
2001	2268	899	1292	77
2002	2426	945	1372	109
2003	2612	1077	1460	75
2004	2949	1210	1643	95
2005	3315	1518	1691	106
2006	3648	1834	1666	148
2007	4207	2069	1917	221

6-18 主要年份农村住户每人平均生活消费支出

单位: 元

年 份	生活消费支出	食 品	衣 着	居 住
1983	191.7	106.8	30.5	18.1
1984	228.3	127.4	33.8	24.8
1985	251.5	132.8	36.2	28.3
1986	282.9	147.0	39.0	31.8
1987	328.2	162.2	43.9	41.4
1988	375.4	190.0	53.2	37.9
1989	428.3	225.4	58.8	39.4
1990	495.5	248.0	61.7	67.9
1991	507.1	262.0	65.6	55.3
1992	517.8	276.5	65.7	51.5
1993	691.5	386.0	79.1	44.9
1994	792.1	425.6	92.2	51.7
1995	1108.8	585.9	121.3	71.2
1996	1191.0	662.0	137.0	140.7
1997	1225.5	622.5	129.1	160.8
1998	1144.8	581.3	109.7	133.8
1999	1321.3	680.8	111.1	136.4
2000	1252.4	578.1	114.1	145.9
2001	1305.9	572.5	125.6	141.5
2002	1534.6	603.1	144.6	184.6
2003	1659.1	650.8	162.4	186.4
2004	1986.2	790.4	203.1	222.6
2005	2172.5	867.8	235.5	238.2
2006	2398.8	880.0	251.3	346.7
2007	2642.3	1029.2	274.4	341.0

6-19　农民家庭平均每人现金收入

单位：元

指　　标	2007	2006
一、人均现金收入	**4738.83**	**4096.63**
1.工资性收入	2067.74	1833.90
2.出售产品的收入	980.89	877.56
3.工业服务性收入	22.38	33.53
4.运输业的收入	144.09	198.02
5.商业、饮食业收入	125.03	95.65
6.服务业的收入	20.50	27.35
7.建筑业服务性的收入	60.53	100.90
8.转移性收入	205.19	137.05
9.财产性收入	42.74	37.77
二、非收入所得	**639.96**	**519.80**

6-20　农民家庭平均每人现金支出

单位：元

指　　标	2007	2006
总　　计	**3724.31**	**3188.85**
一、生产费用支出	**1062.65**	**770.55**
#家庭经营费用支出	1001.97	731.86
购置生产性固定资产支出	59.95	38.70
二、税费支出	**2.45**	**6.98**
三、生活消费支出	**2487.43**	**2250.31**
1.食　品	875.19	732.85
#主　食	189.34	157.69
副　食	299.25	239.60
2.衣　着	274.26	250.43
3.居　住	340.76	346.28
4.家庭设备、用品及服务	116.53	106.47
5.医疗保健	206.41	154.95
6.交通和通讯	291.38	269.96
7.文教娱乐用品及服务	312.33	332.98
8.其他商品和服务	70.56	56.39
四、财产性支出	**22.53**	**2.99**
五、转移性支出	**149.25**	**158.02**

6-21-1 农村住户调查按平均每人

指 标 名 称	单位	500元以下	500-800元	800-1000元	1000-1300元	1300-1500元	1500-1700元
一、调查户数	**户**	**4**	**8**	**20**	**30**	**28**	**37**
二、家庭常住人口	**人**	**14**	**26**	**87**	**137**	**117**	**156**
三、整半劳动力数	**人**	**12**	**22**	**69**	**91**	**91**	**119**
四、期末实际经营的耕地面积	**亩**	**26**	**54**	**172**	**259**	**255**	**233**
五、山地面积	**亩**				**12**	**2**	**1**
六、生产性固定资产原值	**元**	**46560**	**31550**	**154140**	**95730**	**173750**	**95150**
七、主要生产性固定资产数量	--						
1.房屋及建筑物	平方米	12		24	417	190	100
2.汽车	辆			1	1		1
3.大中型拖拉机	台						1
4.小型和手扶拖拉机	台		1	2	7	5	5
5.机动脱粒机	辆				1		
6.收割机	台				1		
7.农用动力机械	台	1		2	1	1	
8.胶轮大车	台			1	3	8	2
9.水泵	架	1	2	2	2	1	2
10.役畜	台	1	1	8	5	8	10
11.产品畜	头			2	7	103	12
八、住房面积	**平方米**	**285**	**460**	**1511**	**2872**	**2461**	**3454**
住房价值	平方米	80000	80200	419000	530711	434600	798700
住房结构	--						
钢筋混泥土结构面积	平方米				308	124	260
砖木结构面积	平方米	285	370	1416	2232	2187	3054
九、期内粮食收入合计	**公斤**						
期内粮食支出合计	公斤	8865	14734	59402	99275	86171	94395
期末粮食结存实际调查数	公斤	3815	7144	32181	57545	54365	56633
十、生产量	**元**	**6840**	**14190**	**56592**	**94139**	**83504**	**97847**
谷物产量	公斤	6390	11560	47469	77002	65415	70326
薯类产量	公斤		470	1061	1322	1493	2021
豆类产量	公斤			618	1690	3493	2622
棉花产量	公斤						
油料产量	公斤		115	390	387	1172	375
麻类产量	公斤			30		115	
蔬菜产量	公斤	350	165	1762	7039	4796	12620
畜肉产量	公斤	351		333	1493	1275	791
家禽肉产量	公斤	3		17	6	109	76
蛋类产量	公斤	18	70	28		495	
皮产量	公斤	1					
毛、线产量	张						
奶类产量	公斤						

纯收入分组基本情况(2007年)

1700-2000元	2000-2300元	2300-2500元	2500-3000元	3000-3500元	3500-4000元	4000-4500元	4500-5000元	5000元以上
53	**58**	**30**	**74**	**73**	**86**	**62**	**60**	**257**
207	**231**	**108**	**288**	**283**	**317**	**232**	**196**	**838**
151	**173**	**90**	**210**	**194**	**217**	**165**	**144**	**644**
410	**485**	**282**	**527**	**550**	**651**	**541**	**512**	**2127**
3	**4**	**33**			**10**	**20**	**2**	**57**
285230	**331730**	**118900**	**364530**	**191350**	**261577**	**335820**	**327840**	**1588880**
199	318	852	2198	382	1309	360	472	10599
1	2	1	1		2	1	2	3
2	1	1	1		5	1	3	11
12	8	6	7	4	8	5	4	48
		1	1		1		3	4
		1	1		1		3	4
	2	1		1	1	1		4
11	1	6	7	2	3	1	1	8
2		1	1		1	1	2	9
20	15	13	17	5	8	6	13	24
5	11	6	7	28	5	30	802	143
5192	**5434**	**2698**	**7622**	**6504**	**7763**	**6908**	**5277**	**26205**
1089800	1315400	564350	1804600	1893200	2468900	2004300	1797800	9276200
215	600	177	1231	863	780	770	915	5106
4196	4096	1992	5234	4986	6210	5073	3976	18117
155440	188802	95850	200328	217590	306364	218569	230351	1050010
110597	116175	60818	124041	166605	210949	148099	156821	756790
159479	**203963**	**120687**	**268637**	**240707**	**463177**	**296480**	**244243**	**1898457**
107008	143431	76526	152285	171901	257302	185926	181961	830537
4205	4997	3101	5812	2412	3235	2882	4148	5926
5309	7513	2683	7649	4299	6282	4560	6574	23948
		20			20			43
807	1348	880	1562	1121	351	2215	162	3265
	165	300	100			60		
15876	20621	12291	65490	42258	152393	57678	21882	775286
3076	1946	31	2662	5687	3764	5417	2531	37762
57	12	27	65	41	90	495	5226	26736
86		149	497	176	111	5093	11433	154062
		1	1		2			4
		2765		8554	5617	14831		53373

6-21-1 农村住户调查按平均每人

指标名称	单位	500元以下	500-800元	800-1000元	1000-1300元	1300-1500元	1500-1700元
十一、出售量	**元**	**4748**	**5143**	**30261**	**50971**	**67020**	**75070**
谷物数量	公斤	90	1960	14717	18733	24488	24187
出售薯类数量	公斤		300	20	293	320	621
出售豆类数量	公斤			600	982	1846	1637
出售棉花数量	公斤						
出售油料数量	公斤		115	30	187	462	25
出售麻类数量	公斤			30			
出售糖料数量	公斤						
出售烟草数量	公斤						
出售蔬菜数量	公斤			535	4730	2455	10998
出售肉猪及猪肉总重量	公斤	277		114	1458	816	61
出售菜羊及羊肉总重量	公斤	74			35		
出售肉牛及牛肉总重量	公斤			219		219	730
出售家禽总重量	公斤	3		17	6	99	76
出售蛋类的数量	公斤	18	70	28		469	
出售畜皮数量	公斤	1					
出售毛.绒数量	张						
出售奶类数量	公斤						
十二、购买生活消费品情况							
购买谷物数量	公斤	1376	2126	8750	11440	11586	15632
购买薯类	公斤		32	47	49	41	85
购买豆类	公斤		2	44	97	205	191
购买食用油	公斤	109	189	395	686	607	717
购买蔬菜	公斤	358	625	2899	5359	3908	6189
购买肉.禽.蛋.奶及其制品	元	1036	2051	7276	13706	13482	15291
购买食糖	公斤	4	31	100	166	117	150
十三、期末主要耐用消费品拥有情况							
02.电冰箱	台			3	4	4	7
03.空调机	台						
04.抽油烟机	台			1	3		1
05.吸尘器	台				2		
07.热水器	台		2		3	1	2
其中：太阳能热水器	台		2		1		1
08.自行车	辆	7	9	24	36	31	50
其中：电动自行车	辆			1	1		5
09.摩托车	台	4	4	7	20	20	14
11.固定电话机	部	4	7	16	26	26	33
12.移动电话	部	3	6	5	18	10	16
13.彩色电视机	台	4	7	20	36	30	41
其中：接入有线电视网的	台	2	4	16	19	19	20
14.黑白电视机	台			2	6	3	5
其中：接入有线电视网的	台			1	2	1	4
15.摄像机	台						
16.影碟机	台	1	6	4	11	9	11
18.家用计算机	台			1		1	1

纯收入分组基本情况(2007年)(续)

1700-2000元	2000-2300元	2300-2500元	2500-3000元	3000-3500元	3500-4000元	4000-4500元	4500-5000元	5000元以上
146202	**143727**	**85408**	**224415**	**262155**	**403089**	**332326**	**310609**	**3347333**
44596	53223	32459	52528	80791	116985	79079	85158	375059
1840	1747	1955	3954	1472	2504	1930	3221	4489
2641	4109	1034	3518	3448	3330	3014	4281	21884
								13
57	1353	172	538	777	172	2567	162	1368
	75							
13255	15188	6286	58268	36000	135555	50202	17143	711533
2286	1064		490	3660	1284	3909	1882	33204
	371	31	371	56	201	158		2339
212	511		1679	1971	2263	1205	219	1745
57	12	27	65	41	90	492	5226	26736
66		121	412	133	41	5054	11383	153645
		1	1		2			4
	7							22
	7							
		2765		**8554**	**5467**	**14502**		**53365**
20605	24511	12161	29606	29188	32926	23139	22181	83525
156	194	39	242	266	311	284	169	726
158	184	79	549	219	275	232	340	1208
1234	1427	542	1860	1766	2103	1756	1329	6125
10358	10120	3687	11727	13477	15304	13352	10492	55177
24421	29275	10535	42177	43753	45151	43398	40518	182480
231	272	97	360	241	337	238	227	917
6	8	5	14	9	10	16	12	67
	1			1		1		4
1			1	1	2	3	2	15
1	2			2				
	4	1		4	5	6	4	33
	2					3	1	8
72	76	31	112	107	142	107	75	446
2	4	2	5	4	10	8	4	43
24	28	14	40	41	52	43	33	173
44	41	23	66	65	76	58	56	221
25	27	14	48	60	55	44	47	217
56	59	25	80	75	93	69	60	252
30	35	12	46	29	36	19	24	87
4	9	2	7	6	6	5	3	14
1	1	1	1	3	2			1
				1				
17	16	8	18	12	26	20	8	83
		2	1	1	3	2	2	21

6-21-2　农村住户调查按平均每人

指标名称	单位	500元以下	500-800元	800-1000元	1000-1300元	1300-1500元	1500-1700元
一、调查户数	**户**	**7**	**19**	**18**	**52**	**32**	**46**
二、家庭常住人口	**人**	**32**	**77**	**75**	**218**	**133**	**187**
三、整半劳动力数	**人**	**25**	**61**	**58**	**161**	**93**	**130**
四、期末实际经营的耕地面积	**亩**	**115**	**118**	**161**	**549**	**228**	**340**
五、山地面积	**亩**		**4**	**3**	**18**	**22**	**12**
六、生产性固定资产原值	**元**	**22140**	**36560**	**104220**	**223680**	**62710**	**236460**
七、主要生产性固定资产数量							
1.房屋及建筑物	平方米	10		1027	163	231	284
2.汽车	辆			1			1
3.大中型拖拉机	台						1
4.小型和手扶拖拉机	台	1	4	6	9	7	9
5.机动脱粒机	台						
6.收割机	台						
7.农用动力机械	台	2	1	1	6	3	6
8.胶轮大车	架		1	2	5	4	5
9.水泵	台	1		1		1	1
10.役畜	头	5	5	9	23	7	13
11.产品畜	头	2	3	106	12	6	9
八、住房面积	**平方米**	**824**	**1509**	**1513**	**4483**	**2761**	**3724**
住房价值	元	99500	242300	313000	747100	545300	710000
住房结构	--						
钢筋混泥土结构面积	平方米		20		317	215	270
砖木结构面积	平方米	425	1389	1211	3644	2362	2958
九、期内粮食收入合计	**公斤**	**22039**	**41876**	**52628**	**171574**	**86909**	**130966**
期内粮食支出合计	公斤	18712	32100	44170	130743	68165	85982
期末粮食结存实际调查数	公斤	43595	38496	62227	193074	83799	166043
十、生产量(公斤)	**公斤**	**23393**	**75047**	**69190**	**206955**	**108570**	**163624**
谷物产量	公斤	16902	31950	36865	140291	68710	108888
薯类产量	公斤	1020	725	1985	4871	3045	3039
豆类产量	公斤	293	1348	1620	7123	1765	3119
棉花产量	公斤						
油料产量	公斤	400		180	1020	625	835
麻类产量	公斤	25			494		73
蔬菜产量	公斤	272	38059	20600	31487	18745	31917
畜肉产量	公斤		25	494	630	930	847
家禽肉产量	公斤		2	15	104	27	45
蛋类产量	公斤	2	15	25	25	216	47
皮产量	张						2
毛、绒产量	公斤						
奶类产量	公斤						5031

纯收入分组基本情况(2006年)

1700-2000元	2000-2300元	2300-2500元	2500-3000元	3000-3500元	3500-4000元	4000-4500元	4500-5000元	5000元以上
48	**44**	**39**	**76**	**86**	**82**	**84**	**74**	**173**
193	**164**	**147**	**292**	**318**	**311**	**295**	**260**	**521**
141	**113**	**104**	**209**	**226**	**218**	**215**	**187**	**410**
445	**328**	**376**	**609**	**564**	**600**	**706**	**507**	**1384**
12	**3**		**41**	**2**	**8**	**17**	**15**	**13**
175750	**113570**	**109710**	**283110**	**367120**	**409630**	**594330**	**246480**	**719840**
350	436	82	1400	1554	2510	3732	666	6388
2			2	4	2	3		2
	1		2	1	3	1		7
8	11	5	12	12	17	21	14	25
		1	1	1			2	8
		2						1
6	3	7	8	3	9	9	9	20
7	5	1	3	6	6	4	2	6
	1		1	1		1		4
25	16	11	10	15	7	9	6	18
16	7	13	28	16	12	58	7	85
4463	**3623**	**3431**	**6822**	**7652**	**6826**	**8001**	**7239**	**17239**
834900	747000	861500	1730350	2160800	2382200	2855800	2082500	5660300
360	345	485	852	1455	835	998	1183	3095
3423	2931	2185	4776	5072	5410	5763	5241	12174
174103	**134399**	**139759**	**251381**	**241682**	**203408**	**251429**	**229344**	**650623**
130271	95981	85031	192278	180594	161505	214646	195038	555813
169402	114830	144066	227432	212202	190995	238796	189214	406894
205539	**206731**	**238728**	**391433**	**432234**	**614639**	**524385**	**437875**	**1049346**
130339	109026	115074	205500	189218	165871	190209	193646	475095
4480	1924	4319	6516	5685	2993	4254	3116	3548
4780	4127	3841	6285	8733	5847	7516	8308	18554
				200				62
1100	40	545	675	1516	3098	3339	451	5643
150	95	87	415	100	35			
45168	81347	93036	122287	182963	368994	265995	182948	467033
3023	1431	1742	2982	2328	3844	8455	3853	52689
739	24	69	8	145	60		13	21775
4465	228	19	294	4097	31132	147	32	78010
						1		4
		3	1			11	4	44
6893			3840	11093	3759	56150	13	10518

6-21-2 农村住户调查按平均每人

指标名称	单位	500元以下	500-800元	800-1000元	1000-1300元	1300-1500元	1500-1700元
十一、出售量	**元**	**15294**	**26264**	**40448**	**112939**	**67607**	**87102**
谷物数量	公斤	10659	17822	20964	77651	37541	44729
出售薯类数量	公斤	859	93	1100	2247	1565	837
出售豆类数量	公斤	200		282	1866	257	454
出售棉花数量	公斤						
出售油料数量	公斤			100	415		143
出售麻类数量	公斤	25			244		28
出售糖料数量	公斤						
出售烟草数量	公斤						
出售蔬菜数量	公斤		36021	17419	26768	15336	23877
出售肉猪及猪肉总重量	公斤			190	342	646	912
出售菜羊及羊肉总重量	公斤		25	140	105	21	
出售肉牛及牛肉总重量	公斤			164	183	263	146
出售家禽总重量	公斤		2	15	104	27	45
出售蛋类的数量	公斤		15	25	15	129	44
出售畜皮数量	张						2
出售毛.绒数量	公斤						
出售奶类数量	公斤						5031
十二、购买生活消费品情况							
购买谷物数量	公斤	2884	5490	7987	16707	12933	14224
购买薯类	公斤	3	53	41	87	23	61
购买豆类	公斤	4	25	53	78	52	101
购买食用油	公斤	96	362	379	886	601	964
购买蔬菜	公斤	949	1787	2014	5286	3706	5233
购买肉.禽.蛋.奶及其制品	公斤	203	945	714	1741	1237	2313
购买食糖	公斤	19	56	60	200	134	186
十三、期末主要耐用消费品拥有情况							
洗衣机	台	5	6	10	29	11	25
电风扇	台	1	2	6	12	7	13
电冰箱	台		2	4	7	5	4
空调机	台						
吸尘器	台			1			1
微波炉	台					1	
热水器	台						
自行车	辆	7	16	23	57	38	56
摩托车	台	2	7	8	22	11	25
电话机	部	3	13	14	39	28	38
移动电话	部	2	8	6	14	5	10
寻呼机	台		1				
彩色电视机	台	7	18	21	46	27	47
#接入有线电视网的	台	3	6	11	21	13	22
黑白电视机	台			4	14	11	7
#接入有线电视网的	台			1	3	3	3
录放像机	台		1	1	1		1
影碟机	台	2	8	5	13	6	12
收录机	台	1	1	1	2	1	4
照相机	架				1		2
家用计算机	台			2			

纯收入分组基本情况(2006年)(续)

1700-2000元	2000-2300元	2300-2500元	2500-3000元	3000-3500元	3500-4000元	4000-4500元	4500-5000元	5000元以上
159572	**110004**	**99214**	**247615**	**335743**	**522497**	**580328**	**320636**	**1722886**
63220	58670	36549	120502	95500	74884	100017	110058	250840
1897	663	2324	4466	3156	1730	2190	2284	1796
706	1388	1461	1526	2483	2042	3670	5418	9474
								62
661	81	388	345	516	1928	1969	380	4675
430	88	17	100					
39522	73989	86332	112042	167302	352532	254328	162136	412426
1953	847	659	1649	1332	1246	7030	2713	46678
		280	235	210	503	1065	190	2502
1069	584	803	1022	607	1905	365	949	3431
342	24	69	8	145	60		13	21775
4315	250	19	238	4000	31112	52	13	77394
						1		4
		3	1			11	4	19
6893			3810	11093	3513	56090	13	10018
17001	16378	14270	29313	30168	24562	25032	20568	53857
92	86	48	209	298	352	348	303	519
196	78	85	174	445	223	313	178	559
1009	975	950	1830	1974	1935	1733	1832	3784
7002	8099	5743	11510	15631	15278	19266	15218	34071
2263	2432	2573	5660	6288	6353	7081	6238	14975
207	198	120	301	330	274	325	357	789
30	23	27	57	74	69	72	65	158
19	14	14	40	53	54	52	46	110
7	3	4	14	12	9	20	12	41
					1	1		6
1			3					1
2			2		1	2	4	9
4	1	1	4	4	1	5	4	8
55	46	59	119	140	137	142	119	263
21	22	19	45	46	50	52	51	118
41	36	31	70	73	77	78	66	162
22	12	15	39	34	42	49	41	111
					2			4
49	45	39	79	80	83	81	78	177
17	15	21	34	26	22	32	24	73
7	7	3	10	14	11	13	6	17
2	2			4	1	1		
3		1	3	5	5	4	3	7
15	11	11	14	16	26	25	26	53
2	5	2	11	13	18	19	14	32
4	2	1	6	3	8	7	3	17
1			1	1		1	4	8

6-22-1　农村住户调查按平均每人

指 标 名 称	单位	500元以下	500-800元	800-1000元	1000-1300元	1300-1500元	1500-1700元
一、总收入	元	17642	27812	112133	212900	212183	292649
(一)工资性收入	元	1130	4538	22400	56033	44652	105573
1.在非企业组织中劳动得到收入	元			1200	3700	9300	620
2.在本乡地域内劳动得到收入	元	930	2138	16700	43493	26922	83491
3.外出从业得到收入	元	200	2400	4500	8840	8430	21462
(二)家庭经营收入	元	14884	19791	83855	144421	150816	170635
1.第一产业收入	元	12884	18791	76484	135378	134004	144509
(1)农业收入	元	8286	17453	70623	113435	111235	124875
(2)林业收入	元	66	112	2454	4687	2202	7110
(3)牧业收入	元	4532	1226	3407	17256	18346	12524
(4)渔业收入	元					2220	
2.第二产业收入	元	1000		3790	565	4152	6970
(1)工业收入	元			3400		252	
(2)建筑业收入	元	1000		390	565	3900	6970
3.第三产业收入	元	1000	1000	3581	8478	12660	19156
(1)其他产品收入	元						20
(2)第三产业服务性收入	元	1000	1000	3581	8478	12660	19136
①交通.运输.邮电业收入	元		1000	2185	1078	4760	7420
②批零贸易业.饮食业收入	元			400	6990	6200	7199
③社会服务业收入	元			830	50		2466
④文教卫生业收入	元						
⑤其他行业收入	元	1000		166	360	1700	2051
(三)财产性收入	元		50	2137	1830	156	2085
(四)转移性收入	元	1628	3433	3740	10617	16560	14356
二、总支出	元	24855	37052	134367	268873	258838	270388
(一)家庭经营费用支出	元	8159	6091	21891	45759	31807	32446
1.第一产业生产费用支出	元	8069	5040	17389	45356	30141	29688
(1)农业生产费用支出	元	811	4781	14132	28278	18245	27194
(2)林业生产费用支出	元	50	156	55	796	593	616
(3)牧业生产费用支出	元	7209	103	3202	16283	11303	1878
(4)渔业生产费用支出	元						
2.第二产业生产费用支出	元	20	1041	3840	25	660	1433
(1)工业生产费用支出	元			3300		20	
(2)建筑业生产费用支出	元	20	1041	540	25	640	1433
3.第三产业生产费用支出	元	70	10	662	378	1006	1325
(1)交通运输邮电业生产费用支出	元		10	330	106	878	843
(2)批零贸易餐饮业生产费用支出	元			2	199	2	312
(3)社会服务业生产费用支出	元	40		80	50		115
(4)文教卫生业生产费用支出	元			20			
(5)其他行业生产费用支出	元	30		230	23	126	55
(二)购置生产性固定资产支出	元	36		145	10700	1130	
(三)建造生产性固定资产雇工支出	元						
(四)税费支出	元						
(五)生活消费支出	元	16510	30641	109224	203679	218064	230943
其中：服务性支出	元	4899	5216	18213	50830	63820	63532
1.食品消费支出	元	8128	16501	53825	91693	94126	110961
A.食品消费品支出	元	7964	16126	53192	88378	89167	105983
2.衣着消费支出	元	1961	2777	8070	16764	18315	21438
3.居住消费支出	元	821	2855	6833	16900	21517	23431
4.家庭设备.用品消费支出	元	349	1353	3655	9144	7093	12897
5.交通和通讯消费支出	元	1832	2636	25144	15439	21201	21346
6.文化教育.娱乐消费支出	元	1623	891	3790	13787	19862	23091
7.医疗保健消费支出	元	1605	2854	4107	37912	29987	11556
8.其他商品和服务消费支出	元	192	774	3800	2041	5963	6223
(六)财产性支出	元				1063	40	
(七)转移性支出	元	150	320	3107	7671	7797	6999
三、全年纯收入	元	6379	18064	79055	159436	164526	250151

纯收入分组收支情况(2007年)

1700-2000元	2000-2300元	2300-2500元	2500-3000元	3000-3500元	3500-4000元	4000-4500元	4500-5000元	5000元以上
509400	593493	310887	936488	1072637	1391241	1240939	1128098	7861097
172168	198165	111926	372167	544140	610899	438682	524654	2870704
25650	5705	9400	19878	23530	30192	9160	50658	192931
136234	167490	95626	312969	509954	560684	361097	459296	2446174
10284	24970	6900	39320	10656	20023	68425	14700	231600
303082	354749	187750	519542	501163	722294	717099	565017	4566369
251920	283233	165792	378687	398516	602548	492484	452399	4054239
199314	253400	155996	326985	303050	527479	365487	304359	2200637
8788	9134	3264	5954	1776	5997	3045	3096	28009
43818	20699	6532	45748	93690	69072	123952	144944	1825594
22965	19920	7951	13398	22408	9440	22190	22440	138812
30	11980	276		19308	500			47570
22935	7940	7675	13398	3100	8940	22190	22440	91242
28197	51596	14008	127457	80239	110306	202425	90178	373318
	36				1420		20	4200
28197	51561	14008	127457	80239	108886	202425	90158	369118
10330	23201	8568	56598	38710	50655	101267	41733	140050
10150	8361	700	41750	24760	44156	30218	28129	185994
7717	12244		8959	500	330	9900	16830	14820
	3955			629				7965
	3800	4740	20150	15640	13745	61040	3466	20289
264	15396	465	17936	7687	12756	23011	9856	49087
33886	25183	10745	26844	19647	45292	62147	28571	374936
524391	545108	252204	712735	847693	1000562	909931	838276	4935382
103292	71605	40506	132101	136612	165148	212845	178504	1613169
92292	61614	33513	98960	117599	149268	144294	168119	1553781
35646	48796	28474	90258	61693	111798	74627	67021	440659
123	235	667	912	694	446	1247	2287	1276
56524	12582	4372	7790	55212	37024	68420	98811	1111846
3194	365	385	1225	13100	5930	1410	200	13403
100	200	19		12000	50	90		4223
3094	165	366	1225	1100	5880	1320	200	9180
7806	9626	6608	31916	5913	9950	67142	10185	45985
6695	2300	6246	8636	3661	3043	49189	9840	20655
352	1021	10	21050	705	5437	16733	99	17412
609	2175	15	120	220	160	234	120	2708
	3715			1267		45		3230
150	415	337	2110	60	1310	942	126	1980
7120	3743		6586	3160	21183	11850	29600	99139
								1800
366	110	18		40	3270	750	2416	350
400439	450948	201959	551484	670248	784964	635752	596331	2941126
127649	94282	57855	147062	200753	212768	190952	187422	881576
175380	194855	99999	257226	258130	288869	256725	250326	1062422
167310	185557	80258	244591	232290	263191	230345	227001	943399
34822	37983	16480	50690	80892	75571	67219	71648	322451
45608	73370	24699	46063	80949	143910	50577	41815	399569
10791	28010	5256	19038	20828	30286	38110	30692	128130
26004	35709	23819	64479	73365	83038	68750	55224	365889
38774	33282	20983	60712	102210	108149	52485	89688	371337
63060	35843	7329	38300	41191	38230	72234	37963	209312
5999	11896	3394	14976	12684	16912	29652	18975	82016
	2640		16	3063	2850	15100	2639	36601
13174	16062	9721	22548	34570	23146	33633	28786	243198
379534	495640	258948	786697	917387	1187048	982033	922224	6094714

6-22-1 农村住户调查按平均每人

指标名称	单位	500元以下	500-800元	800-1000元	1000-1300元	1300-1500元	1500-1700元
一、期内现金收入	元	9686	13751	65392	130091	144827	223889
(一)工资性收入	元	1130	4538	22400	56033	44652	105573
1.在非企业组织中劳动得到收入	元			1200	3700	9300	620
2.在本乡地域内劳动得到收入	元	930	2138	16700	43493	26922	83491
3.外出从业得到收入	元	200	2400	4500	8840	8430	21462
(二)家庭经营现金收入	元	6928	7023	37707	63614	85130	103896
1.第一产业现金收入	元	4928	6023	30336	54571	68318	77770
2.第二产业现金收入	元	1000		3790	565	4152	6970
3.第三产业现金收入	元	1000	1000	3581	8478	12660	19156
(三)财产性收入	元		50	1830	1101	60	1467
(四)转移性收入	元	1628	2140	3455	9344	14985	12954
二、非收入现金所得	元	1420	5870	50095	82080	87792	47137
三、期内现金支出	元	23030	32545	121002	234591	233747	247161
(一)生产费用支出	元	8195	6091	22036	48749	32345	31761
1.家庭经营费用支出	元	8159	6091	21891	38049	31215	31761
(1)第一产业生产费用支出	元	8069	5040	17389	37646	29549	29003
(2)第二产业生产费用支出	元	20	1041	3840	25	660	1433
(3)第三产业生产费用支出	元	70	10	662	378	1006	1325
2.购置生产性固定资产支出	元	36		145	10700	1130	
(二)税费支出	元						
(三)生活消费支出	元	14685	26134	95888	177354	194102	208630
(四)财产性支出	元				1063	40	
(五)转移性支出	元	150	320	3077	7425	7261	6770
四、非消费性支出	元	2735	6971	28817	43927	47483	56987
五、期末金融资产余额	元	27580	34323	102468	327479	214284	250599
1.手存现金	元	6580	8823	36468	64912	80984	82199
2.存款余额	元	21000	25500	66000	262567	133300	168400
六、期末债务余额	元		8000	12120	70089	22382	46465

纯收入分组收支情况(2007年)(续)

1700-2000元	2000-2300元	2300-2500元	2500-3000元	3000-3500元	3500-4000元	4000-4500元	4500-5000元	5000元以上
408685	454327	237081	786872	947829	1189940	1078756	988846	7166091
172168	197995	111926	371987	544122	610567	438670	524093	2869510
25650	5705	9400	19878	23530	29960	9160	50542	192662
136234	167320	95626	312789	509936	560584	361085	458851	2445384
10284	24970	6900	39320	10656	20023	68425	14700	231465
204674	219898	114728	373977	378452	523866	558377	427274	3883434
153512	148382	92770	233122	275805	404140	333783	314676	3371323
22965	19920	7951	13398	22408	9440	22190	22440	138812
28197	51596	14008	127457	80239	110286	202405	90158	373298
70	15001	465	14601	5925	11632	20858	9736	42363
31774	21433	9962	26308	19332	43875	60852	27744	370784
125022	200951	77587	72936	130922	170121	103818	94015	749195
483201	500771	228193	664179	792362	935725	856637	798839	4753432
109560	70824	38081	134592	123889	170993	205129	205885	1678040
102440	67081	38081	128005	120729	149810	193279	176285	1577101
91441	57090	31088	94864	101717	133930	124727	165899	1517713
3194	365	385	1225	13100	5930	1410	200	13403
7806	9626	6608	31916	5913	9950	67142	10185	45985
7120	3743		6586	3160	21183	11850	29600	99139
366	110	18		40	3270	750	2400	350
360721	411463	180768	507486	631119	736537	602025	559201	2796380
	2640		16	3063	2850	15100	2639	36601
12554	15734	9326	22087	34251	22076	33633	28714	242062
111076	128050	33289	122119	169515	294908	318795	264612	1818889
391892	600143	276184	760122	963794	1369292	980673	1060859	5718912
128070	188318	60581	186081	165445	214072	204483	141549	755012
263822	411825	214103	570381	797149	1154420	775200	919310	4963900
42618	87303	10940	78671	11435	48423	23897	49500	263366

6-22-2 农村住户调查按平均每人

指 标 名 称	单位	500元以下	500-800元	800-1000元	1000-1300元	1300-1500元	1500-1700元
一、总收入	**元**	**30964**	**72025**	**96141**	**332491**	**214724**	**360116**
(一)工资性收入	元	1350	10924	15826	78448	78069	113406
1.在非企业组织中劳动得到收入	元	300	1767	200	4500	900	600
2.在本乡地域内劳动得到收入	元	600	6152	13538	53720	68179	97940
3.外出从业得到收入	元	450	3005	2088	20228	8990	14866
(二)家庭经营收入	元	24595	53790	72558	234213	122527	224325
1.第一产业收入	元	23795	47078	65673	204887	113560	176051
(1)农业收入	元	22779	44859	56816	191430	99188	152537
(2)林业收入	元	300	624	328	1591	773	5026
(3)牧业收入	元	717	1595	8530	11866	13600	18489
(4)渔业收入	元						
2.第二产业收入	元	100	5200	2515	1320	7400	5200
(1)工业收入	元			210			
(2)建筑业收入	元	100	5200	2305	1320	7400	5200
3.第三产业收入	元	700	1512	4370	28006	1567	43074
(1)其他产品收入	元				184	115	
(2)第三产业服务性收入	元	700	1512	4370	27823	1452	43074
①交通.运输.邮电业收入	元		1358	4070	12905	200	17835
②批零贸易业.饮食业收入	元				11187		7010
③社会服务业收入	元	700	19	300	51	500	5060
④文教卫生业收入	元						
⑤其他行业收入	元		135		3680	752	13169
(三)财产性收入	元	58	1071	-564	4985	3506	814
(四)转移性收入	元	4960	6241	8321	14846	10622	21570
二、总支出	**元**	**42283**	**99455**	**135606**	**327748**	**213633**	**327146**
(一)家庭经营费用支出	元	13056	16107	17600	59815	21868	38815
1.第一产业生产费用支出	元	12971	14184	15920	44507	20948	36313
(1)农业生产费用支出	元	11356	12860	12973	31678	15179	25953
(2)林业生产费用支出	元	50	63	61	871	177	703
(3)牧业生产费用支出	元	1566	1262	2886	11958	5593	9656
(4)渔业生产费用支出	元						
2.第二产业生产费用支出	元	50	1324	1290	7500	720	380
(1)工业生产费用支出	元			10			
(2)建筑业生产费用支出	元	50	1324	1280	7500	720	380
3.第三产业生产费用支出	元	35	599	390	7808	200	2122
(1)交通运输邮电业生产费用支出	元	5	559	370	2419	90	1388
(2)批零贸易餐饮业生产费用支出	元				5057		4
(3)社会服务业生产费用支出	元	30	35	20	12	100	252
(4)文教卫生业生产费用支出	元						
(5)其他行业生产费用支出	元		5		320	10	478
(二)购置生产性固定资产支出	元	1200	1230	5000	4252		4100
(三)建.造生产性固定资产雇工支出	元						

纯收入分组收支情况(2006年)

1700-2000元	2000-2300元	2300-2500元	2500-3000元	3000-3500元	3500-4000元	4000-4500元	4500-5000元	5000元以上
466117	**408531**	**423105**	**908215**	**1206521**	**1543762**	**1541977**	**1397317**	**4632357**
142875	156620	171522	412538	465535	605330	640277	644575	1838218
24216	5440	12719	13530	42718	32550	33987	44420	184676
92260	126893	139519	350920	406917	544960	535662	551214	1524894
26399	24287	19284	48088	15900	27820	70628	48941	128648
302761	229095	231675	455069	693231	916748	869936	682985	2556051
256938	176978	196421	369950	473583	663541	702939	438429	2044708
188468	157323	176634	323744	397960	451343	502858	383687	1013559
2400	284	985	50	1206	620	2068	4970	2338
66070	19371	18803	46155	74418	211578	198013	49772	1028811
9193	14015	19420	25300	25240	30576	39551	114470	162467
5318	550			900	100	18700	44120	50570
3875	13465	19420	25300	24340	30476	20851	70350	111897
36630	38102	15834	59819	194409	222630	127445	130086	348876
371		7	57	24				27
36259	38102	15827	59762	194385	222630	127445	130086	348849
16773	5180	5600	10953	110885	197981	56205	30895	181533
3468	5023	3316	29790	41330	13065	52219	52680	75834
13698	3600	5970	8949	7315	4008		16446	46830
	640						820	1756
2320	23659	941	10070	34855	7577	19021	29245	42896
3348	1466	6570	7086	18803	13052	11319	3190	45166
17134	21349	13338	33522	28951	8633	20445	66567	192922
425273	**343472**	**356121**	**768306**	**811920**	**1155082**	**1178029**	**996729**	**2905325**
87439	42536	61605	77550	137763	344054	248181	137362	867992
79648	34907	59326	70786	118651	242506	232200	93442	812801
35410	28834	46250	62218	89972	100752	124057	75133	228538
145	299	238	274	440	333	533	511	884
44093	5775	12838	8294	28239	141421	107609	17798	583380
800	4622	800	1040	1085	4066	382	34950	23966
100	20			110	140	260	30020	4634
700	4602	800	1040	975	3926	122	4930	19332
6991	3007	1479	5723	18027	97483	15599	8970	31225
2183	1077	762	2163	8508	97115	13353	3716	14050
4417	604	335	1654	8110	20	1762	4288	9042
328	80	330	244	500	80	324	403	5502
	771						100	1294
63	475	52	1662	909	268	160	463	1337
6700	26	320	6220	1300	6130	14490	19326	63771

6-22-2 农村住户调查按平均每人

指标名称	单位	500元以下	500-800元	800-1000元	1000-1300元	1300-1500元	1500-1700元
(四)税费支出	元					215	28
(五)生活消费支出	元	27651	80135	104413	250759	186728	278137
其中：服务性支出	元	5929	19100	25147	64754	48728	61505
1.食品消费支出	元	16973	39244	46904	120146	84205	128433
A.食品消费品支出	元	15036	38378	43543	114767	79987	122215
2.衣着消费支出	元	1882	4801	7265	17680	15300	31670
3.居住消费支出	元	2671	8524	26426	32683	30540	26944
4.家庭设备.用品消费支出	元	1331	3098	2616	7966	6775	10519
5.交通和通讯消费支出	元	2299	8494	10788	24112	18503	35363
6.文化教育.娱乐消费支出	元	866	7949	6270	25247	15916	27958
7.医疗保健消费支出	元	1476	6085	2753	15839	11713	13485
8.其他商品和服务消费支出	元	153	1940	1391	7086	3776	3766
(六)财产性支出	元		30		1280		80
(七)转移性支出	元	376	1953	8593	11643	4822	5987
三、全年纯收入	**元**	**14202**	**50439**	**67937**	**254005**	**185260**	**299825**
四、期内现金收支情况							
(一).期内现金收入	元	22199	53490	73780	241014	169030	275021
1.工资性收入	元	1350	10924	15826	78448	78069	113406
在非企业组织中劳动得到收入	元	300	1767	200	4500	900	600
在本乡地域内劳动得到收入	元	600	6152	13538	53720	68179	97940
外出从业得到收入	元	450	3005	2088	20228	8990	14866
2.家庭经营现金收入	元	16094	33476	49393	144481	77334	139658
第一产业现金收入	元	15294	26764	42508	115155	68367	91384
第二产业现金收入	元	100	5200	2515	1320	7400	5200
第三产业现金收入	元	700	1512	4370	28006	1567	43074
3.财产性收入	元	25	4000	282	4805	3562	1624
4.转移性收入	元	4730	5091	8279	13280	10065	20333
(二).非收入现金所得	元	4460	9028	36291	96140	31387	44113
(三).期内现金支出	元	37495	88789	123297	285171	189786	286080
1.生产费用支出	元	12891	16683	19894	59232	20717	40553
家庭经营费用支出	元	11691	15453	14894	54980	20717	36453
第一产业生产费用支出	元	11606	13530	13214	39673	19797	33950
第二产业生产费用支出	元	50	1324	1290	7500	720	380
第三产业生产费用支出	元	35	599	390	7808	200	2122
购置生产性固定资产支出	元	1200	1230	5000	4252		4100
2.税费支出	元						
3.生活消费支出	元	24249	70133	94810	213224	164412	239565
4.财产性支出	元		30		1280		80
5.转移性支出	元	355	1944	8593	11435	4658	5882
(四).非消费性支出	元	4420	10735	10577	54672	24025	37958
(五).期末金融资产余额	元	31533	61845	75843	334571	164723	260253
手存现金	元	4033	21423	37343	122634	67623	99253
存款余额	元	27500	40422	38500	211937	97100	161000
(六).期末债务余额	元		2815	56770	66064	36386	33615

纯收入分组收支情况(2006年)(续)

1700-2000元	2000-2300元	2300-2500元	2500-3000元	3000-3500元	3500-4000元	4000-4500元	4500-5000元	5000元以上
95		145	523		510	189	4655	15340
315096	291254	281967	612724	641902	776170	882571	769818	1771349
80270	82778	70697	205951	172059	239567	263015	247210	573335
134699	120118	121803	237396	262431	264457	303642	272838	604873
126418	112864	109162	218281	239572	248153	266399	237059	544203
32357	29129	26795	69438	67822	81628	95503	81970	184704
30599	26688	35855	43168	85594	105937	178516	98702	245287
8995	9493	11529	25152	27754	41396	35320	29187	94889
28729	37121	25797	63115	84056	98854	89466	88397	198080
44570	46341	33739	112178	78877	121217	122458	105523	260110
28130	16002	21852	45893	24495	49328	45187	64808	131377
7019	6363	4597	16383	10871	13353	12480	28394	52029
260		160	318		1167		744	4585
15683	9655	11924	70972	30955	27050	32598	64824	182288
360869	**350470**	**353071**	**794816**	**1036091**	**1169597**	**1249610**	**1229581**	**3655489**
373551	340632	327893	787148	1069036	1418121	1415835	1280846	4317996
142875	156620	171522	412408	465535	605269	640277	644375	1838068
24216	5440	12719	13480	42718	32550	33987	44420	184676
92260	126893	139519	350840	406917	544899	535662	551014	1524744
26399	24287	19284	48088	15900	27820	70628	48941	128648
212333	162301	136453	336829	557292	792014	747404	568386	2247551
166510	110204	101200	251760	337644	538907	580428	323850	1736208
9193	14015	19420	25300	25240	30476	39551	114470	162467
36630	38082	15834	59769	194409	222630	127425	130066	348876
2212	1411	6961	5721	18268	13176	10380	2600	43368
16131	20299	12957	32191	27940	7663	17775	65485	189009
75911	32771	23386	167147	131683	179517	249056	130400	373814
383680	318672	323343	719805	758657	1099722	1109916	944362	2794648
84286	41195	51794	80171	129579	343953	244169	149143	904403
77586	41169	51474	73951	128279	337823	229679	129817	840632
69796	33540	49195	67187	109167	236275	213698	85898	785441
800	4622	800	1040	1085	4066	382	34950	23966
6991	3007	1479	5723	18027	97483	15599	8970	31225
6700	26	320	6220	1300	6130	14490	19326	63771
95		145	523		510	170	4655	15340
283824	267867	259598	568470	598267	727292	834026	724995	1689165
260		160	318		1167		744	4585
15216	9609	11646	70324	30812	26800	31551	64824	181156
116783	44732	44216	197162	202305	284296	243038	199012	913734
527769	260473	459435	1062533	1374889	1353640	1573360	1108854	4182845
183988	96973	101311	183233	319896	324749	301057	269224	637509
343781	163500	358125	879300	1054993	1028891	1272303	839630	3542336
49570	6100	38560	41709	49010	14413	120687	19357	38840

6-23 农民家庭平均每人主要消费品消费量

单位：公斤

名　称	2007	2006
粮　食	193.53	194.03
谷　物	186.10	185.99
薯　类	2.74	3.26
豆　类	4.69	4.78
油脂类	6.95	6.57
烟　叶	0.12	0.11
豆制品	1.93	1.76
蔬菜及菜制品	76.05	76.78
瓜　类	8.44	11.01
水果类	15.11	12.96
消　费	0.21	0.22
坚　果	0.95	1.04
肉禽及其制品	7.39	7.39
蛋类及蛋制品	5.78	6.16
奶和奶制品	11.13	10.28
水产品	0.85	0.62
食　糖	1.03	1.06
酒	5.22	5.05

6-24 农民家庭平均每百户耐用消费品拥有量

名　称	计量单位	2007	2006
洗衣机	台	78.75	75.11
电冰箱	台	18.75	16.36
空调机	台	0.80	0.91
抽油烟机	台	3.41	2.61
吸尘器	台	0.80	0.80
微波炉	台	3.98	2.39
热水器	台	7.39	3.64
其中：太阳能热水器	台	2.05	6.36
自行车	辆	150.57	145.11
其中：电动自行车	辆	10.11	
摩托车	台	58.75	56.70
汽车(生活用)	台	1.25	0.91
固定电话机	部	86.59	87.39
移动电话	部	67.61	46.59
其中：接入互联网的	部	7.27	5.45
彩色电视机	台	103.07	99.66
其中：接入有线电视网的	台	45.23	38.64
黑白电视机	台	8.18	14.09
其中：接入有线电视网的	台	2.05	2.27
摄像机	台	0.11	0.11
影碟机	台	28.41	27.61
照相机	架	5.80	6.14
家用计算机	台	3.98	2.05
其中：接入互联网的	台	1.02	0.91

主要统计指标解释

城镇居民家庭全部收入 指被调查城镇居民家庭全部的实际收入，包括经常或固定得到的收入和一次性收入。不包括周转性收入，如提取银行存款、向亲友借款、收回借出款以及其他各种暂收款。

城镇居民家庭可支配收入 指被调查的城镇居民家庭在支付个人所得税、财产税及其他经常性转移支出后所余下的实际收入。

城镇居民家庭消费性支出 指被调查的城镇居民家庭用于日常生活的全部支出，包括购买商品支出和文化生活、服务等非商品性支出。不包括罚没、丢失款和缴纳的各种税款(如个人所得税、牌照税、房产税等)，也不包括个体劳动者生产经营过程中发生的各项费用。

城镇居民家庭购买商品支出 指被调查的城镇居民家庭为自用或赠送亲友而购买商品的全部支出，包括从商店、工厂、饮食业、工作单位食堂、集市以及直接从农民手中购买各种商品的开支。商品支出分为以下八类：食品；衣着；家庭设备用品及服务；医疗保健；交通与通信；娱乐、教育、文化服务；居住；杂项商品和服务。

农村居民家庭纯收入 指农村常住居民家庭总收入中，扣除从事生产和非生产经营费用支出、缴纳税款和上交承包集体任务金额以后剩余的，可直接用于进行生产性、非生产性建设投资、生活消费和积蓄的那一部分收入。农村居民家庭纯收入包括从事生产性和非生产性的经营收入，取自在外人口寄回带回和国家财政救济、各种补贴等非经营性收入；既包括货币收入，又包括自产自用的实物收入。但不包括向银行、信用社和向亲友借款等属于借贷性的收入。

农村居民家庭生活消费支出 指农村常住居民家庭用于日常生活的全部开支，是反映和研究农民家庭实际生活消费水平高低的重要指标。

城乡居民储蓄存款余额 指某一时点城乡居民存入银行及农村信用社的储蓄金额，包括城镇居民储蓄存款和农民个人储蓄存款，不包括居民的手存现金和工矿企业、部队、机关、团体等单位存款。

第七部分

农　业

7-1　主要年份农林牧渔业总产值

按现行价格计算

年　份	农林牧渔业总产值（万元）	农业产值	林业产值	牧业产值	渔业产值	农林牧渔服务业产值
1978	37683	32369	1846	3467	1	
1979	44832	38975	1860	3994	3	
1980	37849	30288	1808	5748	5	
1981	41118	32573	2673	5870	2	
1982	47527	37861	3166	6496	4	
1983	61132	48673	4960	7493	6	
1984	71687	56018	7520	8122	27	
1985	76907	59428	7116	10335	28	
1986	67860	50688	4576	12547	49	
1987	70205	52768	4071	13294	72	
1988	104408	78106	5249	20946	107	
1989	107848	79945	4883	22847	173	
1990	138133	106281	6668	24928	256	
1991	126373	89937	7079	29021	336	
1992	144514	102490	8008	33698	318	
1993	186968	132626	9291	44648	403	
1994	295812	200384	11641	83313	474	
1995	363670	236035	13781	113289	565	
1996	420056	261925	14606	142918	607	
1997	399579	262391	16836	119697	655	
1998	425337	281030	19487	124101	719	
1999	379087	238690	21317	118280	800	
2000	378921	236203	22288	119591	839	
2001	401353	256262	19719	124538	834	
2002	461345	300260	25885	134405	795	
2003	511974	311685	24868	163422	873	11126
2004	585388	345205	26524	197693	1051	14915
2005	644113	378335	30019	215179	1152	19428
2006	566040	390541	22617	135406	1131	16345
2007	685263	461948	35119	170203	1360	16633

注:由于国家统计报表制度的改革，2003年-2007年农林牧渔业总产值口径有变动。一是总产值中包括了农林牧渔服务业产值；二是其中的“农业产值”中不包括“农民家庭兼营工业”；三是林业产值中“竹木采运”产值为全社会口径。

7-2 农林牧渔业增加值

单位：万元

指　　标	2000	2005	2006	2007
一、农林牧渔业总产值	**378921**	**644113**	**566040**	**685263**
农　业	236203	378335	390541	461948
林　业	22288	30019	22617	35119
牧　业	119591	215179	135406	170203
渔　业	839	1152	1131	1360
农林牧渔服务业		19428	16345	16633
二、农林牧渔业中间消耗	**171786**	**274784**	**239137**	**279071**
农　业	98947	124950	141820	160446
林　业	5585	10077	12876	15310
牧　业	66954	130765	76405	95056
渔　业	300	481	516	615
农林牧渔服务业		8511	7520	7644
三、农林牧渔业增加值	**207135**	**369329**	**326903**	**406192**
农　业	137256	253385	248721	301502
林　业	16703	19942	9741	19809
牧　业	52637	84414	59001	75147
渔　业	539	671	615	745
农林牧渔服务业		10917	8825	8989

注:本表口径同7-1。

7-3 主要年份主要农作物播种面积

单位：千公顷

年　份	总播种面积	#粮食作物	#油　料	#棉　花	#甜　菜	#蔬　菜
1952	426.52	394.51	9.27	9.90		7.73
1957	425.26	383.60	6.62	19.82		10.07
1962	397.16	361.85	4.10	9.29	0.07	15.05
1965	383.33	347.76	4.44	16.00	0.77	9.31
1970	392.62	350.14	4.06	17.00	1.41	12.46
1975	386.53	332.77	8.83	21.10	0.44	13.73
1978	387.73	332.83	6.75	19.92	0.69	14.70
1980	372.96	326.66	7.88	12.14	0.19	12.52
1985	362.79	293.05	37.33	8.70	0.82	11.84
1990	368.32	317.99	19.52	11.41	0.82	13.52
1995	364.39	309.76	14.81	14.93	0.89	19.46
2000	350.97	260.13	33.15	2.24	0.02	42.29
2001	321.62	237.24	17.96	2.24	0.01	50.76
2002	330.19	232.59	24.24	1.12	0.01	57.75
2003	312.00	217.91	23.11	1.16	0.01	57.72
2004	323.14	254.19	11.83	1.30	0.01	49.45
2005	332.22	266.31	10.38	0.59	0.01	49.57
2006	336.92	276.77	8.04	0.43	0.03	45.96
2007	340.23	288.77	5.74	0.30	0.03	40.34

7-4 农作物播种面积

单位：千公顷

指　　标	2007	2006
农作物播种面积	**340.23**	**336.92**
一、粮食	**288.77**	**276.77**
(一)谷物	248.61	234.26
#稻谷	0.07	0.13
小麦	34.80	36.19
玉米	187.07	164.08
谷子	16.33	21.11
高粱	4.47	5.40
莜麦	0.50	0.98
荞麦	1.96	2.92
糜黍	3.32	3.18
其它		
(二)豆类	28.07	29.27
#大豆	25.44	26.49
杂豆	2.63	2.78
#绿豆	0.72	0.68
红小豆	0.43	0.86
(三)薯类	12.09	13.24
#马铃薯	10.28	11.05
二、油料	**5.74**	**8.04**
#花生	1.69	1.96
油菜籽	0.32	0.53
芝麻	0.25	0.28
胡麻	0.33	0.31
向日葵	2.01	3.79
蓖麻籽	0.24	0.29
其它	0.90	0.88
三、棉花	**0.30**	**0.43**
四、麻类	**0.02**	**0.01**
五、甜菜	**0.03**	**0.03**
六、烟叶		
七、药材	**0.59**	**0.69**
八、蔬菜、瓜类	**43.10**	**49.33**
#蔬菜	40.34	45.96
九、其它农作物	**1.68**	**1.62**

7-5 主要年份

年份	粮食	1. 谷物	#稻谷	#小麦	#玉米	#谷子	#高粱
1952	461745			78905	87810	135345	63240
1957	405240			81100	86825	102385	51650
1962	458855			74285	112550	103015	71355
1965	605110			133535	219790	111900	78370
1970	668880			86135	235570	131315	124650
1975	1004700			166040	332965	147580	274430
1978	976205			129850	399525	127590	244310
1979	1132925			189770	441015	146305	266110
1980	825165			107985	321440	129620	192370
1981	815360			131505	285360	146910	166170
1982	880020			150740	262000	167250	213175
1983	1040310			209510	344320	206560	172660
1984	1034450			264615	349560	155910	168345
1985	958788			227670	308585	143875	170660
1986	780033			246446	273484	80831	113482
1987	783079			194207	287015	96631	126340
1988	1041387			198592	395180	140072	193011
1989	1111410			238749	448104	141119	157998
1990	1222596	1128705	3866	277797	486898	149677	180137
1991	924325	865813	5330	282194	364540	77182	122638
1992	1014358	937780	6073	276287	387364	113261	133659
1993	1129038	1023754	4736	286289	432045	119908	155893
1994	1177124	1062161	4853	283164	486104	109835	157939
1995	1147694	1049867	4746	244430	548519	100805	130470
1996	1256614	1163166	880	289171	611720	100369	142276
1997	1012960	947809	877	310362	479550	62618	84084
1998	1209569	1104565	1916	285333	601060	96147	103732
1999	955583	872557	1641	279278	422062	75028	76759
2000	788387	673727	1631	179470	301354	71796	60087
2001	828699	729686	995	179423	406963	53840	62266
2002	1005052	886840	1476	179938	523935	76016	79699
2003	991355	870236	1453	154716	557667	67982	70410
2004	1271135	1164118	904	121600	941401	50998	33992
2005	1240267	1132207	669	125305	899727	63023	29735
2006	1309512	1202848	319	138797	963402	57726	28813
2007	1427492	1326686	388	132272	1120803	42585	20764

主要农作物产量

单位: 吨

2. 豆类	#大豆	3.薯类	#马铃薯	油料	棉花	麻类	甜菜	烟叶	蔬菜
	40145	19225		7621	2530	1398			108455
	32485	16680		4635	3684	964			171135
	24605	14915		2230	882	617	426	126	221190
	21535	15335		4271	5327	690	7361	92	162665
	24520	20365		5349	4888	544	11833	165	246590
	16465	27065		10138	5437	500	3219	168	271250
	14665	25000		3765	3642	371	3084	113	255690
	20075	30125		7851	3440	541	1410	75	340665
	15650	22545		7718	3855	498	1183	56	232845
	12440	20540		9939	3587	368	1748	134	229745
	12540	30770		14170	4858	314	5330	254	265015
	19545	42715		19016	8843	420	9653	48	250260
	16755	38730		31018	9022	355	18335	11	329810
	21830	44570		45598	5047	717	17732	37	393625
	14699	26135		32391	4190	294	14043	4	376576
	18317	28480		27325	4134	340	9080	2	389595
	26749	45999		33672	4202	260	34438	16	407254
	31891	44603		27446	6932	276	28590		441061
48841	36493	45050	30103	28354	9609	160	22702		471701
26941	21012	31571	20259	18039	10037	112	31193		449722
32247	25508	44331	31137	19412	5088	92	14318		664642
51897	40288	53387	37340	18406	7929	75	19883		721841
61436	41810	53527	36496	16956	10334	72	26801		851721
44805	33588	53022	38981	18673	7176	33	28714		941991
41400	32996	52048	36458	21405	5617	57	25927		1242479
31438	23805	33713	24628	14019	5134	43	35111		1255254
48438	37377	56566	41441	22903	4263	90	36902		1397478
40917	30889	42109	27808	27202	2170	53	20398		1456878
49964	36272	64696	48341	47672	1391	36	15731		2005634
32838	27280	66175	52618	30409	1333	15	19203		2429455
35626	28598	82586	66525	46370	747	15	5877		2876827
33660	28877	87459	72598	40544	822	15	6151		2870280
31563	26943	75454	63461	26458	1011	15	3055		2598838
36262	30447	71798	61319	23530	445	15	1005		2681822
51738	48101	54926	45212	17574	316	15	891		2498179
45815	41686	54991	46060	12671	252	33	1022		2217422

7-6 主要年份主要

年 份	粮 食	谷 物	稻 谷	小 麦	玉 米	谷 子
1952	1170			780	1815	1350
1957	1050			795	1860	1065
1962	1275			855	2130	1245
1965	1740			1590	2580	1350
1970	1905			1020	3120	1620
1975	3015			1920	3855	2325
1978	2940			1530	4005	2220
1979	3450			2250	4830	2325
1980	2520			1365	3765	1935
1981	2505			1695	3780	2055
1982	2730			1965	3585	2415
1983	3240			2670	4755	2940
1984	3240			3150	4515	2340
1985	3270			2700	4740	2700
1986	2610			3015	3465	1620
1987	2580			2655	3540	1860
1988	3435			2715	5205	2715
1989	3555			3165	5505	2640
1990	3845	4180	5040	3570	5700	2835
1991	3012	3316	6057	3613	4205	1564
1992	3347	3095	6980	3444	4573	2406
1993	3536	3906	6232	3612	4991	2469
1994	3684	4204	7033	3628	5538	2462
1995	3705	4098	7655	3463	5255	2493
1996	4130	4520	6286	3790	5874	2710
1997	3276	3624	2308	4039	4207	1723
1998	3816	4155	5988	3724	5119	2453
1999	3118	3400	6078	3839	3749	3764
2000	3031	3276	6273	2989	4885	2007
2001	3493	3772	5853	3311	4788	2372
2002	4321	4710	7380	3668	6151	3001
2003	4549	4993	7265	3903	6261	2956
2004	5001	5331	6954	3930	6060	2904
2005	4657	4968	5575	3277	5787	3015
2006	4731	5135	2454	3835	5872	2735
2007	4943	5336	5543	3801	5991	2608

农作物单位面积产量

单位：公斤/公顷

高 粱	豆 类	薯 类	油 料	棉 花	麻 类	甜 菜	蔬 菜
1590	840	1485	825	255	600		14040
1635	705	1365	705	180	480		16995
1770	795	1290	540	90	450	6180	14700
2415	810	1590	960	330	570	9570	17475
3000	1140	1920	1320	285	480	8370	19785
4665	2895	2865	1155	255	480	7320	19755
4650	2460	3060	555	180	435	4455	17400
5430	2370	3090	1260	240	540	3360	23940
3915	1410	2250	975	315	540	6150	18600
3795	1125	2070	1140	330	585	10470	18960
4275	1065	2520	1515	390	615	8745	23550
3945	1425	2955	1875	600	930	25410	22620
4725	1350	2670	1890	660	1005	21450	28740
5055	1380	3015	1215	585	840	21630	33240
3915	825	1815	1095	615	555	18165	28740
3600	960	1935	1065	585	600	18165	29985
5370	1365	2760	1245	495	1080	25080	32730
5370	1380	2850	1095	735	1425	28395	33390
5685	1470	3030	1455	840	885	27690	34890
4013	922	2168	905	722	1244	25994	35190
4611	1152	2896	1045	361	1150	33298	39728
5290	1360	3261	1238	653	625	36151	38396
5702	1354	3250	1271	763	1029	34806	43994
5036	1289	3070	1261	481	550	32263	47672
5351	1509	3158	1725	574	633	31237	49521
3788	1050	2061	1185	597	538	27218	51131
4987	1435	3367	1557	751	1000	31540	52497
2040	1246	2476	1321	615	883	30906	52900
4986	1490	3246	1438	621	1800	29131	47426
4385	1478	3180	1693	595	1500	36232	47862
5149	1584	3865	1913	667	1500	26714	49815
5646	1614	3995	1754	709	1500	32374	49728
5336	1678	4470	2237	778	1500	33944	52555
5235	1703	4266	2267	754	1500	33500	54102
5336	1816	4148	2186	735	1500	29700	54356
4645	1639	4548	2207	840	1650	34067	54968

7-7 造林和果桑园面积

单位：公顷、万株

指标	2007	2006
一、当年造林面积	**28613**	**20890**
#用材林		326
经济林		4942
防护林		15622
薪炭林		
二、育苗面积		
#本年新育	2711	2604
三、零星植树	**886**	**1692**
四、年末果园面积	**24772**	**24471**
#苹果园	14419	14613
梨园	5241	5051
葡萄园	582	697
其它园	4530	4110
五、桑园面积		

7-8 主要林产品产量和水果产量

单位：吨

指标	2007	2006
一、主要林产品产量		
#核桃	10511	2595
花椒	107	104
板栗		13
二、水果产量	**243823**	**149003**
#苹果	112505	82613
梨	85387	19854
葡萄	3540	3602
红枣	33774	36977
柿子	1017	752
沙果	375	341
桃	4846	3653
杏	960	621
其它	1419	590

注：枣为干枣。

7-9 畜牧业生产情况

	计量单位	2007	2006
一、大牲畜年末存栏	**头**	**198209**	**210098**
#从事农事劳役的	头	47282	51691
1.牛	头	175921	184006
#黄牛	头	141139	153619
#良种及改良种乳牛	头	34782	30387
2.马	头	1172	1329
3.驴	头	9508	10240
4.骡	头	11607	14522
二、猪年末存栏	**头**	**554345**	**495412**
#能繁殖的母猪	头	53799	44275
三、羊年末存栏	**只**	**687368**	**675898**
1.山羊	只	287509	272333
2.绵羊	只	399859	403565
四、家禽年末存栏	**只**	**12550913**	**10471562**
五、养蜂存末箱数	**箱**	**7746**	**7195**
六、养兔年末存栏	**只**	**175582**	**195058**
七、猪、牛、羊出栏			
猪全年出栏	头	692932	646956
牛全年出栏	头	50385	49093
羊全年出栏	只	346114	333421
八、当年肉类总产量	**吨**	**71992**	**69566**
#猪肉产量	吨	48827	45590
牛肉产量	吨	8391	8083
羊肉产量	吨	5156	4967
禽肉产量	吨	8712	9600
兔肉产量	吨	564	653
九、畜禽产品产量			
1.奶类	吨	77397	66190
#牛奶	吨	75219	64290
2.绵羊毛产量	吨	535	552
3.山羊毛产量	吨	72	66
4.羊绒产量	吨	27	23
5.禽蛋产量	吨	92703	84471
6.蜂蜜产量	吨	166	148
十、水产品产量	**吨**	**2207**	**1811**

7-10 主要年份肉类产量和猪羊头数

年 份	肉类总产量（吨）	禽蛋（吨）	大牲畜年末头数（头）	猪年末头数（头）	羊年末头数（只）
1978	16557	2873	203927	595100	976500
1979	14506	3228	199659	516200	979800
1980	17901	3549	203729	491100	1004800
1981	20073	4104	195011	421000	976800
1982	20201	4090	197005	413900	983900
1983	18373	6292	203638	386200	870800
1984	22235	7846	209176	341600	578900
1985	23008	11345	215600	371200	455000
1986	22582	12853	226729	375800	442400
1987	22285	10965	229326	309000	517100
1988	23976	13169	235777	324400	624300
1989	26668	13249	244762	367100	708000
1990	31718	15635	247434	380727	696919
1991	38241	20055	249755	389754	671849
1992	42661	24590	253458	426014	694339
1993	47882	33404	265827	471486	729679
1994	59286	52329	301807	601015	785677
1995	76319	65409	340639	705435	928197
1996	66749	63573	302454	578923	808580
1997	79506	82432	337996	682469	921519
1998	87464	84980	341650	742862	971688
1999	92021	90694	331202	734412	1009933
2000	94377	90786	326749	726557	1066841
2001	98613	90780	333821	720797	1161765
2002	105567	95845	339622	712083	1192228
2003	109344	99270	353678	710735	1164456
2004	111773	100393	358182	736343	1140823
2005	122012	121501	308603	717625	1046227
2006	69566	84417	210098	495412	675898
2007	71992	92703	198209	554345	687368

注：2006年数据为农业普查调查数。

7-11 农业机械拥有量

指标	单位	2007	2006
农业机械总动力	**万千瓦**	**2764192**	**2656406**
每公顷耕地拥有动力	千瓦特		
大中型农用拖拉机	台	4393	3919
	千瓦特	172262	149665
小型农用拖拉机	台	38395	32380
	千瓦特	295356	259372
大中型拖拉机配套机具	部	9799	8451
小型拖拉机配套机具	部	41135	31534
农用排灌动力机械	台	17607	17981
	千瓦特	184118	172693
农用水泵	台	19494	17802
喷灌机械	套	574	433
联合收割机	台	942	982
机动收割机	台		
机动脱粒机	台	5598	5602
粮食加工机械	台	15218	14727
轧花机	台	314	290
榨油机	台	1990	1929
农用运输车	台	82587	80825
	千瓦特	922411	887106
机动喷雾(粉)器	部	1513	1489
农用动力机	台	56819	56476
	千瓦特	464923	452143
#电动机	台	52180	51530
	千瓦特	406227	401900
柴油机	台	4639	4946
	千瓦特	58696	52030

7-12 农业现代化情况

项　　目	单位	2007	2006
一、农业机械化情况			
#当年机耕地面积	千公顷	249.11	250.85
当年机播面积	千公顷	193.39	190.8
机播面积占总播种面积的比重	%	56.84	56.63
机械植保面积	千公顷	66.85	58.9
机械铺膜面积	千公顷	39.17	36.35
机械收获面积	千公顷	56.47	54.99
机械收获面积占总收获面积的比重	%	16.6	16.32
机械脱粒粮食数量	万吨	83.39	71.36
二、农田水利情况			
年末有效灌溉面积	千公顷		
已配套机电井	眼	11009	11311
装机	千瓦	145170	145540
三、农村用电情况			
农村用电量	万千瓦	85015	75649
四、农用化肥施用情况			
实物量	吨	355582	347587
氮肥	吨	164463	160245
磷肥	吨	108737	111884
钾肥	吨	12285	12368
复合肥	吨	70097	63090
折纯量	吨	99561	95933
氮肥	吨	39369	38666
磷肥	吨	18997	19525
钾肥	吨	6145	6190
复合肥	吨	35050	31552
五、塑料薄膜使用量	**吨**	**4336**	**4231**
#地膜使用量	吨	3259	3056
地膜覆盖面积	公顷	39902	37524
六、农用柴油使用量	**吨**	**28212**	**29332**
七、农药使用量	**吨**	**1852**	**1734**

7-13 乡镇企业基本情况(2007年)

单位: 万元

指　　标	2007	指　　标	2007
企业数 (个)	**62962**	**乡镇企业总产值**	**6562747**
按注册类型分		按注册类型分	
内　资	62942	内　资	6290637
港澳台投资	14	港澳台投资	77231
外商投资	6	外商投资	194879
按经济部门分		按经济部门分	
#农　业	150	#农　业	9742
工　业	10608	工　业	4937055
建筑业	2019	建筑业	311337
交通运输仓储	19928	交通运输仓储	571824
年末职工人数(人)	**477413**	**增加值(现价)**	**1872129**
按注册类型分		按注册类型分	
内　资	463799	内　资	1792170
港澳台投资	6156	港澳台投资	24991
外商投资	7458	外商投资	54968
按经济部门分		按经济部门分	
#农　业	1412	#农　业	3725
工　业	285228	工　业	1377802
建筑业	36235	建筑业	90957
交通运输仓储	59496	交通运输仓储	166656

主要统计指标解释

农林牧渔业总产值 指以货币表现的农、林、牧、渔业全部产品的总量，它反映一定时期内农业生产总规模和总成果。农业总产值的计算方法通常是按农林牧渔业产品及其副产品的产量分别乘以各自单位产品价格求得；少数生产周期较长，当年没有产品或产品产量不易统计的，则采用间接方法匡算其产值；然后将四业产品产值相加即为农业总产值。1957 年以前的农业总产值中包括了厩肥和农民自给性手工业(如农民自制衣服、鞋、袜，自己从事粮食初步加工等)。1958 年及以后的农业总产值，林业中增加了村及村以下竹木采伐产值；牧业中取消了厩肥产值；副业中取消了农民自给性手工业产值，增加了村及村以下办的工业产值；渔业中增加了海洋捕捞水产品产值。1980 年及以后的农业总产值，在副业中增加了农民家庭兼营工业商品部分的产值。从 1984 年起村及村以下工业产值划归工业。从 1993 年起取消副业，将野生动物的捕猎划入牧业、野生植物采集和农民家庭兼营商品性工业划归农业。

粮食产量 指全社会的产量。包括国有经济经营的、集体统一经营的和农民家庭经营的粮食产量，还包括工矿企业办的农场和其他生产单位的产量。粮食除包括稻谷、小麦、玉米、高粱、谷子及其他杂粮外，还包括薯类和豆类。其产量计算方法，豆类按去豆荚后的干豆计算；薯类(包括甘薯和马铃薯，不包括芋头和木薯)1963 年以前按每 4 公斤鲜薯折 1 公斤粮食计算，从 1964 年开始改为按 5 公斤鲜薯折 1 公斤粮食计算。城市郊区作为蔬菜的薯类(如马铃薯等)按鲜品计算，并且不作粮食统计。其他粮食一律按脱粒后的原粮计算。

油料产量 指全部油料作物的生产量。包括花生、油菜籽、芝麻、向日葵籽、胡麻籽（亚麻籽）和其他油料。不包括大豆、木本油料和野生油料。花生以带壳干花生计算。

水产品产量 指人工养殖的水产品和天然生长的水产品的捕捞量。包括海水的鱼类、虾蟹类、贝类和藻类以及内陆水域的鱼类、虾蟹类和贝类，不包括淡水生植物。

猪、牛、羊肉产量 指当年出栏并已屠宰、除去头蹄下水后带骨肉(即胴体重)的重量。

期初(末)畜禽存栏头(只)数 指报告期初(末)农村各种合作经济组织和国营农场、农民个人、机关、团体、学校、工矿企业、部队等单位以及城镇居民饲养的大牲畜、猪、羊、家禽等畜禽的存栏数。

耕地面积 指可以用来种植农作物、经常进行耕锄的田地，包括熟地、当年新开荒地、连续撂荒未满三年的耕地和当年的休闲地(轮歇地)，还包括以种植农作物为主并附带种植桑树、茶树、果树和其他林木的土地，以及沿海、沿湖地区已围垦利用的“海涂”、“湖田”等面积。不包括属于专业性的桑园、茶园、果园、果木苗圃、林地、芦苇地、天然或人工草地面积。

农作物播种面积 指实际播种或移植有农作物的面积。凡是实际种植有农作物的面积，不论种植在耕地上还是种植在非耕地上，均包括在农作物播种面积中。在播种季节基本结束后，因遭灾而重新改种和补种的农作物面积，也包括在内。

有效灌溉面积 指具有一定的水源，地块比较平整，灌溉工程或设备已经配套，在一般年景下当年能够进行正常灌溉的耕地面积。

农用化肥施用量 指本年内实际用于农业生产的化肥数量，包括氮肥、磷肥、钾肥和复合肥。化肥施用量要求按折纯量计算数量。折纯量是指把氮肥、磷肥、钾肥分别按含氮、含五氧化二磷、含氧化钾的百分之一百成份进行折算后的数量。复合肥按其所含主要成分折算。

农业机械总动力 指主要用于农、林、牧、渔业的各种动力机械的动力总和。包括耕作机械、排灌机械、收获机械、农用运输机械、植物保护机械、牧业机械、林业机械、渔业机械和其他农业机械〔内燃机按引擎马力折成瓦(特)计算、电动机按功率折成瓦(特)计算〕。不包括专门用于乡、镇、村、组办工业、基本建设、非农业运输、科学试验和教学等非农业生产方面用的动力机械与作业机械。

农林牧渔业劳动力 指全社会直接参加农林牧渔业生产活动的劳动力。

第八部分

工 业

8-1 主要年份工业企业单位数

单位：个

年份	工业企业单位数	按隶属关系分		按经济类型分		
		中央企业	地方企业	国有经济	集体经济	其他经济
1952	281		281	30	17	234
1957	310	3	307	92	218	
1962	542	17	525	174	368	
1965	368	19	349	138	230	
1970	460	3	457	164	296	
1975	646	3	643	222	424	
1978	785	5	780	243	542	
1980	896	7	889	245	651	
1985	1152	14	1138	243	909	
1990	1273	16	1122	272	999	2
1995	1198	9	1190	271	902	25
2000	287	9	278	78	59	150
2001	309	10	299	57	46	206
2002	364	10	354	51	40	273
2003	388	8	380	42	41	305
2004	521	8	513	32	86	403
2005	521	8	513	24	81	416
2006	519	8	511	22	78	419
2007	580	7	573	9	38	533

注:本表及以后各表的价值量指标统计口径：1998年以前为乡及乡以上企业；1998-2006年为全部国有和年产品销售收入500万元及以上非国有工业企业；2007年为年主营业务收入在500万元以上的法人企业。

8-1 主要年份工业企业单位数(续)

单位：个

年份	按轻重工业分		按企业规模分		
	轻工业	重工业	大型企业	中型企业	小型企业
1952					
1957					
1962					
1965					
1970					
1975					
1978					
1980					
1985	499	653	6	19	1127
1990	514	759	8	34	1231
1995	386	812	9	32	1157
2000	90	197	4	26	257
2001	89	220	4	25	280
2002	83	281	4	51	309
2003	71	317	4	61	323
2004	90	431	5	72	444
2005	90	431	5	88	428
2006	89	430	7	95	417
2007	92	488	8	104	468

8-2　主要工业产品产量

指标名称	计量单位	2000	2006	2007
原煤	万吨	1370.81	5639.4	5687.09
洗精煤	万吨	3615.38	2524.18	2788.5
白酒	千升	21500	23960	22702
纱	吨	27486	36553	24061
布	万米	8736	5757	2718
焦炭	万吨	724.15	816.9	1087.07
#机焦	万吨	57.5	652.3	941.56
硫酸	吨	56834	101965	93723
烧碱	万吨	1.96	15.25	24.57
聚氯乙烯	吨	896	175673	300021
合成氨	万吨	17.9	20.37	14.09
化肥(折纯)	万吨	12.67	15.59	11.45
中成药	吨	1100.3	879	1089
水泥	万吨	113.6	138.31	145.2
石墨及碳素制品	吨	61554	146873	181259
日用玻璃制品	吨	25563	67271	82711
生铁	万吨	21.21	130.91	128.79
粗钢	万吨	—	60.7	110.85
钢材	万吨	1.52	0.95	16.32
铁合金	吨		11504	14866
棉纺织设备	吨	18572	38147	39038
液压元件	万件	15.07	29.74	53.47
发电量	亿千瓦小时	13.05	81	86
机制纸及纸板	吨	6000	12713	9554
泵	台		47013	66982
交流电动机	千瓦	133203	9491	14028

8-3 主要年份工业产品产量

年 份	原煤(万吨)	白酒(千升)	纱(吨)	布(万米)	焦炭(万吨)	
						#机焦(万吨)
1952	79.40	1181	5720	3160.1	3.3	
1957	218.7	1329	8954	3337.0	9.9	
1962	212.7	1254	9123	2625.9	3.9	
1965	258.8	1401	22408	6484.8	0.9	
1970	286.9	1048	30856	9447.4	6.1	
1975	488.9	2719	24387	7420.0	18.7	
1980	946.8	6145	34649	11621.8	15.2	
1985	1919.6	7452	34627	11536.7	18.9	
1990	2472.1	12095	34388	13070.0	261.8	
1995	2386.6	28169	27234	11317.3	678.8	
2000	1370.8	21500	27486	8736.0	724.2	57.5
2001	1776.3	25611	30927	8383.0	752.0	87.1
2002	2566.8	36759	36653	9265.0	830.4	121.6
2003	3111.5	28916	33118	7986.0	907.2	209.5
2004	3956.9	31708	36441	6956.0	702.9	317.2
2005	4813.4	43613	34171	6822.0	683.0	473.7
2006	5639.4	23960	36553	5757.0	816.9	652.3
2007	5687.1	22702	24061	2718.0	1087.1	941.6

8-3 主要年份工业产品产量(续1)

年 份	硫酸(吨)	烧碱(万吨)	聚氯乙烯(吨)	合成氨(万吨)	化肥(折纯,万吨)	中成药(吨)
1952						
1957						1
1962						33
1965						181
1970				0.37	0.26	266
1975	81			3.36	2.22	332
1980	22914			4.89	3.94	500
1985	12525			4.18	2.88	699
1990	71550			8.70	7.48	781
1995	79800			10.88	8.22	1556
2000	56834	1.96		17.90	12.67	1100
2001	72084	2.71		19.34	15.12	1218
2002	69634	3.28		18.48	15.36	1403
2003	67749	4.25		19.85	16.60	941
2004	86881	6.85	72914	20.98	32.64	670
2005	98985	13.10	145442	22.54	19.07	679
2006	101965	15.25	175673	20.37	15.59	879
2007	93723	24.57	300021	14.09	11.45	1089

8-3 主要年份工业产品产量(续2)

年 份	水泥 (万吨)	石墨及碳素制品 (吨)	日用玻璃制品 (吨)	生铁 (万吨)	粗钢 (吨)	钢材 (吨)
1952				0.08		
1957				0.09		
1962			417	0.06		
1965	0.06		204			
1970	1.97		1347	0.49	93	
1975	10.17		3196	2.84	1597	
1980	19.97		2573	3.48	1556	
1985	28.99		6593	9.77	1726	
1990	49.77			18.40	885	
1995	95.97		35840	46.29	843	
2000	113.60	61554	25563	28.61		15200
2001	106.65	83886	31219	32.68		12405
2002	132.12	114806	34430	30.78		13193
2003	160.79	148153	46043	30.45		16159
2004	183.17	264950	47839	45.22		16716
2005	166.76	166973	72973	69.99		14371
2006	138.31	146873	67271	130.91	607000	9500
2007	145.20	181259	82711	128.79	1108500	163200

8-3 主要年份工业产品产量(续3)

年 份	铁合金 (吨)	棉纺织设备 (吨)	液压元件 (万件)	发电量 (亿千瓦小时)	机制纸及纸板 (吨)	泵 (台)
1952				0.00		
1957				0.02		
1962				0.15	1301	16
1965				0.17	3852	217
1970				0.18	4068	1406
1975				0.37	4635	4542
1980				0.35	10200	2619
1985				0.37	19132	5283
1990				1.93	34936	9040
1995		22326	13.90	15.43	44531	8907
2000		18572	15.07	14.17	10753	
2001		17234	21.44	14.58	6230	
2002		20846	24.81	20.73	10750	
2003		50111	28.13	23.51	8895	24241
2004	7788	29980	23.74	32.35	28300	28057
2005	8719	49762	28.04	70.42	8603	38798
2006	11504	38147	29.74	80.59	12713	47013
2007	14866	39038	53.47	86.00	9554	66982

8-4 工 业

指 标	1998	1999	2000	2001
总 计	**335121**	**290711**	**336418**	**372160**
按轻重工业分				
轻工业	57350	56330	54978	58959
重工业	277771	234381	281440	313201
按企业规模分				
大型企业	57865	44662	65940	68102
中型企业	40814	41715	43099	50432
小型企业	236442	204334	227379	253926
按行业大类分				
采矿业	97901	81121	87856	93635
煤炭开采和洗选业	95422	78854	84789	90601
石油和天然气开采业				
黑色金属矿采选业	948	825	1187	1916
有色金属矿采选业	120			
非金属矿采选业	1411	1442	1880	1118
其他采矿业				
制造业	213822	181595	220311	243784
农副食品加工业	5977	3597	5050	4673
食品制造业	2983	6556	861	2465
饮料制造业	2663	2494	2434	1967
烟草制品业				
纺织业	15741	17376	18838	16634
纺织服装、鞋、帽制造业				
皮革、毛皮、羽毛(绒)及其制品业				
木材加工及木、竹、藤、棕、草制品业	4054	5	144	82
家具制造业				
造纸及纸制品业	2294	1031	1154	1198
印刷业和记录媒介的复制	459	469	433	173
文教体育用品制造业		276	453	922
石油加工、炼焦及核燃料加工业	68450	49682	62120	71439
化学原料及化学制品制造业	21386	21199	23447	25345
医药制造业	2139	4203	6772	9053
化学纤维制造业	2031	1425	1401	1035
橡胶制品业	81	289	229	256
塑料制品业	1519	311	569	628
非金属矿物制品业	18290	18671	20315	25219
黑色金属冶炼及压延加工业	17545	9640	10373	12377
有色金属冶炼及压延加工业	2482	1560	2089	2931
金属制品业	11875	11584	14219	14137
普通机械制造业	12676	11164	11206	14463
专用设备制造业	13428	14224	29064	29351
交通运输设备制造业	2370	1109	780	830
电气机械及器材制造业	3218	1601	3901	3532
通信设备、计算机及其他电子设备制造业				
仪器仪表及文化、办公用机械制造业	190	162	231	325
工艺品及其他制造业	1971	2967	4228	4749
废弃资源和废旧材料回收加工业				
电力、燃气及水的生产和供应业	23398	27995	28251	34741
电力、热力的生产和供应业	20923	24509	24793	31227
燃气生产和供应业	1073	2101	2359	2534
水的生产和供应业	1402	1385	1099	980

增　加　值

单位:万元

2002	2003	2004	2005	2006	2007
457671	**612237**	**972978**	**1243047**	**1501864**	**2006845**
65821	79911	105148	122046	134459	171132
391850	532326	867830	1121000	1367405	1835713
99347	138821	252270	325566	452048	580404
48333	261946	314974	505626	595261	846220
309991	211470	405734	411855	454556	580221
133041	177439	353867	519036	611051	764725
128937	173508	346279	509760	597168	740089
2342	2390	7588	9276	13883	24636
1762	1541				
289678	383129	583566	668550	823779	1181946
3868	6175	11217	17520	22833	26366
1722	7217	15414	18609	17587	35425
1999	3189	7433	7256	17419	17842
15283	14147	14390	17015	15562	9412
	315	631	633	600	1014
		79			
63		200			227
1297	2753	2930	3318	3102	5603
216	184			190	490
7659	8183	8265	7225	6731	4198
79333	111669	207851	257605	314761	469131
29787	39323	61424	82593	84483	115484
11171	21903	20508	22242	22342	33109
1211					
634	1798	2102	2212	2800	3492
1032	1233	907	1150	1426	1625
31207	44459	53107	54889	52936	80749
15035	15117	35681	43009	94049	153288
4669	5704	1457	1615	3058	13411
14482	18542	24254	25337	29539	27744
17799	21565	51587	38523	51807	68074
42432	52264	48344	51486	62981	73097
1217	5084	9144	5770	6888	23578
2478	2208	4979	9374	11765	18124
236	97				
4848		1662	1169	920	463
34952	51669	35545	55461	67034	60174
31011	45637	28301	51193	61114	57170
3163	4713	5386	2081	3992	1111
778	1319	1858	2187	1928	1893

8-5 工业企业

指标	企业单位数(个)	亏损企业	工业总产值	工业销售产值
总计	**580**	**177**	**5667867**	**5587955**
一、按隶属关系分				
中央企业	7	3	440964	432644
省属企业	14	4	858868	809908
市属企业	7	1	116377	126525
县属企业	141	57	1289520	1273390
城市街道企业	1		828	820
镇属企业	68	14	450928	451788
乡属企业	35	8	261704	284493
居委会办企业	1	1	1863	1090
村办企业	48	12	101419	99061
其他	258	77	2145396	2108235
二、按登记注册类型分组				
内资企业	543	160	4837132	4757941
国有企业	9	5	83040	73717
中央企业	2	2	13956	10813
地方企业	7	3	69084	62904
集体企业	38	9	156422	134272
股份合作企业	3	1	52852	54152
联营企业	2		5546	5516
国有联营企业				
集体联营企业	2		5546	5516
国有与集体联营企业				
其他联营企业				
有限责任公司	266	78	2844287	2815380
国有独资公司	3		707364	681827
其他有限责任公司	263	78	2136923	2133552
股份有限公司	26	7	766167	766164
私营企业	193	58	910865	893118
私营独资企业	41	13	226441	219998
私营合伙企业	3		11426	11276
私营有限责任公司	131	37	624805	618576
私营股份有限公司	18	8	48192	43268
其他企业	6	2	17952	15623
港、澳、台商投资企业	21	11	531709	507073
合资经营企业(港或澳、台资)	14	7	368722	353531
合作经营企业(港或澳、台资)				
港澳台商独资企业	4	4	4462	4750
港澳台商投资股份有限公司	3		158525	148793
外商投资企业	16	6	299026	322941
中外合资经营企业	10	3	266398	291839
中外合作经营企业				
外资企业	4	2	29427	27620
外商投资股份有限公司	2	1	3201	3482

主要经济指标（2007年）

单位：万元

出口交货值	工业中间投入合计	工业增加值	资产总计	流动资产	流动资产年平均余额	固定资产	固定资产原价
420857	**4013181**	**2006845**	**7255145**	**3127842**	**2882076**	**3315460**	**3932226**
28635	311560	160054	656552	235556	234852	409293	573780
1889	574678	353577	1697699	568023	540220	789647	950894
	81099	46066	143848	72265	66590	64455	78991
31437	899965	462980	1512358	662274	596819	662699	793956
	728	100	6972	3769	3650	1313	3042
12849	323049	168709	681678	340953	313493	269150	288865
171273	189667	86330	336178	174811	158558	134758	148221
	1015	915	7663	3163	3037	2190	2565
	67238	43691	139083	70365	62591	51843	53114
174773	1564183	684423	2073115	996662	902267	930113	1038798
148928	3400025	1742753	6159156	2620325	2397632	2759278	3166116
1889	56648	30792	155871	81676	72371	51331	56567
	9972	5458	46062	18809	14819	26757	31157
1889	46676	25334	109808	62866	57552	24574	25409
	107928	59629	179814	115412	101408	46119	55746
	45567	9653	51064	32078	30455	17928	28029
	3310	2924	9769	2709	2594	6041	6505
	3310	2924	9769	2709	2594	6041	6505
51054	1968840	1077858	4026889	1623427	1498811	1965062	2222727
	476816	294418	1214552	453553	438857	656196	801715
51054	1492024	783440	2812337	1169874	1059953	1308866	1421011
49552	559117	245798	933235	322832	283603	383516	448083
46433	647214	307977	770643	428397	396110	275783	332331
3364	170018	69482	152554	86582	83370	58606	69975
	7678	4146	8339	5161	5035	2931	3225
43069	435227	219079	567607	314273	287001	200256	240802
	34292	15270	42142	22381	20703	13990	18329
	11402	8122	31872	13795	12281	13499	16130
73807	394132	169926	661499	230509	217824	412820	584993
28080	276317	121388	489898	122300	101126	356888	476428
1499	3036	1669	12426	4179	4943	6991	9278
44228	114780	46870	159174	104029	111756	48941	99287
198121	219024	94166	434490	277008	266619	143363	181116
198121	197704	81155	369133	238630	236428	120493	154666
	19444	11472	57903	32977	26424	21009	24250
	1876	1539	7453	5401	3767	1861	2200

8-5 工业企业

指　　标	资产总计			
	累计折旧	本年折旧	固定资产净值	固定资产净值年平均余额
总　　计	**981625**	**234185**	**2950601**	**3069517**
一、按隶属关系分				
中央企业	171440	29278	402339	391730
省属企业	297780	55908	653114	754166
市属企业	21931	4812	57060	56932
县属企业	210094	51236	583862	545028
城市街道企业	1729	324	1313	1301
镇属企业	48788	11421	240077	240947
乡属企业	35791	8271	112430	172048
居委会办企业	375	362	2190	1591
村办企业	7000	2030	46115	43344
其　他	186697	70545	852101	862430
二、按登记注册类型分组				
内资企业	749678	185219	2416438	2486121
国有企业	11309	5046	45257	45730
中央企业	4401	1088	26757	24985
地方企业	6909	3958	18501	20745
集体企业	14357	3622	41389	38905
股份合作企业	13142	2574	14887	14997
联营企业	565	565	5939	5950
国有联营企业				
集体联营企业	565	565	5939	5950
国有与集体联营企业				
其他联营企业				
有限责任公司	524291	119158	1698436	1604003
国有独资公司	274859	47207	526857	478299
其他有限责任公司	249432	71952	1171579	1125704
股份有限公司	106020	29406	342063	523585
私营企业	77141	23999	255190	240497
私营独资企业	14273	3785	55702	49638
私营合伙企业	637	57	2588	2589
私营有限责任公司	57489	19033	183314	175716
私营股份有限公司	4743	1125	13586	12555
其他企业	2853	848	13277	12455
港、澳、台商投资企业	180848	39481	404145	405863
合资经营企业(港或澳、台资)	128215	24225	348213	350215
合作经营企业(港或澳、台资)				
港澳台商独资企业	2287	2000	6991	7209
港澳台商投资股份有限公司	50346	13256	48941	48439
外商投资企业	51098	9486	130018	177533
中外合资经营企业	45577	6351	109089	157384
中外合作经营企业				
外资企业	5183	3042	19067	18267
外商投资股份有限公司	338	93	1861	1882

主要经济指标（2007年）(续1)

单位：万元

负债合计			所有者权益合计	实收资本	主营业务收入	主营业务成本	主营业务税金及附加	营业费用
	流动负债合计	长期负债合计						
4801192	**3725240**	**894769**	**2453953**	**1551175**	**5758908**	**4545909**	**72363**	**359509**
509850	356364	153487	146702	131956	441800	350007	2169	24253
1070635	703972	211378	627064	331344	915790	704366	20099	26317
78447	70188	8259	65401	32717	133600	102449	901	16323
1065305	849607	198910	447053	267790	1300120	1015425	10484	50974
3208	2948	260	3764	1500	1924	1347	64	72
445968	403308	38805	235710	158549	466005	345107	14223	50978
211597	202120	9377	124580	137635	261562	159793	2640	64520
7074	4484	2590	589	500	754	538	16	38
98012	93876	4135	41071	31464	100667	71516	4199	7792
1311096	1038373	267567	762019	457721	2136687	1795361	17567	118243
4121561	3268688	671689	2037595	1254449	4966020	3987988	59837	258930
118491	95950	18233	37380	35208	84372	67880	368	3872
36855	36855		9207	11894	10055	7269	91	713
81636	59095	18233	28173	23314	74317	60611	277	3159
137289	123839	13450	42525	21924	152508	108935	3537	10921
31913	31653	260	19151	10700	55857	50836	236	923
3808	3778	30	5961	3576	5516	3581	417	83
3808	3778	30	5961	3576	5516	3581	417	83
2880272	2239722	467686	1146617	871507	3023030	2398024	37230	169376
825780	537330	137166	388772	303433	774558	593923	14713	19613
2054492	1702392	330520	757845	568074	2248472	1804102	22518	149763
416636	275270	141051	516599	131316	705404	591906	11405	25267
513390	480255	29439	257252	158860	923486	756200	5358	48267
101552	99311	1893	51002	26039	268194	216785	697	9138
5376	5376		2964	2499	6813	6155	82	72
374430	349424	21656	193178	130336	612237	500712	4392	38542
32033	26143	5889	10109	9986	36243	32548	188	514
19762	18222	1540	12110	11357	15848	10626	1287	222
437268	247270	189998	224231	132049	493326	391829	2885	25065
318542	180376	138166	171357	118689	343029	273647	2686	16981
6876	6556	320	5551	2300	4326	3326		453
111851	60339	51512	47323	11060	145971	114857	199	7632
242364	209282	33082	192127	164677	299561	166092	9641	75513
196475	163730	32746	172658	144448	266809	146731	8604	70028
43579	43579		14325	17244	29264	17344	1038	5388
2310	1974	336	5144	2985	3488	2017		96

8-5 工业企业

指　　标	管理费用	财务费用	利息支出	营业利润
总　　计	**351011**	**120390**	**115433**	**271681**
一、按隶属关系分				
中央企业	32370	17429	17801	15199
省属企业	111734	17290	17149	21967
市属企业	8573	3109	2194	3526
县属企业	92032	22857	21446	87269
城市街道企业	174	267	266	
镇属企业	19643	11330	10413	25367
乡属企业	11067	8608	8451	13505
居委会办企业	109	37	37	12
村办企业	8166	1315	1313	7523
其　他	67143	38149	36362	97314
二、按登记注册类型分组				
内资企业	308739	96030	89025	220693
国有企业	9210	1516	1583	1343
中央企业	1830	1014	1010	-831
地方企业	7380	502	574	2174
集体企业	15895	2417	2223	11061
股份合作企业	3937	-91	-87	-24
联营企业	657	38		741
国有联营企业				
集体联营企业	657	38		741
国有与集体联营企业				
其他联营企业				
有限责任公司	217937	64392	58988	124173
国有独资公司	98445	14889	15153	19648
其他有限责任公司	119492	49502	43835	104525
股份有限公司	26260	13487	13228	38272
私营企业	33649	13433	12252	43443
私营独资企业	8288	3217	3170	10021
私营合伙企业	236	26	10	242
私营有限责任公司	23330	9945	8834	32036
私营股份有限公司	1795	244	238	1144
其他企业	1195	839	838	1685
港、澳、台商投资企业	30039	12869	14900	29199
合资经营企业(港或澳、台资)	10016	11790	13942	27875
合作经营企业(港或澳、台资)				
港澳台商独资企业	1362	128	120	-941
港澳台商投资股份有限公司	18662	951	838	2265
外商投资企业	12234	11492	11508	21789
中外合资经营企业	7116	10559	10662	21936
中外合作经营企业				
外资企业	4885	904	816	-1233
外商投资股份有限公司	233	29	31	1085

主要经济指标（2007年）(续2)

单位：万元

利润总额	亏损企业亏损总额	利税总额	本年应付工资总额	本年应付福利费总额	本年应交增 值 税	全部从业人员年平均人数（人）
210950	**35903**	**635472**	**424079**	**43406**	**351834**	**222173**
13297	1891	46117	20856	1974	30650	9465
17095	1334	106580	157404	10610	69387	50584
970	205	12658	4232	629	10788	3955
68855	10998	152764	96074	11891	73425	58494
		64	131	18		136
22690	1543	77744	21901	3071	40830	15828
11709	5484	28642	21338	2868	14293	13746
-88	88	-6	315	44	66	210
5516	968	19225	10797	1683	9511	6844
70906	13393	191683	91031	10616	102885	62911
167915	28303	533398	380769	39225	305321	197913
1179	1303	5946	7337	1039	4399	4645
-892	892	672	1270	178	1474	682
2071	410	5273	6068	862	2925	3963
10970	840	25641	14881	2306	11134	10117
-234	333	2369	6069	70	2367	3904
516		1621	488	68	688	352
516		1621	488	68	688	352
97776	20299	337416	266955	25153	202411	121000
15143		93725	146741	9451	63869	42673
82633	20299	243692	120214	15702	138541	78327
35914	1083	86067	26684	3731	38748	16852
20631	4240	70316	55378	6597	44002	39821
7207	1190	20963	8871	1133	13059	6791
304		783	570	61	397	325
12629	2702	46522	40490	4848	29176	29251
491	348	2049	5447	556	1370	3454
1164	206	4023	2977	260	1572	1222
26496	2241	61730	26495	2369	32350	14076
24757	1303	56426	15616	1448	28983	8599
-938	938	-695	432	20	243	287
2677		6000	10448	901	3124	5190
16539	5359	40343	16816	1812	14163	10184
20435	236	41498	14039	1794	12460	8624
-4626	4970	-2099	2598	14	1490	1307
730	153	944	179	4	214	253

8-5 工业企业

指　　标	企业单位数(个)	亏损企业	工业总产值	工业销售产值
三、按经济组织类型分组				
独资企业	96	33	499792	460357
国有企业	9	5	83040	73717
集体企业	38	9	156422	134272
私营独资企业	41	13	226441	219998
港澳台商独资经营企业	4	4	4462	4750
外资企业	4	2	29427	27620
合作、合伙企业	14	3	87777	86567
股份合作企业	3	1	52852	54152
国有联营企业				
集体联营企业	2		5546	5516
国有与集体联营企业				
其他联营企业				
私营合伙企业	3		11426	11276
其他企业(内资)				
港或澳、台资合作经营企业				
中外合作经营企业	6	2	17952	15623
股份有限公司	49	16	976086	961706
股份有限公司(内资)	26	7	766167	766164
私营股份有限公司	18	8	48192	43268
港澳台商投资股份有限公司	3		158525	148793
外商投资股份有限公司	2	1	3201	3482
有限责任公司	421	125	4104212	4079325
国有独资公司	3		707364	681827
其他有限责任公司	131	37	624805	618576
私营有限责任公司	14	7	368722	353531
港澳台合资经营企业	10	3	266398	291839
中外合资经营企业	263	78	2136923	2133552
四、在总计中：亏损企业	**177**	**177**	**731797**	**693443**
在总计中：国有控股企业	35	12	1472629	1430893
在总计中：农村工业	83	20	363122	383555
在总计中：轻工业	92	43	468172	423972
重工业	488	134	5199695	5163983
在总计中：大型企业	8		1652034	1648336
中型企业	104	23	2379163	2368927
小型企业	468	154	1636671	1570692

主要经济指标（2007年）(续3)

单位：万元

出口交货值	工业中间投入合计	工业增加值	资产总计	流动资产	流动资产年平均余额	固定资产	固定资产原价
6751	357073	173043	558569	320827	288515	184055	215816
1889	56648	30792	155871	81676	72371	51331	56567
	107928	59629	179814	115412	101408	46119	55746
3364	170018	69482	152554	86582	83370	58606	69975
1499	3036	1669	12426	4179	4943	6991	9278
	19444	11472	57903	32977	26424	21009	24250
	67956	24845	101044	53742	50366	40399	53888
	45567	9653	51064	32078	30455	17928	28029
	3310	2924	9769	2709	2594	6041	6505
	7678	4146	8339	5161	5035	2931	3225
	11402	8122	31872	13795	12281	13499	16130
93780	710064	309478	1142004	454643	419829	448308	567899
49552	559117	245798	933235	322832	283603	383516	448083
	34292	15270	42142	22381	20703	13990	18329
44228	114780	46870	159174	104029	111756	48941	99287
	1876	1539	7453	5401	3767	1861	2200
320325	2878088	1499479	5453528	2298630	2123365	2642698	3094623
	476816	294418	1214552	453553	438857	656196	801715
43069	435227	219079	567607	314273	287001	200256	240802
28080	276317	121388	489898	122300	101126	356888	476428
198121	197704	81155	369133	238630	236428	120493	154666
51054	1492024	783440	2812337	1169874	1059953	1308866	1421011
23503	**534724**	**239536**	**1129142**	**496481**	**446709**	**515957**	**596167**
36445	1005376	584290	2588108	880154	842197	1322813	1668413
171273	256905	130021	475260	245176	221148	186601	201335
45608	310636	171133	508198	247858	227051	226402	267225
375249	3702545	1835713	6746946	2879983	2655025	3089058	3665001
241653	1186638	580404	2151794	903646	848661	1121445	1377356
104679	1680915	846222	2961654	1207798	1099382	1335014	1608471
74525	1145627	580220	2141697	1016398	934033	859001	946398

8-5 工业企业

指标	资产总计			
	累计折旧	本年折旧	固定资产净值	固定资产净值年平均余额
三、按经济组织类型分组				
独资企业	47409	17496	168407	159749
国有企业	11309	5046	45257	45730
集体企业	14357	3622	41389	38905
私营独资企业	14273	3785	55702	49638
港澳台商独资经营企业	2287	2000	6991	7209
外资企业	5183	3042	19067	18267
合作、合伙企业	17197	4043	36692	35991
股份合作企业	13142	2574	14887	14997
国有联营企业				
集体联营企业	565	565	5939	5950
国有与集体联营企业				
其他联营企业				
私营合伙企业	637	57	2588	2589
其他企业(内资)				
港或澳、台资合作经营企业				
中外合作经营企业	2853	848	13277	12455
股份有限公司	161448	43880	406451	586460
股份有限公司(内资)	106020	29406	342063	523585
私营股份有限公司	4743	1125	13586	12555
港澳台商投资股份有限公司	50346	13256	48941	48439
外商投资股份有限公司	338	93	1861	1882
有限责任公司	755571	168767	2339051	2287318
国有独资公司	274859	47207	526857	478299
其他有限责任公司	57489	19033	183314	175716
私营有限责任公司	128215	24225	348213	350215
港澳台合资经营企业	45577	6351	109089	157384
中外合资经营企业	249432	71952	1171579	1125704
四、在总计中：亏损企业	**119492**	**44461**	**476675**	**467418**
在总计中：国有控股企业	504442	93931	1163971	1244992
在总计中：农村工业	42791	10300	158545	215392
在总计中：轻工业	73009	23399	194217	202621
重工业	908616	210786	2756384	2866895
在总计中：大型企业	421590	84119	955766	989632
中型企业	370282	88918	1238189	1340439
小型企业	189753	61149	756646	739446

主要经济指标（2007年）(续4)

单位：万元

负债合计			所有者权益合计	实收资本	主营业务收入	主营业务成本	主营业务税金及附加	营业费用
	流动负债合计	长期负债合计						
407786	369234	33896	150783	102715	538663	414269	5640	29772
118491	95950	18233	37380	35208	84372	67880	368	3872
137289	123839	13450	42525	21924	152508	108935	3537	10921
101552	99311	1893	51002	26039	268194	216785	697	9138
6876	6556	320	5551	2300	4326	3326		453
43579	43579		14325	17244	29264	17344	1038	5388
60859	59029	1830	40186	28133	84034	71198	2021	1300
31913	31653	260	19151	10700	55857	50836	236	923
3808	3778	30	5961	3576	5516	3581	417	83
5376	5376		2964	2499	6813	6155	82	72
19762	18222	1540	12110	11357	15848	10626	1287	222
562829	363726	198788	579175	155347	891106	741327	11792	33510
416636	275270	141051	516599	131316	705404	591906	11405	25267
32033	26143	5889	10109	9986	36243	32548	188	514
111851	60339	51512	47323	11060	145971	114857	199	7632
2310	1974	336	5144	2985	3488	2017		96
3769719	2933251	660254	1683810	1264980	4245105	3319114	52911	294926
825780	537330	137166	388772	303433	774558	593923	14713	19613
374430	349424	21656	193178	130336	612237	500712	4392	38542
318542	180376	138166	171357	118689	343029	273647	2686	16981
196475	163730	32746	172658	144448	266809	146731	8604	70028
2054492	1702392	330520	757845	568074	2248472	1804102	22518	149763
944420	**759401**	**182770**	**184721**	**235647**	**751592**	**656491**	**8914**	**42506**
1770756	1161431	437747	817353	486957	1521200	1170853	20335	57034
309609	295996	13513	165651	169099	362229	231309	6839	72312
319026	282562	36214	189173	149639	404329	313579	7707	24656
4482167	3442678	858555	2264780	1401536	5354579	4232330	64656	334853
1357221	886263	319674	794573	468956	1661697	1273493	21046	103108
1915277	1592401	302782	1046377	632596	2551493	2046385	30150	148633
1528694	1246575	272313	613003	449624	1545717	1226031	21167	107768

8-5 工业企业

指　　标	管理费用	财务费用	利息支出	营业利润
三、按经济组织类型分组				
独资企业	39640	8182	7912	20251
国有企业	9210	1516	1583	1343
集体企业	15895	2417	2223	11061
私营独资企业	8288	3217	3170	10021
港澳台商独资经营企业	1362	128	120	-941
外资企业	4885	904	816	-1233
合作、合伙企业	6024	813	761	2643
股份合作企业	3937	-91	-87	-24
国有联营企业				
集体联营企业	657	38		741
国有与集体联营企业				
其他联营企业				
私营合伙企业	236	26	10	242
其他企业(内资)				
港或澳、台资合作经营企业				
中外合作经营企业	1195	839	838	1685
股份有限公司	46949	14710	14335	42766
股份有限公司(内资)	26260	13487	13228	38272
私营股份有限公司	1795	244	238	1144
港澳台商投资股份有限公司	18662	951	838	2265
外商投资股份有限公司	233	29	31	1085
有限责任公司	258398	96685	92425	206020
国有独资公司	98445	14889	15153	19648
其他有限责任公司	23330	9945	8834	32036
私营有限责任公司	10016	11790	13942	27875
港澳台合资经营企业	7116	10559	10662	21936
中外合资经营企业	119492	49502	43835	104525
四、在总计中：亏损企业	**45859**	**19399**	**16323**	**-25139**
在总计中：国有控股企业	161257	44215	43935	50079
在总计中：农村工业	19233	9923	9764	21028
在总计中：轻工业	25426	7839	7432	20074
重工业	325585	112551	108001	251607
在总计中：大型企业	133913	37015	36698	78589
中型企业	129782	53027	49531	126357
小型企业	87316	30348	29204	66735

主要经济指标（2007年）(续5)

单位：万元

利润总额	亏损企业亏损总额	利税总额	本年应付工资总额	本年应付福利费总额	本年应交增值税	全部从业人员年平均人数（人）
13791	9240	49755	34118	4512	30324	23147
1179	1303	5946	7337	1039	4399	4645
10970	840	25641	14881	2306	11134	10117
7207	1190	20963	8871	1133	13059	6791
-938	938	-695	432	20	243	287
-4626	4970	-2099	2598	14	1490	1307
1750	539	8795	10104	459	5024	5803
-234	333	2369	6069	70	2367	3904
516		1621	488	68	688	352
304		783	570	61	397	325
1164	206	4023	2977	260	1572	1222
39812	1584	95059	42758	5191	43456	25749
35914	1083	86067	26684	3731	38748	16852
491	348	2049	5447	556	1370	3454
2677		6000	10448	901	3124	5190
730	153	944	179	4	214	253
155597	24540	481862	337100	33243	273030	167474
15143		93725	146741	9451	63869	42673
12629	2702	46522	40490	4848	29176	29251
24757	1303	56426	15616	1448	28983	8599
20435	236	41498	14039	1794	12460	8624
82633	20299	243692	120214	15702	138541	78327
-35903	**35903**	**15474**	**56911**	**6434**	**42462**	**42091**
47121	7943	184493	200913	15356	117038	70130
17224	6452	47867	32135	4551	23804	20590
6645	11285	27948	39493	4419	13271	31277
204305	24619	607524	384586	38986	338563	190896
74497		210552	185265	14959	115008	63696
95567	13987	273692	128225	15456	147975	83882
40885	21917	151228	110589	12991	88851	74595

8-5 工业企业

指标	企业单位数(个)	亏损企业	工业总产值	工业销售产值
五、按工业行业大类分				
采矿业	248	56	1784622	1718198
煤炭开采和洗选业	243	56	1726741	1660490
石油和天然气开采业				
黑色金属矿采选业	5		57880	57708
有色金属矿采选业				
非金属矿采选业				
其他采矿业				
制造业	325	118	3719537	3707791
农副食品加工业	14	8	84636	82251
食品制造业	15	5	95570	86938
饮料制造业	6	1	52284	40799
烟草制品业				
纺织业	5	3	37516	33638
纺织服装、鞋、帽制造业	1		3593	4441
皮革、毛皮、羽毛(绒)及其制品业				
木材加工及木、竹、藤、棕、草制品业	2	2	1650	1588
家具制造业				
造纸及纸制品业	6	3	15871	13725
印刷业和记录媒介的复制	1	1	1593	1366
文教体育用品制造业	3	2	11721	10004
石油加工、炼焦及核燃料加工业	32	8	1439630	1475067
化学原料及化学制品制造业	25	8	389510	394332
医药制造业	13	5	67979	60571
化学纤维制造业				
橡胶制品业	4	3	11526	11550
塑料制品业	6	1	8638	8807
非金属矿物制品业	52	22	229660	223444
黑色金属冶炼及压延加工业	11	2	510951	539715
有色金属冶炼及压延加工业	4	1	39677	36407
金属制品业	28	11	95877	96183
通用设备制造业	50	15	211271	200139
专用设备制造业	29	9	273773	257310
交通运输设备制造业	12	5	88721	86800
电气机械及器材制造业	5	2	46264	40967
通信设备、计算机及其他电子设备制造业				
仪器仪表及文化、办公用机械制造业				
工艺品及其他制造业	1	1	1625	1752
废弃资源和废旧材料回收加工业				
电力、燃气及水的生产和供应业	7	3	163709	161966
电力、热力的生产和供应业	5	2	158094	157853
燃气生产和供应业	1	1	2190	688
水的生产和供应业	1		3425	3425

主要经济指标（2007年）(续6)

单位：万元

出口交货值	工业中间投入合计	工业增加值	资产总计	流动资产	流动资产年平均余额	固定资产	固定资产原价
	1171031	764725	2973980	1134957	1043304	1263403	1455612
	1132372	740089	2930903	1110772	1020472	1247191	1434727
	38659	24636	43077	24184	22832	16212	20885
420857	2722773	1181947	3865191	1943403	1789151	1701412	2012621
	58423	26366	71286	29598	24408	40145	32609
	63408	35425	73209	35329	33822	32932	34512
	35794	17842	71606	42391	31882	24924	32555
	29555	9413	52578	25305	24752	25672	35735
	2878	1015	3952	1221	1111	1875	1981
	1475	227	4588	980	1658	2122	2236
	10657	5604	18718	9143	9017	8678	9748
	1156	490	6625	1792	1792	4828	5016
1715	7839	4198	6142	4634	4953	926	1172
278935	1078475	469131	1783688	877673	782735	837981	882578
3238	286503	115484	295272	88405	81358	180799	243861
	38468	33109	125882	66582	65356	49093	63271
	8488	3492	6494	5282	5165	1203	1742
	7180	1626	8225	5234	4864	2516	3853
43506	157596	80749	277168	128402	119630	132104	183053
4891	372885	153288	332747	158088	148144	160872	177275
6084	27892	13411	44574	17890	17631	17465	16458
24667	71640	27744	64560	47170	37757	13656	21471
17705	150312	68074	201180	127162	118100	48138	63738
38615	211602	73097	311516	214594	222483	82951	153317
	65858	23578	64382	33321	39164	21486	34147
	33523	18124	40301	22975	13107	10815	11931
1499	1165	463	496	232	262	234	362
	119377	60173	415975	49482	49621	350646	463993
	116502	57170	403445	44474	45085	344028	455829
	1116	1111	4408	4406	3992	1	1
	1759	1893	8122	602	544	6617	8163

8-5 工业企业

指标	资产总计			
	累计折旧	本年折旧	固定资产净值	固定资产净值年平均余额
五、按工业行业大类分				
采矿业	391456	76927	1064156	1134520
煤炭开采和洗选业	386364	76700	1048362	1120346
石油和天然气开采业				
黑色金属矿采选业	5092	227	15793	14175
有色金属矿采选业				
非金属矿采选业				
其他采矿业				
制造业	462000	132879	1550621	1599192
农副食品加工业	4692	1680	27917	34972
食品制造业	6302	2784	28211	25723
饮料制造业	7717	3227	24838	23025
烟草制品业				
纺织业	12539	3308	23196	24639
纺织服装、鞋、帽制造业	106	96	1875	1126
皮革、毛皮、羽毛(绒)及其制品业				
木材加工及木、竹、藤、棕、草制品业	161	87	2075	1994
家具制造业				
造纸及纸制品业	2292	577	7456	5264
印刷业和记录媒介的复制	312	312	4704	4828
文教体育用品制造业	430	160	742	723
石油加工、炼焦及核燃料加工业	139974	41598	742604	820763
化学原料及化学制品制造业	65805	18913	178057	164205
医药制造业	23240	7845	40031	45814
化学纤维制造业				
橡胶制品业	564	86	1178	1155
塑料制品业	1355	219	2498	2404
非金属矿物制品业	53906	10676	129147	130010
黑色金属冶炼及压延加工业	18325	10268	158950	136465
有色金属冶炼及压延加工业	5043	820	11415	11315
金属制品业	8641	2502	12830	13045
通用设备制造业	21930	9671	41808	44958
专用设备制造业	72756	13019	80560	80116
交通运输设备制造业	13646	4799	20501	20490
电气机械及器材制造业	2136	173	9795	5924
通信设备、计算机及其他电子设备制造业				
仪器仪表及文化、办公用机械制造业				
工艺品及其他制造业	129	62	234	234
废弃资源和废旧材料回收加工业				
电力、燃气及水的生产和供应业	128169	24380	335824	335804
电力、热力的生产和供应业	126318	24347	329511	329553
燃气生产和供应业			1	1
水的生产和供应业	1851	33	6312	6250

主要经济指标（2007年）(续7)

单位：万元

负债合计	流动负债合计	长期负债合计	所有者权益合计	实收资本	主营业务收入	主营业务成本	主营业务税金及附加	营业费用
1948523	1441768	330243	1025457	582443	1827321	1338249	36322	108262
1915462	1410580	328371	1015441	579962	1769787	1298538	35606	108175
33061	31188	1873	10016	2480	57534	39711	716	87
2531294	2114563	412259	1333896	867929	3770042	3071984	34652	251195
40398	36473	3925	30889	25118	84639	77424	20	1074
34662	31723	2939	38547	22741	93335	68688	634	5850
60961	60951	9	10646	13644	41714	28396	6358	3446
35680	27937	7743	16899	10428	32599	30171	136	394
2154	1823	331	1798	1403	4359	2869	30	346
3354	3301	54	1234	1400	1608	1465	6	51
10636	7512	2874	8082	4303	9659	7109	90	294
2126	448	1678	4499	5000	1289	1281		51
5626	5613	14	516	1200	8330	7995	6	333
1152585	995114	157471	631103	366661	1494420	1108815	22215	187115
192821	113673	79148	102451	46841	332475	294292	1280	6201
76336	68381	7955	49546	39583	51031	27718	202	9133
4485	4318	167	2009	2489	11562	11412	52	146
6204	4276	1928	2021	1723	8912	7964	16	107
185649	135905	49743	91519	68883	216042	178699	665	10191
216823	210356	6460	115925	89367	615573	563997	938	5846
41683	38056	3627	2892	4049	32067	27012	160	206
54032	52351	1681	10529	10856	99135	93746	358	1788
144095	119240	20686	57085	37824	210251	180566	535	10676
206208	149909	56254	105307	77500	279547	235232	817	5940
37330	30241	7088	27052	22348	88630	73071	75	1242
17039	16556	483	23262	14469	51139	42460	61	641
409	409		88	100	1725	1603		125
321375	168908	152267	94600	100803	161545	135675	1389	52
310619	161767	148651	92827	98296	157110	132570	1363	
3977	3977		431	302	1010	869	4	35
6780	3164	3615	1342	2205	3425	2236	22	17

8-5 工业企业

指标	管理费用	财务费用	利息支出	营业利润
五、按工业行业大类分				
采矿业	192976	32063	30238	108599
煤炭开采和洗选业	189913	31246	29423	97815
石油和天然气开采业				
黑色金属矿采选业	3062	818	815	10784
有色金属矿采选业				
非金属矿采选业				
其他采矿业				
制造业	150611	73121	69888	161219
农副食品加工业	2803	887	823	1083
食品制造业	3214	687	667	11680
饮料制造业	3860	957	806	-2277
烟草制品业				
纺织业	1520	1020	1020	-780
纺织服装、鞋、帽制造业	860	14	13	241
皮革、毛皮、羽毛(绒)及其制品业				
木材加工及木、竹、藤、棕、草制品业	168			-109
家具制造业				
造纸及纸制品业	585	528	523	1087
印刷业和记录媒介的复制	201	-35	1	-188
文教体育用品制造业	248	72	74	-281
石油加工、炼焦及核燃料加工业	53356	43613	44213	81389
化学原料及化学制品制造业	10496	5509	5465	15802
医药制造业	7303	2322	2319	4364
化学纤维制造业				
橡胶制品业	153	30	30	-234
塑料制品业	427	201	200	197
非金属矿物制品业	11547	3786	3642	10998
黑色金属冶炼及压延加工业	8863	6963	4107	10480
有色金属冶炼及压延加工业	1203	1423	1134	1443
金属制品业	1745	1082	991	354
通用设备制造业	10168	2135	2086	5501
专用设备制造业	28714	1110	1385	7435
交通运输设备制造业	2124	203	377	6757
电气机械及器材制造业	934	606	13	6410
通信设备、计算机及其他电子设备制造业				
仪器仪表及文化、办公用机械制造业				
工艺品及其他制造业	122	8		-132
废弃资源和废旧材料回收加工业				
电力、燃气及水的生产和供应业	7425	15206	15307	1864
电力、热力的生产和供应业	6417	15091	15191	1615
燃气生产和供应业	102			
水的生产和供应业	907	115	116	249

主要经济指标（2007年）(续8)

单位：万元

利润总额	亏损企业亏损总额	利税总额	本年应付工资总额	本年应付福利费总额	本年应交增值税	全部从业人员年平均人数(人)
85437	9253	272893	249335	23423	151134	100555
74463	9253	255788	246042	22989	145719	98842
10974		17105	3293	433	5415	1713
120312	21831	340149	167086	19310	184860	118102
413	990	585	2106	247	153	1873
6591	1044	10489	3308	363	3263	2636
-3614	4920	4096	2179	18	1027	1441
-1339	1357	249	2704	305	1452	3014
208		537	277	16	299	390
-110	110	-53	139	15	51	116
1187	208	1667	1484	206	390	1355
-187	187	-134	133	16	53	107
-281	297	41	941	82	317	939
75535	2957	205726	40547	5075	107976	28750
16419	918	30175	11936	2136	12477	9108
2325	1179	6125	5410	616	3598	3978
-238	264	268	399	30	454	492
197	27	379	766	103	167	694
3562	2967	12913	30967	3710	8686	21729
9971	1062	26131	6971	790	15222	4530
427	24	2213	2402	259	1626	1989
-246	579	3619	10361	763	3507	6929
5832	566	13483	17854	2144	7116	12034
4071	1356	15813	21668	1832	10926	12559
-307	639	484	3620	486	716	2664
29	50	5473	623	83	5383	625
-132	132	-129	288	16	3	150
5200	4820	22430	7659	673	15841	3516
5028	4750	21968	6323	567	15578	2020
-69	69	-29	615	3	37	975
242		491	721	103	226	521

8-6 国有控股工业企业

指　　标	企业单位数(个)	亏损企业	工业总产值	工业销售产值
总　　计	**35**	**12**	**1472629**	**1430893**
在总计中:亏损企业	**12**	**12**	**91367**	**85722**
按隶属关系分				
中央企业	6	2	431861	431696
省属企业	9	2	791464	762340
市属企业	1		10212	10319
县属企业	17	7	230518	217965
其　他	2	1	8574	8574
在总计中: 轻工业	3	2	11162	12611
重工业	32	10	1461466	1418282
在总计中: 大型企业	4		844239	810344
中型企业	18	4	568732	563095
小型企业	13	8	59657	57454
按工业行业大类分				
采矿业	13	2	870391	838828
煤炭开采和洗选业	12	2	826168	794416
黑色金属矿采选业	1		44223	44412
制造业	18	8	455670	446999
农副食品加工业	2	2	7569	8170
纺织服装、鞋、帽制造业	1		3593	4441
石油加工、炼焦及核燃料加工业	4	3	191682	197735
化学原料及化学制品制造业	2	1	14478	14585
非金属矿物制品业	3	1	9731	8774
黑色金属冶炼及压延加工业	1		22235	19700
有色金属冶炼及压延加工业	1		27718	24831
通用设备制造业	1		40412	38431
专用设备制造业	2		134915	126826
交通运输设备制造业	1	1	3337	3505
电力、燃气及水的生产和供应业	4	2	146568	145066
电力、热力的生产和供应业	3	1	144378	144378
燃气生产和供应业	1	1	2190	688

主要经济指标（2007年）

单位：万元

出口交货值	工业中间投入合计	工业增加值	资产总计	流动资产	流动资产年平均余额	固定资产	固定资产原价
36445	**1005376**	**584290**	**2588108**	**880154**	**842197**	**1322813**	**1668413**
	64732	**33156**	**254122**	**66654**	**61829**	**153521**	**171358**
28473	304586	157573	641111	222987	221142	406741	567732
1889	528318	330236	1556660	515545	487167	712748	869024
	7730	3431	9392	4617	5045	4265	4749
6084	158696	89997	323243	133527	125128	146589	168268
	6046	3053	57703	3478	3716	52471	58640
	8029	3457	10209	3109	3202	5854	6178
36445	997347	580833	2577899	877045	838995	1316960	1662235
28473	576365	336554	1355065	545544	533330	696161	880410
7973	386197	227614	1080554	302449	275122	524986	664884
	42814	20123	152489	32162	33745	101666	123120
	578022	370544	1594835	524735	494004	766538	922774
	549550	350879	1568204	511590	481622	753610	905753
	28472	19666	26631	13145	12382	12929	17022
36445	319570	160420	645483	315617	308017	257601	325885
	5151	2443	6257	1888	2092	3979	4197
	2878	1015	3952	1221	1111	1875	1981
	123968	82422	262568	92932	81591	142593	150742
	11962	3466	14708	8008	8750	6106	9400
	6679	3610	30095	14937	15002	12506	16727
	19152	4485	25450	15492	12809	5919	8586
6084	20749	8379	34578	12388	12388	12972	11734
1889	25757	16153	84174	48471	43568	14191	13910
28473	101399	36811	178359	117214	127659	55185	105443
	1876	1637	5342	3066	3048	2276	3165
	107784	53326	347790	39802	40177	298674	419754
	106668	52215	343382	35396	36185	298673	419753
	1116	1111	4408	4406	3992	1	1

8-6 国有控股工业企业

指标	资产总计			
	累计折旧	本年折旧	固定资产净值	固定资产净值年平均余额
总计	**504442**	**93931**	**1163971**	**1244992**
在总计中：亏损企业	**20974**	**9378**	**150384**	**150217**
按隶属关系分				
中央企业	167725	29039	400007	389282
省属企业	289640	54275	579385	680719
市属企业	1767	350	2983	2589
县属企业	39142	6074	129126	118403
其他	6169	4193	52471	53999
在总计中：轻工业	431	217	5747	4914
重工业	504011	93714	1158224	1240078
在总计中：大型企业	313592	55893	566818	511974
中型企业	166960	30987	497924	634408
小型企业	23890	7051	99229	98609
按工业行业大类分				
采矿业	295778	51269	626996	717262
煤炭开采和洗选业	291541	51232	614211	705682
黑色金属矿采选业	4237	37	12785	11580
制造业	87584	21502	238301	226231
农副食品加工业	325	121	3872	3788
纺织服装、鞋、帽制造业	106	96	1875	1126
石油加工、炼焦及核燃料加工业	15687	7697	135055	122941
化学原料及化学制品制造业	4728	572	4672	4044
非金属矿物制品业	4222	401	12506	12492
黑色金属冶炼及压延加工业	2815	637	5771	5519
有色金属冶炼及压延加工业	4812	662	6922	6922
通用设备制造业	3702	3620	10208	12990
专用设备制造业	50258	7696	55185	54124
交通运输设备制造业	930		2235	2286
电力、燃气及水的生产和供应业	121080	21160	298674	301498
电力、热力的生产和供应业	121079	21160	298673	301497
燃气生产和供应业			1	1

主要经济指标（2007年）(续1)

单位：万元

负债合计	流动负债合计	长期负债合计	所有者权益合计	实收资本	主营业务收入	主营业务成本	主营业务税金及附加	营业费用
1770756	**1161431**	**437747**	**817353**	**486957**	**1521200**	**1170853**	**20335**	**57034**
240852	**133880**	**106771**	**13270**	**46139**	**87605**	**76401**	**946**	**3500**
495258	341772	153487	145853	128956	433026	342148	2134	23997
946892	620961	170646	609768	309289	850994	653710	14810	24499
5919	5919		3473	2803	10405	6873	109	1006
265913	176696	73123	57330	34241	218711	158176	3232	7509
56775	16084	40491	928	11668	8065	9947	51	23
5146	4814	331	5064	5097	12705	10890	33	537
1765610	1156617	437415	812289	481860	1508494	1159963	20303	56497
939364	597292	190787	415702	270122	900445	687196	15274	23530
696276	486522	189660	384278	84176	561703	433056	4717	31759
135116	77616	57299	17373	32659	59051	50602	345	1745
989517	633943	188197	605318	289120	918583	684020	17424	26308
969990	615982	186631	598214	288340	874171	653933	16995	26278
19527	17961	1566	7104	780	44412	30087	429	30
517472	403340	110132	128011	114539	457658	365038	1811	30691
2991	2991		3266	3694	8346	8022	3	192
2154	1823	331	1798	1403	4359	2869	30	346
242592	221695	20896	19976	21658	189763	140868	887	23403
11716	11009	707	2992	4114	14644	11402	153	1109
21267	16239	5028	8828	9959	8884	6310	56	735
19295	13314	5980	6156	717	18130	16543	141	336
32222	28630	3592	2357	2349	21267	17863	148	151
61970	40068	17902	22204	18492	50015	42518	65	2266
119089	63394	55696	59270	50486	138745	115361	306	2078
4177	4177		1165	1667	3505	3283	22	76
263766	124148	139418	84023	83298	144959	121795	1101	35
259790	120171	139418	83593	82996	143949	120926	1097	
3977	3977		431	302	1010	869	4	35

8-6 国有控股工业企业

指　　标	管理费用	财务费用	利息支出	营业利润
总　　计	**161257**	**44215**	**43935**	**50079**
在总计中：亏损企业	**9967**	**7161**	**7084**	**-10960**
按隶属关系分				
中央企业	31432	17430	17803	15592
省属企业	105046	17126	16986	21280
市属企业	1941	137	137	342
县属企业	21374	6700	6187	19108
其　　他	1465	2823	2823	-6243
在总计中：轻工业	1132	79	13	33
重工业	160125	44137	43923	50045
在总计中：大型企业	116807	15985	15640	25772
中型企业	37710	23913	24044	29140
小型企业	6740	4318	4251	-4833
按工业行业大类分				
采矿业	114291	19661	19293	39198
煤炭开采和洗选业	112215	19064	18697	30360
黑色金属矿采选业	2076	597	597	8838
制造业	41128	11386	11374	7914
农副食品加工业	272	65	-1	-208
纺织服装、鞋、帽制造业	860	14	13	241
石油加工、炼焦及核燃料加工业	9711	8019	8032	6860
化学原料及化学制品制造业	2226	200	198	-435
非金属矿物制品业	1275	763	754	-249
黑色金属冶炼及压延加工业	1228	285	284	784
有色金属冶炼及压延加工业	996	1424	1133	63
通用设备制造业	4358	419	490	389
专用设备制造业	19805	170	443	768
交通运输设备制造业	397	28	28	-300
电力、燃气及水的生产和供应业	5837	13168	13268	2968
电力、热力的生产和供应业	5736	13168	13269	2968
燃气生产和供应业	102			

主要经济指标（2007年）(续2)

单位：万元

利润总额	亏损企业亏损总额	利税总额	本年应付工资总额	本年应付福利费总额	本年应交增值税	全部从业人员年平均人数(人)
47121	**7943**	**184493**	**200913**	**15356**	**117038**	**70130**
-7943	**7943**	**-475**	**10420**	**1225**	**6522**	**5444**
14296	892	46728	20266	1862	30298	9001
16971	1050	98871	152820	10112	67090	46477
311		1370	653	54	950	1004
18985	2343	40391	26625	3267	18174	13277
-3442	3658	-2866	548	62	526	371
-4	212	352	493	18	324	580
47125	7731	184141	200420	15338	116714	69550
21408		105362	158877	10655	68680	47529
27144	2435	76938	37074	4217	45078	18932
-1431	5509	2193	4962	484	3280	3669
34396	1547	129996	168961	12044	78176	52063
25571	1547	116826	167228	11851	74261	51401
8825		13170	1733	194	3915	662
6675	2669	32805	25634	2828	24320	15541
-212	212	-185	215	2	25	190
208		537	277	16	299	390
5420	1104	21015	4631	286	14708	2550
127	183	1231	982	54	950	1492
-728	869	-115	1074	134	558	893
618		2161	1365	191	1402	1044
28		1586	2005	207	1410	1615
505		2068	3044	625	1498	1474
1010		4610	11456	1232	3295	5615
-301	301	-103	584	82	176	278
6050	3728	21693	6318	484	14542	2526
6119	3658	21722	5704	480	14505	1551
-69	69	-29	615	3	37	975

8-7 大中型工业企业

指　　标	企业单位数(个)	亏损企业	工业总产值	工业销售产值
总　　计	**112**	**23**	**4031196**	**4017263**
一、按隶属关系分				
中央企业	6	2	439625	430466
省属企业	9	3	838901	789295
市属企业	5	1	114065	124350
县属企业	47	8	1012858	1012478
城市街道企业				
镇属企业	8	2	236122	239466
乡属企业	7	1	200222	228325
居委会办企业				
村办企业	2		12120	12073
其　他	28	6	1177284	1180809
二、按登记注册类型分组				
内资企业	99	21	3306433	3288876
国有企业	3	1	58960	52352
中央企业	1	1	12617	8635
地方企业	2		46343	43717
集体企业	6	1	63034	48956
股份合作企业	2	1	52006	53603
联营企业				
国有联营企业				
集体联营企业				
国有与集体联营企业				
其他联营企业				
有限责任公司	63	16	2135779	2133840
国有独资公司	3		707364	681827
其他有限责任公司	60	16	1428414	1452013
股份有限公司	10	1	683241	687315
私营企业	14	1	306402	307639
私营独资企业	2		84043	80786
私营合伙企业				
私营有限责任公司	12	1	222359	226853
私营股份有限公司				
其他企业	1		7012	5171
港、澳、台商投资企业	8	1	501818	479189
合资经营企业(港或澳、台资)	5	1	343293	330396
合作经营企业(港或澳、台资)				
港澳台商独资企业				
港澳台商投资股份有限公司	3		158525	148793
外商投资企业	5	1	222945	249198
中外合资经营企业	3		203496	230475
中外合作经营企业				
外资企业	2	1	19450	18723
外商投资股份有限公司				

主要经济指标(2007年)

单位：万元

出口交货值	工业中间投入合计	工业增加值	资产总计	流动资产	流动资产年平均余额	固定资产	固定资产原价
346332	**2867554**	**1426626**	**5113448**	**2111444**	**1948043**	**2456459**	**2985827**
28635	310255	159884	650289	231528	231312	407058	570289
1889	563083	343901	1582899	553614	524964	700542	849682
	79952	44836	130799	70054	64629	57381	75075
14034	700935	373375	1116571	475484	436960	505685	602923
12849	184657	75718	362086	185819	172425	156546	184858
171273	149408	62244	227395	128356	115373	87756	104008
	8029	5524	10815	9570	8511	1245	1136
117651	871235	361143	1032593	457021	393869	540246	597857
106886	2328259	1198592	4219738	1740751	1596985	1958824	2301757
1889	38304	24044	130744	64526	56148	44210	47073
	8666	5288	39799	14781	11278	24522	27667
1889	29638	18756	90944	49745	44869	19688	19406
	44124	22994	59380	42109	41468	9745	16202
	44959	9388	50335	31746	30154	17565	27567
31937	1486796	807391	2817122	1154819	1078310	1419467	1656084
	476816	294418	1214552	453553	438857	656196	801715
31937	1009981	512973	1602570	701267	639453	763271	854368
41907	500261	215903	851636	280587	239594	353438	415964
31153	209505	115858	293041	157761	142422	106824	129579
	59512	28549	58299	36852	35509	14686	19751
31153	149994	87309	234742	120909	106913	92139	109827
	4309	3014	17481	9204	8890	7575	9289
68173	375002	157632	630699	215876	202747	398325	563153
23945	260223	110762	471526	111846	90991	349384	463866
44228	114780	46870	159174	104029	111756	48941	99287
171273	164292	70402	263011	154818	148311	99310	120918
171273	150674	64198	229986	140680	140280	83835	102253
	13618	6204	33024	14138	8031	15474	18665

8-7 大中型工业企业

指　　标	资产总计			
	累计折旧	本年折旧	固定资产净　值	固定资产净值年平均余额
总　　计	**791872**	**173036**	**2193955**	**2330071**
一、按隶属关系分				
中央企业	170184	29175	400105	389485
省属企业	283329	52785	566353	669014
市属企业	21018	4589	54056	50281
县属企业	160016	35040	442907	416425
城市街道企业				
镇属企业	31750	6301	153108	155762
乡属企业	29009	5918	74999	130679
居委会办企业				
村办企业	611	8	526	544
其　他	95955	39222	501902	517880
二、按登记注册类型分组				
内资企业	587834	130836	1713923	1802288
国有企业	8792	4785	38281	39338
中央企业	3145	986	24522	22740
地方企业	5647	3799	13759	16598
集体企业	7436	464	8766	8376
股分合作企业	13042	2481	14525	14594
联营企业				
国有联营企业				
集体联营企业				
国有与集体联营企业				
其他联营企业				
有限责任公司	430566	85622	1225518	1139846
国有独资公司	274859	47207	526857	478299
其他有限责任公司	155708	38415	698661	661547
股份有限公司	97008	26917	318956	499464
私营企业	29276	10270	100302	93119
私营独资企业	6527	2707	13225	11468
私营合伙企业				
私营有限责任公司	22750	7563	87078	81650
私营股份有限公司				
其他企业	1714	299	7575	7552
港、澳、台商投资企业	172868	36291	390285	391137
合资经营企业(港或澳、台资)	122521	23035	341344	342698
合作经营企业(港或澳、台资)				
港澳台商独资企业				
港澳台商投资股份有限公司	50346	13256	48941	48439
外商投资企业	31170	5909	89747	136647
中外合资经营企业	27979	3219	74274	121892
中外合作经营企业				
外资企业	3191	2691	15474	14754
外商投资股份有限公司				

主要经济指标(2007年)(续1)

单位：万元

负债合计			所有者权益合计	实收资本	主营业务收入	主营业务成本	主营业务税金及附加	营业费用
	流动负债合计	长期负债合计						
3272498	**2478664**	**622456**	**1840950**	**1101552**	**4213191**	**3319878**	**51197**	**251741**
504286	350800	153487	146003	130062	439614	348518	2153	23608
983583	658241	170058	599316	304881	895270	690651	19791	25741
68304	60344	7959	62495	28057	131653	101336	884	16215
764641	586240	162307	351931	183466	1036528	798280	7874	41850
223458	202589	20869	138628	83570	263295	195158	9976	27979
125481	121922	3559	101914	117717	206275	116302	1807	62403
7285	7198	87	3530	860	12269	6556	1058	1155
595462	491331	104131	437132	252939	1228287	1063078	7653	52791
2710829	2112193	427257	1508909	842057	3520928	2831165	42637	161487
97803	75594	17902	32940	29697	62908	50999	268	2425
31291	31291		8508	10000	7869	5780	74	68
66512	44303	17902	24432	19697	55039	45219	195	2357
49028	45290	3739	10352	8880	64793	48118	2012	3437
31267	31267		19068	10600	55180	50245	235	920
1965759	1543037	255652	851363	515015	2340459	1859972	28425	111025
825780	537330	137166	388772	303433	774558	593923	14713	19613
1139979	1005708	118486	462591	311583	1565901	1266049	13712	91412
374638	236063	138575	476998	103445	626358	530549	9923	20459
182443	172593	9850	110597	66920	366047	287757	1758	23146
44049	43139	910	14250	11000	129356	102124	227	553
138395	129455	8940	96347	55920	236691	185633	1531	22593
9890	8350	1540	7591	7500	5182	3524	17	76
417973	228474	189498	212727	121649	465998	369507	2631	22660
306122	168136	137986	165404	110589	320027	254650	2432	15028
111851	60339	51512	47323	11060	145971	114857	199	7632
143697	137997	5700	119314	137846	226265	119206	5929	67593
120049	114349	5700	109937	122907	206329	105059	4891	64147
23648	23648		9376	14939	19936	14147	1038	3447

8-7 大中型工业企业

指 标	管理费用	财务费用	利息支出	营业利润
总 计	**263696**	**90042**	**86228**	**204945**
一、按隶属关系分				
中央企业	31525	17353	17733	16085
省属企业	108134	16587	16436	20418
市属企业	8169	3034	2121	3297
县属企业	70230	16763	15820	82221
城市街道企业				
镇属企业	6411	8580	8262	15287
乡属企业	7036	7303	7113	10510
居委会办企业				
村办企业	988	15	14	2498
其 他	31204	20408	18728	54631
二、按登记注册类型分组				
内资企业	230514	70001	64211	157734
国有企业	6893	1399	1475	885
中央企业	985	937	942	55
地方企业	5908	462	533	830
集体企业	7409	563	551	3824
股份合作企业	3923	-164	-161	-20
联营企业				
国有联营企业				
集体联营企业				
国有与集体联营企业				
其他联营企业				
有限责任公司	175381	48847	44082	104833
国有独资公司	98445	14889	15153	19648
其他有限责任公司	76936	33957	28929	85185
股份有限公司	22379	12393	12318	31911
私营企业	14191	6278	5261	15755
私营独资企业	4576	1143	1190	794
私营合伙企业				
私营有限责任公司	9615	5135	4072	14961
私营股份有限公司				
其他企业	338	687	685	546
港、澳、台商投资企业	27014	12571	14611	30121
合资经营企业(港或澳、台资)	8352	11620	13773	27856
合作经营企业(港或澳、台资)				
港澳台商独资企业				
港澳台商投资股份有限公司	18662	951	838	2265
外商投资企业	6168	7471	7407	17091
中外合资经营企业	2966	6975	6990	20426
中外合作经营企业				
外资企业	3202	496	417	-3335
外商投资股份有限公司				

主要经济指标(2007年)(续2)

单位：万元

利润总额	亏损企业亏损总额	利税总额	本年应付工资总额	本年应付福利费总额	本年应交增值税	全部从业人员年平均人数(人)
170064	**13987**	**484244**	**313491**	**30414**	**262983**	**147578**
14166	1022	46832	20509	1926	30514	9202
14938	1033	102812	155396	10389	68084	49452
608	205	12216	3802	569	10724	3697
65036	3297	134363	72440	9053	61452	42884
15099	146	49329	9301	1297	24253	7078
9551	4920	22788	14229	1876	11430	8922
2442		4932	721	654	1432	720
48225	3365	110972	37093	4652	55094	25623
128961	8012	392017	277812	26694	220419	128042
811	24	4468	4883	810	3389	2439
-24	24	1388	922	129	1338	419
835		3081	3961	681	2052	2020
3604	76	9699	5644	1146	4084	4629
-235	333	2341	6003	56	2342	3839
84873	6698	271706	220939	18813	158408	89838
15143		93725	146741	9451	63869	42673
69730	6698	177981	74198	9362	94539	47165
30399	749	73246	22883	3363	32924	14643
9460	132	30179	16982	2439	18962	12324
906		5150	1886	264	4018	1132
8555	132	25030	15096	2175	14944	11192
49		377	477	67	311	330
27399	1055	60846	21919	2133	30816	11088
24722	1055	54846	11471	1232	27692	5898
2677		6000	10448	901	3124	5190
13704	4920	31381	13760	1587	11748	8448
18347		34614	11532	1576	11376	7299
-4643	4920	-3233	2227	11	372	1149

8-7 大中型工业企业

指标	企业单位数(个)	亏损企业	工业总产值	工业销售产值
三、按经济组织类型分组				
独资企业	13	3	225486	200817
国有企业	3	1	58960	52352
集体企业	6	1	63034	48956
私营独资企业	2		84043	80786
港澳台商独资经营企业				
外资企业	2	1	19450	18723
合作、合伙企业	3	1	59018	58774
股份合作企业	2	1	52006	53603
国有联营企业				
集体联营企业				
国有与集体联营企业				
其他联营企业				
私营合伙企业				
其他企业(内资)				
港或澳、台资合作经营企业				
中外合作经营企业	1		7012	5171
股份有限公司	13	1	841766	836108
股份有限公司(内资)	10	1	683241	687315
私营股份有限公司				
港澳台商投资股份有限公司	3		158525	148793
外商投资股份有限公司				
有限责任公司	83	18	2904926	2921564
国有独资公司	3		707364	681827
其他有限责任公司	12	1	222359	226853
私营有限责任公司	5	1	343293	330396
港澳台合资经营企业	3		203496	230475
中外合资经营企业	60	16	1428414	1452013
四、在总计中：亏损企业	**23**	**23**	**332655**	**311616**
在总计中：国有控股企业	22	4	1412971	1373439
在总计中：农村工业	9	1	212342	240398
在总计中：轻工业	18	5	278255	256527
重工业	94	18	3752942	3760736
在总计中：大型企业	8		1652034	1648336
中型企业	104	23	2379163	2368927

主要经济指标(2007年)(续3)

单位：万元

出口交货值	工业中间投入合计	工业增加值	资产总计	流动资产	流动资产年平均余额	固定资产	固定资产原价
1889	155558	81791	281447	157625	141155	84115	101692
1889	38304	24044	130744	64526	56148	44210	47073
	44124	22994	59380	42109	41468	9745	16202
	59512	28549	58299	36852	35509	14686	19751
	13618	6204	33024	14138	8031	15474	18665
	49268	12402	67816	40950	39044	25140	36856
	44959	9388	50335	31746	30154	17565	27567
	4309	3014	17481	9204	8890	7575	9289
86135	615041	262773	1010810	384616	351350	402379	515251
41907	500261	215903	851636	280587	239594	353438	415964
44228	114780	46870	159174	104029	111756	48941	99287
258308	2047687	1069660	3753376	1528254	1416494	1944826	2332029
	476816	294418	1214552	453553	438857	656196	801715
31153	149994	87309	234742	120909	106913	92139	109827
23945	260223	110762	471526	111846	90991	349384	463866
171273	150674	64198	229985	140680	140280	83835	102253
31937	1009981	512973	1602570	701267	639453	763271	854368
8113	**255688**	**99936**	**518633**	**246758**	**211612**	**216029**	**244921**
36445	962562	564167	2435620	847992	808452	1221147	1545293
171273	157436	67767	238211	137926	123884	89002	105144
28649	186054	100311	293339	132871	117933	139394	173847
317682	2681499	1326315	4820109	1978573	1830110	2317065	2811980
241653	1186638	580404	2151794	903646	848661	1121445	1377356
104679	1680915	846222	2961654	1207798	1099382	1335014	1608471

8-7 大中型工业企业

指标	资产总计			
	累计折旧	本年折旧	固定资产净值	固定资产净值年平均余额
三、按经济组织类型分组				
独资企业	25946	10646	75746	73936
国有企业	8792	4785	38281	39338
集体企业	7436	464	8766	8376
私营独资企业	6527	2707	13225	11468
港澳台商独资经营企业				
外资企业	3191	2691	15474	14754
合作、合伙企业	14756	2780	22100	22145
股份合作企业	13042	2481	14525	14594
国有联营企业				
集体联营企业				
国有与集体联营企业				
其他联营企业				
私营合伙企业				
其他企业(内资)				
港或澳、台资合作经营企业				
中外合作经营企业	1714	299	7575	7552
股份有限公司	147354	40173	367897	547903
股份有限公司(内资)	97008	26917	318956	499464
私营股份有限公司				
港澳台商投资股份有限公司	50346	13256	48941	48439
外商投资股份有限公司				
有限责任公司	603816	119438	1728213	1686086
国有独资公司	274859	47207	526857	478299
其他有限责任公司	22750	7563	87078	81650
私营有限责任公司	122521	23035	341344	342698
港澳台合资经营企业	27979	3219	74274	121892
中外合资经营企业	155708	38415	698661	661547
四、在总计中：亏损企业	**46356**	**19362**	**198565**	**191876**
在总计中：国有控股企业	480552	86880	1064742	1146382
在总计中：农村工业	29620	5925	75524	131223
在总计中：轻工业	51408	14836	122439	127862
重工业	740464	158201	2071516	2202209
在总计中：大型企业	421590	84119	955766	989632
中型企业	370282	88918	1238189	1340439

主要经济指标(2007年)(续4)

单位：万元

负债合计	流动负债合计	长期负债合计	所有者权益合计	实收资本	主营业务收入	主营业务成本	主营业务税金及附加	营业费用
214528	187670	22550	66919	64515	276993	215388	3544	9861
97803	75594	17902	32940	29697	62908	50999	268	2425
49028	45290	3739	10352	8880	64793	48118	2012	3437
44049	43139	910	14250	11000	129356	102124	227	553
23648	23648		9376	14939	19936	14147	1038	3447
41157	39617	1540	26659	18100	60362	53770	252	996
31267	31267		19068	10600	55180	50245	235	920
9890	8350	1540	7591	7500	5182	3524	17	76
486489	296402	190087	524321	114505	772330	645406	10122	28091
374638	236063	138575	476998	103445	626358	530549	9923	20459
111851	60339	51512	47323	11060	145971	114857	199	7632
2530325	1954976	408278	1223051	904432	3103506	2405314	37279	212793
825780	537330	137166	388772	303433	774558	593923	14713	19613
138395	129455	8940	96347	55920	236691	185633	1531	22593
306122	168136	137986	165404	110589	320027	254650	2432	15028
120049	114349	5700	109937	122907	206329	105059	4891	64147
1139979	1005708	118486	462591	311583	1565901	1266049	13712	91412
445877	**372912**	**72965**	**72756**	**95622**	**376866**	**329510**	**5585**	**18764**
1635640	1083815	380448	799980	454298	1462149	1120252	19990	55289
132766	129120	3646	105445	118577	218544	122857	2865	63557
175625	149295	26330	117714	88037	243149	184719	6356	17235
3096874	2329370	596126	1723236	1013515	3970041	3135159	44841	234506
1357221	886263	319674	794573	468956	1661697	1273493	21046	103108
1915277	1592401	302782	1046377	632596	2551493	2046385	30150	148633

8-7 大中型工业企业

指　　标	管理费用	财务费用	利息支出	营业利润
三、按经济组织类型分组				
独资企业	22080	3600	3632	2168
国有企业	6893	1399	1475	885
集体企业	7409	563	551	3824
私营独资企业	4576	1143	1190	794
港澳台商独资经营企业				
外资企业	3202	496	417	-3335
合作、合伙企业	4261	523	525	526
股份合作企业	3923	-164	-161	-20
国有联营企业				
集体联营企业				
国有与集体联营企业				
其他联营企业				
私营合伙企业				
其他企业(内资)				
港或澳、台资合作经营企业				
中外合作经营企业	338	687	685	546
股份有限公司	41041	13343	13155	34176
股份有限公司(内资)	22379	12393	12318	31911
私营股份有限公司				
港澳台商投资股份有限公司	18662	951	838	2265
外商投资股份有限公司				
有限责任公司	196314	72577	68916	168076
国有独资公司	98445	14889	15153	19648
其他有限责任公司	9615	5135	4072	14961
私营有限责任公司	8352	11620	13773	27856
港澳台合资经营企业	2966	6975	6990	20426
中外合资经营企业	76936	33957	28929	85185
四、在总计中：亏损企业	**20708**	**8066**	**5507**	**-8263**
在总计中：国有控股企业	154516	39898	39684	54912
在总计中：农村工业	8023	7318	7128	13007
在总计中：轻工业	13225	4382	4035	14013
重工业	250471	85660	82194	190932
在总计中：大型企业	133913	37015	36698	78589
中型企业	129782	53027	49531	126357

主要经济指标(2007年)(续5)

单位：万元

利润总额	亏损企业亏损总额	利税总额	本年应付工资总额	本年应付福利费总额	本年应交增值税	全部从业人员年平均人数(人)
677	5020	16084	14641	2231	11863	9349
811	24	4468	4883	810	3389	2439
3604	76	9699	5644	1146	4084	4629
906		5150	1886	264	4018	1132
-4643	4920	-3233	2227	11	372	1149
-186	333	2718	6480	122	2652	4169
-235	333	2341	6003	56	2342	3839
49		377	477	67	311	330
33076	749	79246	33331	4264	36048	19833
30399	749	73246	22883	3363	32924	14643
2677		6000	10448	901	3124	5190
136497	7885	386196	259039	23797	212420	114227
15143		93725	146741	9451	63869	42673
8555	132	25030	15096	2175	14944	11192
24722	1055	54846	11471	1232	27692	5898
18347		34614	11532	1576	11376	7299
69730	6698	177981	74198	9362	94539	47165
-13987	**13987**	**14567**	**23272**	**2757**	**22969**	**17399**
48552	2435	182300	195951	14872	113758	66461
11993	4920	27720	14950	2529	12862	9642
4819	6921	19286	23815	2969	8111	18882
165245	7065	464958	289675	27445	254873	128696
74497		210552	185265	14959	115008	63696
95567	13987	273692	128225	15456	147975	83882

8-7 大中型工业企业

指　　标	企业单位数（个）	亏损企业	工业总产值	工业销售产值
五、按工业行业大类分				
采矿业	41	3	1085606	1047869
煤炭开采和洗选业	39	3	1037951	999776
石油和天然气开采业				
黑色金属矿采选业	2		47655	48092
有色金属矿采选业				
非金属矿采选业				
其他采矿业				
制造业	69	20	2813319	2837123
农副食品加工业	2	1	47271	45416
食品制造业	3	1	62669	58263
饮料制造业	2	1	29861	23990
烟草制品业				
纺织业	3	2	31871	29454
纺织服装、鞋、帽制造业				
皮革、毛皮、羽毛(绒)及其制品业				
木材加工及木、竹、藤、棕、草制品业				
家具制造业				
造纸及纸制品业				
印刷业和记录媒介的复制				
文教体育用品制造业				
石油加工、炼焦及核燃料加工业	21	7	1300756	1331947
化学原料及化学制品制造业	8	4	335489	344135
医药制造业	4		44867	41451
化学纤维制造业				
橡胶制品业				
塑料制品业				
非金属矿物制品业	9		115582	115782
黑色金属冶炼及压延加工业	4	1	485615	515357
有色金属冶炼及压延加工业	1		27718	24831
金属制品业	1	1	10500	10700
通用设备制造业	5		91633	85942
专用设备制造业	4	1	183192	168783
交通运输设备制造业	1	1	11096	10964
电气机械及器材制造业	1		35200	30108
通信设备、计算机及其他电子设备制造业				
仪器仪表及文化、办公用机械制造业				
工艺品及其他制造业				
废弃资源和废旧材料回收加工业				
电力、燃气及水的生产和供应业	2		132272	132272
电力、热力的生产和供应业	1		128846	128846
燃气生产和供应业				
水的生产和供应业	1		3425	3425

主要经济指标(2007年)(续6)

单位：万元

出　口 交货值	工业中间 投入合计	工　业 增加值	资产总计	流动资产	流动资产 年平均余额	固定资产	固定资产 原　　价
	707115	478300	1946396	687121	645988	882022	1069165
	676006	457455	1915538	672970	632715	867020	1049887
	31109	20845	30858	14150	13274	15002	19277
346332	2062310	900221	2896499	1392552	1269359	1341485	1577934
	32761	14541	40459	11583	9494	28610	19422
	41230	24112	45329	24787	23908	18154	21643
	21003	9679	44671	26004	18522	14577	19675
	25564	7645	40817	18280	16058	21760	33081
252478	966610	432149	1538830	734027	646378	745070	795454
	246338	99669	241851	63263	58932	156582	208897
	26082	20648	69468	37087	35729	27043	41382
28649	76958	41690	128477	53847	49737	63411	81952
4891	355319	144879	307072	144068	134708	150448	164408
6084	20749	8379	34578	12388	12388	12972	11734
7950	7872	3058	15621	14202	13265	989	2138
17644	64425	30638	116188	70168	64569	24437	34139
28635	141808	47086	225923	154112	167070	65246	131500
	9998	1270	14054	10336	9400	3630	3322
	25594	14778	33161	18403	9201	8557	9187
	98129	48104	270553	31771	32696	232952	338729
	96370	46212	262431	31169	32152	226335	330566
	1759	1893	8122	602	544	6617	8163

8-7 大中型工业企业

指标	资产总计			
	累计折旧	本年折旧	固定资产净值	固定资产净值年平均余额
五、按工业行业大类分				
采矿业	338711	60153	730454	819050
煤炭开采和洗选业	334252	60016	715636	805788
石油和天然气开采业				
黑色金属矿采选业	4460	136	14818	13262
有色金属矿采选业				
非金属矿采选业				
其他采矿业				
制造业	347080	97657	1230854	1276159
农副食品加工业	2009	488	17413	23592
食品制造业	4284	1673	17360	15161
饮料制造业	5098	2605	14577	14003
烟草制品业				
纺织业	11920	3099	21161	22248
纺织服装、鞋、帽制造业				
皮革、毛皮、羽毛(绒)及其制品业				
木材加工及木、竹、藤、棕、草制品业				
家具制造业				
造纸及纸制品业				
印刷业和记录媒介的复制				
文教体育用品制造业				
石油加工、炼焦及核燃料加工业	128858	38444	666596	749508
化学原料及化学制品制造业	54076	15823	154821	141477
医药制造业	17586	4540	23796	24681
化学纤维制造业				
橡胶制品业				
塑料制品业				
非金属矿物制品业	19638	4138	62314	57716
黑色金属冶炼及压延加工业	15569	8975	148839	126058
有色金属冶炼及压延加工业	4812	662	6922	6922
金属制品业	1206	234	932	990
通用设备制造业	14227	6849	19912	22653
专用设备制造业	66474	9936	65026	64000
交通运输设备制造业	315	190	3007	3060
电气机械及器材制造业	1009		8178	4089
通信设备、计算机及其他电子设备制造业				
仪器仪表及文化、办公用机械制造业				
工艺品及其他制造业				
废弃资源和废旧材料回收加工业				
电力、燃气及水的生产和供应业	106081	15227	232647	234862
电力、热力的生产和供应业	104231	15194	226335	228612
燃气生产和供应业				
水的生产和供应业	1851	33	6312	6250

主要经济指标(2007年)(续7)

单位：万元

负债合计			所有者权益合计	实收资本	主营业务收入	主营业务成本	主营业务税金及附加	营业费用
	流动负债合计	长期负债合计						
1223131	847924	207829	723265	360344	1168431	852332	22549	39911
1200349	826709	206263	715189	359164	1120349	819846	22047	39880
22782	21216	1566	8076	1180	48082	32486	502	31
1851128	1533907	313220	1045370	677426	2912488	2358917	27530	211813
24921	21406	3516	15538	13745	47500	45215	4	360
16383	14285	2098	28946	13536	63079	42225	173	4826
41227	41227		3444	8942	23997	15021	5780	2569
26152	18409	7743	14665	7428	28712	26937	124	368
985788	857073	128715	553042	345091	1353592	1004069	18027	172153
157823	82657	75166	84028	34626	280664	251284	1050	4291
37435	32922	4513	32033	26433	32942	19602	182	6468
61821	55197	6624	66656	41906	114542	91718	251	6562
197827	191367	6460	109245	81717	591989	542427	902	5566
32222	28630	3592	2357	2349	21267	17863	148	151
15073	14831	242	548	1967	10733	10669	30	83
79456	57199	18257	36732	21540	98294	83274	266	4900
152251	96555	55696	73672	63486	193110	164412	557	2766
10328	9728	600	3727	2661	12690	11761	6	508
12423	12423		20739	12000	39375	32440	32	243
198239	96833	101406	72314	63781	132272	108630	1118	17
191459	93668	97791	70972	61576	128846	106393	1096	
6780	3164	3615	1342	2205	3425	2236	22	17

8-7 大中型工业企业

指 标	管理费用	财务费用	利息支出	营业利润
五、按工业行业大类分				
采矿业	146423	22977	22425	71947
煤炭开采和洗选业	143956	22302	21752	62383
石油和天然气开采业				
黑色金属矿采选业	2468	676	673	9565
有色金属矿采选业				
非金属矿采选业				
其他采矿业				
制造业	112595	57137	53784	125041
农副食品加工业	650	563	562	709
食品制造业	2297	330	312	10958
饮料制造业	2379	586	420	-3311
烟草制品业				
纺织业	1251	842	840	-914
纺织服装、鞋、帽制造业				
皮革、毛皮、羽毛(绒)及其制品业				
木材加工及木、竹、藤、棕、草制品业				
家具制造业				
造纸及纸制品业				
印刷业和记录媒介的复制				
文教体育用品制造业				
石油加工、炼焦及核燃料加工业	47573	37834	38133	76007
化学原料及化学制品制造业	8103	4004	4003	13327
医药制造业	3505	1287	1286	1910
化学纤维制造业				
橡胶制品业				
塑料制品业				
非金属矿物制品业	5818	1869	1826	8262
黑色金属冶炼及压延加工业	7973	6486	3645	9851
有色金属冶炼及压延加工业	996	1424	1133	63
金属制品业	142	32	32	-73
通用设备制造业	6374	951	976	2571
专用设备制造业	24332	314	590	355
交通运输设备制造业	638	22	27	-176
电气机械及器材制造业	565	594		5501
通信设备、计算机及其他电子设备制造业				
仪器仪表及文化、办公用机械制造业				
工艺品及其他制造业				
废弃资源和废旧材料回收加工业				
电力、燃气及水的生产和供应业	4678	9928	10020	7957
电力、热力的生产和供应业	3771	9813	9903	7709
燃气生产和供应业				
水的生产和供应业	907	115	116	249

主要经济指标(2007年)(续8)

单位：万元

利润总额	亏损企业亏损总额	利税总额	本年应付工资总额	本年应付福利费总额	本年应交增值税	全部从业人员年平均人数(人)
58878	1570	181236	199161	16532	99810	70492
49165	1570	166723	196538	16164	95510	69080
9713		14514	2623	368	4299	1412
103290	12416	280032	108517	13371	149212	75250
763	460	797	1226	179	31	1145
6008	622	8855	2185	268	2673	1694
-4640	4920	1961	1558		821	1118
-908	920	553	2350	258	1338	2634
69354	2626	185383	36960	4711	98003	26270
14254	704	25821	9225	1796	10518	6835
2071		4116	4280	553	1864	3159
2879		6196	15916	2074	3066	11124
9643	886	25127	6141	742	14582	3785
28		1586	2005	207	1410	1615
-73	73	387	1480	207	430	1200
3988		7684	6072	799	3431	3739
110	998	6368	17508	1352	5702	9518
-208	208	-30	1283	180	172	1099
22		5226	328	46	5172	315
7896		22976	5813	512	13961	1836
7654		22485	5092	410	13735	1315
242		491	721	103	226	521

8-8 工业企业

指　　标	总资产贡献率(%)	资本保值增值率(%)	资产负债率(%)
总　　计	**10.35**	**141.58**	**66.18**
一、按隶属关系分			
中央企业	9.74	87.89	77.66
省属企业	7.29	157.96	63.06
市属企业	10.32	106.69	54.53
县属企业	11.52	120.76	70.44
城市街道企业	4.74	227.66	46.01
镇属企业	12.93	170.83	65.42
乡属企业	11.03	102.14	62.94
居委会办企业	0.41	89.82	92.31
村办企业	14.77	171.51	70.47
其　他	11.00	168.72	63.24
二、按登记注册类型分组			
内资企业	10.11	156.69	66.92
国有企业	4.83	120.80	76.02
中央企业	3.65	79.44	80.01
地方企业	5.32	145.57	74.34
集体企业	15.50	121.64	76.35
股份合作企业	4.47	93.10	62.50
联营企业	16.59	826.91	38.98
国有联营企业			
集体联营企业	16.59	826.91	38.98
国有与集体联营企业			
其他联营企业			
有限责任公司	9.84	140.95	71.53
国有独资公司	8.96	107.76	67.99
其他有限责任公司	10.22	167.41	73.05
股分有限公司	10.64	245.54	44.64
私营企业	10.71	143.75	66.62
私营独资企业	15.82	229.70	66.57
私营合伙企业	9.51	300.38	64.46
私营有限责任公司	9.75	131.95	65.97
私营股份有限公司	5.43	108.00	76.01
其他企业	15.25	117.02	62.00
港、澳、台商投资企业	11.58	87.56	66.10
合资经营企业(港或澳、台资)	14.36	106.39	65.02
合作经营企业(港或澳、台资)			
港澳台商独资企业	-4.63	80.29	55.33
港澳台商投资股份有限公司	4.30	53.71	70.27
外商投资企业	11.93	108.66	55.78
中外合资经营企业	14.13	102.44	53.23
中外合作经营企业			
外资企业	-2.22	203.23	75.26
外商投资股份有限公司	13.08	423.09	30.99

主要经济效益指标(2007年)

流动资产周转次数(次/年)	成本费用利润率(%)	全员劳动生产率(元/人年)	产品销售率(%)	工业增加值率(%)
2.00	**3.92**	**90328**	**98.59**	**35.41**
1.88	3.14	169101	98.11	36.30
1.70	1.99	69899	94.30	41.17
2.01	0.74	116476	108.72	39.58
2.18	5.83	79150	98.75	35.90
0.53		7382	99.03	12.13
1.49	5.31	106589	100.19	37.41
1.65	4.80	62803	108.71	32.99
0.25	-12.17	43548	58.50	49.08
1.61	6.21	63839	97.68	43.08
2.37	3.51	108792	98.27	31.90
2.07	3.61	88057	98.36	36.03
1.17	1.43	66290	88.77	37.08
0.68	-8.24	80029	77.48	39.11
1.29	2.89	63925	91.05	36.67
1.50	7.94	58939	85.84	38.12
1.83	-0.42	24726	102.46	18.26
2.13	11.83	83080	99.46	52.73
2.13	11.83	83080	99.46	52.73
2.02	3.43	89079	98.98	37.90
1.76	2.08	68994	96.39	41.62
2.12	3.89	100022	99.84	36.66
2.49	5.47	145857	100.00	32.08
2.33	2.42	77340	98.05	33.81
3.22	3.04	102315	97.15	30.68
1.35	4.69	127557	98.68	36.28
2.13	2.21	74896	99.00	35.06
1.75	1.40	44211	89.78	31.69
1.29	9.04	66465	87.03	45.24
2.26	5.76	120721	95.37	31.96
3.39	7.92	141165	95.88	32.92
0.88	-17.80	58143	106.45	37.40
1.31	1.88	90308	93.86	29.57
1.12	6.23	92464	108.00	31.49
1.13	8.72	94103	109.55	30.46
1.11	-16.22	87773	93.86	38.98
0.93	30.74	60838	108.77	48.08

8-8 工业企业

指　　　标	总资产贡献率(%)	资本保值增值率(%)	资产负债率(%)
三、按经济组织类型分组			
独资企业	10.32	147.73	73.01
国有企业	4.83	120.80	76.02
集体企业	15.50	121.64	76.35
私营独资企业	15.82	229.70	66.57
港澳台商独资经营企业	-4.63	80.29	55.33
外资企业	-2.22	203.23	75.26
合作、合伙企业	9.46	123.17	60.23
股份合作企业	4.47	93.10	62.50
国有联营企业			
集体联营企业	16.59	826.91	38.98
国有与集体联营企业			
其他联营企业			
私营合伙企业	9.51	300.38	64.46
其他企业(内资)			
港或澳、台资合作经营企业			
中外合作经营企业	15.25	117.02	62.00
股份有限公司	9.58	187.39	49.28
股份有限公司(内资)	10.64	245.54	44.64
私营股份有限公司	5.43	108.00	76.01
港澳台商投资股份有限公司	4.30	53.71	70.27
外商投资股份有限公司	13.08	423.09	30.99
有限责任公司	10.53	130.58	69.12
国有独资公司	8.96	107.76	67.99
其他有限责任公司	9.75	131.95	65.97
私营有限责任公司	14.36	106.39	65.02
港澳台合资经营企业	14.13	102.44	53.23
中外合资经营企业	10.22	167.41	73.05
四、在总计中：亏损企业	2.82	115.61	83.64
在总计中：国有控股企业	8.83	129.56	68.42
在总计中：农村工业	12.13	113.52	65.15
在总计中：轻工业	6.96	118.43	62.78
重工业	10.61	143.93	66.43
在总计中：大型企业	11.49	103.77	63.07
中型企业	10.91	177.93	64.67
小型企业	8.42	161.54	71.38

主要经济效益指标(2007年)(续1)

流动资产周转次数(次/年)	成本费用利润率(%)	全员劳动生产率(元/人年)	产品销售率(%)	工业增加值率(%)
1.87	2.80	74758	92.11	34.62
1.17	1.43	66290	88.77	37.08
1.50	7.94	58939	85.84	38.12
3.22	3.04	102315	97.15	30.68
0.88	-17.80	58143	106.45	37.40
1.11	-16.22	87773	93.86	38.98
1.67	2.21	42814	98.62	28.30
1.83	-0.42	24726	102.46	18.26
2.13	11.83	83080	99.46	52.73
1.35	4.69	127557	98.68	36.28
1.29	9.04	66465	87.03	45.24
2.12	4.76	120190	98.53	31.71
2.49	5.47	145857	100.00	32.08
1.75	1.40	44211	89.78	31.69
1.31	1.88	90308	93.86	29.57
0.93	30.74	60838	108.77	48.08
2.00	3.92	89535	99.39	36.54
1.76	2.08	68994	96.39	41.62
2.13	2.21	74896	99.00	35.06
3.39	7.92	141165	95.88	32.92
1.13	8.72	94103	109.55	30.46
2.12	3.89	100022	99.84	36.66
1.68	-4.70	56909	94.76	32.73
1.81	3.29	83315	97.17	39.68
1.64	5.18	63148	105.63	35.81
1.78	1.79	54715	90.56	36.55
2.02	4.08	96163	99.31	35.30
1.96	4.81	91121	99.78	35.13
2.32	4.02	100882	99.57	35.57
1.65	2.82	77783	95.97	35.45

8-8 工业企业

指　　标	总资产贡献率(%)	资本保值增值率(%)	资产负债率(%)
五、按工业行业大类分			
采矿业	10.19	160.47	65.52
煤炭开采和洗选业	9.73	161.47	65.35
石油和天然气开采业			
黑色金属矿采选业	41.60	98.72	76.75
有色金属矿采选业			
非金属矿采选业			
其他采矿业			
制造业	10.61	134.38	65.49
农副食品加工业	1.98	138.98	56.67
食品制造业	15.24	134.86	47.35
饮料制造业	6.85	573.64	85.13
烟草制品业			
纺织业	2.41	87.06	67.86
纺织服装、鞋、帽制造业	13.92	568.65	54.52
皮革、毛皮、羽毛(绒)及其制品业			
木材加工及木、竹、藤、棕、草制品业	-1.16		73.11
家具制造业			
造纸及纸制品业	11.70	148.49	56.82
印刷业和记录媒介的复制	-2.02	96.02	32.09
文教体育用品制造业	1.87	66.84	91.60
石油加工、炼焦及核燃料加工业	14.01	133.00	64.62
化学原料及化学制品制造业	12.07	123.58	65.30
医药制造业	6.71	97.96	60.64
化学纤维制造业			
橡胶制品业	4.59	263.99	69.07
塑料制品业	7.05	120.64	75.43
非金属矿物制品业	5.97	120.84	66.98
黑色金属冶炼及压延加工业	9.09	506.28	65.16
有色金属冶炼及压延加工业	7.51	-738.95	93.51
金属制品业	7.14	100.24	83.69
通用设备制造业	7.74	140.55	71.62
专用设备制造业	5.52	85.97	66.20
交通运输设备制造业	1.34	232.41	57.98
电气机械及器材制造业	13.61	152.73	42.28
通信设备、计算机及其他电子设备制造业			
仪器仪表及文化、办公用机械制造业			
工艺品及其他制造业	-26.07	39.79	82.37
废弃资源和废旧材料回收加工业			
电力、燃气及水的生产和供应业	9.07	93.14	77.26
电力、热力的生产和供应业	9.21	92.46	76.99
燃气生产和供应业	-0.66		90.23
水的生产和供应业	7.47	114.21	83.48

主要经济效益指标(2007年)(续2)

流动资产周转次数(次/年)	成本费用利润率(%)	全员劳动生产率(元/人年)	产品销售率(%)	工业增加值率(%)
1.75	5.11	76050	96.28	42.85
1.73	4.57	74876	96.16	42.86
2.52	25.13	143820	99.70	42.56
2.11	3.39	100079	99.68	31.78
3.47	0.50	140768	97.18	31.15
2.76	8.40	134390	90.97	37.07
1.31	-9.86	123816	78.03	34.12
1.32	-4.05	31229	89.66	25.09
3.92	5.09	26015	123.60	28.24
0.97	-6.56	19526	96.21	13.72
1.07	13.94	41354	86.48	35.31
0.72	-12.48	45766	85.75	30.73
1.68	-3.25	44710	85.35	35.82
1.91	5.42	163176	102.46	32.59
4.09	5.19	126794	101.24	29.65
0.78	5.00	83231	89.10	48.70
2.24	-2.02	70967	100.20	30.29
1.83	2.26	23424	101.95	18.82
1.81	1.74	37162	97.29	35.16
4.16	1.70	338385	105.63	30.00
1.82	1.43	67425	91.76	33.80
2.63	-0.25	40040	100.32	28.94
1.78	2.87	56568	94.73	32.22
1.26	1.50	58203	93.99	26.70
2.26	-0.40	88506	97.84	26.58
3.90	0.06	289986	88.55	39.18
6.58	-7.11	30840	107.84	28.47
3.26	3.28	171140	98.94	36.76
3.48	3.26	283017	99.85	36.16
0.25	-6.89	11393	31.40	50.73
6.30	7.39	36324	100.00	55.25

8-9 国有控股工业企业

指　　标	总资产贡献率 (%)	资本保值增值率 (%)	资产负债率 (%)
总　　计	**8.83**	**129.56**	**68.42**
在总计中：亏损企业	2.60	38.77	94.78
按隶属关系分			
中央企业	10.07	87.38	77.25
省属企业	7.44	154.27	60.83
市属企业	16.04		63.02
县属企业	14.41	96.37	82.26
其　他	-0.07	10.12	98.39
在总计中：轻工业	3.57	133.45	50.40
重工业	8.85	129.54	68.49
在总计中：大型企业	8.93	92.53	69.32
中型企业	9.35	251.39	64.44
小型企业	4.23	60.49	88.61
按工业行业大类分			
采矿业	9.36	148.00	62.05
煤炭开采和洗选业	8.64	149.38	61.85
黑色金属矿采选业	51.69	83.09	73.32
制造业	6.84	99.59	80.17
农副食品加工业	-2.97	93.90	47.80
纺织服装、鞋、帽制造业	13.92	568.65	54.52
石油加工、炼焦及核燃料加工业	11.06	189.34	92.39
化学原料及化学制品制造业	9.72	-872.56	79.66
非金属矿物制品业	2.12	89.07	70.67
黑色金属冶炼及压延加工业	9.61	104.65	75.81
有色金属冶炼及压延加工业	7.86	-191.27	93.18
通用设备制造业	3.04	129.03	73.62
专用设备制造业	2.83	71.61	66.77
交通运输设备制造业	-1.42		78.19
电力、燃气及水的生产和供应业	10.05	90.06	75.84
电力、热力的生产和供应业	10.19	89.60	75.66
燃气生产和供应业	-0.66		90.23

主要经济效益指标(2007年)

流动资产周转次数(次/年)	成本费用利润率(%)	全员劳动生产率(元/人年)	产品销售率(%)	工业增加值率(%)
1.81	**3.29**	**83315**	**97.17**	**39.68**
1.42	-8.19	60904	93.82	36.29
1.96	3.44	175062	99.96	36.49
1.75	2.12	71054	96.32	41.72
2.06	3.12	34175	101.05	33.60
1.75	9.80	67784	94.55	39.04
2.17	-24.14	82294	100.00	35.61
3.97	-0.03	59610	112.98	30.97
1.80	3.32	83513	97.05	39.74
1.69	2.54	70810	95.99	39.86
2.04	5.16	120227	99.01	40.02
1.75	-2.26	54846	96.31	33.73
1.86	4.07	71172	96.37	42.57
1.82	3.15	68263	96.16	42.47
3.59	26.91	297066	100.43	44.47
1.49	1.49	103224	98.10	35.21
3.99	-2.48	128568	107.93	32.27
3.92	5.09	26015	123.60	28.24
2.33	2.98	323223	103.16	43.00
1.67	0.85	23231	100.74	23.94
0.59	-8.02	40427	90.17	37.10
1.42	3.36	42958	88.60	20.17
1.72	0.14	51882	89.58	30.23
1.15	1.02	109586	95.10	39.97
1.09	0.73	65558	94.00	27.28
1.15	-7.96	58874	105.06	49.05
3.61	4.30	211108	98.98	36.38
3.98	4.38	336655	100.00	36.17
0.25	-6.89	11393	31.40	50.73

8-10 大中型工业企业

指　　标	总资产贡献率(%)	资本保值增值率(%)	资产负债率(%)
总　　计	**11.16**	**135.99**	**64.00**
一、按隶属关系分			
中央企业	9.93	88.32	77.55
省属企业	7.53	156.70	62.14
市属企业	10.96	108.36	52.22
县属企业	13.45	115.53	68.48
城市街道企业			
镇属企业	15.91	170.15	61.71
乡属企业	13.15	90.59	55.18
居委会办企业			
村办企业	45.73	191.07	67.36
其　　他	12.56	176.34	57.67
二、按登记注册类型分组			
内资企业	10.81	152.05	64.24
国有企业	4.55	115.14	74.81
中央企业	5.85	85.27	78.62
地方企业	3.97	131.13	73.14
集体企业	17.26	152.32	82.57
股份合作企业	4.33	93.71	62.12
联营企业			
国有联营企业			
集体联营企业			
国有与集体联营企业			
其他联营企业			
有限责任公司	11.21	132.78	69.78
国有独资公司	8.96	107.76	67.99
其他有限责任公司	12.91	164.99	71.13
股份有限公司	10.05	246.87	43.99
私营企业	12.09	116.76	62.26
私营独资企业	10.87	95.31	75.56
私营合伙企业			
私营有限责任公司	12.40	120.78	58.96
私营股份有限公司			
其他企业	6.08	100.44	56.57
港、澳、台商投资企业	11.96	87.24	66.27
合资经营企业(港或澳、台资)	14.55	106.21	64.92
合作经营企业(港或澳、台资)			
港澳台商独资企业			
港澳台商投资股份有限公司	4.30	53.71	70.27
外商投资企业	14.75	101.51	54.64
中外合资经营企业	18.09	96.22	52.20
中外合作经营企业			
外资企业	-8.53	285.83	71.61
外商投资股份有限公司			

主要经济效益指标(2007年)

流动资产周转次数(次/年)	成本费用利润率(%)	全员劳动生产率(元/人年)	产品销售率(%)	工业增加值率(%)
2.16	**4.33**	**96669**	**99.65**	**35.39**
1.90	3.36	173749	97.92	36.37
1.71	1.78	69542	94.09	40.99
2.04	0.47	121278	109.02	39.31
2.37	7.01	87066	99.96	36.86
1.53	6.34	106977	101.42	32.07
1.79	4.95	69764	114.04	31.09
1.44	28.03	76715	99.61	45.57
3.12	4.13	140945	100.30	30.68
2.20	3.92	93609	99.47	36.25
1.12	1.31	98583	88.79	40.78
0.70	-0.31	126212	68.44	41.91
1.23	1.55	92851	94.33	40.47
1.56	6.05	49673	77.67	36.48
1.83	-0.43	24455	103.07	18.05
2.17	3.87	89872	99.91	37.80
1.76	2.08	68994	96.39	41.62
2.45	4.75	108761	101.65	35.91
2.61	5.19	147444	100.60	31.60
2.57	2.85	94010	100.40	37.81
3.64	0.84	252199	96.12	33.97
2.21	3.84	78011	102.02	39.27
0.58	1.06	91327	73.75	42.98
2.30	6.35	142165	95.49	31.41
3.52	8.54	187796	96.24	32.26
1.31	1.88	90308	93.86	29.57
1.53	6.84	83335	111.78	31.58
1.47	10.24	87954	113.26	31.55
2.48	-21.81	53995	96.26	31.90

8-10 大中型工业企业

指　　标	总资产贡献率(%)	资本保值增值率(%)	资产负债率(%)
三、按经济组织类型分组			
独资企业	7.01	124.76	76.22
国有企业	4.55	115.14	74.81
集体企业	17.26	152.32	82.57
私营独资企业	10.87	95.31	75.56
港澳台商独资经营企业			
外资企业	-8.53	285.83	71.61
合作、合伙企业	4.78	95.53	60.69
股份合作企业	4.33	93.71	62.12
国有联营企业			
集体联营企业			
国有与集体联营企业			
其他联营企业			
私营合伙企业			
其他企业(内资)			
港或澳、台资合作经营企业			
中外合作经营企业	6.08	100.44	56.57
股份有限公司	9.14	186.38	48.13
股份有限公司(内资)	10.05	246.87	43.99
私营股份有限公司			
港澳台商投资股份有限公司	4.30	53.71	70.27
外商投资股份有限公司			
有限责任公司	12.13	123.43	67.41
国有独资公司	8.96	107.76	67.99
其他有限责任公司	12.40	120.78	58.96
私营有限责任公司	14.55	106.21	64.92
港澳台合资经营企业	18.09	96.22	52.20
中外合资经营企业	12.91	164.99	71.13
四、在总计中：亏损企业	**3.87**	**136.81**	**85.97**
在总计中：国有控股企业	9.11	132.86	67.15
在总计中：农村工业	14.63	92.21	55.73
在总计中：轻工业	7.95	114.30	59.87
重工业	11.35	137.77	64.25
在总计中：大型企业	11.49	103.77	63.07
中型企业	10.91	177.93	64.67

主要经济效益指标(2007年)(续1)

流动资产周转次数(次/年)	成本费用利润率(%)	全员劳动生产率(元/人年)	产品销售率(%)	工业增加值率(%)
1.96	0.27	87486	89.06	36.27
1.12	1.31	98583	88.79	40.78
1.56	6.05	49673	77.67	36.48
3.64	0.84	252199	96.12	33.97
2.48	-21.81	53995	96.26	31.90
1.55	-0.31	29749	99.59	21.01
1.83	-0.43	24455	103.07	18.05
0.58	1.06	91327	73.75	42.98
2.20	4.54	132493	99.33	31.22
2.61	5.19	147444	100.60	31.60
1.31	1.88	90308	93.86	29.57
2.19	4.73	93643	100.57	36.82
1.76	2.08	68994	96.39	41.62
2.21	3.84	78011	102.02	39.27
3.52	8.54	187796	96.24	32.26
1.47	10.24	87954	113.26	31.55
2.45	4.75	108761	101.65	35.91
1.78	**-3.71**	**57437**	**93.68**	**30.04**
1.81	3.54	84887	97.20	39.93
1.76	5.94	70283	113.21	31.91
2.06	2.19	53125	92.19	36.05
2.17	4.46	103058	100.21	35.34
1.96	4.81	91121	99.78	35.13
2.32	4.02	100882	99.57	35.57

8-10 大中型工业企业

指标	总资产贡献率(%)	资本保值增值率(%)	资产负债率(%)
五、按工业行业大类分			
采矿业	10.46	148.31	62.84
煤炭开采和洗选业	9.84	149.33	62.66
石油和天然气开采业			
黑色金属矿采选业	49.21	92.43	73.83
有色金属矿采选业			
非金属矿采选业			
其他采矿业			
制造业	11.52	131.83	63.91
农副食品加工业	3.36	114.87	61.60
食品制造业	20.22	135.97	36.14
饮料制造业	5.33	-401.04	92.29
烟草制品业			
纺织业	3.41	99.46	64.07
纺织服装、鞋、帽制造业			
皮革、毛皮、羽毛(绒)及其制品业			
木材加工及木、竹、藤、棕、草制品业			
家具制造业			
造纸及纸制品业			
印刷业和记录媒介的复制			
文教体育用品制造业			
石油加工、炼焦及核燃料加工业			
化学原料及化学制品制造业	14.53	126.84	64.06
医药制造业	12.33	128.48	65.26
化学纤维制造业	7.78	100.38	53.89
橡胶制品业			
塑料制品业			
非金属矿物制品业			
黑色金属冶炼及压延加工业	6.24	124.17	48.12
有色金属冶炼及压延加工业	9.37	619.35	64.42
金属制品业	7.86	-191.27	93.18
通用设备制造业	2.68	57.56	96.49
专用设备制造业	7.45	127.67	68.39
交通运输设备制造业	3.08	76.53	67.39
电气机械及器材制造业	-0.02		73.49
通信设备、计算机及其他电子设备制造业	15.76	139.65	37.46
仪器仪表及文化、办公用机械制造业			
工艺品及其他制造业			
废弃资源和废旧材料回收加工业			
电力、燃气及水的生产和供应业			
电力、热力的生产和供应业			
燃气生产和供应业	12.20	98.84	73.27
水的生产和供应业	12.34	98.58	72.96
燃气生产和供应业			
水的生产和供应业	7.47	114.21	83.48

主要经济效益指标(2007年)(续2)

流动资产周转次数(次/年)	成本费用利润率(%)	全员劳动生产率(元/人年)	产品销售率(%)	工业增加值率(%)
1.81	5.55	67852	96.52	44.06
1.77	4.79	66221	96.32	44.07
3.62	27.24	147627	100.92	43.74
2.29	3.77	119631	100.85	32.00
5.00	1.63	126997	96.07	30.76
2.64	12.09	142339	92.97	38.48
1.30	-22.57	86576	80.34	32.41
1.79	-3.09	29024	92.42	23.99
2.09	5.50	164503	102.40	33.22
4.76	5.32	145822	102.58	29.71
0.92	6.71	65362	92.39	46.02
2.30	2.72	37478	100.17	36.07
4.39	1.71	382771	106.12	29.83
1.72	0.14	51882	89.58	30.23
0.81	-0.67	25483	101.90	29.12
1.52	4.18	81942	93.79	33.44
1.16	0.06	49471	92.13	25.70
1.35	-1.61	11559	98.81	11.45
4.28	0.06	469133	85.53	41.98
4.05	6.41	262005	100.00	36.37
4.01	6.38	351420	100.00	35.87
6.30	7.39	36324	100.00	55.25

主要统计指标解释

工业 指从事自然资源的开采，对采掘品和农产品进行加工和再加工的物质生产部门。具体包括：(1)对自然资源的开采，如采矿、晒盐、森林采伐等(但不包括禽兽捕猎和水产捕捞)；(2)对农副产品的加工、再加工，如粮油加工、食品加工、轧花、缫丝、纺织、制革等；(3)对采掘品的加工、再加工，如炼铁、炼钢、化工生产、石油加工、机器制造、木材加工等，以及电力、自来水、煤气的生产和供应等；(4)对工业品的修理、翻新，如机器设备的修理、交通运输工具(包括小卧车)的修理等。

1984 年以前农村的村及村以下办工业归属农业，1984 年以后划归工业。

工业统计调查单位 工业统计调查单位分为两类：独立核算法人工业企业和工业活动单位。

(1)独立核算法人工业企业 是指从事工业生产经营活动的单位。独立核算法人工业企业应同时具备以下条件：①依法成立，有自己的名称、组织机构和场所，能够承担民事责任；②独立拥有和使用资产，承担负债，有权与其他单位签订合同；③独立核算盈亏，并能够编制资产负债表。

(2)工业活动单位 是指在一个场所从事一种或主要从事一种工业生产活动的经济单位。它包括独立核算工业企业按主营业务活动(即工业生产活动)划分的主营业务活动单位和非工业企业所属的工业生产活动单位(即原非独立核算工业生产单位)。工业活动单位，一般应同时具备以下三个条件：①具有一个场所，从事一种或主要从事一种工业活动；②单独组织工业生产、经营或业务活动；③单独核算收入和支出。

本年鉴中涉及的企业登记注册类型：

⑴国有及国有控股企业 指国有企业加上国有控股企业。国有企业（即过去的全民所有制工业或国营工业）是指企业全部资产归国家所有，并按《中华人民共和国企业法人登记管理条例》规定登记注册的非公司制的经济组织。包括国有企业、国有独资公司和国有联营企业。1957 年以前的公私合营和私营工业，后均改造为国营工业，1992 年改为国有工业，这部分工业的资料不单独分列时，均包括在国有企业内。国有控股企业是对混合所有制经济的企业进行的“国有控股”分类。它是指这些企业的全部资产中国有资产（股份）相对其他所有者中的任何一个所有者占资（股）最多的企业。该分组反映了国有经济控股情况。

⑵集体企业 指企业资产归集体所有，并按《中华人民共和国企业法人登记管理条例》规定登记注册的经济组织。是社会主义公有制经济的组成部分。包括城乡所有使用集体投资举办的企业，以及部分个人通过集资自愿放弃所有权并依法经工商行政管理机关认定为集体所有制的企业。

⑶股份有限公司 指根据《中华人民共和国企业法人登记管理条例》规定登记注册，其全部注册资本由等额股份构成并通过发行股票筹集资本，股东以其认购的股份对公司承担有限责任，公司以其全部资产对其债务承担责任的经济组织。

⑷港、澳、台商投资企业 指企业注册登记类型中的港、澳、台资合资、合作、独资经营企业和股份有限公司之和。

⑸外商投资企业 指企业注册登记类型中的中外合资、合作经营企业、外资企业和外商投资股份有限公司之和。

⑹本年鉴中涉及的名为“其他”的企业 均指除国有企业、集体企业、个体经营以外的其他类型工业企业(单位)。包括联营企业、私营企业、股份有限公司，有限责任公司；外商投资企业(中外合资经营、中外合作经营、外资企业)；港、澳、台投资企业(与大陆合资经营、与大陆合作经营、港、澳、台独资企业)及其他企业。

轻工业 指主要提供生活消费品和制作手工工具的工业。按其所使用的原料不同，可分为两大类：(1)以农产品为原料的轻工业，是指直接或间接以农产品为基本原料的轻工业。主要包括食品制造、饮料制造、烟草加工、纺织、缝纫、皮革和毛皮制作、造纸以及印刷等工业；(2)以非农产品为原料的轻工业，是指以工业品为原料的轻工业。主要包括文教体育用品、化学药品制造、合成纤维制造、日用化学制品、日用玻璃制品、日用金属制品、手工工具制造、医疗器械制造、文化和办公用机械制造等工业。

重工业　是指为国民经济各部门提供物质技术基础的主要生产资料的工业。按其生产性质和产品用途，可以分为下列三类：(1)采掘(伐)工业，是指对自然资源的开采，包括石油开采、煤炭开采、金属矿开采、非金属矿开采和木材采伐等工业；(2)原材料工业，指向国民经济各部门提供基本材料、动力和燃料的工业。包括金属冶炼及加工、炼焦及焦炭、化学、化工原料、水泥、人造板以及电力、石油和煤炭加工等工业；(3)加工工业，是指对工业原材料进行再加工制造的工业。包括装备国民经济各部门的机械设备制造工业、金属结构、水泥制品等工业，以及为农业提供的生产资料如化肥、农药等工业。

根据上述划分原则，修理业中以重工业产品为修理作业对象的划为重工业，反之划为轻工业。

工业总产值　是以货币表现的工业企业在一定时期内生产的已出售或可供出售工业产品总量，它反映一定时间内工业生产的总规模和总水平。它包括：在本企业内不再进行加工，经检验、包装入库(规定不需包装的产品除外)的成品价值，对外加工费收入，自制半成品、在产品期末初差额价值。工业总产值采用“工厂法”计算，即以工业企业作为一个整体，按企业工业生产活动的最终成果来计算，企业内部不允许重复计算，不能把企业内部各个车间(分厂)生产的成果相加。但在企业之间、行业之间、地区之间存在着重复计算。

轻重工业总产值的划分也是按“工厂法”计算的，即一个工业企业在正常情况下生产的主要产品的性质属于轻工业，产的主要产品的性质属于重工业，则该企业的全部总产值作为重工业总产值。

工业增加值　是指工业行业在报告期内以货币表现的工业生产活动的最终成果。

实收资本　指企业实际收到的投资人投入的资本。按投资主体可分为国家资本、集体资本、法人资本、个人资本、港澳台资本和外商资本等。

资产合计　指企业拥有或控制的能以货币计量的经济资源。包括各种财产、债权和其他权利。资产按其流动性划分为流动资产、长期投资、固定资产、无形及递延资产和其他资产。

(1)流动资产　指企业可以在一年内或者超过一年的一个生产周期内变现或耗用的资产合计。包括现金及各种存款、短期投资、应收及预付款项、存货等。

(2)固定资产　指企业固定资产净值、固定资产清理、在建工程、待处理固定资产损失所占用的资金合计。

(3)无形资产　指企业长期使用而没有实物形态的资产。包括专利权、非专利技术、商标权、著作权、土地使用权、商誉等。

负债合计　指企业承担的能以货币计量，将以资产或劳务偿付的债务。负债一般按偿还期长短分为流动负债和长期负债、递延税项等。

(1)流动负债　指企业在一年内或者超过一年的一个营业周期内需要偿还的债务合计，其中包括短期借款、应付及预收款项、应付工资、应交税金和应交利润等。

(2)长期负债　指企业在一年以上或者超过一年的一个营业周期以上需要偿还的债务合计，其中包括长期借款、应付债务、长期应付款项等。

所有者权益　指企业投资人对企业净资产的所有权。企业净资产等于企业全部资产减去全部负债后的余额，其中包括投资者对企业的最初投入，以及资本公积金、盈余公积金和未分配利润，对股份制企业即为股东权益。

固定资产原价　指企业在建造、购置、安装、改建、扩建、技术改造某项固定资产时所支出的全部货币总额。它一般包括买价、包装费、运杂费和安装费等。

固定资产净值　是指固定资产原价减去历年已提折旧额后的净额。

流动资产　是指可以在一年或者超过一年的一个营业周期内变现或者耗用的资产，包括现金及各种存款、短期投资、应收及预付货款、存货等。

产品销售收入 指企业销售产品和提供劳务等主要经营业务取得的业务总额。

产品销售成本 指企业销售产品和提供劳务等主要经营业务的实际成本。

产品销售税金及附加 指企业销售产品和提供工业性劳务等主要经营业务应负担的城市维护建设税、消费税、资源税和教育费附加。

产品销售利润 指企业销售产品和提供工业性劳务等主要经营业务收入扣除其成本、费用、税金后的利润。

利润总额 指企业实现的利润。

应交增值税 指企业在报告期内应交纳的增值税额。

总资产贡献率 反映企业全部资产的获利能力，是企业经营业绩和管理水平的集中体现，是评价和考核企业盈利能力的核心指标。计算公式为:

总资产贡献率(%)＝（利润总额＋税金总额＋利息支出）／平均资产总额 × 100 %

资产负债率 该指标既反映企业经营风险的大小，也反映企业利用债权人提供的资金从事经营活动的能力。计算公式为:

资产负债率(%)＝负债总额／资产总额 × 100 %

工业成本费用利润率 指在一定时期内实现的利润与成本费用之比，是反映工业生产成本及费用投入的经济效益指标，同时也是反映降低成本的经济效益的指标。计算公式为:

工业成本费用利润率(%)＝利润总额／成本费用总额 × 100%

工业增加值率 指在一定时期内工业增加值占同期工业总产值的比重，反映降低中间消耗的经济效益。计算公式为:

工业增加值率(%)＝工业增加值(现价)／工业总产值(现价) × 100%

流动资产周转次数 指在一定时期内流动资产完成的周转次数，反映流动资产的周转速度。计算公式为:

流动资金周转次数＝产品销售收入／全部流动资产平均余额

产品销售率 指报告期工业销售产值与同期全部工业总产值之比，是反映工业产品已实现销售的程度，分析工业产销衔接情况，研究工业产品满足社会需求程度的指标。计算公式为:

产品销售率(%)=工业销售产值／工业总产值（现价） × 100%

全员劳动生产率 指根据产品的价值量指标计算的平均每一个从业人员在单位时间内的产品生产量。是考核企业经济活动的重要指标，是企业生产技术水平、经营管理水平、职工技术熟练程度和劳动积极性的综合表现。目前我国的全员劳动生产率是将工业企业的工业增加值除以同一时期全部从业人员的平均人数来计算的。计算公式为:

全员劳动生产率＝工业增加值／全部从业人员平均人数

为了使各年度的全员劳动生产率数字可以比较，1990 年以前各年的全员劳动生产率均按指数换算成 1990 年不变价格。

第九部分

建筑业

9-1 建筑施工企业主要经济指标

指标	2007	2006
施工企业个数（个）	98	94
其中：有工作量的企业个数(个)	98	89
计算劳动生产率平均人数（万人）	3664	3550
期末从业人数（万人）	3743	3504
固定资产原价（万元）	152174	13820
固定资产合计（万元）	125718	99824
自有机械设备总台数（台）	20973	19074
自有机械设备净值（万元）	56822	45967
自有机械设备总功率（万千瓦）	33450	24863
建筑业总产值（万元）	740310	676087
竣工产值(万元)	311119	307236
固定资产折旧（万元）	56395	47422
施工面积(万平方米)	346242	352594
竣工面积（万平方米）	152839	125142
营业利润（万元）	5435	1638
管理费用（万元）	21058	23753
利润总额（万元）	5429	1665
上缴税金（万元）	813	891
按施工产值计算的全员劳动生产率（元/人）	190436	202044
实收资本金（万元）	94276	96761
资产总计（万元）	595289	505225
负债合计（万元）	471977	392430
所有者权益合计 （万元）	123312	112795
竣工率(按产值计算) (%)	45.4	42
技术装备率（元/人）	13118	15182
动力装备率（千瓦/人）	7.1	8.9
资产负债率（%）	77.7	79.3
产值利润率（%）	0.2	0.7

9-2 建筑业企业总产值和竣工产值(2007年)

单位：万元

指 标	建筑业总产值	建筑工程产值	安装工程产值	其他产值	竣工产值
总 计	**740310**	**687901**	**46883**	**5526**	**311119**
其中：国有及国有控股企业	560329	535822	22555	1952	160971
一、按登记注册类型分组					
内资企业	739655	687246	46883	5526	310464
国有企业	84127	71045	12883	200	59432
集体企业	28611	26340	2271		28074
有限责任公司	576628	546876	24445	5306	186987
其他有限责任公司	576628	546876	24445	5306	186987
股份有限公司	31428	27882	3546		22770
私营企业	16248	12490	3738	20	12581
私营独资企业	1668	1500	148	20	1275
私营有限责任公司	12748	9159	3590		9927
私营股份有限公司	1832	1832			1379
其他企业	2613	2613			620
港、澳、台商投资企业	655	655			655
合资经营企业(港或澳、台资)	655	655			655
二、按国民经济行业分组					
房屋和土木工程建筑业	710473	676918	30034	3521	287496
房屋工程建筑	184144	168219	14156	1769	142442
土木工程建筑	526329	508700	15877	1752	145054
铁路道路隧道和桥梁工程	415757	414802		955	94973
架线和管道工程建筑	104325	87779	15749	797	47741
其他土木工程建筑	6248	6119	129		2341
建筑安装业	21214	5952	14342	920	17082
建筑装饰业	5853	2643	2125	1086	5763
其它建筑业	2770	2388	382		778
工程准备	2042	2042			180
其它未列明的建筑活动	727	345	382		598
三、按隶属关系分组					
中 央	465968	450830	13387	1752	98868
地 方	274341	237071	33497	3774	212250
省	74746	71170	3576		56166
市	38715	29274	7782	1659	27564
县及县以下	160879	136627	22138	2115	128521
四、按企业资质等级分组					
施工总承包	611623	586325	22574	2724	249483
一 级	432179	430010	1214	955	104553
二 级	78119	62210	14400	1509	58960
三级及以下	101325	94105	6960	260	85970
专业承包	128687	101576	24309	2802	61635
一 级	98047	87909	9311	827	45538
二 级	15615	3666	10717	1232	7520
三级及以下	15025	10000	4282	743	8577
五、按控股情况分					
国有控股	560329	535822	22555	1952	160971
集体控股	66720	62117	4496	107	59249
私人控股	112606	89307	19833	3467	90244
港澳台商控股	655	655			655

9-3 按主要用途分的

指　　标	总 计	厂房、仓库	住宅	办公用房
总　　计	**1528389**	**20878**	**1127711**	**88061**
其中：国有及国有控股企业	142957	8740	115309	4760
一、按登记注册类型分组				
内资企业	1528389	20878	1127711	88061
国有企业	115957	7440	90709	3660
集体企业	222107		127367	35535
有限责任公司	811973	10638	634116	31848
其他有限责任公司	811973	10638	634116	31848
股份有限公司	293814	2800	235789	1100
私营企业	77660		32852	15918
私营独资企业	10685			10685
私营有限责任公司	54823		23000	2933
私营股份有限公司	12152		9852	2300
其他企业	6878		6878	
二、按国民经济行业分组				
房屋和土木工程建筑业	1481892	17418	1091596	85761
房屋工程建筑	1466594	17418	1084718	85761
土木工程建筑	15298		6878	
其他土木工程建筑	15298		6878	
建筑安装业	46497	3460	36115	2300
三、按隶属关系分组				
地　方	1528389	20878	1127711	88061
省	115957	7440	90709	3660
市	219011	3460	166873	22407
县及县以下	1193421	9978	870129	61994
四、按企业资质等级分组				
施工总承包	1512591	20878	1123096	85298
一　级	115957	7440	90709	3660
二　级	459886		334678	26317
三级及以下	936748	13438	697709	55321
专业承包	15798		4615	2763
二　级	8420			
三级及以下	7378		4615	2763
五、按控股情况分				
国有控股	142957	8740	115309	4760
集体控股	611113	6138	427659	39976
私人控股	774319	6000	584743	43325

房屋建筑竣工面积(2007年)

单位:平方米

批发和零售用房	住宿和餐饮用房	居民服务业用房	教育用房	文化、体育和娱乐用房	卫生医疗用房	科研用房	其他用房
66474	**43149**	**18473**	**86085**	**46015**	**17061**		**14482**
	4200	5840	4108				
66474	43149	18473	86085	46015	17061		14482
	4200	5840	4108				
10999		1800	7811	37595			1000
20688	16111	10833	48776	8420	17061		13482
20688	16111	10833	48776	8420	17061		13482
34787	12838		6500				
	10000		18890				
	10000		18890				
66474	43149	18473	81463	46015	17061		14482
66474	43149	18473	81463	37595	17061		14482
				8420			
				8420			
			4622				
66474	43149	18473	86085	46015	17061		14482
	4200	5840	4108				
		9467	4622				12182
66474	38949	3166	77355	46015	17061		2300
66474	43149	18473	86085	37595	17061		14482
	4200	5840	4108				
14928	22000	9467	40314				12182
51546	16949	3166	41663	37595	17061		2300
				8420			
				8420			
	4200	5840	4108				
51546	16949	1800	26513	37595	1937		1000
14928	22000	10833	55464	8420	15124		13482

9-4 按主要用途分的

指标	总计	厂房、仓库	住宅	办公用房
总计	**127224**	**1520**	**89247**	**8280**
其中：国有及国有控股企业	16317	459	14424	488
一、按登记注册类型分组				
内资企业	127224	1520	89247	8280
国有企业	13711	199	12210	356
集体企业	18138		9263	2494
有限责任公司	64950	1017	47640	3245
其他有限责任公司	64950	1017	47640	3245
股份有限公司	22034	304	17038	132
私营企业	7771		2477	2054
私营独资企业	1175			1175
私营有限责任公司	5600		1900	460
私营股份有限公司	996		577	419
其他企业	620		620	
二、按国民经济行业分组				
房屋和土木工程建筑业	123709	1075	87056	7861
房屋工程建筑	122359	1075	86436	7861
土木工程建筑	1350		620	
其他土木工程建筑	1350		620	
建筑安装业	3515	445	2191	419
三、按隶属关系分组				
地　方	127224	1520	89247	8280
省	13711	199	12210	356
市	22928	445	16755	2490
县及县以下	90585	876	60283	5435
四、按企业资质等级分组				
施工总承包	125930	1520	88935	8029
一　级	13711	199	12210	356
二　级	42917		30073	2763
三级及以下	69303	1321	46653	4910
专业承包	1293		312	252
二　级	730			
三级及以下	564		312	252
五、按控股情况分				
国有控股	16317	459	14424	488
集体控股	47374	571	30605	2799
私人控股	63533	490	44219	4994

房屋建筑竣工价值(2007年)

单位:万元

批发和零售用房	住宿和餐饮用房	居民服务业用房	教育用房	文化、体育和娱乐用房	卫生医疗用房	科研用房	其他用房
5396	**4398**	**1837**	**8212**	**4798**	**1836**		**1699**
	357	458	132				
5396	4398	1837	8212	4798	1836		1699
	357	458	132				
1413		95	795	4068			10
1301	1684	1285	4525	730	1836		1689
1301	1684	1285	4525	730	1836		1689
2683	1258		620				
	1100		2140				
	1100		2140				
5396	4398	1837	7752	4798	1836		1699
5396	4398	1837	7752	4068	1836		1699
				730			
				730			
			460				
5396	4398	1837	8212	4798	1836		1699
	357	458	132				
		1155	460				1624
5396	4041	225	7620	4798	1836		75
5396	4398	1837	8212	4068	1836		1699
	357	458	132				
858	2425	1155	4020				1624
4539	1617	225	4060	4068	1836		75
				730			
				730			
	357	458	132				
4539	1617	95	2945	4068	126		10
858	2425	1285	5135	730	1710		1689

9-5 建筑业企业房屋建筑面积(2007年)

单位:平方米

指标	房屋建筑施工面积	本年新开工面积	实行投标承包面积	本年新开工
总计	**3462419**	**2102803**	**2077019**	**1720225**
其中: 国有及国有控股企业	516409	350376	349296	332216
一、按登记注册类型分组				
内资企业	3462419	2102803	2077019	1720225
国有企业	489409	328376	323216	323216
集体企业	578481	356544	545895	356544
有限责任公司	1626054	947417	705854	626429
其他有限责任公司	1626054	947417	705854	626429
股份有限公司	601908	349960	379525	303030
私营企业	147617	111006	122529	111006
私营独资企业	18123	9000	18123	9000
私营有限责任公司	103900	87990	90390	87990
私营股份有限公司	25594	14016	14016	14016
其他企业	18950	9500		
二、按国民经济行业分组				
房屋和土木工程建筑业	3375510	2051987	2031363	1674569
房屋工程建筑	3344014	2032228	2018817	1664310
土木工程建筑	31496	19759	12546	10259
其他土木工程建筑	31496	19759	12546	10259
建筑安装业	86909	50816	45656	45656
三、按隶属关系分组				
地方	3462419	2102803	2077019	1720225
省	483127	322094	322094	322094
市	420696	273506	273506	273506
县及县以下	2558596	1507203	1481419	1124625
四、按企业资质等级分组				
施工总承包	3228731	1890662	1843746	1508084
一级	483127	322094	322094	322094
二级	937828	612988	349389	349389
三级及以下	1807776	955580	1172263	836601
专业承包	233688	212141	233273	212141
二级	12546	10259	12546	10259
三级及以下	221142	201882	220727	201882
五、按控股情况分				
国有控股	516409	350376	349296	332216
集体控股	1282783	793230	1015535	778730
私人控股	1663227	959197	712188	609279

9-6　建筑业企业机械设备情况(2007年)

指　　标	净值(万元)	总台数(台)	总功率(千瓦)
总　　计	**56822**	**20973**	**334504**
其中：国有及国有控股企业	35319	6813	208712
一、按登记注册类型分组			
内资企业	55722	20897	327056
国有企业	9045	5204	90118
集体企业	1464	2278	18087
有限责任公司	39606	9810	194370
其他有限责任公司	39606	9810	194370
股份有限公司	2035	1738	10877
私营企业	3286	1572	9278
私营独资企业	215	301	1229
私营有限责任公司	2217	1086	7097
私营股份有限公司	854	185	952
其他企业	287	295	4326
港、澳、台商投资企业	1100	76	7448
合资经营企业(港或澳、台资)	1100	76	7448
二、按国民经济行业分组			
房屋和土木工程建筑业	46513	16663	297033
房屋工程建筑	14274	10175	93535
土木工程建筑	32239	6488	203498
铁路道路隧道和桥梁工程	27445	5133	180189
架线和管道工程建筑	4130	447	14853
其他土木工程建筑	663	908	8456
建筑安装业	7949	3657	31122
建筑装饰业	524	323	1557
其它建筑业	1836	330	4792
工程准备	1598	202	1112
其它未列明的建筑活动	238	128	3680
三、按隶属关系分组			
中　央	21738	1506	110089
地　方	35084	19467	224415
省	8480	4956	81953
市	7004	1496	14575
县及县以下	19600	13015	127887
四、按企业资质等级分组			
施工总承包	48111	18650	305112
一　级	25062	5949	176859
二　级	13795	5515	61389
三级及以下	9254	7186	66864
专业承包	8711	2323	29392
一　级	4040	184	12546
二　级	2742	587	2310
三级及以下	1928	1552	14536
五、按控股情况分			
国有控股	35319	6813	208712
集体控股	6072	4388	53857
私人控股	14331	9696	64487
港澳台商控股	1100	76	7448

9-7 建筑业企业资本金

指　　标	实收资本	资产合计	流动资产合计	固定资产合计
总　　计	**94276**	**595289**	**449623**	**125718**
其中：国有及国有控股企业	27999	392198	324737	57057
一、按登记注册类型分组				
内资企业	90602	589129	444567	124614
国有企业	9995	78272	57942	17321
集体企业	7526	24045	17063	5395
股份合作企业	170	8613		8613
有限责任公司	57667	437731	342424	81940
其他有限责任公司	57667	437731	342424	81940
股份有限公司	5452	16356	10974	4548
私营企业	8953	21000	14454	5627
私营独资企业	828	1460	1199	261
私营有限责任公司	5811	14152	9558	4280
私营股份有限公司	2314	5389	3697	1086
其他企业	840	3112	1709	1168
港、澳、台商投资企业	3674	6160	5056	1104
合资经营企业(港或澳、台资)	3674	6160	5056	1104
二、按国民经济行业分组				
房屋和土木工程建筑业	73270	540282	425324	97284
房屋工程建筑	45192	167475	110458	49265
土木工程建筑	28079	372807	314867	48019
铁路道路隧道和桥梁工程	16756	264958	222987	36274
架线和管道工程建筑	6626	99330	86567	8953
其他土木工程建筑	4697	8518	5313	2792
建筑安装业	13982	35300	18651	14392
建筑装饰业	4012	7082	4391	2679
其它建筑业	3012	12625	1257	11363
工程准备	1907	2590	530	2060
其它未列明的建筑活动	1105	10035	728	9303
三、按隶属关系分组				
中　央	16987	304879	265092	32390
地　方	77290	290410	184531	93328
省	7662	70932	53941	14796
市	7819	46283	22853	21956
县及县以下	61809	173195	107738	56577
四、按企业资质等级分组				
施工总承包	74567	462368	349489	97595
一　级	16788	276362	231450	39173
二　级	25230	81480	48730	28454
三级及以下	32549	104526	69310	29969
专业承包	19710	132921	100134	28123
一　级	5964	93669	83219	6637
二　级	6875	22304	8859	12611
三级及以下	6870	16948	8056	8875
五、按控股情况分				
国有控股	27999	392198	324737	57057
集体控股	21265	75768	43272	29196
私人控股	41339	121163	76559	38361
港澳台商控股	3674	6160	5056	1104

及资产(2007年)

单位:万元

固定资产原价	其中：生产经营用	累计折旧	其中：本年折旧	无形及递延资产小计
152174	**101790**	**56395**	**10123**	**12783**
87093	57023	36146	6782	7129
149229	98849	54554	9797	12783
25167	25167	10548	349	775
6516	4210	1986	271	832
2862		1703		
100739	61962	36988	8534	10157
100739	61962	36988	8534	10157
5644	1994	1329	277	226
7063	4296	1864	346	557
295	181	152	17	
5431	3274	1211	248	2
1337	841	501	81	555
1239	1220	137	21	234
2945	2941	1841	326	
2945	2941	1841	326	
127636	89112	49595	9156	10630
48032	39132	14062	2234	3994
79604	49980	35532	6922	6637
64103	35997	29913	4738	3515
12483	11515	5233	2109	2839
3018	2468	386	75	283
14730	7688	3389	555	2150
3264	2481	734	123	2
6544	2510	2677	289	
2739	1731	679	223	
3805	779	1998	65	
54580	31580	23895	6139	6353
97594	70210	32499	3984	6429
22599	21599	9448	325	1
17224	6469	6148	494	1099
57772	42143	16904	3165	5329
125513	81657	46429	7404	9118
63730	40730	27906	4315	3515
32984	18078	10601	1743	2812
28799	22849	7922	1345	2791
26661	20133	9966	2719	3665
10738	10709	4102	1971	2839
7953	3893	3869	309	823
7970	5531	1996	439	2
87093	57023	36146	6782	7129
21521	10945	6097	633	2397
40615	30881	12312	2382	3257
2945	2941	1841	326	

9-8 建筑业企业负债及所有者权益(2007年)

单位:万元

指　　标	负债合计	流动负债合计	长期负债合计	所有者权益合计
总　　计	**471977**	**429198**	**42779**	**123312**
其中：国有及国有控股企业	355023	314234	40788	37175
一、按登记注册类型分组				
内资企业	469491	426712	42779	119638
国有企业	67190	27614	39576	11083
集体企业	15799	15799		8246
股份合作企业				8613
有限责任公司	363826	360715	3111	73905
国有独资公司				
其他有限责任公司	363826	360715	3111	73905
股份有限公司	9991	9991		6366
私营企业	10845	10753	92	10155
私营独资企业	630	630		830
私营有限责任公司	7303	7250	53	6848
私营股份有限公司	2912	2873	39	2477
其他企业	1840	1840		1272
港、澳、台商投资企业	2486	2486		3674
合资经营企业(港或澳、台资)	2486	2486		3674
二、按国民经济行业分组				
房屋和土木工程建筑业	448159	405509	42650	92123
房屋工程建筑	112699	110696	2003	54777
土木工程建筑	335460	294813	40647	37346
铁路道路隧道和桥梁工程	242806	202166	40640	22152
架线和管道工程建筑	89329	89322	7	10001
其他土木工程建筑	3325	3325		5193
建筑安装业	20082	20004	78	15218
建筑装饰业	2623	2572	51	4460
其它建筑业	1114	1114		11511
工程准备	650	650		1940
其它未列明的建筑活动	464	464		9571
三、按隶属关系分组				
中　央	285627	284407	1220	19253
地　方	186350	144791	41559	104060
省	63136	23567	39569	7796
市	22991	22952	39	23293
县及县以下	100223	98272	1952	72971
四、按企业资质等级分组				
施工总承包	372231	329510	42721	90138
一　级	258549	217768	40781	17813
二　级	48972	48905	67	32507
三级及以下	64709	62837	1872	39817
专业承包	99746	99689	58	33175
一　级	87071	87071		6598
二　级	5897	5890	7	16407
三级及以下	6778	6728	51	10170
五、按控股情况分				
国有控股	355023	314234	40788	37175
集体控股	44108	43897	211	31660
私人控股	70360	68581	1779	50803
港澳台商控股	2486	2486		3674

9-9　建筑业企业工程结算收入(2007年)

单位:万元

指　　标	工程结算收入	工程结算成本	工程结算税金及附加	工程结算利润
总　　计	**699966**	**647823**	**22611**	**27511**
其中：国有及国有控股企业	559778	523425	17767	17098
一、按登记注册类型分组				
内资企业	699312	647354	22591	27345
国有企业	84668	78535	2724	3161
集体企业	25066	21713	1028	2207
有限责任公司	556064	517627	17707	19244
其他有限责任公司	556064	517627	17707	19244
股份有限公司	16431	14754	539	1103
私营企业	14785	12634	480	1557
私营独资企业	650	565	24	33
私营有限责任公司	12283	10415	394	1391
私营股份有限公司	1851	1654	61	133
其他企业	2298	2090	114	73
港、澳、台商投资企业	655	469	20	166
合资经营企业(港或澳、台资)	655	469	20	166
二、按国民经济行业分组				
房屋和土木工程建筑业	674584	626608	21765	24304
房屋工程建筑	144337	131093	4925	7918
土木工程建筑	530246	495515	16840	16386
铁路道路隧道和桥梁工程	420106	394921	13425	10547
架线和管道工程建筑	104773	95759	3193	5579
其他土木工程建筑	5368	4835	223	259
建筑安装业	16933	14128	583	2187
建筑装饰业	6024	4933	192	822
其它建筑业	2426	2153	71	199
工程准备	1753	1610	55	85
其它未列明的建筑活动	672	543	15	113
三、按隶属关系分组				
中　央	465270	435820	14714	13517
地　方	234697	212003	7897	13994
省	79779	74522	2560	2464
市	34002	31119	1148	1710
县及县以下	120915	106363	4189	9820
四、按企业资质等级分组				
施工总承包	578623	538501	18774	19694
一　级	436354	410984	13955	10206
二　级	65015	59014	2105	3812
三级及以下	77254	68504	2714	5677
专业承包	121343	109322	3836	7817
一　级	97875	89431	2964	5469
二　级	10374	8706	337	1264
三级及以下	13094	11184	535	1085
五、按控股情况分				
国有控股	559778	523425	17767	17098
集体控股	48385	42327	1827	4030
私人控股	91149	81603	2997	6217
港澳台商控股	655	469	20	166

9-10 建筑业企业费用情况(2007年)

单位:万元

指 标	经营费用	管理费用	差旅费	工会经费	财务费用
总 计	**2021**	**21058**	**712**	**413**	**1875**
其中:国有及国有控股企业	1488	12289	390	305	916
一、按登记注册类型分组					
内资企业	2021	20682	708	413	1875
国有企业	248	2087	153	93	464
集体企业	118	1507	56	42	16
有限责任公司	1487	15090	421	246	1137
其他有限责任公司	1487	15090	421	246	1137
股份有限公司	35	959	25	1	93
私营企业	113	960	53	31	165
私营独资企业	27	27	5		
私营有限责任公司	84	761	35	30	161
私营股份有限公司	2	173	12	1	4
其他企业	21	79	0	0	
港、澳、台商投资企业	0	376	4		
合资经营企业(港或澳、台资)	0	376	4		
二、按国民经济行业分组					
房屋和土木工程建筑业	1906	18394	597	403	1434
房屋工程建筑	401	6709	243	171	478
土木工程建筑	1505	11685	354	232	956
铁路道路隧道和桥梁工程	1213	7899	309	182	974
架线和管道工程建筑	242	3654	28	43	-67
其他土木工程建筑	50	132	17	7	50
建筑安装业	36	1910	77	5	313
建筑装饰业	77	486	21	5	128
其它建筑业	3	269	18	1	0
工程准备	2	151	14	0	0
其它未列明的建筑活动	1	118	4	0	0
三、按隶属关系分组					
中 央	1218	9781	225	212	450
地 方	803	11277	487	201	1425
省	234	1535	154	94	458
市	26	1656	66	2	69
县及县以下	543	8086	267	105	898
四、按企业资质等级分组					
施工总承包	1653	15549	621	364	1752
一 级	1209	7440	343	262	975
二 级	85	3341	140	27	503
三级及以下	359	4768	139	75	274
专业承包	368	5510	91	49	123
一 级	11	3588	1	37	-60
二 级	67	947	28	0	140
三级及以下	290	975	62	12	43
五、按控股情况分					
国有控股	1488	12289	390	305	916
集体控股	201	3407	110	65	99
私人控股	332	4986	208	43	859
港澳台商控股	0	376	4		

9-11 建筑业企业工资和福利费情况(2007年)

单位:万元

指标	本年应付工资总额	其中：主营业务应付工资总额	本年应付福利费总额	其中：主营业务应付福利费总额
总计	**37982**	**37202**	**3970**	**3874**
其中：国有及国有控股企业	15570	15486	1582	1579
一、按登记注册类型分组				
内资企业	37935	37176	3970	3874
国有企业	2115	2112	197	196
集体企业	3607	3562	333	327
有限责任公司	25118	24631	2845	2789
其他有限责任公司	25118	24631	2845	2789
股份有限公司	3797	3747	175	173
私营企业	2805	2632	353	322
私营独资企业	238	238	15	15
私营有限责任公司	2406	2240	317	286
私营股份有限公司	162	154	22	21
其他企业	494	494	67	67
港、澳、台商投资企业	47	26		
合资经营企业(港或澳、台资)	47	26		
二、按国民经济行业分组				
房屋和土木工程建筑业	34598	34138	3589	3538
房屋工程建筑	19492	19139	2015	1967
土木工程建筑	15107	14998	1574	1571
铁路道路隧道和桥梁工程	10128	10024	920	917
架线和管道工程建筑	3813	3813	497	497
其他土木工程建筑	1165	1161	158	157
建筑安装业	2209	1931	240	209
建筑装饰业	888	852	102	89
其它建筑业	287	282	39	38
工程准备	175	170	24	23
其它未列明的建筑活动	112	112	15	15
三、按隶属关系分组				
中　央	12888	12825	1327	1327
地　方	25094	24377	2642	2546
省	1480	1476	156	155
市	2174	2139	223	218
县及县以下	21440	20762	2264	2174
四、按企业资质等级分组				
施工总承包	31198	30554	3167	3090
一　级	10288	10222	953	953
二　级	5163	4812	705	659
三级及以下	15747	15520	1509	1478
专业承包	6785	6648	803	783
一　级	3436	3436	480	480
二　级	1283	1267	172	160
三级及以下	2067	1946	151	144
五、按控股情况分				
国有控股	15570	15486	1582	1579
集体控股	7554	7509	726	720
私人控股	14812	14182	1662	1575
港澳台商控股	47	26		

9-12 建筑业企业利润

指　　标	税金总额	工程结算税金及附加	其他业务收入
总　　计	**23424**	**22611**	**2483**
其中：国有及国有控股企业	18084	17767	397
一、按登记注册类型分组			
内资企业	23404	22591	2483
国有企业	2899	2724	165
集体企业	1092	1028	15
有限责任公司	18120	17707	2229
其他有限责任公司	18120	17707	2229
股份有限公司	558	539	
私营企业	618	480	62
私营独资企业	40	24	
私营有限责任公司	498	394	23
私营股份有限公司	80	61	39
其他企业	118	114	12
港、澳、台商投资企业	20	20	
合资经营企业(港或澳、台资)	20	20	
二、按国民经济行业分组			
房屋和土木工程建筑业	22439	21765	2355
房屋工程建筑	5373	4925	2068
土木工程建筑	17066	16840	287
铁路道路隧道和桥梁工程	13588	13425	274
架线和管道工程建筑	3239	3193	0
其他土木工程建筑	239	223	12
建筑安装业	613	583	104
建筑装饰业	292	192	18
其它建筑业	81	71	7
工程准备	57	55	
其它未列明的建筑活动	24	15	7
三、按隶属关系分组			
中　央	14842	14714	231
地　方	8582	7897	2252
省	2731	2560	149
市	1167	1148	16
县及县以下	4685	4189	2086
四、按企业资质等级分组			
施工总承包	19416	18774	2441
一　级	14206	13955	381
二　级	2240	2105	1994
三级及以下	2970	2714	67
专业承包	4009	3836	42
一　级	2967	2964	
二　级	424	337	36
三级及以下	617	535	6
五、按控股情况分			
国有控股	18084	17767	397
集体控股	1951	1827	27
私人控股	3369	2997	2059
港澳台商控股	20	20	

及税金情况(2007年)

单位:万元

其他业务利润	管理费用中的税金	营业利润	利润总额	劳动、失业保险费	住房公积金及住房补贴
857	**813**	**5435**	**5429**	**339**	**1465**
159	317	4052	4080	105	1431
857	813	5645	5631	339	1465
1	175	612	533	65	58
15	64	698	692	61	7
801	413	3818	3918	117	1374
801	413	3818	3918	117	1374
	19	50	34	3	7
36	139	468	457	93	
	16	7	7		
4	104	473	469	42	
32	19	-11	-18	51	
4	4	-2	-2		20
	1	-210	-203		
	1	-210	-203		
765	674	5242	5186	248	1464
671	448	1402	1359	202	20
95	226	3840	3828	46	1444
97	163	1772	1737	35	184
-6	46	1986	2009	8	1241
4	16	82	82	4	20
87	30	50	54	82	1
2	100	210	205	7	
3	10	-67	-16	2	
	2	-65	-12		
3	9	-2	-4	2	
158	127	3444	3488	40	1376
699	686	1991	1940	299	89
-14	171	457	428	64	56
9	19	-6	11	25	
704	496	1540	1501	211	34
848	641	3242	3150	282	220
150	251	1941	1857	95	190
647	135	615	638	35	
52	256	687	655	152	30
8	172	2193	2279	57	1244
	3	1941	1969	5	1190
16	87	193	270	0	2
-8	82	59	40	52	53
159	317	4052	4080	105	1431
13	124	537	512	84	26
685	372	1057	1039	150	8
	1	-210	-203		

主要统计指标解释

建筑业统计单位 指从事房屋、构筑物建造和设备安装活动的法人企业。建筑业法人企业应同时具备的条件是：①依法成立，有自己的名称、组织机构和场所，能够承担民事责任；②独立拥有和使用资产，承担负债，有权与其他单位签订合同；③独立核算盈亏，能够编制资产负债表。

建筑业总产值(即自行完成施工产值) 是以货币表现的建筑安装企业在一定时期内生产的建筑业产品的总和。建筑业总产值包括：

⑴建筑工程产值：指列入建筑工程预算内的各种工程价值。

⑵设备安装工程产值：指设备安装工程价值，不包括被安装设备本身价值。

⑶房屋、构筑物修理产值：指房屋、构筑物修理所完成的价值，但不包括被修理房屋、构筑物本身的价值和生产设备的修理价值。

⑷非标准设备制造产值：指加工制造没有定型的、非标准的生产设备的加工费和原材料价值，以及附属加工厂为本企业承建工程制作的非标准设备的价值。

建筑业增加值 指建筑业企业在报告期内以货币表现的建筑业生产经营活动的最终成果。目前建筑业增加值采用分配法（收入法）计算，即从收入的角度出发，根据生产要素在生产过程中应得的收入份额计算。具体计算公式为：

建筑业增加值＝本年提取的固定资产折旧+应付工资+应付福利费+管理费用中的劳动待业保险金、税金+工程结算税金及附加+工程结算利润

房屋建筑施工面积 指在报告期内施工的全部房屋建筑面积，包括本期新开工的房屋面积、上期施工跨入本期继续施工的房屋面积、上期停缓建在本期恢复施工的房屋面积、本期竣工的房屋面积及本期施工后又停缓建的房屋面积。

房屋建筑竣工面积 指在报告期内房屋建筑按照设计要求全部完工，达到了住人和使用条件，经验收鉴定合格，正式移交使用单位的房屋建筑面积。

自有机械设备年末总台数 指归本企业所有，属于本企业固定资产的生产性机械设备年末总台数。包括施工机械、生产设备、运输设备以及其他设备。

自有机械设备年末总功率 指本企业自有施工机械、生产设备、运输设备以及其他设备等列为在册固定资产的生产性机械设备年末总功率，按设定能力或查定能力计算。包括机械本身的动力和为该机械服务的单独动力设备，如电动机等。计算单位用千瓦，动力换算可按 1 马力＝0.735 千瓦折合成千瓦数。电焊机、变压器、锅炉不计算动力。

工程结算收入 指企业承包工程实现的工程价款结算收入，以及向发包单位收取的除工程价款以外的按规定列作营业收入的各种款项，如临时设施费、劳动保险费、施工机械调迁费等以及向发包单位收取的各种索赔款。

工程结算利润 指已结算工程实现的利润，如亏损以“－”号表示。计算公式为：

工程结算利润＝工程结算收入－工程结算成本－工程结算税金及附加

企业总收入 指与企业生产经营直接有关的各项收入，包括工程结算收入和其他业务收入。计算公式为：

企业总收入＝工程结算收入＋其他业务收入

第十部分

交通邮电

10-1　主要年份公路运输线路长度

单位：公里

年　份	公路线路里程	#晴雨通车里程	#高速公路	每百平方公里平均里程公路
1952	611			
1978	3240	1719		19.8
1980	3068	1091		18.7
1985	3117	1366		19.1
1990	3293	2027		20.2
1995	3446	2306	52	21.1
2000	5105	4094	73	31.3
2001	5230	4101	74	32.1
2002	5876	4457	135	36.1
2003	7289	5513	174	44.7
2004	8311	6649	174	51.0
2005	8818	6948	273	54.1
2006	12899	12819	273	79.1
2007	13486	13418	273	82.2

注:2005年以后的公路线路里程和晴雨通车里程包括村道里程数。

10-2　主要年份公路货运量及周转量

单位：万吨

年　份	货运量	#交通运输部门	个体及联　户	营业性运　输	货物周转量（万吨公里）	#交通运输部门	个体及联　户	营业性运　输
1952	54	_	_	_	457	_	_	_
1957	240	_	_	_	1031	_	_	_
1962	47	10	_	_	402	115	_	_
1965	206	117	_	_	1152	669	_	_
1970	230	111	_	_	2360	1354	_	_
1975	417	137	_	_	4833	2410	_	_
1978	577	176	_	_	8116	3225	_	_
1980	706	166	_	_	14855	3933	_	_
1985	1610	134	_	_	59999	9522	_	_
1990	2728	114	1225	_	115770	12922	37782	_
1995	3450	150	1365	3023	162062	10767	74557	156665
2000	6081	_	3170	5543	350644	_	190627	319596
2001	6271	_	3744	5446	369500	_	247996	331645
2002	6602	_	3801	5503	372407	_	261119	335336
2003	6764	_	4143	5695	380039	_	237029	320405
2004	7013	_	4759	6916	380617	_	256812	375139
2005	6977	_	4668	6977	373361	_	290190	373361
2006	7170	_	4268	7170	403757	_	241005	403757
2007	7167	_	4713	7167	465406	_	322560	465406

10-3 主要年份公路客运量及周转量

年 份	客运量（万人）	#交通运输部门	个体及联户	营业性运输	旅客周转量（万人公里）	#交通运输部门	个体及联户	营业性运输
1952	–	–	–	–	–	–	–	–
1957	–	–	–	–	–	–	–	–
1962	–	–	–	–	–	–	–	–
1965	6	–	–	–	127	–	–	–
1970	30	–	–	–	1141	–	–	–
1975	55	–	–	–	1784	–	–	–
1978	111	–	–	–	6428	–	–	–
1980	56	–	–	–	1708	–	–	–
1985	260	–	–	–	8343	–	–	–
1990	1250	204	401	–	85723	9402	19796	–
1995	1020	156	513	943	53119	6142	36041	52023
2000	2325	–	1735	2121	115252	–	94185	106947
2001	2401	–	1761	2058	126890	–	108589	114864
2002	2591	–	1086	2144	128625	–	75879	105692
2003	2621	–	1086	1244	129103	–	43989	58717
2004	2603	–	806	1244	129056	–	38756	61656
2005	2609	–	751	1220	140797	–	31106	64668
2006	2994	–	2	1308	153328	–	108	69167
2007	3079	–		3079	163576	–		163576

10-4 主要年份民用汽车拥有量

单位：辆

年 份	民用汽车总数	#载货汽车	#载客汽车	#私人汽车	#载货	#载客	每百公里公路平均汽车数
1952	4	2					0.7
1957	34	29					3.6
1962	120	101	7				
1965	228	192	17				
1970	553	408	90				
1975	1662	1216	390				52.8
1978	3004	2325	571				92.7
1980	4484	3658	706				146.2
1985	11381	9484	1374				365.1
1990	21291	17004	3503	4616	3464	1152	646.6
1995	36525	27201	8319	9759	6647	3112	1059.9
2000	45651	27812	17167	25026	13209	11780	894.2
2001	52285	30616	20469	28832	14496	14187	999.7
2002	55644	23531	25078	30589	10059	17159	947.0
2003	67918	26882	32726	36868	11308	21896	931.8
2004	67843	20604	39261	42016	10550	27884	816.3
2005	109969	23943	56619	79613	12860	42590	1247.1
2006	145876	23542	72331	115087	13796	57071	1130.9
2007	163342	24364	89271	129689	14716	72152	1211.2

注：民用汽车总数和私人汽车数都不包括三轮汽车和低速货车。

10-5　民用车辆拥有量及公路客货运输

指　　标	单位	2007	2006
一、民用车辆拥有量			
民用汽车	辆	163342	145876
#载客汽车	辆	89271	72331
#大型	辆	989	847
中型	辆	2083	1979
小型	辆	70857	55966
微型	辆	15342	13539
#轿车	辆	55565	43465
载货汽车	辆	33487	31640
#普通载货汽车	辆	24364	23542
特种、专用汽车	辆	2364	2035
轮胎式拖拉机	辆	42789	36301
农用运输车	辆	123171	98883
摩托车	辆	81287	83646
挂车	辆	5800	4983
汽车驾驶员	人	322974	283140
二、公路客货运输			
客运量	万人	3079	2994
#营业性运输	万人	3079	2994
旅客周转量	万人公里	163576	153328
#营业性运输	万人公里	163576	153328
货运量	万吨	7167	7170
#营业性运输	万吨	7167	7170
货物周转量	万吨公里	465406	403757
#营业性运输	万吨公里	465406	403757

10-6 公路建设

单位:公里

指 标	2007	2006
公路通车里程	13485.6	12899.4
国道	589.5	589.5
省道	1015.1	1015.1
县公路	2081.1	1889.6
乡公路	5619.2	5558.9
专用公路	74.0	69.2
村公路	4106.7	3777.0
#公路等级里程	13276.8	12647.5
高速公路	273.1	273.1
一级公路	263.0	201.1
二级公路	1684.8	1495.2
三级公路	1517.8	1617.7
四级公路	9538.0	9060.5
等外公路里程	208.8	251.9
公路有路面里程	13485.6	12899.4
有铺装路面里程	5559.2	4797.9
简易铺装路面里程	3464.1	3613.5
未铺装路面里程	4462.3	4488.0
公路建设投资额(万元)	149629.7	131572.7
新建	41758.7	89158.0
改建	107870.9	42414.6

注：公路通车里程中包括村公路。

10-7 电信业务基本情况

指　　标	计量单位	2007	2006
一、通信业务量			
电信业务总量	万元	276524	247813
固定	万元	71239	70566
移动	万元	205285	177247
长途电话通话量	万次	14185.2	6051.8
长途电话通话时长	分钟	23901.4	22889.4
电话年末用户	户	2158560	1730281
移动电话年末用户	户	1243224	788841
固定电话年末用户	户	915336	941440
城市电话用户	户	531854	546860
农村电话用户	户	383482	394580
#住宅电话年末用户	户	782288	816641
城市电话用户	户	429054	465744
农村电话用户	户	353234	350897
公用电话	户	66567	59161
移动短信业务量	万条	148160.2	105721.8
分组交换用户	户	19	50
数字数据用户	户	477	522
国际互联网用户	户	160887	7607
二、电信主要通信能力			
长途电话交换机容量	路端	2388	2388
局用电话交换机容量	万门	92.8	90.2
用户交换机容量	万门	7.98	7.98
移动电话交换机容量	万户	128	128
接入局用电话交换机话机部数	部	15565	14439

10-8　邮政业务主要指标

指　　标	单位	2007	2006
邮政业务量	万元	30175	26296
邮政储蓄期末余额	万元	963199	870806
邮政局所总数	处	140	139
设在农村的局所	处	106	106
提供邮政全功能服务的电子化支局	处	81	78
电子化支局	处	74	38
总数中:邮政局	处	11	11
邮政支局	处	33	34
自办邮政所	处	76	74
代办邮政所	处	20	20
邮政报刊图书销售点	处	130	134
集邮品销售点	处	19	19
邮政储蓄点	处	116	116
邮路总条数	条	42	43
邮路总长度(单程)	公里	3042	2930
自办汽车邮路	公里	1973	1763
委办汽车邮路	公里	336	336
其他邮路	公里	733	831
农村投递线路总长度(单程)	公里	12145	11961
邮政汽车	辆	124	108
#邮运汽车	辆	12	15
储蓄汽车	辆	22	21
速递汽车	辆	21	15
城区每日平均投递次数	次	1.8	1.8
农村每周平均投递次数	次	4.6	4.6
开办邮政储蓄的乡镇	个	74	77

主要统计指标解释

货(客)运量　指在一定时期内，各种运输工具实际运送的货物(旅客)数量。它是反映运输业为国民经济和人民生活服务的数量指标，也是制定和检查运输生产计划、研究运输发展规模和速度的重要指标。货运按吨计算，客运按人计算。货物不论运输距离长短、货物类别，均按实际重量统计。旅客不论行程远近或票价多少，均按一人一次客运量统计；半价票、小孩票也按一人统计。

货(客)运密度　指在一定时期内某种运输方式在营运线路的某一区段平均每公里线路通过的货物(旅客)运输周转量。计算公式为:

货(客)运密度＝货物(旅客)周转量／营业线路长度

货(客)运密度是反映交通运输线路上货物(旅客)运输量运输繁忙程度的主要指标，是平衡运输线路运输能力和通过能力，规划线路建设及改造、配备技术设备，研究运输网布局的重要依据。

货物(旅客)周转量　指在一定时期内，由各种运输工具运送的货物(旅客)数量与其相应运输距离的乘积之总和。它是反映运输业生产总成果的重要指标，也是编制和检查运输生产计划，计算运输效率、劳动生产率以及核算运输单位成本的主要基础资料。计算货物周转量通常按发出站与到达站之间的最短距离，也就是计费距离计算。计算公式为:

货物(旅客)周转量＝Σ货物(旅客)运输量×运输距离

邮电业务总量　指以价值量形式表现的邮电通信企业为社会提供各类邮电通信服务的总数量。邮电业务量按专业分类包括函件、包件、汇票、报刊发行、邮政快件、特快专递、邮政储蓄、集邮、公众电报、用户电报、传真、长途电话、出租电路、市话无线寻呼、移动电话、分组交换数据通信、出租代维等。计算方法为各类产品乘以相应的平均单价(不变价)之和，再加上出租电路和设备、代用户维护电话交换机和线路等的服务收入。它综合反映了一定时期邮电业务发展的总成果，是研究邮电业务量构成和发展趋势的重要指标。计算公式为:

邮电业务总量＝Σ（各类邮电业务量×不变单价）＋出租代维及其他业务收入

移动电话用户　指在移动电话营业部门登记，通过移动电话交换机进入移动电话网、占有移动电话号码的电话用户。用户数量以实际办理登记手续进入邮电部门移动电话网的户数进行计算，一部或一台移动电话统计为一户。

电话用户　指接入国家公众固定电话网，并按固定电话业务进行经营管理的电话用户。1997 年以前，电话用户分为市内电话用户和农村电话用户。市内电话用户是指接入县城及县以上城市电话网上的电话用户；农村电话用户是指接入县邮电局农话台及县以下农村电话交换点，以县城为中心（除市话用户外）联通县、乡（镇）、行政村、村民小组的用户。从 1997 年起，电话用户数分组调整为以用户所在区域划分为“城市电话用户”和“乡村电话用户”，与过去的按市内电话和农村电话划分方法不同。而电话用户数、电话机部数统计方法不变。

第十一部分

批发零售贸易和餐饮业

11-1 主要年份社会消费品零售总额

单位：万元

年 份	社会消费品零售总额	市	县	县以下
1952	6223			
1957	13061			
1962	16256			
1965	17822			
1970	21532			
1975	34131			
1978	46140			
1980	52988			
1985	97416			
1990	141118	41518	64512	35088
1995	433673	114422	122164	197087
2000	739828	243095	227375	269358
2001	771781	244291	241275	286215
2002	818177	259872	248775	309530
2003	733083	257482	223127	252474
2004	1018472	343521	327481	347470
2005	1147322	375316	386657	385349
2006	1320112	436196	446569	437346
2007	1621356	540229	546950	534177

11-2 社会消费品零售总额

单位：万元

指 标	2007	2006
社会消费品零售总额	**1621356.3**	**1320111.5**
一、按销售单位所在地分		
1.市	540228.8	436196.4
2.县	546949.9	446568.9
3.县以下	534177.6	437346.2
二、按行业分组		
1.批发业	276465.2	233148.1
限额以上企业	50646.6	37762.2
限额以下企业及个体户	225818.6	195385.9
2.零售业	1114768.3	886091.5
限额以上企业	317290.5	233106.6
限额以下企业及个体户	797477.8	652984.9
3.住宿和餐饮业	166101.0	137333.0
星级(限额以上)企业	16749.4	13894.3
星级以外(限额以下)企业和个体户	149351.6	123438.7
4.其他	64021.8	63538.9

11-3　限额以上批发零售贸易业基本情况(2007年)

指　　标	法人企业(个)	产业活动单位(个)	年末从业人数(人)
总　　计	**120**	**273**	**12747**
一、批发业	**51**	**112**	**6453**
其中：国有及国有控股	36	46	5676
1.按登记注册类型分组			
内资	51	112	6453
国有	18	21	4687
集体	4	4	327
有限责任公司	21	79	1028
国有独资公司	1	1	14
其他有限责任公司	20	78	1014
股份有限公司	3	3	200
私营企业	5	5	211
私营有限责任公司	5	5	211
2.按国民经济行业分组			
农畜产品批发业	4	4	649
食品、饮料及烟草制品批发业	6	7	957
#米、面制品及食用油批发业	2	2	117
烟草制品批发业	1	1	695
医药及医疗器材批发业	1	24	85
矿产品、建材及化工产品批发业	34	71	4480
#煤炭及制品批发业	21	24	3798
石油及制品批发业	3	11	166
金属及金属矿批发业	5	28	228
建材批发业	2	2	132
化肥批发业	1	4	11
机械设备、五金交电及电子产品批发	5	5	259
#汽车、摩托车及零配件批发业	2	2	45
贸易经纪与代理	1	1	23
二、零售业	**69**	**161**	**6294**
其中：国有及国有控股	31	92	3821
1.按登记注册类型分组			
内资	69	161	6294
国有	10	17	433
集体	4	26	631
股份合作	1	1	8
有限责任公司	31	62	2107
其他有限责任公司	31	62	2107
股份有限公司	6	35	2088
私营企业	17	20	1027
私营独资	1	1	35
私营有限责任公司	13	16	842
私营股份有限公司	3	3	150
2.按国民经济行业分组			
综合零售业	31	91	3512
#百货零售业	22	51	2317
超级市场零售业	8	26	1135
食品、饮料及烟草制品专门零售业	2	2	105
文化、体育用品及器材专门零售业	8	13	308
#图书零售业	8	13	308
汽车、摩托车、燃料及零配件专门	20	47	2100
#汽车零售业	14	14	463
机动车燃料零售业	6	33	1637
家用电器及电子产品专门零售业	6	6	181
#家用电器零售业	6	6	181
五金、家具及室内装修材料专门零	1	1	60
无店铺及其他零售业	1	1	28

11-4 限额以上批发零售贸易业商品购进、销售、库存总额(2007年)

单位:万元

指　标	购进总额		销售总额				年末库存总额
		进　口		批　发		零　售	
					出　口		
总　计	**1389339**		**1652445**	**1162052**	**75485**	**490393**	**87516**
一、批发业	**933001**		**1137909**	**1126915**	**75485**	**10994**	**53848**
其中:国有及国有控股	780878		964515	954342	72325	10173	39403
1.按登记注册类型分组							
内资	933001		1137909	1126915	75485	10994	53848
国有	414090		580464	578420	48758	2043	14502
集体	8383		12792	12792			2289
有限责任公司	402026		417681	408731	26727	8951	26758
国有独资公司	2708		3251	3251			22
其他有限责任公司	399318		414430	405479	26727	8951	26736
股份有限公司	6463		11324	11324			1466
私营企业	102039		115648	115648			8833
私营有限责任公司	102039		115648	115648			8833
2.按国民经济行业分组							
农畜产品批发业	10870		17321	17267		54	3968
食品、饮料及烟草制品批发业	146135		207933	199804	23567	8130	18125
#米、面制品及食用油批发业	24828		25015	25015	23567		45
烟草制品批发业	99073		156729	156729			3882
医药及医疗器材批发业	1402		1399	578		821	137
矿产品、建材及化工产品批发业	752013		884477	882487	51918	1990	30727
#煤炭及制品批发业	562560		675831	675831	48758		13074
石油及制品批发业	53958		55084	53095		1990	3352
金属及金属矿批发业	53292		57582	57582			7799
建材批发业	66617		78918	78918	3160		5795
化肥批发业	2273		2654	2654			168
机械设备、五金交电及电子产品批发	22473		25007	25007			886
#汽车、摩托车及零配件批发业	14614		16878	16878			40
贸易经纪与代理	108		1772	1772			5
二、零售业	**456338**		**514536**	**35137**		**479399**	**33669**
其中:国有及国有控股	263785		296824	32057		264766	21056
1.按登记注册类型分组							
内资	456338		514536	35137		479399	33669
国有	31255		28543	147		28396	4664
集体	16936		20471	5004		15467	1415
股份合作	2631		2671			2671	69
有限责任公司	78221		104181	1918		102263	7821
其他有限责任公司	78221		104181	1918		102263	7821
股份有限公司	181197		207387	26643		180745	12217
私营企业	146100		151284	1425		149859	7483
私营独资	516		840			840	33
私营有限责任公司	135948		147128	1425		145703	6391
私营股份有限公司	9636		3316			3316	1060
2.按国民经济行业分组							
综合零售业	101222		125970	6882		119089	9440
#百货零售业	68820		89718	5227		84491	5554
超级市场零售业	30552		33649	1654		31994	3670
食品、饮料及烟草制品专门零售业	15420		9519			9519	3410
文化、体育用品及器材专门零售业	11627		11478	188		11291	1072
#图书零售业	11627		11478	188		11291	1072
汽车、摩托车、燃料及零配件专门	315182		355008	28068		326940	17532
#汽车零售业	75617		81097	1425		79672	5883
机动车燃料零售业	239565		273911	26643		247269	11649
家用电器及电子产品专门零售业	11142		10754			10754	2153
#家用电器零售业	11142		10754			10754	2153
五金、家具及室内装修材料专门零	540		650			650	50
无店铺及其他零售业	1205		1157			1157	12

11－5　星级住宿业和限额以上餐饮业经营情况（2007年）

单位：万元

指　　标	法人企业(个)	产业活动单位(个)	从业人数(人)	营业额				
					客房收入	餐费收入	商品销售收入	其他收入
总　　计	**44**	**47**	**5148**	**30718**	**8605**	**19385**	**759**	**1970**
一、住宿业	**26**	**27**	**3097**	**19262**	**5565**	**11627**	**536**	**1534**
其中：国有及国有控股	11	11	1113	6253	1830	3808	222	394
1.按登记注册类型分组								
内资	25	26	2933	17017	5217	10328	536	935
国有	6	6	582	2436	763	1447	83	143
集体	1	1	210	1326	471	667	118	71
有限责任公司	7	7	507	3585	959	2350	76	200
其他有限责任公司	7	7	507	3585	959	2350	76	200
私营企业	11	12	1634	9670	3025	5865	259	521
私营独资	5	6	465	2350	502	1832	11	6
私营有限责任公司	6	6	1169	7319	2523	4033	248	515
港澳台商投资企业	1	1	164	2245	348	1299		598
与港澳台商合资经营	1	1	164	2245	348	1299		598
2.按国民经济行业分组								
旅游饭店	16	17	1122	6813	2029	4226	155	403
一般旅馆	9	9	1894	12007	3487	7008	381	1131
其他住宿服务	1	1	81	442	49	393		
二、餐饮业	**18**	**20**	**2051**	**11457**	**3040**	**7758**	**223**	**437**
其中：国有及国有控股	2	2	317	1199	469	715		15
1.按登记注册类型分组								
内资	18	20	2051	11457	3040	7758	223	437
国有	1	1	106	212	120	77		15
有限责任公司	5	7	654	3300	1383	1737	163	17
其他有限责任公司	5	7	654	3300	1383	1737	163	17
股份有限公司	2	2	297	1783	437	1346		
私营企业	10	10	994	6163	1100	4598	60	405
私营独资	6	6	521	2562	460	1750	60	292
私营有限责任公司	4	4	473	3601	641	2848		112
2.按国民经济行业分组								
正餐服务业	18	20	2051	11457	3040	7758	223	437

11-6 限额以上批发和

指　　标	流动资产合计	存货	固定资产原价	累计折旧
总　　计	**352872**	**78235**	**139545**	**38682**
一、批发业	**271689**	**50301**	**80009**	**25927**
其中：国有及国有控股	213882	34739	65179	21901
1.按登记注册类型分组				
内资	271689	50301	80009	25927
国有	123493	22285	56409	18133
集体	13852	3754	1260	736
有限责任公司	89481	13963	15645	4470
国有独资公司	669	22	38	6
其他有限责任公司	88812	13941	15607	4464
股份有限公司	8367	1466	3042	1567
私营企业	36496	8833	3654	1021
私营有限责任公司	36496	8833	3654	1021
2.按国民经济行业分组				
农畜产品批发业	20567	10080	4905	1500
食品、饮料及烟草制品批发业	21084	4070	22205	3195
#米、面制品及食用油批发业	4234	158	1080	302
烟草制品批发业	14290	3348	20331	2481
医药及医疗器材批发业	626	602	179	74
矿产品、建材及化工产品批发业	219183	34600	50637	20611
#煤炭及制品批发业	146365	16427	31724	15089
石油及制品批发业	19915	3389	8659	3739
金属及金属矿批发业	33722	8446	5638	942
建材批发业	17071	5795	3176	410
化肥批发业	71	60		
机械设备、五金交电及电子产品批发	8251	944	1667	292
#汽车、摩托车及零配件批发业	4935	40	1166	131
贸易经纪与代理	1978	5	418	256
二、零售业	**81183**	**27934**	**59536**	**12755**
其中：国有及国有控股	34031	17248	18549	4879
1.按登记注册类型分组				
内资	81183	27934	59536	12755
国有	8529	4283	4230	1233
集体	2328	388	3644	100
股份合作	150	69	45	4
有限责任公司	19979	4987	33966	7164
其他有限责任公司	19979	4987	33966	7164
股份有限公司	16097	10576	4477	1538
私营企业	34100	7632	13175	2716
私营独资	56	33	7	1
私营有限责任公司	32713	6423	13007	2595
私营股份有限公司	1332	1177	161	120
2.按国民经济行业分组				
综合零售业	29517	5761	46288	9818
#百货零售业	12502	1993	32464	7083
超级市场零售业	16654	3747	13418	2619
食品、饮料及烟草制品专门零售业	5448	3410	870	234
文化、体育用品及器材专门零售业	2908	650	3168	900
#图书零售业	2908	650	3168	900
汽车、摩托车、燃料及零配件专门	40212	15868	8518	1578
#汽车零售业	20752	5832	7521	1158
机动车燃料零售业	19460	10036	997	420
家用电器及电子产品专门零售业	2981	2184	352	172
#家用电器零售业	2981	2184	352	172
五金、家具及室内装修材料专门零	65	50	15	8
无店铺及其他零售业	52	12	324	45

零售业企业资产负债情况（2007年）

单位:万元

本年折旧	资产合计	负债合计	所有者权益合计	实收资本	国家资本	集体资本	法人资本	个人资本
5147	**521281**	**368987**	**152293**	**89412**	**18360**	**6450**	**42669**	**21933**
3006	**366479**	**261227**	**105252**	**54500**	**17655**	**3791**	**29717**	**3337**
2406	288916	206164	82752	32283	17655	3733	10702	193
3006	366479	261227	105252	54500	17655	3791	29717	3337
1863	190145	122286	67859	18923	15563	1140	2220	
40	14378	13011	1368	1965		1495	470	
819	104463	85907	18555					
3	701	642	59	50	50			
815	103762	85266	18496	15996	2042	1097	10669	2188
116	10329	6910	3419	1138		58	8	1072
169	47165	33113	14052	16428			16350	78
169	47165	33113	14052					
151	24879	20791	4088	1435	1204	231		
724	57251	18198	39053	5729	346	243	5140	
7	5168	1424	3744	4336	296		4040	
683	49141	14290	34850	1100			1100	
2	799	675	125					
2034	271361	211727	59633	45154	16106	3258	22581	3209
1330	174267	139850	34418	19469	11305	3228	3915	1022
417	26654	20321	6332	5300	4790		500	10
76	45259	33352	11907	14050			12045	2005
151	21645	15763	5882	5501			5501	
	71	21	51	50		30		20
67	9850	7876	1974	2012		58	1892	62
2	6090	4564	1527	1550			1550	
28	2339	1960	379					
2141	**154801**	**107760**	**47041**					
565	55569	34613	20956	7806	700	2022	3616	1469
2141	154801	107760	47041	34912	705	2659	12953	18595
213	13722	10413	3309	659	578		54	26
	5937	5212	725	940		933		8
3	191	140	51	50			50	
1240	53399	40485	12915					
1240	53399	40485	12915					
42	22858	11007	11852	1558			1412	146
643	58695	40504	18191	20262			7959	12302
0	82	20	62	22				22
572	57199	39627	17572					
71	1414	857	557	169			3	166
1479	78045	55082	22963	20865	5	2659	3669	14532
794	41244	33391	7853	6768	5	1052	3666	2046
668	34310	20765	13545	13298		1000	3	12295
6	6087	6228	-142	210	210			
201	7532	3925	3608					
201	7532	3925	3608					
430	58172	37949	20223					
349	35061	23490	11571	12402			8802	3601
81	23111	14459	8651	185			185	
0	3235	3017	218	471			253	218
0	3235	3017	218	471			253	218
3	80	20	60					
22	1651	1539	112	167			44	122

11-7 限额以上批发和

指标	营业收入合计	主营业务收入	主营业务成本	主营业务税金及附加	主营业务利润	其他业务利润
总计	**1497147**	**1493428**	**1299596**	**3178**	**107811**	**10941**
一、批发业	**1033590**	**1030733**	**893398**	**2402**	**83387**	**7251**
其中：国有及国有控股	880208	877401	748728	2276	74962	6240
1.按登记注册类型分组						
内资	1033590	1030733	893398	2402	83387	7251
国有	534792	533437	429031	1473	53293	6002
集体	11258	11258	9268	42	1565	11
有限责任公司	377984	376531	352005	796	22226	931
国有独资公司	3251	3251	2708	8	26	
其他有限责任公司	374733	373280	349297	788	22200	931
股份有限公司	10447	10397	7854	45	2479	306
私营企业	99110	99110	95240	46	3823	1
私营有限责任公司	99110	99110	95240	46	3823	1
2.按国民经济行业分组						
农畜产品批发业	17227	17051	16176	3	332	416
食品、饮料及烟草制品批发业	182204	180806	141141	1028	37533	117
#米、面制品及食用油批发业	23988	23988	22669	488	776	11
烟草制品批发业	133956	133956	100151	522	33283	87
医药及医疗器材批发业	1159	1159	994	1	74	
矿产品、建材及化工产品批发业	808925	807691	711876	1351	44684	6587
#煤炭及制品批发业	622981	621802	536975	1144	34255	5734
石油及制品批发业	50486	50486	45438	114	4933	250
金属及金属矿批发业	52590	52590	51561	53	787	566
建材批发业	67910	67910	64351	23	3536	1
化肥批发业	2257	2231	2001		69	
机械设备、五金交电及电子产品批发	22304	22253	21547	15	660	121
#汽车、摩托车及零配件批发业	14531	14531	14040	1	489	
贸易经纪与代理	1772	1772	1664	4	103	10
二、零售业	**463557**	**462695**	**406198**	**776**	**24424**	**3690**
其中：国有及国有控股	282201	282050	254911	439	15633	1174
1.按登记注册类型分组						
内资	463557	462695	406198	776	24424	3690
国有	27808	27751	24389	54	2194	144
集体	20341	20341	19141	32	1168	129
股份合作	2671	2671	2631	1	39	
有限责任公司	84824	84342	58619	287	4971	2239
其他有限责任公司	84824	84342	58619	287	4971	2239
股份有限公司	195995	195995	180232	292	10149	814
私营企业	131919	131596	121187	110	5905	364
私营独资	740	740	641	5	94	
私营有限责任公司	128312	127989	117948	100	5756	347
私营股份有限公司	2867	2867	2598	6	54	17
2.按国民经济行业分组						
综合零售业	107728	107011	77395	386	5857	3435
#百货零售业	76445	76276	53611	317	3488	2824
超级市场零售业	28683	28135	21408	53	2218	611
食品、饮料及烟草制品专门零售业	9519	9519	9072	0	367	9
文化、体育用品及器材专门零售业	10340	10283	7277	45	1733	126
#图书零售业	10340	10283	7277	45	1733	126
汽车、摩托车、燃料及零配件专门	323835	323830	301422	322	15710	59
#汽车零售业	71585	71580	68907	32	2636	17
机动车燃料零售业	252250	252250	232515	290	13074	41
家用电器及电子产品专门零售业	10316	10296	9448	12	596	
#家用电器零售业	10316	10296	9448	12	596	
五金、家具及室内装修材料专门零	600	600	558	8	34	
无店铺及其他零售业	1218	1157	1026	2	129	62

零售业企业损益及分配（2007年）

单位:万元

营业费用	管理费用		财务费用		营业利润	利润总额	应交所得税	劳动、失业保险费	住房公积金和住房补贴
		税金		利息支出					
37692	**35351**	**1164**	**8477**	**5946**	**46583**	**49914**	**13378**	**1723**	**621**
26193	**24695**	**599**	**5500**	**3418**	**36238**	**39837**	**13353**	**1188**	**428**
21604	22043	579	3255	1237	36177	38797	12819	1099	428
26193	24695	599	5500	3418	36238	39837	13353	1188	428
12801	16017	474	1341	1010	30380	32264	11175	980	377
812	844	31	77	79	-157	16	38	84	25
9266	6306	83	2066	403	6244	6786	1698	108	26
477	34	1			26	26		0	0
8789	6272	82	2066	403	6218	6760	1698	108	26
978	549	1	35	-3	1243	1250	412		
2337	980	10	1981	1929	-1473	-478	30	16	
2337	980	10	1981	1929	-1473	-478	30	16	
319	1171	79	441	441	-723	161	29	243	9
3477	7135	178	525	-76	27024	26694	8154	557	289
440	464	20	95		-213	-211	5	3	
2313	6284	147	-88	-73	24861	24527	8111	521	271
91	91		3	3	-20	-27		24	
21886	15802	332	4516	3053	9962	13010	5167	359	131
15608	11943	262	2103	900	10552	11980	4719	268	116
3162	1465	36	41	41	1083	1077	299	5	4
501	1202	4	1745	1495	-1985	-351	70	34	
2157	645	7	579	571	158	148	41	16	
14	14	2	2	2	39	39			
415	382	10	16	-1	0	-1	2	5	
312	180	2	-15		12	12	2	5	
5	116	1	-1	-1	-7	1	0		
11499	**10655**	**566**	**2978**	**2528**	**10345**	**10077**	**25**	**535**	**192**
6704	5608	249	613	547	10585	10278	285	220	192
11499	10655	566	2978	2528	10345	10077	25	535	192
1049	1339	28	323	328	448	442	162	100	68
518	660	74	30	30	121	61	20	31	
	43				-4	-4			
2534	4144	267	1323	1219	-81		92	330	26
2534	4144	267	1323	1219	-81		92	330	26
3752	2614	136	65		9901	9666	45	41	99
3645	1855	62	1237	951	-40	-88	-294	33	
24	33	1	1		36	4	1		
3599	1744	61	1234	951	-85	-101	-296	32	
22	78	1	2	0	9	10	1	1	
3595	5399	378	1355	979	157	86	103	383	
1428	4612	310	1053	960	189	83	85	319	
2167	708	52	254	19	-55	-34	6	44	
253	146		309	309	-28	-28		7	
969	964	31	12	20	603	597	205	91	69
969	964	31	12	20	603	597	205	91	69
6318	3685	153	1120	1083	9538	9396	-293	41	120
1298	1298	28	663	648	-416	-433	-296	6	
5020	2387	125	457	435	9955	9829	3	35	120
281	374	2	73	32	128	84	4	2	
281	374	2	73	32	128	84	4	2	
8	5		3		18	18	6		
75	82	2	106	106	-72	-76		10	4

11-8 限额以上批发和零售业工资福利情况（2007年）

单位:万元

指标	本年应付工资总额	本年应付福利费总额	本年应交增值税	全部从业人员年平均人数（人）
总计	**17215.0**	**1324.1**	**21413.8**	**11479**
一、批发业	**11376.9**	**722.5**	**19205.4**	**5725**
其中：国有及国有控股	10182.3	553.9	18094.2	4991
1.按登记注册类型分组				
内资	11376.9	722.5	19205.4	5725
国有	8251.3	253.7	16352.3	4045
集体	357.5	52.5	132.1	224
有限责任公司	2063.6	307.4	1915.8	1060
国有独资公司	23.3		82.2	14
其他有限责任公司	2040.3	307.4	1833.6	1046
股份有限公司	438.9	73.9	411.8	189
私营企业	265.6	35	393.4	207
私营有限责任公司	265.6	35	393.4	207
2.按国民经济行业分组				
农畜产品批发业	625.3	21.4	26.8	558
食品、饮料及烟草制品批发业	3489.4	31.8	6532.4	957
#米、面制品及食用油批发业	83.9	10.5	214.5	117
烟草制品批发业	3186		6100	695
医药及医疗器材批发业	26.7	3.7	11.7	46
矿产品、建材及化工产品批发业	6779.9	616.6	12531.1	3885
#煤炭及制品批发业	5569.8	464.3	9180.4	3170
石油及制品批发业	413.8	41	2600.1	172
金属及金属矿批发业	337.1	47.4	490.2	213
建材批发业	171.9	24	202.9	135
化肥批发业	6.9	0.7		6
机械设备、五金交电及电子产品批发	428.5	49	70.2	257
#汽车、摩托车及零配件批发业	115.6	2.7	0.9	58
贸易经纪与代理	27.1		33.2	22
二、零售业	**5838.1**	**601.6**	**2208.4**	**5754**
其中：国有及国有控股	3566.5	360.6	837.5	3452
1.按登记注册类型分组				
内资	5838.1	601.6	2208.4	5754
国有	1001.7	108.9	385.8	370
集体	457.8	6.3	102.9	432
股份合作	16.5		4.9	8
有限责任公司	1814.6	189.2	541.3	2018
其他有限责任公司	1814.6	189.2	541.3	2018
股份有限公司	1475.5	156.9	61.4	1969
私营企业	1072	140.3	1112.1	957
私营独资	35	3	5.3	35
私营有限责任公司	954.2	135	955.3	827
私营股份有限公司	82.8	2.3	151.5	95
2.按国民经济行业分组				
综合零售业	2719.5	247.6	708.9	3038
#百货零售业	1797.1	142	269.3	2003
超级市场零售业	871.4	105.6	436.9	975
食品、饮料及烟草制品专门零售业	106.4	4.7		44
文化、体育用品及器材专门零售业	856.4	104.2	357	306
#图书零售业	856.4	104.2	357	306
汽车、摩托车、燃料及零配件专门	1870.8	211.3	1077.3	2099
#汽车零售业	634.1	103.7	231.6	462
机动车燃料零售业	1236.7	107.6	845.7	1637
家用电器及电子产品专门零售业	181.9	26.6	36.7	189
#家用电器零售业	181.9	26.6	36.7	189
五金、家具及室内装修材料专门零	60	6.6	7	50
无店铺及其他零售业	43.1	0.6	21.5	28

11-9 限额以上批发和零售业商品销售分类情况(2007年)

单位：万元

指 标	批发业		零售业	
	销售额	零售额	销售额	零售额
合 计	**1093973**	**50647**	**381561**	**317291**
1、食品、饮料、烟酒类	180091	3167	55806	53323
食品类	20231	2034	37396	35355
其中：粮油类	15829	490	17083	16607
肉禽蛋类	449	120	5949	5949
饮料类	1655	593	9773	9554
烟酒类	158205	541	8636	8414
2、服装、鞋帽、针纺织品类	3328	1132	25149	24985
服装类	1295	447	12360	12344
鞋帽类	793	273	6839	6823
针、纺织品类	1240	412	5950	5817
3、化妆品类	1272	445	3550	3550
4、金银珠宝类			3377	3377
5、日用品类	4271	1612	9358	9128
其中：洗涤用品类	1371	646	4733	4733
儿童玩具类	462	209	1919	1919
6、五金、电料类	561	215	862	862
7、体育、娱乐用品类	503	234	549	549
8、书报杂志类			11040	10853
9、电子出版物及音像制品类			136	136
10、家用电器和音像器材类	732	294	14520	14520
11、中西药品类	1399	821	819	666
其中：西药类	772	432	222	222
中草药及中成药类	627	389	597	444
12、文化办公用品类	583	266	766	766
13、家具类	637	392	644	644
14、通讯器材类			1648	1648
15、煤炭及制品类	575357	941		
16、木材及制品类	390			
17、石油及制品类	121854	1992	227264	168238
18、化工材料及制品类	6879		3037	1191
其中：化肥类	966		2345	631
19、金属材料类	119833			
20、建筑及装潢材料类	327		830	739
21、机电产品及设备类	10429		86	
其中：农机类	5171		86	
22、汽车类	52110	38685	9441	9441
23、种子饲料类	600			
24、棉麻类	2405		128	128
25、其他类	10412	450	12551	12546

11-10 星级住宿业和限额

指　　标	流动资产合计	存货	固定资产原价	累计折旧
总　　计	**4615.5**	**847.2**	**6440.5**	**1241.1**
餐饮业	4615.5	847.2	6440.5	1241.1
其中：国有及国有控股	452.8	91.3	1195.8	441.3
1.按登记注册类型分组				
内资	4615.5	847.2	6440.5	1241.1
国有	165.2	25.4	1075.2	423.9
有限责任公司	1462.8	213.1	1728.1	91.9
其他有限责任公司	1462.8	213.1	1728.1	91.9
股份有限公司	359.6	137.9	468	191.6
私营企业	2627.9	470.8	3169.2	533.7
私营独资	726.7	257.3	2101.4	197.5
私营有限责任公司	1901.2	213.5	1067.8	336.2
2.按国民经济行业分组				
正餐服务业	4615.5	847.2	6440.5	1241.1

11-10 星级住宿业和限额以上

损益及分配

指　　标	营业收入合计	主营业务收入	主营业务成本
总　　计	**11435**	**11402**	**5911**
餐饮业	11435	11402	5911
其中：国有及国有控股	1199	1184	514
1.按登记注册类型分组			
内资	11435	11402	5911
国有	212	197	130
有限责任公司	3299	3299	1567
其他有限责任公司	3299	3299	1567
股份有限公司	1783	1783	762
私营企业	6141	6123	3452
私营独资	2541	2523	1682
私营有限责任公司	3601	3601	1771
2.按国民经济行业分组			
正餐服务业	11435	11402	5911

以上餐饮企业财务状况(2007年)

单位:万元

本年折旧	资产合计	负债合计	所有者权益合计	实收资本			
					国家资本	法人资本	个人资本
248.8	**14455.7**	**11660.7**	**2795**	**2266.2**	**126.3**	**1235.1**	**904.8**
248.8	14455.7	11660.7	2795	2266.2	126.3	1235.1	904.8
53	2105.6	909.6	1196	177.3	126.3	51	
248.8	14455.7	11660.7	2795	2266.2	126.3	1235.1	904.8
40.5	1636.3	376.7	1259.6	126.3	126.3		
40.5	6029	5881	148	354.1	104.1		250
40.5	6029	5881	148	354.1	104.1		250
36.8	771.1	681.5	89.6	191.3		51	140.3
131	6019.3	4721.5	1297.8	1594.5		1080	514.5
54.6	3383.4	3282.4	101	314.5		80	234.5
76.4	2635.9	1439.1	1196.8	1280		1000	280
248.8	14455.7	11660.7	2795	2266.2	126.3	1235.1	904.8

餐饮企业财务状况(2007年)(续)

单位:万元

主营业务税金及附加	主营业务利润	应交所得税	工资、福利费		全部从业人员年平均人数(人)
			本年应付工资总额	本年应付福利费总额	
780	**3722**	**124**	**1968**	**189**	**2037**
780	3722	124	1968	189	2037
91	570	0	329	54	293
780	3722	124	1968	189	2037
11	47	0	92	22	106
234	819	50	622	78	624
234	819	50	622	78	624
125	896	5	325	49	273
410	1960	69	930	40	1034
119	722	44	389	3	516
291	1238	26	541	38	518
780	3722	124	1968	189	2037

主要统计指标解释

社会消费品零售总额 指国民经济各行业直接售给城乡居民和社会集团的消费品总额。它是反映各行业通过多种商品流通渠道向居民和社会集团供应的生活消费品总量，是研究国内零售市场变动情况、反映经济景气程度的重要指标。

社会消费品零售总额包括：⑴售给城乡居民作为生活用的商品和修建房屋用的建筑材料；⑵售给社会集团的各种办公用品和公用消费品；⑶售给机关、团体、学校、部队、企业、事业单位的职工食堂和旅店(招待所)附设专门供本店旅客食用，不对外营业的食堂的各种食品、燃料；企业、单位和国营农场直接售给本单位职工和职工食堂的自己生产的产品；⑷售给部队干部、战士生活用的粮食、副食品、衣着品、日用品、燃料；⑸售给来华的外国人、华侨、港澳台同胞的消费品；⑹居民自费购买的中、西药品、中药材及医疗用品；⑺报社、出版社直接售给居民和社会集团的报纸、图书、杂志，集邮公司出售的新、旧纪念邮票、特种邮票、首日封、集邮册、集邮工具等；⑻旧货寄售商店自购、自销部分的商品；⑼煤气公司、液化石油气站售给居民和社会集团的煤气灶具和罐装液化石油气；⑽农民售给非农业居民和社会集团的商品。不包括售给国民经济各部门企业、事业单位(包括国有经济的农场)生产经营用的各种原材料、燃料、设备、工具等和售给批发零售贸易业、餐饮业作为转卖用的商品，旧货寄售商店受托寄售卖出的商品，服务业的营业收入，邮局出售邮票的收入，自来水、电力、煤气生产(供应)单位的产品供应收入，也不包括农民之间的商品销售。

批发零售贸易业商品购、销、存总额 指各种登记注册类型的批发、零售贸易业(不包括个体)企业（单位）以本企业（单位）为总体的商品购进、销售、库存总额。

商品购进总额 指从本企业(单位)以外的单位和个人购进(包括从境外直接进口)作为转卖或加工后转卖的商品总额。它反映批发零售贸易业从国内、国外市场上购进商品的总量。商品购进总额包括：⑴从工农业生产者购进的商品；⑵从出版社、报社的出版发行部门购进的图书、杂志和报纸；⑶从各种登记注册类型的批发零售贸易企业(单位)购进的商品；⑷从其他单位购进的商品，如从机关、团体、企业等单位购进的剩余物资，从餐饮业、服务业购进的商品，从海关、市场管理部门购进的缉私和没收的商品，从居民手中收购的废旧商品等；⑸从国(境)外直接进口的商品。不包括企业(单位)为自身经营用和未通过买卖行为而收入的商品以及销售退回、商品升溢等。

商品销售总额 指对本企业(单位)以外的单位和个人出售(包括对境外直接出口)的商品总额。它反映批发零售贸易业在国内市场上销售商品以及出口商品的总量。商品销售总额包括：⑴售给城乡居民和社会集团消费用的商品；⑵售给工业、农业、建筑业、运输邮电业、批发零售贸易业、餐饮业、服务业等作为生产、经营使用的商品；⑶售给批发零售贸易业作为转卖或加工后转卖的商品；⑷对国(境)外直接出口的商品。不包括出售本企业(单位)自用的废旧包装用品；未通过买卖行为付出的商品；经本单位介绍，由买卖双方直接结算，本单位只收取手续费的业务；购货退出的商品以及商品损耗和损失等。

批发零售贸易业库存 指报告期末各种登记注册类型的批发零售贸易企业(单位)已取得所有权的商品。它反映批发零售贸易企业(单位)的商品库存情况和对市场商品供应的保证程度。期末库存包括：⑴存放在批发零售贸易业经营单位(如门市部、批发站、经营处)仓库、货场、货柜和货架中的商品；⑵挑选、整理、包装中的商品；⑶已记入购进而尚未运到本单位的商品，即发货单或银行承兑凭证已到而货未到的部分；⑷寄放他处的商品，如因购货方拒绝承付而暂时存放在购货方的商品和已办完加工成品收回手续而未提回的商品；⑸委托其他单位代销(未作销售或调出)尚未售出的商品；⑹代其他单位购进尚未交付的商品。不包括所有权不属于本单位的商品、拨付除批发零售贸易业以外的其他行业所属独立核算加工厂等加工生产尚未收回成品的商品、代国家物资储备部门保管的商品等。

库存总额采用的计算价格是：农副产品采购单位按购进价计算；批发单位按进货价计算；零售单位按核算价格计算，即按什么价格核算就按什么价格计算。

消费品市场成交额　指从事消费品交易的商品市场的全部商品成交金额。消费品市场包括农副产品市场和工业消费品市场。

第十二部分

对外经济贸易和旅游业

12-1　主要年份海关进出口贸易总额

单位：万美元

年份	进出口总额	出口总额	进口总额
1990	4290	4290	
1991	2979	2979	
1992	1013	1013	
1993	4859	4859	
1994	6662	6662	
1995	8100	8100	
1996	13108	12600	508
1997	16078	15354	724
1998	14082	13230	852
1999	7366	6990	376
2000	12888	12459	429
2001	12953	12417	536
2002	13021	12751	270
2003	21801	20511	1289
2004	49620	47224	2397
2005	40316	39330	986
2006	41615	40773	842
2007	50628	49908	720

12-2　海关进出口贸易总额

单位：万美元

指标	2007			2006		
	进出口总额	出口总额	进口总额	进出口总额	出口总额	进口总额
总　额	**50628**	**49908**	**720**	**41615**	**40773**	**842**
一、按企业性质分						
国有企业	4056	4055	1	4447	4433	14
中外合资企业	22482	22145	336	15410	15136	274
外商独资企业	2347	2344	3	1119	1117	2
有进出口经营权的集体企业	7928	7928		9248	9248	
有进出口经营权的个体企业	13745	13366	379	11390	10839	551
其　他	70	70				
二、按贸易方式分						
#一般贸易	50443	49819	624	41541	40730	812
来料加工装配贸易	6	3	3			
进料加工贸易	54	41	14			
外商作为投资进口的设备、物品	78		78	27		27
其　他	2	1	1	2		2

12-3 海关进出口商品分类总额

单位：万美元

指 标	2007		2006	
	出口总额	进口总额	出口总额	进口总额
合 计	**49908**	**720**	**40773**	**842**
1. 活动物及动物产品	455			
2. 植物产品	295		171	
3. 动、植物油脂及分解产品；精制的食用油脂、动植物脂			2	
4. 食品、饮料、酒及醋；烟草及烟草代品的制品	27		19	
5. 矿产品	29405	199	22760	521
6. 化学工业及其相关工业的产品	625	1	609	5
7. 塑料及其制品；橡胶及其制品	154	7	16	3
8. 生皮、皮革、毛皮及其制品；鞍具及挽具;旅行用品、手提包及类似品；动物肠线(蚕胶丝除外)制品	1			
9. 木及木制品；木炭；软木及软木制品稻草 、秸秆、针茅或其他编结材料制品、蓝筐及柳条编结品	34	16	233	3
10. 木浆及其他纤维状纤维素浆；纸及纸板的废碎品；纸、纸板及其制品废碎品；纸、纸板及其制品	2	19	6	10
11. 纺织原料及纺织制品	35	2	13	1
12. 鞋、帽、伞、仗、鞭及其零件；已加工的羽毛及其制品；人造花；人发制品				
13. 石料、石膏、水泥、石棉、云母及类似材料的制品；陶瓷产品；玻璃及其制品	4068	3	3955	7
14. 天然或养殖珍珠、宝石或半宝石、贵金属包贵金属及其制品；仿首饰；硬币				
15. 贱金属及其制品	10938	18	11024	3
16. 机器、机械器具、电气设备及其零件;录音机及放声机、电视图像、声音的录制和重放设备及其零件附件	3317	454	1763	290
17. 车辆、航空器、船舶及有关运输设备				
18. 光学、照相、电影、计量、检验、医疗或外科用仪器及设备、精密仪器及设备；钟表；乐器；上述物品的零件附件		1		1
19. 杂项制品	552		202	
20. 艺术品、收藏品及古物				

12-4 海关分国别(地区)进出口贸易总额

单位：万美元

国别（地区）	2007 进出口总额	2007 出口总额	2007 进口总额	2006 进出口总额	2006 出口总额	2006 进口总额
总　计	**50628**	**49908**	**720**	**41615**	**40773**	**842**
一、亚　洲	**19701**	**19317**	**384**	**14683**	**13878**	**805**
巴　林	27	27				
孟加拉国	304	304		175	175	
文　莱						
缅　甸	67	67				
柬埔寨						
塞浦路斯	3		3	4	4	
香　港	1152	1152		498	498	
印　度	748	748		835	463	372
印　尼	155	154	1			
伊　朗	1412	1412		1202	1202	
伊拉克	64	64		2	2	
以色列	93	93		62	62	
日　本	8048	7820	228	7025	6802	224
约　旦	19	19		7	7	
科威特	27	27		11	11	
黎巴嫩	12	12		3	3	
澳　门	17	17				
马来西亚	127	127				
马尔代夫						
蒙　古	144	144		86	86	
尼泊尔	2	2		1	1	
巴基斯坦	1121	1084	37	1520	1520	
菲律宾	97	97				
卡塔尔	9	9		3	3	
沙特阿拉伯	133	131	2	23	23	
新加坡	24	24		21	21	
韩　国	2702	2596	106	1127	959	168
斯里兰卡	7	7		6	6	
叙利亚	44	44		93	93	
泰　国	413	413		226	226	
土耳其	1174	1173	1	1332	1332	
阿拉伯联合酋长国	219	219		144	144	
也　门	24	24		4	4	
越　南	220	220		208	208	
台湾省	1060	1051	9	297	262	35
哈萨克斯坦	24	24		4	4	
乌兹别克斯坦	6	6				

12-4 海关分国别(地区)进出口贸易总额(续1)

单位：万美元

国别(地区)	2007 进出口总额	2007 出口总额	2007 进口总额	2006 进出口总额	2006 出口总额	2006 进口总额
二、非　洲	**341**	**285**	**56**	**471**	**471**	
阿尔及利亚	5	5		2	2	
安哥拉				1	1	
刚　果				2	2	
吉布提				1		
埃　及	24	24				
赤道几内亚				11	11	
埃塞俄比亚	2	2				
加　纳	1	1				
几内亚	52	52		15	15	
利比里亚	6	6				
利比亚				18	18	
马达加斯加	3	3				
毛里求斯				1	1	
摩洛哥	26	26		192	192	
留尼汪	1	1				
南　非	202	146	56	223	223	
突尼斯	10	10		5	5	
扎伊尔	3	3				
三、欧　洲	**17664**	**17497**	**167**	**14246**	**14214**	**32**
比利时	4687	4687				
丹　麦	115	115		116	116	
英　国	1520	1503	17			
德意志联邦共和国	686	569	117			
法　国	6852	6835	17			
爱尔兰	45	45				
意大利	424	424				
荷　兰	861	861				
希　腊	60	60				
葡萄牙	5	5				
西班牙	141	141				
奥地利	1	1				

12-4 海关分国别(地区)进出口贸易总额(续2)

单位：万美元

国别(地区)	2007			2006		
	进出口总额	出口总额	进口总额	进出口总额	出口总额	进口总额
芬兰	31	16	15			
匈牙利	1	1		1	1	
冰岛	1	1				
挪威	91	91		4	4	
波兰	339	339		72	72	
罗马尼亚	8	8		26	26	
瑞典	184	184				
爱沙尼亚	3	3				
拉脱维亚	6	6				
立陶宛	14	14				
格鲁吉亚	3	3				
俄罗斯	1527	1527		864	864	
乌克兰	45	45		17	17	
南斯拉夫联盟共和国				3	3	
斯洛文尼亚共和国	14	14		2	2	
四、拉丁美洲	**2858**	**2858**		**2747**	**2747**	
阿根廷	54	54		45	45	
巴西	2486	2486		1913	1913	
智利	32	32		28	28	
哥伦比亚	65	65		46	46	
哥斯达黎加				2	2	
古巴	9	9		5	5	
多米尼加	3	3		2	2	
厄瓜多尔	51	51		410	410	
危地马拉	5	5		21	21	
洪都拉斯	3	3				
墨西哥	49	49				
巴拿马	2	2				
巴拉圭	2	2				
秘鲁	37	37				
波多黎各	1	1				
委内瑞拉	60	60				
五、北美洲	**9767**	**9653**	**114**	**9320**	**9315**	**5**
加拿大	701	647	54	563	563	
美国	9066	9006	60	8757	8752	5
六、大洋洲	**297**	**297**		**149**	**149**	
澳大利亚	233	233		125	125	
新西兰	64	64		24	24	

12-5 主要年份利用外资金额

单位：万美元

年份	项目投资总额	合同利用外资情况	利用外商直接投资总额
1990	497	127	127
1991	3351	676	676
1992	4233	1382	1382
1993	5215	2053	2053
1994	1050	512	512
1995	1320	378	378
1996	6762	2990	2990
1997	4193	2487	2487
1998	4324	1152	1152
1999	4017	3111	3111
2000	5749	1096	1096
2001	3121	1309	1309
2002	1467	1037	1037
2003	5050	3119	1965
2004	30410	5429	1579
2005	21699	10818	1237
2006	23948	16336	1522
2007	72074	16429	5749

12-6 按行业分的合同利用外商直接投资额

单位：万美元

行业	2007			2006		
	项目(个)	合同金额	实际利用金额	项目(个)	合同金额	实际利用金额
总计	**24**	**16430**	**1889**	**20**	**16336**	**2320**
农、林、牧、渔业	3	336		1	131	
采矿业	3	3322	1000	1	1005	
制造业	9	1766	566	9	3903	1284
#化学原料及化学制品制造业	1	497	154	2	1095	98
医药制造业				1	121	121
通用设备制造业	1	222				
专用设备制造业				1	627	
电力、燃气及水的生产和供应业	5	10065	39	1	7891	
建筑业				1	995	800
住宿和餐饮业	1	176	130	1	139	
房地产业	1	45				
#房地产开发经营				1	326	17
科学研究、技术服务和地质勘查业				1	103	

12-7　主要年份旅游接待人数

单位：万人次

年　份	国内旅游接待人次	海外旅游者（人次）	外国人	香港人	澳门人	台湾人
1995	67.5	376	236	35	18	87
1996	75.0	1138	774	123	76	165
1997	101.6	4211	2989	307	258	657
1998	113.4	6369	4331	844	337	857
1999	151.3	7536	4736	702	443	1655
2000	188.7	13600	8547	1491	771	2791
2001	300.9	18231	11061	2787	841	3542
2002	416.8	25368	18012	2658	1079	3619
2003	351.9	11932	9694	712	278	1248
2004	533.2	42565	31784	4265	2352	4164
2005	652.2	75101	49744	9229	5381	10747
2006	786.5	96872	60672	13497	8025	14678
2007	882.9	120637	75744	16355	8321	20217

12-8　主要年份旅游收入

单位：万美元

年　份	旅游总收入（亿元）	国内旅游接待收入（亿元）	旅游外汇收　入
1995	0.29	0.28	11.79
1996	0.89	0.82	34.50
1997	1.29	1.23	76.35
1998	2.55	2.45	120.85
1999	3.70	3.59	139.25
2000	4.20	4.00	250.68
2001	6.99	6.68	394.00
2002	9.22	8.81	511.20
2003	8.73	8.53	242.46
2004	14.05	13.35	870.05
2005	24.60	23.24	1703.95
2006	37.47	35.98	1870.90
2007	53.10	50.95	2891.32

主要统计指标解释

进出口总额、海关进出口总额 指实际进出我国国境的货物总金额。包括对外贸易实际进出口货物，来料加工装配进出口货物，国家间、联合国及国际组织无偿援助物资和赠送品，华侨、港澳台同胞和外籍华人捐赠品，租赁期满归承租人所有的租赁货物，进料加工进出口货物，边境地方贸易及边境地区小额贸易进出口货物(边民互市贸易除外)，中外合资企业、中外合作经营企业、外商独资经营企业进出口货物和公用物品，到、离岸价格在规定限额以上的进出口货样和广告品(无商业价值、无使用价值和免费提供出口的除外)，从保税仓库提取在中国境内销售的进口货物，以及其他进出口货物。进出口总额用以观察一个国家在对外贸易方面的总规模。我国规定出口货物按离岸价格统计，进口货物按到岸价格统计。

外商直接投资 指外国企业和经济组织或个人(包括华侨、港澳台胞以及我国在境外注册的企业)按我国有关政策、法规，用现汇、实物、技术等在我国境内开办外商独资企业、与我国境内的企业或经济组织共同举办中外合资经营企业、合作经营企业或合作开发资源的投资(包括外商投资收益的再投资)，以及经政府有关部门批准的项目投资总额内企业从境外借入的资金。

外商其他投资 指除对外借款和外商直接投资以外的各种利用外资的形式。包括企业在境内外股票市场公开发行的以外币计价的股票（目前主要是在香港证券市场发行的H股和在境内证券市场发行的B股）发行价总额，国际租赁进口设备的应付款，补偿贸易中外商提供的进口设备、技术、物料的价款，加工装配贸易中外商提供的进口设备、物料的价款。

旅游者人数 包括入境国际旅游者人数、出境居民人数和国内旅游者人数。

⑴入境国际旅游者人数：指来中国参观、访问、旅行、探亲、访友、休养、考察、参加会议和从事经济、科技、文化、教育、宗教等活动的外国人、华侨、港澳同胞和台湾同胞的人数。不包括外国在我国的常驻机构，如使领馆、通讯社、企业办事处的工作人员；来我国常住的外国专家、留学生以及在岸逗留不过夜人员。

⑵出境居民人数：指大陆居民因公务活动或私人事务短期出境的人数。公务活动出境居民人数包括在国际交通工具上的中国服务员工，因私出境居民人数不包括在国际交通工具上的中国服务员工。

⑶国内旅游者人数：指我国大陆居民和在我国常住 1 年以上的外国人、华侨、港澳台同胞离开常住地在境内其他地方的旅游设施内至少停留一夜，最长不超过 6 个月的人数。

国际旅游(外汇)收入 指入境旅游的外国人、华侨、港澳同胞和台湾同胞在中国大陆旅游过程中发生的一切旅游支出，对于国家来说就是国际旅游(外汇)收入。

第十三部分

财政、金融和保险

13-1　主要年份财政收支

单位：万元

年　份	财政总收入	地方财政收入	#企业收入	#各项税收	地方财政支出	#基本建设	#支援农业生产及农业费支出	#文教科卫
1978	15628	15628	4133	11468	13281	712	2920	2439
1979	14529	14529	2159	12352	13435	233	3705	2716
1980	16940	16940	3840	13073	10832	211	2394	3145
1981	16559	16559	3435	13048	11197	283	1752	3282
1982	15956	15956	2606	13251	13092	988	1969	4171
1983	16241	16241	2563	13575	14581	918	2264	4625
1984	17831	17831	2531	14819	19491	120	2851	5646
1985	19120	19120	106	19311	20885	107	2331	6419
1986	19815	19815	1076	18361	24961	98	2787	7811
1987	22851	22851	1968	20254	23621	561	2732	7995
1988	26356	26356	1057	24172	29151	454	3057	8941
1989	34564	34564	1813	32715	35539	455	4021	16605
1990	36561	36561	-386	34528	38170	569	4048	12053
1991	33318	33318	-764	31631	40224	724	4826	12641
1992	35463	35463	-3251	36391	44993	143	5434	14924
1993	45937	45937	-2045	44656	53239	860	5279	17389
1994	61084	34896	167	26188	65578	642	7708	25258
1995	81473	47647	1307	35754	80468	2556	6737	28254
1996	100249	59203	1710	43541	95888	2292	8210	32084
1997	110045	66719	2853	47314	98650	1550	9092	29710
1998	115562	70748	2936	52962	107803	1394	10910	31992
1999	114466	71565	4332	50994	117199	1430	11301	34148
2000	120696	72519	4025	54629	130227	680	12536	39300
2001	138528	82146	8130	59798	159827	140	13537	50631
2002	193541	77512	3322	55765	192963	353	15189	60466
2003	248571	94768	4289	64336	241312	600	21869	72659
2004	354418	129790	7105	84170	305000	5467	35378	81557
2005	525503	192131	17882	123733	394496	6977	34310	108286
2006	797966	409643	19122	148201	664054	14669	40176	129497
2007	880588	410153	30095	214990	721064	13258	56803	175437

13-2 财政收入

单位：万元

指　　标	2007	2006
财政总收入	**880588**	**797966**
一般预算收入	410153	409643
税收收入	214990	162455
增值税	73315	56741
营业税	56419	43085
企业所得税	24379	14253
个人所得税	11104	7948
资源税	8573	6621
城市维护建设税	19181	16533
房产税	6288	5954
印花税	3543	2450
城镇土地使用税	5484	3294
土地增值税	1222	929
车船税	460	521
耕地占月税	1170	1021
契税	3852	3105
非税收入	195163	247188
专项收入	128551	186781
#探矿权、采矿权使用费及价款收入	98952	170709
行政事业性收费收入	30658	31860
罚没收入	27995	21453
国有资本经营收入	5714	4869
国有资源(资产)有偿使用收入	1367	
其他收入	878	2225

13-3 一般预算支出(2007年)

单位：万元

指　　标	2007	指　　标	2007
一般预算支出	**721064**	国防	762
一般公共服务	197754	公共安全	42272
人大事务	2491	武装警察	1474
政协事务	1826	公安	29182
政府办公厅(室)及相关机构事务	31698	国家安全	16
发展与改革事务	2509	检察	3968
统计信息事务	1369	法院	6152
财政事务	7509	司法	1413
税收事务	5045	监狱	
审计事务	1704	劳教	
海关事务		国家保密	67
人事事务	2054	缉私警察	
纪检监察事务	1910	其他公共安全支出	
人口与计划生育事务	8769	教育	125159
商贸事务	1841	教育管理事务	1774
知识产权事务		普通教育	100591
工商行政管理事务	160	职业教育	8181
食品和药品监督管理事务	39	成人教育	49
质量技术监督与检验检疫事务	27	广播电视教育	72
国土资源事务	109637	留学教育	
海洋管理事务		特殊教育	358
测绘事务		教师进修及干部继续教育	1386
地震事务	289	教育附加及基金支出	11396
气象事务	448	其他教育支出	1352
民族事务	1	科学技术	5866
宗教事务	65	科学技术管理事务	446
港澳台侨事务	52	基础研究	56
档案事务	466	应用研究	
共产党事务	13340	技术研究与开发	4672
民主党派及工商联事务	299	科技条件与服务	11
群众团体事务	1534	社会科学	55
国债事务		科学技术普及	381
其他一般公共服务支出(款)	2672	科技交流与合作	
外交		其他科学技术支出	245
外交管理事务		文化体育与传媒	9041
驻外机构		文化	3867
对外援助		文物	573
国际组织		体育	1676
对外合作与交流		广播影视	2390
对外宣传		新闻出版	220
边界勘界联检		其他文化体育与传媒支出(款)	315
其他外交支出			

13-3　一般预算支出(续)

单位：万元

指　　标	2007	指　　标	2007
社会保障和就业	126741	城乡社区规划与管理	1484
社会保障和就业管理事务	3883	城乡社区公共设施	30117
民政管理事务	1664	城乡社区住宅	829
财政对社会保险基金的补助	33523	城乡社区环境卫生	5166
补充全国社会保障基金		建设市场管理与监督	319
行政事业单位离退休	53342	其他城乡社区事务支出	756
企业改革补助	1563	农林水事务	56062
就业补助	7214	农业	31920
抚恤	7276	林业	7078
退役安置	2494	水利	8302
社会福利	469	南水北调	
残疾人事业	699	扶贫	4395
城市居民最低生活保障	6213	农业综合开发	4292
其他城镇社会救济	280	其他农林水事务支出	75
自然灾害生活救助	2223	交通运输	8541
红十字事业	54	公路水路运输	7564
农村最低生活保障	2124	铁路运输	30
其他农村社会救济	1972	民用航空运输	
其他社会保障和就业支出	1748	其他交通运输支出	947
医疗卫生	36113	工业商业金融等事务	18895
医疗卫生管理事务	1314	采掘业	203
医疗服务	4877	制造业	344
社区卫生服务	404	建筑业	24
医疗保障	16001	电力	
疾病预防控制	6032	信息产业	
卫生监督	834	旅游业	878
妇幼保健	1199	涉外发展	313
农村卫生	4900	粮油事务	4002
中医药	35	商业流通事务	871
其他医疗卫生支出	517	物资储备	56
环境保护	22933	金融业	4005
环境保护管理事务	1358	烟草事务	2
环境监测与监察	1926	安全生产	4573
污染防治	10436	国有资产监管	117
自然生态保护	51	中小企业事务	1146
天然林保护	264	可再生能源	
退耕还林	7480	能源节约利用	
风沙荒漠治理		石油价格改革财政补贴	1531
退牧还草		其他工业商业金融等事务支出(款)	830
已垦草原退耕还草		其他支出(类)	26367
其他环境保护支出	1418	住房改革支出	3759
城乡社区事务	44558	预留调资支出	570
城乡社区管理事务	5887	其他支出(款)	22038

13-4　金融机构人民币信贷收支

单位：万元

指　　标	2007	2006
资金来源总计	**5268966**	**4333159**
一、各项存款	6774702	5671543
企业存款	1158523	951045
活期存款	920010	793173
定期存款	238513	157872
财政存款	191288	109102
机关团体存款	271976	193735
储蓄存款	4696048	4079483
活期储蓄	1156733	932123
定期储蓄	3539315	3147360
农业存款	284217	216387
委托存款	-3618	-18194
其他存款	176270	139984
二、金融债券		
三、应付及暂收款	118844	81504
四、同业往来	42164	22614
五、各项准备	82715	68316
六、所有者权益	152297	64713
#实收资本	98248	90737
当年结益	62720	41518
七、其　　他	-1901757	-1575530
资金运用总计	**5268966**	**4333159**
一、各项贷款	2573331	2273907
短期贷款	1819685	1568666
工业贷款	397732	350451
商业贷款	249924	223125
建筑业贷款	15133	15633
农业贷款	723036	567757
乡镇企业贷款	263814	247109
三资企业贷款	4046	4476
私营企业及个体贷款	24403	36032
其他短期贷款	141597	124083
中长期贷款	551311	504579
基本建设贷款	143991	117430
技术改造贷款	95000	100900
其他中长期贷款	312320	286249
票据融资	202335	200662
各项垫付款		200662
二、有价证券及投资	47015	28614
三、应收及预付款	13582	10588
四、同业往来		
五、二级准备金		193417
六、行内资金往来	2488423	1681808
七、委托投资		
八、外汇占款		
九、固定资产	96426	97077
十、库存现金	50189	47749

13-5 金融机构本外币信贷收支

单位：万元

指　　标	2007	2006
资金来源总计	**2619746**	**2300521**
一、各项存款	6799938	5687453
企业存款	1171867	951870
活期存款	926802	793997
定期存款	245065	157872
储蓄存款	4707939	4094569
活期储蓄	1157860	933094
定期储蓄	3550079	3161476
委托存款	-3618	-18194
其他存款	923750	659208
二、所有者权益	152983	65348
#实收资本	98248	90737
当年结益	63406	42153
三、其　　他	-4333175	-3452280
资金运用总计	**2619746**	**2300521**
一、各项贷款	2573331	2273907
短期贷款	1819685	1568666
中长期贷款	551311	504579
信托贷款		
委托贷款		
其它贷款		
票据融资	202335	200662
各项垫款		
二、有价证券及投资	46415	26614

13-6　主要年份全金融机构各项存款余额

单位：万元

年　份	存款余额	#企业存款	#财政存款	#农村存款	#机关团体存款
1952	1204	493	594	9	—
1957	3352	1378	227	669	377
1962	7175	2645	783	1804	458
1965	7803	2370	581	2689	507
1970	16787	4237	2094	4572	1027
1975	22292	7533	1751	5267	930
1978	23348	8315	1715	5896	930
1980	29205	11911	3722	9602	2247
1985	92131	29904	3043	22021	3269
1990	262294	56408	9823	29702	13959
1995	989126	139369	7658	25558	22821
2000	1913163	280823	12342	43767	—
2001	2144997	339534	14179	52537	34877
2002	2516525	368786	30106	71532	52721
2003	3142390	514969	22511	118975	65746
2004	3860568	657688	30219	169814	82627
2005	4754593	757063	42446	177550	106858
2006	5671543	951045	109102	216387	193735
2007	6774702	1158523	191288	284217	271976

注:1990年前为银行存款。

13-7　主要年份全金融机构各项贷款余额

单位：万元

年　份	贷款余额	#工业贷款	#商业贷款	#建筑企业贷　款	#三资企业贷　款	#私营企业及个体贷款	#农业贷款
1952	204	31	101				72
1957	7987	662	6126				1181
1962	20125	3157	14823				1652
1965	18477	2469	14679				
1970	42474	15739	19463				1709
1975	45721	8049	22674				2628
1978	56498	21958	26654				5352
1980	64392	22744	33071				7110
1985	127403	43080	56893	1143		529	11832
1990	285656	125450	103195	4352		664	9228
1995	818007	213195	183223	5363	5587	7528	58708
2000	1295014	249914	256035	14060	17515	7933	153090
2001	1351723	322599	268545	10772	22842	10042	189117
2002	1511732	313275	284184	9214	25210	15360	236284
2003	1745997	343675	252048	14122	14885	21865	301021
2004	1916344	317299	238481	8257	6199	24071	476448
2005	1962201	259786	221483	12165	5998	29082	501807
2006	2273907	350451	223125	15633	4476	36032	567757
2007	2573331	397732	249924	15133	4046	24403	723036

注:1990年前为银行贷款。

13-8 主要年份金融机构现金投放与回笼

单位：万元

年份	现金收入	#商品销售收入	现金支出	#工资支出	净投放
1952					
1957	14008	8633	13254	5614	-754
1962	14288	8656	14951	7038	663
1965	14598	10285	15413	6884	815
1970	16980	12516	16503	7920	-477
1975	22865	16614	24356	12538	1491
1978	29187	21297	30975	15161	1788
1980	41774	29323	47131	21333	5357
1985	102954	60108	110721	40494	7739
1990	284804	114101	333191	96830	48387
1995	1277860	267886	1483539	318444	265079
2000	3932532	356012	4279704	529584	347172
2001	4704685	435515	5011453	598115	306768
2002	6261537	649511	6610128	744672	348591
2003	9137033	917130	9602692	1057178	465659
2004	12909756	1236994	13443988	1517607	534232
2005	14063715	1215481	14724482	1703549	660767
2006	14547763	1205697	15297926	1834196	750164
2007	16982737	1569117	17978639	2090803	995903

13-9 金融机构现金收支情况

单位：万元

指标	2007	2006
收入总计	**16982737**	**14547763**
商品销售收入	1569117	1205697
服务业收入	817470	743982
税款收入	164941	136405
城乡个体经营收入	629419	610118
储蓄收入	11509736	9584677
其他金融机构收入	47424	18839
居民归还贷款收入	516259	700711
汇兑收入	112590	93273
有价证券收入	24613	11787
其他收入	1591168	1442274
#兑换外币收入	16151	5187
支出总计	**17978639**	**15297926**
工资性支出	2090803	1834196
国家工资及奖金支出		637944
国家对个人其他支出		293387
部队存款支出		63739
其他单位工资性支出		839127
农副产品采购支出	473134	354770
工矿及其他产品采购支出	383467	286997
行政企事业管理费支出	423335	373573
城乡个体经营支出	877462	708082
储蓄存款支出	11793445	9713905
其他金融机构支出	68377	13401
居民提取贷款支出	394272	547935
汇兑支出	49939	29300
有价证券支出	7269	4112
其他支出	1417136	1431655
#兑换外币支出	8349	3527
投放(+)回笼(-) 差	**995903**	**750164**

13-10 保险业务主要指标

单位：万元

项目	2007	2006
全市合计		
保费收入	140741	118160
财产险	34928	28127
人身险	105813	90033
赔款	17666	17505
财产险	15729	15031
人身险	1938	2474
给付	30345	2306
财产险	5	
人身险	30340	2006
中国人寿保险股份有限公司晋中分公司		
保费收入	73857	64744
赔款	1332	1358
给付	25969	1975
中国太平洋人寿保险股份有限公司晋中中心支公司		
保费收入	27687	22840
赔款	162	346
给付	4356	305
中国人民财产保险股份有限公司晋中分公司		
保费收入	29102	24645
赔款	13587	13834
给付		
中国太平洋财产保险股份有限公司晋中中心支公司		
保费收入	3827	2500
赔款	1420	1106
给付		
其他保险公司		
保费收入	6268	3431
赔款	1165	861
给付	20	26

主要统计指标解释

财政收入 指国家财政参与社会产品分配所取得的收入，是实现国家职能的财力保证。财政收入所包括的内容几经变化，目前主要包括:

(1)各项税收：包括增值税、营业税、消费税、土地增值税、城市维护建设税、资源税、城市土地使用税、印花税、个人所得税、企业所得税、关税、农牧业税和耕地占用税等。

(2)专项收入：包括征收排污费收入、征收城市水资源费收入、教育费附加收入等。

(3)其他收入：包括基本建设贷款归还收入、基本建设收入、捐赠收入等。

(4)国有企业计划亏损补贴：这项为负收入，冲减财政收入。

财政支出 国家财政将筹集起来的资金进行分配使用，以满足经济建设和各项事业的需要，主要包括:

(1)基本建设支出：指按国家有关规定，属于基本建设范围内的基本建设有偿使用、拨款、资本金支出以及经国家批准对专项和政策性基建投资贷款，在部门的基建投资额中统筹支付的贴息支出。

(2)企业挖潜改造资金：指国家预算内拨给的用于企业挖潜、革新和改造方面的资金。包括各部门企业挖潜改造资金和企业挖潜改造贷款资金，为农业服务的县办“五小”企业技术改造补助，挖潜改造贷款利息支出。

(3)地质勘探费用：指国家预算用于地质勘探单位的勘探工作费用，包括地质勘探管理机构及其事业单位经费、地质勘探经费。

(4)科技三项费用：指国家预算用于科技支出的费用，包括新产品试制费、中间试验费、重要科学研究补助费。

(5)支援农村生产支出：指国家财政支援农村集体(户)各项生产的支出。包括对农村举办的小型农田水利和打井、喷灌等的补助费，对农村水土保持措施的补助费，对农村举办的小水电站的补助费，特大抗旱的补助费，农村开荒补助费，扶持乡镇企业资金，农村农技推广和植保补助费，农村草场和畜禽保护补助费，农村造林和林木保护补助费，农村水产补助费，发展粮食生产专项资金。

(6)农林水利气象等部门的事业费用：指国家财政用于农垦、农场、农业、畜牧、农机、林业、森工、水利、水产、气象、乡镇企业的技术推广、良种推广(示范)、动植物(畜禽、森林)保护、水质监测、勘探设计、资源调查、干部训练等项费用，园艺特产场补助费，中等专业学校经费，飞播牧草试验补助费，营林机构、气象机构经费，渔政费以及农业管理事业费等。

(7)工业交通商业等部门的事业费：指国家预算支付给工交商各部门用于事业发展的经费，包括勘探设计费、中等专业学校经费、技术学校经费、干部训练费。

(8)文教科学卫生事业费：指国家预算用于文化、出版、文物、教育、卫生、中医、公费医疗、体育、档案、地震、海洋、通讯、电影电视、计划生育、党政群干部训练、自然科学、社会科学、科协等项事业的经费支出和高技术研究专项经费。主要包括工资、补助工资、福利费、离退休费、助学金、公务费、设备购置费、修缮费、业务费、差额补助费。

(9)抚恤和社会福利救济费：指国家预算用于抚恤和社会福利救济事业的经费。包括由民政部门开支的烈士家属和牺牲病残人员家属的一次性、定期抚恤金，革命伤残人员的抚恤金，各种伤残补助费，烈军属、复员退伍军人生活补助费，退伍军人安置费，优抚事业单位经费，烈士纪念建筑物管理、维修费，自然灾害救济事业费和特大自然灾害灾后重建补助费等。

(10)国防支出：指国家预算用于国防建设和保卫国家安全的支出，包括国防费、国防科研事业费、民兵建设以及专项工程支出等。

(11)行政管理费：包括行政管理支出，党派团体补助支出，外交支出，公安安全支出，司法支出，法院支出，检察院支出和公检法办案费用补助。

(12)价格补贴支出：指经国家批准，由国家财政拨给的政策性补贴支出。主要包括粮食加价款，粮、棉、油差价补贴，棉花收购价外奖励款，副食品风险基金，市镇居民的肉食价格补贴，平抑市价肉食、蔬菜价差补贴等以及经国家批准的教材课本、报刊新闻纸等价格补贴。

中央财政收入和地方财政收入　指按财政体制划分的中央本级收入和地方本级收入。1994 年分税制财政体制以后，属于中央财政的收入包括关税、海关代征消费税和增值税，消费税，中央企业所得税，地方银行和外资银行及非银行金融企业所得税，铁道、银行总行、保险总公司等集中缴纳的营业税、所得税、利润和城市维护建设税，增值税的 75%部分，证券交易税(印花税)50%部分和海洋石油资源税。属于地方财政的收入包括营业税，地方企业所得税，个人所得税，城镇土地使用税，固定资产投资方向调节税，城镇维护建设税，房产税，车船使用税，印花税，屠宰税，农牧业税，农业特产税，耕地占用税，契税，增值税 25%部分，证券交易税(印花税)50%部分和除海洋石油资源税以外的其他资源税。

中央财政支出和地方财政支出　指根据政府在经济和社会活动中的不同职责，划分中央和地方政府的责权，按照政府的责权划分确定的支出。中央财政支出包括国防支出，武装警察部队支出，中央级行政管理费和各项事业费，重点建设支出以及中央政府调整国民经济结构、协调地区发展、实施宏观调控的支出。地方财政支出主要包括地方行政管理和各项事业费，地方统筹的基本建设、技术改造支出，支援农村生产支出，城市维护和建设经费，价格补贴支出等。

预算外资金收支　预算外资金指国家机关、事业单位和社会团体为履行或代行政府职能，依据国家法律、法规和具有法律效力的规章而收取、提取和安排使用的未纳入国家预算管理的各种财政性资金。其范围主要包括：法律、法规规定的行政事业性收费、基金和附加收入等；国务院或省级人民政府及其财政、计划（物价）部门审批的行政事业性收费；国务院及财政部审批建立的基金、附加收入等；主管部门所属单位集中上缴资金；用于乡镇政府开支的乡自筹和乡统筹资金；其他未纳入预算管理的财政性资金。社会保障基金在国家财政尚未建立社会保障预算制度以前，先按预算外资金管理制度进行管理，专款专用。财政部门在银行开设统一的专户，用于预算外资金收入和支出管理。部门和单位的预算外收入必须上缴同级财政专户，支出由同级财政按预算外资金收支计划和单位财务收支计划统筹安排，从财政专户中拨付，实行收支两条线管理。

信贷资金　指金融机构以信用方式积聚和分配的货币资金。金融机构信贷资金的来源有各项存款、对国际金融机构负债、流通中货币、银行自有资金及当年结益等；信贷资金的运用有各项贷款、黄金占款、外汇占款、财政借款及在国际金融机构中的资产等。

存款　指企业、机关、团体或居民根据资金必须收回的原则，把货币资金存入银行或其他信用机构保管并取得一定利息的一种信用活动形式。根据存款对象的不同可划分为企业存款、财政存款、机关团体存款、基本建设存款、城镇储蓄存款、农村存款等科目。它是银行信贷资金的主要来源。

贷款　指银行或其他信用机构根据资金必须归还的原则，按一定利率，为企业、个人等提供资金的一种信用活动形式。我国银行贷款分为流动资金贷款、固定资产贷款、城乡个体工商户贷款以及农业贷款等科目。

保险金额　指保险人承担赔偿或者给付保险金责任的最高限额。

保费　指投保人为取得保险人在约定范围内所承担赔偿责任而支付给保险人的费用。

赔款　指保险人根据保险合同的规定，向被保险人支付的赔偿保险责任损失的金额。

给付　包括死伤医疗给付和满期给付。死伤医疗给付是指保险人根据人寿保险及长期健康保险合同的规定，因被保险人在保险期内发生保险责任范围内的保险事故支付给被保险人（或受益人）的金额。满期给付是指被保险人生存期满，保险人按人寿保险合同规定支付给被保险人的满期保险金额。

第十四部分

教育、科技

14-1　主要年份各类学校数

单位：所

年　份	高等学校	中等专业学校	职业中学	技工学校	普通中学	小　学	特殊教育学校
1952	1	7			11	2918	
1957	1	3			23	2760	
1962	1	4			78	3567	
1965	1	28	24		70	3940	
1970	1	6			683	3388	1
1975	2	9	146	1	1274	3209	1
1978	3	10	149	5	1535	3071	1
1980	2	10	82	7	1091	3547	1
1985	2	11	60	7	549	4000	1
1990	2	11	42	8	444	4029	1
1995	2	10	38	8	385	3871	1
2000	2	9	27	10	340	3415	1
2001	2	8	26	10	324	2924	1
2002	2	8	25	10	325	2784	1
2003	2	10	22	10	325	2350	1
2004	3	10	20	10	323	2117	1
2005	3	6	20	10	318	1661	3
2006	3	6	20	10	282	1406	3
2007	5	6	21	10	273	1271	3

14-2　主要年份各类学校专任教师数

单位：人

年　份	高等学校	中等专业学校	职业中学	技工学校	普通中学	小　学
1952	36	127			165	5005
1957	139	113			541	5873
1962	286	145			1082	7886
1965	293	331	227		854	9917
1970	293	172			3653	11183
1975	279	241	321	14	7401	13277
1978	456	384	326	126	10390	13831
1980	537	415	232	140	10444	15347
1985	820	546	551	386	10098	15544
1990	764	773	701	330	12206	14959
1995	682	725	906	369	12848	15418
2000	855	713	1188	453	12320	15616
2001	1051	608	1209	466	12923	16119
2002	1106	599	1250	541	13329	15446
2003	1136	694	1274	423	13905	16184
2004	1260	729	1390	450	13940	15395
2005	2090	381	1455	465	14206	15385
2006	2669	398	1543	460	14449	15646
2007	2779	376	1880	476	14731	15705

14-3 主要年份各类学校在校学生数

单位：人

年份	高等学校	中等专业学校	职业中学	技工学校	普通中学	#高中	小学
1952	95	2517			4053	231	188593
1957	838	1575			15282	1917	203166
1962	1402	2658			19695	3104	253761
1965	1388	5142	5116		14663	2453	312571
1970	—	—	—		63197	3776	337743
1975	1212	2779	4749	79	143147	28751	383173
1978	2424	3380	5436	1350	195831	58768	400614
1980	3274	4325	3559	1777	179797	25524	412242
1985	4060	3544	8958	1740	174971	22112	332199
1990	4107	7621	9060	2297	152747	24516	273099
1995	4418	8107	11600	2966	157114	20093	278874
2000	10087	12105	17336	5835	186273	29649	275787
2001	12721	13155	14333	5916	195174	35639	265403
2002	16618	13446	16595	6716	209620	42878	295624
2003	21919	11551	18770	7117	219701	49225	295299
2004	28278	12728	20927	9183	220451	53160	288408
2005	33658	13916	23711	9688	218641	56907	276967
2006	36408	16151	27975	8081	216779	58832	266528
2007	40695	18615	34237	9368	212256	59375	264312

14-4 主要年份各类学校招生数

单位：人

年份	高等学校	中等专业学校	职业中学	技工学校	普通中学	#高中	小学	特殊教育学校
1952	59							
1957	194						—	
1962	138				6897	768	42923	
1965	383	2524	1888		5436	850	62158	
1970	—		—		37216	3065	83590	27
1975	461	1453	3946	40	82888	15924	71033	30
1978	873	1750	3161	880	87200	24415	95312	45
1980	714	1437	1325	917	53151	4281	70440	30
1985	1540	1441	3984	882	59725	7725	49253	30
1990	530	2556	3715	1193	49021	8383	49591	39
1995	1555	2719	5879	1052	55713	7315	54910	94
2000	4419	4160	6845	1943	65158	11729	50837	69
2001	4941	2991	5803	2100	69059	14054	48368	177
2002	6526	3788	6893	2861	76479	16807	88217	172
2003	8213	3788	6964	3068	73151	17954	48499	104
2004	8973	5556	7484	3658	69540	18481	47166	110
2005	11137	5296	9801	3992	72388	20606	42353	96
2006	11491	4230	11168	3095	69434	20017	40212	108
2007	14154	7562	13633	3501	62503	19308	42033	154

14-5 主要年份各类学校毕业生数

单位：人

年份	高等学校	中等专业学校	职业中学	技二学校	普通中学(万人)	#高中	小学(万人)	特殊教育学校
1952	18	596			0.04	…	0.44	
1957	53	429			0.33	0.01	1.91	
1962	556	311			0.79	0.09	2.10	
1965	397	305			0.50	0.08	2.35	
1970	81				1.88	0.02	4.56	
1975	559	945		60	4.86	1.05	7.26	13
1978	478	1561	3021	524	8.10	2.02	6.51	19
1980		1579	2869	922	2.98	1.98	5.93	24
1985	772	1353	919	439	4.20	0.47	7.04	15
1990	1506	1793	3021	1077	4.96	0.70	4.75	20
1995	1839	2553	3862	1390	4.73	0.75	5.23	48
2000	1746	2852	6022	2178	5.59	0.77	5.59	175
2001	1585	2351	6946	2024	5.71	0.82	5.76	114
2002	2282	3400	3769	2007	6.05	0.94	5.93	54
2003	3173	5143	4725	2031	6.12	1.14	4.72	102
2004	5972	3814	4955	2341	6.61	1.39	5.12	64
2005	6824	3425	6282	2476	7.22	1.62	5.19	37
2006	9525	3404	6630	2646	7.00	1.76	4.96	54
2007	10801	4496	7434	3131	6.67	1.78	4.33	72

14-6 各类学校数、学生数和专任教师数

单位：人

类别	2007					2006				
	学校数(所)	毕业生数	招生数	在校学生数	专任教师数	学校数(所)	毕业生数	招生数	在校学生数	专任教师数
一、研究生培养机构	1	335	422	1119		1	223	347	1012	
二、普通高校	5	10801	14154	40695	2779	3	9525	11491	36408	2669
三、成人高等学校	2	954	814	1871			1558	684	2824	
四、民办的其他高等教育机构	1		541	1313	83					
五、中等专业学校	6	4496	7562	13615	376	6	3404	4230	16151	398
六、技工学校	10	3131	3501	9368	476	10	2646	3095	8081	460
七、职业学校	21	7434	13633	34237	1880	20	6630	11168	27975	1543
八、普通中学	273	66700	62503	212256	14731	282	70004	69434	216779	14449
普通初中	229	48888	43195	152881	10518	236	52413	49417	157947	10462
城市	12	6164	5714	19184	1276	12	6097	6353	19458	
县镇	35	10708	12076	45895	2818	24	9749	11825	36624	
农村	182	32016	25405	87802	6424	200	36567	31239	101865	
普通高中	44	17812	19308	59375	4213	46	17591	20017	58832	3987
城市	16	4884	5840	17394	1132	18	5051	5844	17080	
县镇	21	11316	11922	37301	2694	20	9609	11979	34932	
农村	7	1612	1546	4725	387	8	2931	2194	6820	
九、小学	1271	43338	42033	264312	15705	1406	49573	40212	266528	15646
城市	27	4919	4885	31244	1716	27	5940	4859	31333	1693
县镇	52	8575	10602	59130	2711	42	7996	8802	52245	2379
农村	1192	29844	26546	173938	11278	1337	35637	26551	182950	11574
十、特殊教育学校	3	72	154	947	88	3	54	108	759	84

14-7　普通中学学校数、班数(2007年)

指　　标	学校数(所)	初级中学	高级中学	完全中学	九年制学校	班数(班)	初中	高中
总　计	**273**	**211**	**25**	**19**	**18**	**4120**	**2955**	**1165**
教育部门和集体办	246	208	17	15	6	3812	2812	1000
民　办	20	1	8	2	9	213	90	123
其他部门办	7	2		2	3	95	53	42
城　市	28	9	6	10	3	716	375	341
教育部门和集体办	19	9	1	8	1	594	339	255
民　办	7		5	1	1	65	15	50
其他部门办	2			1	1	57	21	36
县　镇	56	31	13	8	4	1540	813	727
教育部门和集体办	46	30	10	6		1403	755	648
民　办	8		3	1	4	123	50	73
其他部门办	2	1		1		14	8	6
农　村	189	171	6	1	11	1864	1767	97
教育部门和集体办	181	169	6	1	5	1815	1718	97
民　办	5	1			4	25	25	
其他部门办	3	1			2	24	24	

14-8　普通中学分办别、分城乡学生数

单位：人

项　　目	2007						2006					
	毕业生数	#高中	招生数	#高中	在校学生数	#高中	毕业生数	#高中	招生数	#高中	在校学生数	#高中
总　计	**66700**	**17812**	**62503**	**19308**	**212256**	**59375**	**70004**	**17591**	**69434**	**20017**	**216779**	**58832**
#女	31892	8851	30888	9820	103080	29628	34234	8963	33996	10184	105213	29285
教育部门和集体办	62794	15481	58529	16932	197474	50427	64615	14832	62476	16355	196173	47999
民　办	2662	1779	2618	1665	10332	6814	2936	1517	4385	2427	13332	7224
其他部门办	1244	552	1356	711	4450	2134	2453	1242	2573	1235	7274	3609
城　市	11048	4884	11554	5840	36533	17349	11148	5051	12197	5844	36538	17080
教育部门和集体办	9679	3968	9690	4377	30605	13016	8556	3449	9131	3763	27868	11408
民　办	603	427	946	808	2910	2365	653	456	1028	912	2903	2262
其他部门办	766	489	918	655	3018	1968	1939	1146	2038	1169	5767	3410
县　镇	22024	11316	23998	11922	83196	37301	19358	9609	23804	11979	71556	34932
教育部门和集体办	20003	9901	22442	11009	76146	32686	17226	8452	20546	10398	61385	29771
民　办	1878	1352	1394	857	6615	4449	1954	1061	3098	1515	9720	4962
其他部门办	143	63	162	56	435	166	178	96	160	66	451	199
农　村	33628	1612	26951	1546	92527	4725	39498	2931	33433	2194	108685	6820
教育部门和集体办	33112	1612	26397	1546	90723	4725	38833	2931	32799	2194	106920	6820
民　办	181		278		807		329		259		709	
其他部门办	335		276		997		336		375		1056	

14-9　普通中学教职工数

单位：人

项　　目	2007							2006						
	教职工数	#专任教师	#行政人员	#教辅人员	#工勤人员	代课教师	兼任教师	教职工数	#专任教师	#行政人员	#教辅人员	#工勤人员	代课教师	兼任教师
合　计	**17164**	**14731**	**534**	**697**	**709**	**650**	**61**	**16976**	**14449**	**584**	**716**	**730**	**777**	**61**
#女	10019	9103	181	365	235	392	29	9863	8912	207	368	242	468	21
#少数民族	5	4		1		1		8	7		1			
教育部门和集体办	15701	13662	419	629	500	530	6	15182	13121	441	624	505	579	4
民　办	936	658	82	53	143	119	55	957	691	69	54	143	173	57
其他部门	527	411	33	15	66	1		837	637	74	38	82	25	
城　市	3115	2408	255	196	254	96	55	3105	2363	291	197	248	106	56
教育部门和集体办	2345	1915	179	150	101	38		2027	1637	179	130	81	29	
民　办	421	247	47	31	96	58	55	416	251	42	29	94	52	56
其他部门办	349	246	29	15	57			662	475	70	38	73	25	
县　镇	6670	5512	157	258	253	159		5671	4543	150	244	244	259	
教育部门和集体办	6257	5154	135	243	235	110		5196	4128	135	225	218	174	
民　办	361	311	21	15	14	48		423	368	14	19	22	85	
其他部门办	52	47	1		4	1		52	47	1		4		
农　村	7379	6811	122	243	202	395	6	8200	7543	143	275	238	412	5
教育部门和集体办	7099	6593	105	236	164	382	6	7959	7356	127	269	206	376	4
民　办	154	100	14	7	33	13		118	72	13	6	27	36	1
其他部门办	126	118	3		5			123	115	3		5		

14-10　普通中学分课程专任教师数

单位：人

学科分类	2007			2006		
	专任教师	初　中	高　中	专任教师	初　中	高　中
总　计	**14731**	**10518**	**4213**	**14449**	**10462**	**3987**
#女	9103	6672	2431	8912	6635	2277
政　治	1136	849	287	1102	836	266
语　文	2821	2150	671	2825	2192	633
数　学	2665	2039	626	2651	2047	604
物　理	1235	840	395	1201	835	366
化　学	842	461	381	824	465	359
生　物	566	344	222	560	355	205
地　理	569	327	242	550	322	228
历　史	817	555	262	758	509	249
外　语	2091	1502	589	2055	1505	550
信息技术	416	268	148	387	242	145
体　育	678	482	196	661	469	192
音　乐	244	181	63	243	182	61
美　术	234	168	66	223	158	65
劳动技术	151	139	12	142	133	9
其　他	85	77	8	115	91	24
当年不任课	181	136	45	152	121	31

14-11 职业高中分科类学生数

单位：人

学科分类	2007			2006		
	毕业生数	招生数	在校学生数	毕业生数	招生数	在校学生数
总计	**7434**	**13574**	**34237**	**6630**	**11168**	**27975**
农林类	346	342	929	337	282	883
资源与环境类						
能源类	31	45	209		69	195
土木水利工程类	76	206	438	32	99	308
加工制造类	832	1646	4204	337	1233	2599
交通运输类	134	1016	1529	90	278	647
信息技术类	1989	4276	10107	1595	2920	7475
医药卫生类	246	335	1108	273	409	1029
商贸与旅游类	266	366	878	70	244	659
财经类	746	1311	3323	715	1040	2822
文化艺术与体育类	2015	2523	8006	1536	2605	6353
社会公共事业类		292	292	40		
师范类	275	604	1466	152	441	856
其他	478	612	1748	1453	1548	4149

14-12 职业高中分课程专任教师数

单位：人

学科分类	2007	2006
总计	**1608**	**1543**
#女	958	923
文化课	1006	967
专业课	568	537
农林类	31	28
能源类	7	3
土木水利工程类	14	14
加工制造类	15	14
交通运输类	4	3
信息技术类	116	108
医药卫生类	31	28
商贸与旅游类	12	12
财经类	61	51
文化艺术与体育类	206	196
其他	71	80
实习指导课	34	39

14-13 小学分办别、分城乡学生情况

单位：人

项目	2007					2006				
	学校数(所)	毕业生数	招生数	在校学生数	毕业班学生数	学校数(所)	毕业生数	招生数	在校学生数	毕业班学生数
合计	**1271**	**43338**	**42033**	**264312**	**46130**	**1406**	**49573**	**40212**	**266528**	**43902**
#女		19938	19882	124194	22366		23908	18925	125026	20393
教育部门和集体办	1261	42033	40675	255345	44585	1393	46983	38463	254525	41826
民办	6	711	789	5290	891	7	1145	807	5449	904
其他部门办	4	594	569	3677	654	6	1445	942	6554	1172
城市	27	4919	4885	31244	5228	27	5940	4859	31333	5147
教育部门和集体办	25	4558	4364	27459	4476	23	4515	3937	24627	4042
民办	1	168	249	2089	440	1	491	285	2293	334
其他部门办	1	193	272	1696	312	3	934	637	4413	771
县镇	52	8575	10602	59130	9189	42	7996	8802	52245	7947
教育部门和集体办	49	8151	10229	56685	8803	39	7467	8386	49786	7504
民办	2	359	300	1971	314	2	461	335	2002	378
其他部门办	1	65	73	474	72	1	68	81	457	65
农村	1192	29844	26546	173938	31713	1337	35637	26551	182950	30808
教育部门和集体办	1187	29324	26082	171201	31306	1331	35001	26140	180112	30280
民办	3	184	240	1230	137	4	193	187	1154	192
其他部门办	2	336	224	1507	270	2	443	224	1684	336

14-14 小学学龄儿童入学率

项目	2007			2006		
	校内外适龄儿童总数(人)	已入学适龄儿童总数(人)	适龄儿童入学率(%)	校内外适龄儿童总数(人)	已入学适龄儿童总数(人)	适龄儿童入学率(%)
总计	**258209**	**257980**	**99.91**	**262529**	**262316**	**99.92**
#女童	121201	121090	99.91	123053	122977	99.94
总计中：城市	31016	31016	100.00	31194	31165	99.91

14-15 小学教职工数

单位：人

项目	2007						2006					
	教职工数	#专任教师	#行政人员	#工勤人员	代课教师	兼任教师	教职工数	#专任教师	#行政人员	#工勤人员	代课教师	兼任教师
总　计	**16492**	**15705**	**221**	**247**	**1012**	**41**	**16438**	**15646**	**245**	**274**	**658**	**55**
#女	12095	11740	52	127	822	32	12046	11683	73	150	550	39
#少数民族	3	3					2	2				
教育部门和集体办	15651	14986	192	165	919	35	15321	14718	197	158	592	52
民　办	462	370	21	66	93	6	521	390	25	95	49	3
其他部门办	379	349	8	16			596	538	23	21	17	
城　市	1840	1716	31	30	286	6	1837	1693	40	50	82	3
教育部门和集体办	1533	1428	22	24	241	3	1294	1218	19	20	65	3
民　办	150	146	4		45	3	180	155	2	18		
其他部门办	157	142	5	6			363	320	19	12	17	
县　镇	2901	2711	36	82	106	8	2550	2379	42	69	56	7
教育部门和集体办	2713	2561	29	54	81	6	2353	2221	32	42	31	5
民　办	156	120	7	27	25	2	157	121	9	26	25	2
其他部门办	32	30		1			40	37	1	1		
农　村	11751	11278	154	135	620	27	12051	11574	163	155	520	45
教育部门和集体办	11405	10997	141	87	597	26	11674	11279	146	96	496	44
民　办	156	104	10	39	23	1	184	114	14	51	24	1
其他部门办	190	177	3	9			193	181	3	8		

14-16 主要年份幼儿园基本情况

单位：人

年份	幼儿园数(所)	在园幼儿数	教职工数	#教　师	平均每一教师负担幼儿数
1952	2	80		5	16
1957	88	1921		95	20
1962	30	2342	306	93	25
1965					
1970	55	1852	73		
1975	818	81300	925	372	57
1978	769	38496	1557	593	64
1980	872	44096	1819	1206	37
1985	373	64918	2348	1988	33
1990	942	82760	3459	2958	28
1995	771	108355	4587	3954	27
2000	1272	106130	5388	4696	23
2001	680	102383	2268	1635	63
2002	964	80294	2493	1775	45
2003	909	74566	2667	1901	39
2004	761	72939	2959	2111	35
2005	708	72061	2964	2110	34
2006	690	75222	3281	2333	32
2007	615	64458	3365	2404	27

注:1965年缺数据。

14-17 幼儿园基本情况

单位：人

项 目	2007						2006					
	园数(所)	班数(个)	在园幼儿数	教职工数	#教师	平均每一教师负担幼儿数	园数(所)	班数(个)	在园幼儿数	教职工数	#教师	平均每一教师负担幼儿数
总 计	**615**	**2641**	**64458**	**3365**	**2404**	**27**	**690**	**3100**	**75222**	**3281**	**2333**	**32**
#女			29247	3165	2382	12			34417	3091	2297	15
教育部门办	137	1203	30216	1114	831	36	139	1525	36624	988	718	51
集体办	357	834	18284	605	518	35	423	922	20897	634	549	38
民 办	106	508	13233	1339	853	16	110	522	13846	1284	818	17
其他部门办	15	96	2725	307	202	13	18	131	3855	375	248	16
城 市	77	443	12076	1309	820	15	74	469	13055	1287	793	16
教育部门办	17	132	4451	357	223	20	7	124	4491	318	190	24
集体办	4	14	450	36	28	16	6	16	436	43	31	14
民 办	44	229	5409	687	423	13	48	255	6078	687	426	14
其他部门办	12	68	1766	229	146	12	13	74	2050	239	146	14
县 镇	63	593	19139	1198	884	22	64	577	19310	1154	853	23
教育部门办	28	360	12153	633	499	24	29	321	11155	550	424	26
集体办	9	47	1335	45	32	42	9	56	1896	76	62	31
民 办	24	161	4751	451	303	16	22	150	4588	402	273	17
其他部门办	2	25	900	69	50	18	4	50	1671	126	94	18
农 村	475	1605	33243	858	700	47	552	2054	42857	840	687	62
教育部门办	92	711	13612	124	109	125	103	1080	20978	120	104	202
集体办	344	773	16499	524	458	36	408	850	18565	515	456	41
民 办	38	118	3073	201	127	24	40	117	3180	195	119	27
其他部门办	1	3	59	9	6	10	1	7	134	10	8	17

14-18 特殊教育学校基本情况

单位：人

类 别	2007						2006					
	班数(个)	毕业生数	招生数	在校学生数	教职工数	#专任教师	班数(个)	毕业生数	招生数	在校学生数	教职工数	#专任教师
总 计	**45**	**72**	**154**	**947**	**112**	**88**	**41**	**54**	**108**	**759**	**108**	**84**
#女		31	63	387	79	66		19	47	311	79	64
视力残疾	3			97			3			53		
听力残疾	23			421			21			389		
智力残疾	19			351			17			317		
特殊教育学校	27	15	61	427			25	18	67	393		
视力残疾	3			27			3			26		
听力残疾	21			368			19			335		
智力残疾	3			32			3			32		
小学附设特教班	18	4	10	61			16	8	11	57		
视力残疾												
听力残疾	2			9			2			8		
智力残疾	16			46			14			49		
小学随班就读		40	59	392				24	18	260		
视力残疾				62						24		
听力残疾				30						38		
智力残疾				242						198		
普通(职业)初中		13	24	67				4	12	49		
随班就读												
视力残疾				8						3		
听力残疾				14						8		
智力残疾				31						38		

14-19-1 大中型工业企业技术开发机构、人员、项目情况(2007年)

行业	机构数(个)	人员数(人)	#机构人员	项目数(项)
总计	**13**	**2571**	**658**	**194**
采矿业	**3**	**119**	**45**	**15**
煤炭开采和洗选业	3	119	45	15
黑色金属矿采选业				
制造业	**10**	**2430**	**613**	**177**
农副食品加工业				
食品制造业				
饮料制造业				
烟草制品业				
纺织业		53		25
印刷业和记录媒介的复制				
文教体育用品制造业				
石油加工、炼焦及核燃料加工业	3	164	65	3
化学原料及化学制品制造业		53		2
医药制造业	2	115	50	9
化学纤维制造业				
橡胶制品业				
塑料制品业				
非金属矿物制品业	1	724	10	7
黑色金属冶炼及压延加工业				
有色金属冶炼及压延加工业				
金属制品业				
通用设备制造业	3	494	172	78
专用设备制造业	1	700	316	51
交通运输设备制造业		97		
电气机械及器材制造业		30		2
通信设备、计算机及其他电子设备制造业				
仪器仪表及文化、办公用机械制造业				
电力、燃气及水的生产和供应业		**22**		**2**
电力、热力的生产和供应业		22		2
燃气生产和供应业				
自来水的生产和供应业				

14-19-2　大中型工业企业技术开发机构、人员、项目情况(2006年)

行　　　业	机构数(个)	人员数(人)	#机构人员	项目数(项)
总　　　计	**13**	**1879**	**606**	**297**
采矿业				
煤炭开采和洗选业				
黑色金属矿采选业				
制造业	**13**	**1879**	**606**	**297**
农副食品加工业				
食品制造业				
饮料制造业				
烟草制品业				
纺织业		122		38
印刷业和记录媒介的复制				
文教体育用品制造业				
石油加工、炼焦及核燃料加工业	4	470	23	6
化学原料及化学制品制造业				
医药制造业	1	26	18	3
化学纤维制造业				
橡胶制品业				
塑料制品业				
非金属矿物制品业	1		7	1
黑色金属冶炼及压延加工业				
有色金属冶炼及压延加工业				
金属制品业				
通用设备制造业	5	479	159	195
专用设备制造业	2	689	399	53
交通运输设备制造业				
电气机械及器材制造业				
通信设备、计算机及其他电子设备制造业				
仪器仪表及文化、办公用机械制造业				
电力、燃气及水的生产和供应业				
电力、热力的生产和供应业				
燃气生产和供应业				
自来水的生产和供应业				

注:本表部分数据与2006年提要有微差,原因是提要资料比省返数据早(下同)。

14-20-1 大中型工业企业技术开发经费情况(2007年)

单位：千元

行业	技术开发经费筹集	#政府资金	#企业资金	技术开发经费支出	#开发新产品用款
总计	**244595**	**18570**	**211330**	**210153**	**78320**
采矿业	**32409**	**10000**	**21309**	**13999**	**5770**
煤炭开采和洗选业	32409	10000	21309	13999	5770
黑色金属矿采选业					
制造业	**212186**	**8570**	**190021**	**194954**	**72550**
农副食品加工业					
食品制造业					
饮料制造业					
烟草制品业					
纺织业	217		217	217	12
纺织服装、鞋、帽制造业					
印刷业和记录媒介的复制					
文教体育用品制造业					
石油加工、炼焦及核燃料加工业	48000	3000	45000	34960	
化学原料及化学制品制造业	20213		15213	20213	
医药制造业	11740	500	11240	12630	4970
化学纤维制造业					
橡胶制品业					
塑料制品业					
非金属矿物制品业	31165	700	21870	25155	10568
黑色金属冶炼及压延加工业					
有色金属冶炼及压延加工业					
金属制品业					
通用设备制造业	29448	2390	27058	29378	25321
专用设备制造业	62763	1980	60783	63761	28709
交通运输设备制造业	5640		5640	5640	
电气机械及器材制造业	3000		3000	3000	2970
通信设备、计算机及其他电子设备制造业					
仪器仪表及文化、办公用机械制造业					
电力、燃气及水的生产和供应业					
电力、热力的生产和供应业					
燃气生产和供应业					
自来水的生产和供应业					

14-20-2　大中型工业企业技术开发经费情况(2006年)

单位：千元

行　　业	技术开发经费筹集	#政府资金	#企业资金	技术开发经费支出	#开发新产品用款
总　　计	**176160**	**3740**	**162460**	**142322**	**98313**
采矿业					
煤炭开采和洗选业					
黑色金属矿采选业					
制造业	**176160**	**3740**	**162460**	**142322**	**98313**
农副食品加工业					
食品制造业					
饮料制造业					
烟草制品业					
纺织业	6075		6075	6075	6075
纺织服装、鞋、帽制造业					
印刷业和记录媒介的复制					
文教体育用品制造业					
石油加工、炼焦及核燃料加工业	63669	850	62819	33669	6679
化学原料及化学制品制造业	1200		500	1200	1200
医药制造业	1020		1020	1020	620
化学纤维制造业					
橡胶制品业					
塑料制品业					
非金属矿物制品业	8300	300	8000	8300	
黑色金属冶炼及压延加工业					
有色金属冶炼及压延加工业					
金属制品业					
通用设备制造业	31027	1590	29437	27189	18870
专用设备制造业	64869	1000	54609	64869	64869
交通运输设备制造业					
电气机械及器材制造业					
通信设备、计算机及其他电子设备制造业					
仪器仪表及文化、办公用机械制造业					
电力、燃气及水的生产和供应业					
电力、热力的生产和供应业					
燃气生产和供应业					
自来水的生产和供应业					

14-21-1 大中型工业企业技术开发产出情况(2007年)

单位：千元

行业	新产品产值	专利申请数(件)	#发明专利
总计	**4864019**	**29**	**16**
采矿业	**100**	**3**	**2**
煤炭开采和洗选业	100	3	2
制造业	**4863919**	**26**	**14**
农副食品加工业			
食品制造业			
饮料制造业			
纺织业	11350		
文教体育用品制造业			
石油加工、炼焦及核燃料加工业	3594560	1	1
化学原料及化学制品制造业			
医药制造业	4956	2	2
橡胶制品业			
非金属矿物制品业	91006		2
黑色金属冶炼及压延加工业			
有色金属冶炼及压延加工业			
通用设备制造业	318907	2	
专用设备制造业	840140	21	11
交通运输设备制造业			
电气机械及器材制造业	3000		
通信设备、计算机及其他电子设备制造业			
仪器仪表及文化、办公用机械制造业			
电力、燃气及水的生产和供应业			
电力、热力的生产和供应业			

14-21-2　大中型工业企业技术开发产出情况(2006年)

单位：千元

行　　　业	新产品产值	专利申请数(件)	#发明专利
总　　计	**923160**	**15**	**2**
采矿业			
煤炭开采和洗选业			
制造业	**923160**	**15**	**2**
农副食品加工业			
食品制造业			
饮料制造业			
纺织业	75290		
文教体育用品制造业			
石油加工、炼焦及核燃料加工业			
化学原料及化学制品制造业			
医药制造业			
橡胶制品业			
非金属矿物制品业			
黑色金属冶炼及压延加工业			
有色金属冶炼及压延加工业			
通用设备制造业	200928	1	
专用设备制造业	646942	14	2
交通运输设备制造业			
电气机械及器材制造业			
通信设备、计算机及其他电子设备制造业			
仪器仪表及文化、办公用机械制造业			
电力、燃气及水的生产和供应业			
电力、热力的生产和供应业			

主要统计指标解释

普通高等学校　指按照国家规定的设置标准和审批程序批准举办，通过国家统一招生考试，招收高中毕业生为主要培养对象，实施高等教育的全日制大学、独立设置的学院和高等专科学校、短期职业大学。

成人高等学校　指按照国家有关规定审批，招收通过全国成人高教统一招生考试的具有高中毕业或同等学历的在职从业人员，利用脱产、半脱产、业余或函授等多种形式对其实施高等学历教育，培养高等教育专科或本科毕业水平的专门人才，修业年限、课程设置和总学时数均按高等学历教育要求付诸实施的学校。包括广播电视大学、职工高等学校、农民高等学校、管理干部学院、教育学院、独立设置的函授学院等。

小学学龄儿童入学率　指调查范围内已入小学学习的学龄儿童占校内外学龄儿童总数(包括弱智儿童，不包括盲聋哑儿童)的比重。计算公式为:

小学学龄儿童入学率＝已入学的小学学龄儿童数／校内外小学学龄儿童总数×100%

第十五部分

文化、体育、卫生、环保、安全生产、社会保障

15-1　广播、电视事业

指　　标	单位	2007	2006
电视台	座	11	11
电视发射台转播台	座	73	73
发射机总功率	座/千瓦	73/14.072	73/14.072
调频发射台	座/千瓦	10/3.7	9/2.7
电视人口覆盖率	%	97.3	97.2
广播电台	座	10	9
中波发射转播台	座/千瓦	1/10	1/10
广播人口覆盖率	%	91.77	91.66
县级广播电台	座	9	9
已装喇叭(入农户)	万只	6.1	7.6
通广播行政村	个	2387	2387
广播村通播率	%	86.8	86.8
有线电视用户	万户	36.3	34.7
通电视行政村	个	2755	2755
电视村通播率	%	100	100

15-2　文化事业

指　　标	单位	2007	2006
1.艺术表演团体	个	15	15
从业人员	人	710	728
演出场次	场	2168	2000
2.艺术表演场所	个	8	4
从业人员	人	85	34
座席数	个	6567	2778
演出场次	场	1383	-
观众人次	千人次	154	112
3.公共图书馆	个	11	11
从业人员	人	86	125
图书藏量	万册	96	84
总流通人次	千人次	289	235
4.群众艺术馆、文化馆	个	12	12
从业人员	人	326	367
举办展览个数	个	158	139
组织文艺活动次数	次	632	597
5.乡镇文化站	个	118	118
从业人员	人	145	168
举办展览个数	个	108	96
组织文艺活动次数	次	182	141

15-3 体育场地情况

单位：个

项　　目	2007								2006							
	总计	体育系统	教育					其他系统	总计	体育系统	教育					其他系统
				高等院校	中专中技	中小学	其他					高等院校	中专中技	中小学	其他	
总　计	**1816**	**53**	**1300**	**67**	**60**	**663**	**510**	**463**	**1230**	**50**	**724**	**66**	**53**	**587**	**18**	**456**
体育场	17	5	11	4	2	5		1	17	5	11	4	2	5		1
体育馆	9	6	2		1	1		1	7	5	1			1		1
游泳馆	3	1	1			1		1	3	1	1			1		1
室内游泳池	14		2	1			1	12	14		2	1		1		12
室外游泳池	2	1						1	2	1						1
有固定看台的灯光球场	28	5	3	1	1		1	20	28	5	3	1	1		1	20
综合房馆	2		1	1				1	2		1	1				1
篮球房馆	4	1	2			2		1	4	1	2			2		1
排球房馆	1							1	1							1
羽毛球房馆	4							4	4							4
乒乓球房馆	39	3	21		1	7	13	15	22	3	6		1	5		13
武术房馆	4	2	1			1		1	4	2	1			1		1
健身房馆	10	1						9	10	1						9
棋牌房馆	27		3		2	1		24	27		3		2	1		24
其他训练房馆	1		1				1		1		1				1	
保龄球房馆	6	1						5	6	1						5
台球房馆	9							9	9							9
田径场	14	2	11	1	4	6		1	11	2	8		3		5	1
小运动场	290	1	286	3	6	276	1	3	284	1	280	3	6	270	1	3
足球场	2		2		2				2		2		2			
室内网球场馆	1							1	1							1
室外网球场馆	25	2	8	1	3	3	1	15	24	2	7	1	2	3	1	15
卡丁车场	1							1	1							1
室外轮滑场	2	1	1				1		2	1	1				1	
攀岩场	1							1	1							1
地掷球场	6							6	6							6
篮球场	1137	7	895	30	32	344	489	235	582	5	347	30	28	281	8	230
排球场	42		36	22	1	13		6	42		36	22	1	13		6
门球场	115	14	13	3	5	3	2	88	113	14	11	3	5	3		88

15-4 分项目等级运动员发展人数(2007年)

单位：人

运动项目	人数合计	国家级运动健将	#女	一级	#女	二级	#女
总　　计	**137**					**137**	**44**
田　　径	30					30	5
游　　泳							
跳　　水							
体　　操							
举　　重	1					1	1
拳　　击							
国际式摔跤	3					3	1
柔　　道	5					5	2
击　　剑							
射　　击							
射　　箭							
足　　球	7					7	
篮　　球	14					14	9
排　　球							
乒 乓 球	17					17	11
网　　球							
手　　球	7					7	
武　　术	41					41	11
围　　棋	3					3	
国际象棋	1					1	
中国象棋	2					2	
健　　美							
蹦　　床							
跆 拳 道							
自 行 车							
沙滩排球							
健 美 操	6					6	4
体育舞蹈							

15-5 分项目等级裁判员发展人数(2007年)

单位：人

运动项目	人数合计	国际级	#女	国家级	#女	一级	#女	二级	#女
总　计	**116**							**116**	**27**
田　径	34							34	4
游　泳									
跳　水									
体　操									
艺术体操									
举　重									
柔　道									
射　击									
射　箭									
足　球									
蓝　球	12							12	4
排　球									
乒乓球	30							30	9
羽毛球	4							4	
网　球	7							7	5
武　术	18							18	2
国际象棋									
中国象棋	6							6	
门　球	2							2	1
毽　球									
健　美									
跆拳道	2							2	1
自行车									
沙滩排球									
健美操	1							1	1
体育舞蹈									

15-6　群众体育活动情况

指　　标	2007	2006
举办综合运动会次数　(次)	38	46
举办单项比赛次数　(次)	201	183
举办全民健身活动次数 (次)	156	160
参加全民健身活动人数　(人)	158800	112700

15-7　体育彩票、福利彩票发行情况

指　　标	2007	2006
体育电脑彩票销售点 (个)	112	92
体育彩票销售收入 (万元)	216	305
福利彩票销售点(个)	140	117
福利彩票销售收入 (万元)	7617	6298
用于兑奖金额 (万元)	602	943

15-8　主要年份卫生机构数

单位：个

年　份	总 计	#医 院	#疗养院(所)	#门诊部(所)	#卫生防疫站(疾控中心)	#妇幼保健所(站)	#医学科学研究机构	#其他卫生机　构
1952	103	16		75	1	11		
1957	390	25	2	350	2	11		
1962	187	53	2	118	2	11		
1965	345	45	2	274	12	11		
1975	436	213	1	208	7			5
1978	530	223	1	267	15	13	1	8
1980	544	225	1	268	15	13	1	17
1985	571	230	1	296	14	12	1	13
1990	619	65	1	315	14	12	1	14
1995	604	255	1	293	18	12	1	3
2000	851	252	1	15	17	12	1	4
2001	802	241	1	15	17	12	1	4
2002	688	75	2	5	17	11	1	2
2003	677	72	2	7	17	11	1	3
2004	720	82	2	7	17	11	4	3
2005	758	82	2	7	17	11	6	3
2006	720	82	1	4	14	12	1	3
2007	679	80	1	3	14	12	1	3

15-9　主要年份卫生机构床位数

单位：张

年　份	总 计	医　院	其他卫生机　构	平均每千人口拥有医院床位数
1952	381	381		0.96
1957	1426	1096	330	2.54
1962	2291	2069	222	4.42
1965	2093	1468	625	3.05
1970	3142	3121	21	5.90
1975	4919	4829	90	8.41
1978	6010	5853	157	9.79
1980	6414	6268	146	10.13
1985	7234	6974	260	10.49
1990	9065	5206	3859	1.84
1995	9812	5780	4032	1.97
2000	9744	5780	3883	1.91
2002	10042	6518	3524	2.14
2003	9625	6205	3420	2.03
2004	10455	6812	3643	2.22
2005	10494	6979	3515	2.27
2006	10582	7133	3449	2.30
2007	10630	7092	3538	2.28

15-10　主要年份卫生技术人员数

单位：人

年　份	卫生技术人　员	#医　生	#护师(士)	平均每千人口拥有卫生技术人员数
1952	2676	1702	95	6.72
1957	5721	2210	244	13.24
1962	2758	1438	424	5.89
1965	2919	1532	488	6.07
1970	3995	2172	557	7.55
1975	5482	2749	1019	9.55
1978	6876	3565	948	11.51
1980	7775	3651	942	12.57
1985	9266	4091	1295	13.94
1990	11058	5580	1534	3.9
1995	12359	6347	3123	4.21
2000	13812	6745	3562	4.57
2002	13401	5930	3269	4.41
2003	13210	6138	3398	4.33
2004	13560	6250	3696	4.42
2005	13304	6211	3656	4.32
2006	12299	5605	3852	4.61
2007	13408	5936	3994	4.31

注：由于卫生报表制度的变动2002年及以后年份医生数为执业医师和执业助理医师；护士为注册护士。

15-11　卫生机构、床位、人员数（2007年）

类　　别	机构数（个）	床位数（张）	人员合计（人）	
				#卫生技术人员
总　　计	679	10630	15543	13408
一、医院合计	80	7092	8565	7057
综合医院	52	5233	6730	5559
县医院				
其他医院				
中医医院	16	1164	1341	1116
中西医结合医院	1	50	34	30
民族医院				
专科医院	11	645	460	352
口腔医院				
眼科医院	2	16	60	52
耳鼻喉科医院				
肿瘤医院	1	100	56	52
心血管病医院	1	20	24	17
妇产(科)医院				
儿童医院				
精神病医院	2	400	208	139
传染病院				
皮肤病医院				
结核病医院				
职业病医院				
骨科医院	1	19	7	7
康复医院	4	90	105	85
整形外科医院				
美容医院				
其他专科医院				

15-11　卫生机构、床位、人员数(2007年)(续1)

类　　别	机构数(个)	床位数(张)	人员合计(人)	#卫生技术人员
二、疗养院	1	120	75	25
三、社区卫生服务中心	28	198	259	222
四、卫生院合计	147	2879	4045	3806
街道卫生院				
乡镇卫生院	147	2879	4045	3806
中心卫生院	47	1091	1432	1348
乡卫生院	100	1788	2613	2458
五、门诊部合计	3	14	57	53
综合门诊部	1	12	34	31
中医门诊部				
中西医结合门诊部				
专科门诊部	2	2	23	22
六、急救中心(站)	1		4	4
七、采供血机构	1		28	15
八、妇幼保健院（所、站）	12	327	639	512
1.省　　属				
省辖市(地区)属	1	89	72	52
地辖市属	1	50	103	83
县　　属	9	163	425	342
其　　他	1	25	39	35
2.妇幼保健院	8	248	431	346
妇幼保健所				
妇幼保健站	4	79	208	166
生殖保健中心				
九、专科疾病防治院（所、站）				
专科疾病防治院				
结核病防治院				
职业病防治院				
其　　他				
专科疾病防治所（站、中心）				
口腔病防治所（站、中心）				
结核病防治所（站、中心）				
职业病防治所（站、中心）				
地方病防治所（站、中心）				
其　　他				

15-11　卫生机构、床位、人员数(2007年)(续2)

类　　别	机构数(个)	床位数(张)	人员合计(人)	
				#卫生技术人员
十、疾病预防控制中心(防疫站)	14		441	354
疾病预防控制中心/防疫站/防病中心				
1.省　　属				
省辖市(地区)属				
地辖市属	2		91	68
县　　属	4		160	134
其　　他	7		172	134
2.疾病预防控制中心				
卫生防疫站				
预防保健中心				
十一、卫生监督所	9		195	162
省　属				
省辖市(地区)属	1		41	28
地辖市属	1		16	12
县　属	6		127	114
其　他	1		11	8
十二、卫生监督检验(监测、检测)所(站)				
卫生(综合)监督检验（监测、检测)所(站)				
放射卫生监督检验检测)所(站)其他				
十三、医学科学研究机构	1		7	4
医学科学(研究)院（所）	1		7	4
中医(药)研究院（所）				
中西医结合研究所				
医学专科研究所				
药学研究所				
十四、医学在职培训机构				
十五、健康教育所（站、中心）				
十六、其他卫生机构	3		29	15
护理站				
临床检验中心				
其　　他	3		29	15

15-12　卫生机构分类人员数

单位：人

指　　标	2007	2006
一、各类人员总计	**15543**	**14344**
卫生技术人员	13408	12299
其他技术人员	453	563
管理人员	784	607
工勤人员	898	875
二、卫生技术人员	**13408**	**12299**
执业医师	4776	4508
执业助理医师	1160	1097
注册护士	3994	3541
药剂人员	978	928
检验人员	774	659
其　他	1726	1566
三、平均每千人拥有		
卫生技术人员	4.31	3.95
#医生数	1.91	1.81

注：本表不包括诊所、卫生所、医务室、社区卫生服务站等人员。

15-13　医疗机构医疗服务量及病床使用情况(2007年)

指　　标	总诊疗人次(万人次)	入院人数(万人)	病床使用率(%)
总　　计	**537.19**	**18.62**	**53.05**
#医　　院	253.78	14.78	61.24
#综合医院	188.47	11.90	70.55
中医医院	54.95	2.42	60.69
专科医院	9.44	0.42	31.81
社区卫生服务中心	10.55	0.04	11.91
卫生院	189.99	2.79	33.42
农村乡镇卫生院	189.99	2.79	33.42
门诊部	2.07		
妇幼保健院（所、站）	18.45	1.00	42.99

15-14 诊所、医务室、卫生所、社区卫生服务站机构、人员数(2006年)

项目	机构数(个)	卫生技术人员(人)						
			执业医师	执业助理医师	注册护士	药剂人员	检验人员	其他
总计	**430**	**1246**	**518**	**118**	**305**	**144**	**21**	**140**
按经济类型分								
国有	50	145	65	12	38	13	3	14
集体	155	533	219	41	125	68	9	71
联营	6	21	5	2	2	3		9
私营	180	448	192	45	118	49	9	35
其他	39	99	37	18	22	11		11
按设置主办								
单位分	109	390	156	28	103	38	11	54
政府办	11	46	12	8	13	7	2	4
企业办	128	300	124	40	62	37	3	34
其他	182	510	226	42	127	62	5	48

15-15 农村村级卫生组织情况(2007年)

指标	实有数	比重(%)
村设置的医疗点数（个）	2239	100.0
村或群众集体办	1647	73.6
乡卫生院设点	12	0.5
乡村医生或卫生员联合办	158	7.1
个体办	276	12.3
其他	146	6.5
乡村医生和卫生员数（人）	3692	100.0
乡村医生	3626	98.2
#行医方式中西医结合	2138	59.0
卫生员数	66	1.8
#行医方式中西医结合	40	60.6

15-16　妇联组织状况

单位：个

指　　标	2007	2006
县(市)妇联数	12	12
乡镇妇联数	118	118
街道妇联数	9	9
基层妇代会数中		
城市（社区妇联）	149	145
农村	2733	2733
非公有经济组织中妇女组织	30	30
直属机关妇工委	119	119
高等院校妇女组织		
省级所属	2	2
市级所属	3	3
团体会员		
女职工委员会数	409	337
民政部门登记注册的妇女团体数	4	4

15-17　妇联工作状况

指　　标	2007	2006
举办实用技术培训班中		
#接受技术培训妇女数（人）	87769	87576
女农民技术员人数（人）	12449	10868
妇联自(联)办农业基地（亩）	314	315
巾帼建功活动		
参赛人数（万人）	11.14	11.14
巾帼建功标兵数（人）	204	213
文明示范岗（个）	111	97
"三八"绿色工程		
建绿色基地个数（个）	67	66
建绿色基地亩数（亩）	21860	20040

15-18　主要年份婚姻登记数

单位：对

地　区	准予登记结婚数	#恢复结婚	初婚数(人)	再婚数(人)	男	女	准予登记离婚数
1990	23136	146	44134	2138	823	1315	598
1995	24199	52	48002	1396	630	766	563
2000	23564	59	44881	2247	1036	1211	774
2001	18871	43	35497	2245	1005	1240	839
2002	16924	44	32368	1480	674	806	577
2003							
2004	21013		40028	1994	680	1314	1436
2005	22866		41999	3733	1771	1962	1530
2006	22690		42483	3309	1580	1729	1912
2007	24984		46170	3798	1563	2235	2013

注：2003年数据缺。

15-19　安全生产

地　区	煤炭生产安全事故死亡人数(人)		煤炭百万吨死亡率(人/百万吨)		生产安全事故死亡人数(人)		亿元GDP生产安全事故死亡率(人/亿元)	
	2007	2006	2007	2006	2007	2006	2007	2006
晋中市	21	65	0.57	1.42	430	501	0.91	1.39
榆次区	6		2.07		69	64	0.74	0.83
榆社县	—	—	—	—	18	14	0.84	0.88
左权县		9		2.69	33	58	1.90	4.22
和顺县	4	11	0.83	2.24	23	31	1.64	2.90
昔阳县	2		0.42		24	23	1.42	1.60
寿阳县	2	4	0.41	0.39	27	27	0.91	1.16
太谷县	—	—	—	—	24	27	0.62	0.82
祁　县	—	—	—	—	59	59	1.72	2.06
平遥县	1	4	0.71	2.74	60	66	1.24	1.69
灵石县	4	35	0.41	2.8	34	72	0.52	1.32
介休市	2	2	0.24	0.43	59	58	0.64	0.76

15-20 环境保护基本情况

指　标	计量单位	2007	2006
一、污染排放与处理情况			
废水			
工业废水排放量	万吨	1643	1796
生活污水排放量	万吨	6150	5396
工业废水排放达标量	万吨	1464	1591
工业废水排放达标率	%	89.1	88.6
化学需氧量排放量	吨	23792	24800
工业	吨	2241	3000
生活	吨	21551	21800
城镇生活污水处理率	%	23.9	19.4
废气			
工业废气排放量	亿标立方米	1991.8	1434.6
燃料燃烧	亿标立方米	1083.6	784.8
生产工艺	亿标立方米	908.2	649.8
二氧化硫排放量	吨	103584	111382
工业	吨	81688	85013
生活	吨	21896	26369
烟尘排放量	吨	65431	76617
工业	吨	49629	57692
生活	吨	15802	18925
工业粉尘排放量	吨	37558	49211
工业二氧化硫去除量	吨	139684	61452
工业烟尘去除量	吨	1047221	1311931
工业粉尘去除量	吨	144726	99488
建成城市烟尘控制区数	个	9	7
烟尘控制区面积	平方公里	54.5	37.4
高污染燃料禁烧区总面积	平方公里	16.7	2.1

15-20　环境保护基本情况(续)

指　标	计量单位	2007	2006
固体废物			
工业固体废物产生量	万吨	700	683
#危险废物	吨	41	41
工业固体废物综合利用量	万吨	504	331
工业固体废物综合利用率	%	72.0	48.5
工业固体废物排放量	万吨	16	20
生活垃圾无害化处理率	%		
"三废"综合利用产品产值	万元	21166	13913
噪声			
建成城市环境噪声达标区数	个	5	5
环境噪声达标区面积	平方公里	28	28
二、工业污染治理项目及投资情况			
当年施工污染治理项目数	个	309	316
污染源治理本年完成投资额	万元	41795	34905
治理废水	万元	10200	17263
治理废气	万元	27416	17199
治理固体废物	万元		443
治理噪声	万元	62	
治理其他	万元	4117	
市区空气二级质量天数	天	298	245

15-21 劳动保障基本情况

指　标	单位	2007	2006
基本养老保险			
基本养老保险参保人数	人	282036	270949
职工人数	人	198261	192404
离退休、退职人员数	人	83775	78545
征缴养老保险金金额	万元	66029	48111
基本养老保险金发放人数	人	83775	78545
基本养老保验金发放金额	万元	93981	68603
失业保险			
失业保险参保职工人数	人	227572	224741
征缴失业保险金金额	万元	4135	3186
领取失业保险金人数	人	14482	11094
全年发放失业保险金	万元	3783	2222
工伤保险			
参加工伤保险人数	人	136464	120090
生育保险			
参加生育保险人数	人	43785	38098
医疗保险			
医疗保险参保人数	人	275709	242785
职工人数	人	204434	183840
离退休、退职人员数	人	71275	58945
征缴医疗保险金金额	万元	22518	18662
基本医疗保险报销人次	万人次	45	41
基本医疗保险报销金额	万元	16557	10690
两个确保			
年末城镇登记失业人数	人	6493	10134
#女性	人		2744
城镇登记失业率	%	2.1	3.2
新增就业岗位	个	31200	41715
农村社会养老保险参保人数	人	127109	120154
年末离休、退休、退职人员数	人	83775	78545

主要统计指标解释

文化事业机构　指从事专业文化工作和为专业文化工作服务的独立建制的单位。不包括这些单位另外举办独立核算的其他机构和各部门的业余文化组织。

艺术表演团体　指从事戏曲、音乐、舞蹈、杂技等专业艺术表演，有独立帐户的单位，不包括半工半艺、半农半艺和民间职业剧团。

艺术表演观众人数（人次）　指售票、包场演出或民族地区免费演出的艺术表演观众人次数，不包括彩排审查和内部观摩演出的观看人次数。

等级运动员人数　指经考核正式批准授予等级运动员称号的人数。运动员等级分为国际级运动健将、运动健将、一级运动员、二级运动员、三级运动员、少年级运动员。

等级裁判员人数　指经考核正式批准授予等级裁判员称号的人数。裁判员等级分为国际裁判、国家级裁判、一级裁判、二级裁判、三级裁判。

体育场　指有400米跑道(中心含足球场)，有固定道牙，跑道6条以上，并有固定看台的室外田径场地。体育场按看台容纳观众人数分为：甲级25000人以上，乙级15000-25000人，丙级5000-15000人，丁级5000人以下。

体育馆　指有固定看台，可供篮球、排球、羽毛球、乒乓球、体操等项目训练比赛活动用的室内运动场地。体育馆按看台容纳观众人数分为：甲级6000人以上，乙级4000-6000人，丙级2000-4000人，丁级2000人以下。

医院　指设有固定床位，能收容病人住院并能为病人提供医疗、护理服务的医疗机构，包括县及县以上医院、农村乡卫生院和其他医院三部分。医院按所属性质不同分为卫生部门、工业及其他部门和集体经济单位三类。县及县以上医院按业务性质不同分为综合医院和专科医院。

离休、退休、退职人员　指正式办理了离休、退休、退职手续，并享受相应的离休、退休、退职待遇的人员。

保险福利费用　指企业、事业、机关单位在工资以外实际支付给职工和离休、退休、退职人员个人以及用于集体的劳动保险和福利费用。

(1)职工保险福利费用包括：

①医疗卫生费：指实行公费医疗企业的职工及其供养的直系亲属的医疗费、医务经费、职工因工负伤就医路费以及住院伙食补助费等；卫生部门开支的事业及机关单位职工的公费医疗经费；未参加公费医疗的企业、事业和机关单位职工的医药费。

②文体宣传费：指企业、事业和机关单位实际支付的文体宣传费，不包括学习费。

③集体福利事业补贴费：指对职工浴室、理发室、洗衣房、哺乳室、托儿所等集体福利设施各项支出与收入相抵后的差额补助费。

④集体福利设施费：指按照国家规定开支的集体福利设施费用，如职工食堂炊事用具的购置费、修理费、职工宿舍的修缮费用。不包括由企业、事业、机关单位自筹经费开支的职工福利设施的基本建设费用。

⑤其他：指上述费用以外，单位支付给职工的保险福利费。

(2)离休、退休、退职人员保险福利费用包括：

①离休金：指发给离休人员的工资和按1982年国务院发布的“关于老干部离职休养制度的几项规定”，发给符合规定的离休干部相当于1-2个月标准工资的生活补贴及1988年增发的生活补贴费。

②退休金：指按照国家有关规定发给退休人员的退休费及1988年增发的生活补贴费。

③退职生活费：指按照1978年国务院《关于工人退休、退职的暂行办法》规定，定期发给退职人员的生活费及1988年增发的生活补贴费。

④其他：指上述费用以外，单位支付给离休、退休、退职人员的保险福利费。

工业废水排放量 指经过企业厂区所有排放口排到企业外部的工业废水量。包括生产废水、外排的直接冷却水、超标排放的矿井地下水和与工业废水混排的厂区生活污水，不包括外排的间接冷却水(清污不分流的间接冷却水应计算在内)。

工业废水排放达标量 指各项指标都达到国家或地方排放标准的外排工业废水量，包括未经处理外排达标和经过处理后外排达标两部分。

工业废水处理量 指报告期内各种水治理设施实际处理的工业废水量，包括处理后外排和处理后回用的工业废水量和虽经处理但未达到国家或地方排放标准的废水量。如车间和厂排放口均有治理设施，并对同一废水分级处理时，不应重复计算工业废水处理量。

工业废气排放量 指企业厂区内燃料燃烧和生产工艺过程中产生的各种排入空气的含有污染物的气体总量，按标准状态〔273K，101325Pa〕计算。

工业二氧化硫排放量 指企业在燃料燃烧和生产工艺过程中排入大气的二氧化硫数量。

烟尘排放量 指企业厂区内燃料燃烧产生的烟气中夹带的颗粒物数量。

工业粉尘排放量 指企业在生产工艺过程中排放的颗粒物重量，如钢铁企业的耐火材料粉尘、焦化企业的筛焦系统粉尘、烧结机的粉尘、石灰窑的粉尘、建材企业的水泥粉尘等。不包括电厂排入大气的烟尘。

工业固体废物产生量 指企业在生产过程中产生的固体状、半固体状和高浓度液体状废弃物的总量，包括危险废物、冶炼废渣、粉煤灰、炉渣、煤矸石、尾矿、放射性废物和其他废物等；不包括矿山开采的剥离废石和掘进废石(煤矸石和呈酸性或碱性的废石除外)。酸性或碱性废石指采掘的废石其流经水、雨淋水的pH值小于4或pH值大于10.5者。

危险废物 指列入国家危险废物名录或根据国家规定的危险废物鉴别标准和鉴别方法认定的，具有爆炸性、易燃性、易氧化性、毒性、腐蚀性、易传染疾病等危险特性之一的废物。

工业固体废物综合利用量 指通过回收、加工、循环、交换等方式，从固体废物中提取或者使其转化为可以利用的资源、能源和其他原材料的固体废物量(包括当年利用往年的工业固体废物累计贮存量)，如用作农业肥料、生产建筑材料、筑路等。综合利用量由原产生固体废物的单位统计。

工业固体废物贮存量 指以综合利用或处置为目的，将固体废物暂时贮存或堆存在专设的贮存设施或专设的集中堆存场所内的数量。专设的固体废物贮存场所或贮存设施必须有防扩散、防流失、防渗漏、防止污染大气、水体的措施。

工业固体废物处置量 指将固体废物焚烧或者最终置于符合环境保护规定要求的场所，并不再回取的工业固体废物量(包括当年处置往年的工业固体废物累计贮存量)。处置方法有填埋(其中危险废物应安全填埋)、焚烧、专业贮存场(库)封场处理、深层灌注、回填矿井等。

工业固体废物排放量 指将所产生的固体废物排到固体废物污染防治设施、场所以外的数量，不包括矿山开采的剥离废石和掘进废石(煤矸石和呈酸性或碱性的废石除外)。

“三废”综合利用产品产值 指利用“三废”(废液、废气、废渣)作为主要原料生产的产品价值(现行价)；已经销售或准备销售的应计算产品价值，留作生产自用的不应计算产品价值。

“三废”综合利用产品利润 指利用“三废”(废液、废气、废渣)生产的产品，销售后所得到的利润。

环境污染与破坏事故 指由于违反环境保护法规的经济、社会活动与行为，以及意外因素的影响或不可抗拒的自然灾害等原因，致使环境受到污染，国家重点保护的野生动植物、自然保护区受到破坏，人体健康受到危害，社会经济和人民财产受到损失，造成不良社会影响的突发性事件。

第十六部分

县市篇

16-1-1 总产出(2007年)

单位：万元

地区	总产出	第一产业	第二产业	#工业	第三产业	#交通运输仓储邮政业	#批发和零售业
晋中市	12326609	685263	8773427	7097680	2867919	779038	449000
榆次区	2893251	117610	1529642	1320802	1245999	234230	229288
榆社县	683093	20475	530441	496693	132177	25878	35336
左权县	492262	23896	332955	218663	135411	31646	30168
和顺县	391869	26900	224195	128803	140774	40852	19197
昔阳县	501540	28974	330027	149363	142539	45886	22449
寿阳县	814233	94990	537997	305662	181246	50334	27141
太谷县	949315	112920	529557	442262	306838	34790	116323
祁　县	912809	89293	553727	399241	269789	126643	39569
平遥县	1246215	118974	801126	655807	326115	48169	82342
灵石县	1823224	16994	1330989	1156223	475241	205827	83719
介休市	3111891	34789	2723700	2436788	353402	84430	93152
开发区	384560	5158	294200	199433	85202	10801	27424

16-1-2 总产出(2006年)

单位：万元

地区	总产出	第一产业	第二产业	#工业	第三产业	#交通运输仓储邮政业	#批发和零售业
晋中市	9689286	632810	6671178	5352730	2385298	648481	383560
榆次区	2398013	103231	1278554	1117129	1016228	193759	180747
榆社县	471624	15532	362784	334689	93308	17225	27522
左权县	387673	22062	252223	170398	113388	26819	28056
和顺县	302626	26986	166412	98176	109228	32486	14434
昔阳县	384121	28548	237945	107430	117628	39515	16834
寿阳县	558483	83768	335433	205239	139282	39226	22228
太谷县	848537	116080	448700	378910	283757	38540	93294
祁　县	712788	83410	411483	307822	217895	103132	39423
平遥县	960065	98228	595853	494937	265984	33593	66945
灵石县	1382062	15830	980502	834362	385730	163587	80415
介休市	2324027	38552	1991012	1790619	294463	70478	77628
开发区	219424	5093	144268	101772	70063	9559	22370

16-2-1　地区生产总值(2007年)

单位：万元

地　区	地区生产总　值	第一产业	第二产业	#工　业	第三产业	#交通运输仓储邮政业	#批发和零售业
晋中市	4701976	407130	2584228	2288058	1710618	324218	308000
榆次区	935435	70331	392330	329006	472774	71269	94008
榆社县	204196	11280	144795	132983	48121	5952	7774
左权县	167464	13129	93463	74409	60872	10295	7248
和顺县	140075	16184	65281	53834	58610	10976	8385
昔阳县	168917	18498	77278	54541	73141	16659	15325
寿阳县	301522	61353	149564	112511	90605	23839	15500
太谷县	371716	66623	145064	130125	160029	30520	25491
祁　县	337979	52392	158911	137283	126676	41058	22159
平遥县	483641	72522	212167	184889	198952	31477	40665
灵石县	655156	9385	436121	382436	209650	72291	37866
介休市	926157	16038	708978	657334	201141	42260	51234
开发区	103364	2958	64590	49806	35816	4947	10827

16-2-2　地区生产总值(2006年)

单位：万元

地　区	地区生产总　值	第一产业	第二产业	#工　业	第三产业	#交通运输仓储邮政业	#批发和零售业
晋中市	3856794	354240	2097470	1835031	1405084	269593	260437
榆次区	768552	59709	325161	275961	383682	58096	73738
榆社县	160003	7859	116228	106114	35916	3962	6055
左权县	137570	10043	76464	61190	51063	8850	7414
和顺县	106799	14430	47924	38303	44445	8747	6640
昔阳县	142455	18226	63977	45935	60252	14336	11492
寿阳县	232053	48713	110280	79620	73060	18567	13028
太谷县	329437	66237	128451	116209	134749	26375	19262
祁　县	285879	51637	129917	113389	104325	33655	22110
平遥县	390072	51417	178917	159855	159738	22070	33237
灵石县	546747	9754	364259	319394	172734	58815	36388
介休市	760494	17791	575650	531964	167053	35343	42695
开发区	72118	2921	37354	27155	31843	4378	10648

16-3-1　主要核算指标(2007年)

单位：万元

地　区	人均地区生产总值(元/人)	资本形成总额	最终消费	居民总消费水平(元/人)	农村居民	城镇居民
晋中市	15157	2704071	2168599	4928	2881	7858
榆次区	16977	418710	516725	7550	4454	8850
榆社县	15647	99652	70813	2712	1918	4965
左权县	10532	105610	74989	3336	2383	5701
和顺县	10218	64752	75323	3306	1708	6419
昔阳县	7534	83435	85482	2917	2184	5431
寿阳县	14148	160357	140515	5098	3726	9194
太谷县	12518	137742	187688	4670	3469	7342
祁　县	12850	210337	127642	3983	2799	6331
平遥县	9834	223323	259774	4469	3154	7652
灵石县	26027	376126	279030	6351	3682	10676
介休市	24133	561306	327178	6360	4105	7951
开发区	24321	75295	28069	4555	3695	8567

16-3-2　主要核算指标(2006年)

单位：万元

地　区	人均地区生产总值(元/人)	资本形成总额	最终消费	居民总消费水平(元/人)	农村居民	城镇居民
晋中市	12491	2045183	1822226	4135	2533	6533
榆次区	14025	314795	453757	6803	4085	7943
榆社县	12317	79211	52344	2357	1846	3881
左权县	8616	86119	61093	2681	1908	4794
和顺县	7813	51373	55426	2445	1294	4721
昔阳县	6377	68784	73671	2562	1971	4758
寿阳县	10924	116347	115706	4030	2960	7397
太谷县	10689	136414	156974	3811	2912	5824
祁　县	10646	168678	117180	3718	2439	6393
平遥县	7972	166992	223080	3789	2824	6207
灵石县	21870	316603	230144	5160	3149	8860
介休市	19846	467141	245184	5086	3452	6285
开发区	17633	49739	22379	4062	3503	6701

16-4-1 总产出发展速度(2007年)

上年=100

地区	总产出	第一产业	第二产业	#工业	第三产业	#交通运输仓储邮政业	#批发和零售业
晋中市	117.9	100.2	120.6	122.1	114.8	115.0	112.6
榆次区	114.7	98.7	112.8	112.6	118.6	116.9	122.8
榆社县	119.7	119.0	120.4	121.1	117.0	127.7	108.1
左权县	118.8	105.0	122.0	118.6	114.5	113.5	106.3
和顺县	126.8	97.6	134.7	130.7	122.7	121.4	123.6
昔阳县	124.7	91.8	133.4	133.8	116.4	112.7	128.2
寿阳县	135.3	102.4	151.1	138.3	118.2	113.0	116.5
太谷县	111.5	98.9	116.3	115.3	108.9	107.7	116.2
祁　县	118.3	107.4	122.4	118.8	117.4	117.9	115.9
平遥县	121.3	109.1	124.9	122.5	117.4	134.8	119.4
灵石县	115.7	97.6	116.0	115.9	115.7	116.3	115.2
介休市	123.3	93.0	124.9	123.5	115.6	115.6	115.8
开发区	120.2	101.1	124.3	127.0	113.7	115.6	108.6

16-4-2 总产出发展速度(2006年)

上年=100

地区	总产出	第一产业	第二产业	#工业	第三产业	#交通运输仓储邮政业	#批发和零售业
晋中市	114.9	95.7	117.2	114.4	114.6	114.4	113.1
榆次区	112.3	97.2	113.0	115.1	113.3	109.5	113.4
榆社县	105.9	99.3	105.1	102.7	110.0	107.2	102.2
左权县	109.9	73.2	112.6	108.3	115.1	115.8	110.4
和顺县	105.2	95.3	103.3	102.9	111.4	104.9	102.3
昔阳县	129.8	100.0	147.3	107.7	112.7	111.5	111.4
寿阳县	117.9	102.7	121.6	127.6	120.1	111.4	110.5
太谷县	113.9	106.8	114.3	110.9	116.5	118.1	116.5
祁　县	116.6	92.6	123.8	117.5	115.4	114.4	115.2
平遥县	111.8	86.6	114.4	111.3	118.3	113.2	109.9
灵石县	114.8	105.2	114.1	110.9	117.1	120.1	115.3
介休市	122.7	108.8	125.3	126.7	108.4	103.2	108.6
开发区	116.5	99.5	118.3	121.7	114.8	110.1	114.1

16-5-1　地区生产总值发展速度（2007年）

上年=100

地　区	地区生产总　值	第一产业	第二产业	#工　业	第三产业	#交通运输仓储邮政业	#批发和零售业
晋中市	114.7	100.7	116.6	118.4	115.5	115.0	112.7
榆次区	115.2	98.7	116.2	116.9	116.9	112.4	123.4
榆社县	113.6	128.3	112.4	112.8	114.2	127.7	108.1
左权县	112.1	110.0	111.8	112.4	112.9	111.8	111.6
和顺县	119.9	106.9	127.0	128.8	116.1	119.4	121.2
昔阳县	114.3	91.8	119.0	113.6	116.3	112.5	128.2
寿阳县	119.1	108.9	127.3	131.4	113.9	113.2	113.5
太谷县	110.1	100.2	110.2	109.1	114.9	109.4	119.4
祁　县	113.0	101.5	116.6	115.3	114.3	114.8	115.1
平遥县	115.1	108.6	115.0	111.9	117.3	130.4	118.6
灵石县	114.2	91.4	114.8	114.2	114.1	114.8	114.7
介休市	114.5	93.0	114.6	114.7	116.3	115.6	115.8
开发区	119.2	100.3	127.7	130.4	112.9	114.5	107.5

16-5-2　地区生产总值发展速度(2006年)

上年=100

地　区	地区生产总　值	第一产业	第二产业	#工　业	第三产业	#交通运输仓储邮政业	#批发和零售业
晋中市	112.0	95.6	114.6	114.6	113.3	113.6	112.5
榆次区	112.3	97.2	114.0	116.7	113.7	109.5	114.1
榆社县	111.5	94.7	113.9	111.5	108.6	107.6	103.0
左权县	107.2	57.3	116.7	110.1	115.2	112.5	113.0
和顺县	105.2	96.7	103.3	103.2	110.7	104.2	103.8
昔阳县	113.2	98.8	120.2	105.0	111.5	111.2	109.6
寿阳县	113.8	99.9	119.7	115.9	116.4	115.0	110.4
太谷县	112.0	99.1	113.0	114.1	118.7	143.3	115.5
祁　县	112.2	92.2	118.9	116.1	117.0	119.2	115.4
平遥县	111.2	84.6	115.9	113.4	117.7	112.7	110.8
灵石县	113.4	109.6	112.6	110.1	115.4	115.3	113.3
介休市	119.0	108.8	122.8	124.8	108.0	101.5	108.5
开发区	112.9	97.2	113.1	116.0	114.6	109.5	114.1

16-6-1 国民经济核算主要指标发展速度(2007年)

上年=100

地　区	资本形成总　额	最终消费	居民总消费水平	农村居民	城镇居民
晋中市	123.2	113.4	113.6	108.5	114.6
榆次区	124.2	110.5	110.5	108.6	111.0
榆社县	120.7	126.4	109.3	100.9	118.5
左权县	109.9	116.1	117.9	120.5	110.7
和顺县	111.0	124.4	125.6	122.7	126.3
昔阳县	118.4	110.6	108.6	105.6	108.8
寿阳县	118.0	119.7	120.1	115.4	123.5
太谷县	100.5	115.8	122.5	119.1	126.1
祁　县	116.9	107.6	105.8	116.6	99.0
平遥县	119.9	111.4	111.6	107.9	114.3
灵石县	114.4	116.3	117.1	111.8	116.3
介休市	115.9	127.8	125.1	118.9	126.5
开发区	121.0	116.4	107.0	100.4	122.1

16-6-2 国民经济核算主要指标发展速度(2006年)

上年=100

地　区	资本形成总　额	最终消费	居民总消费水平	农村居民	城镇居民
晋中市	111.8	111.9	109.6	104.4	109.7
榆次区	102.5	120.2	114.6	128.0	110.5
榆社县	118.1	106.1	100.2	102.4	95.9
左权县	115.5	110.0	111.2	112.1	103.0
和顺县	95.2	114.4	105.7	101.6	106.6
昔阳县	112.6	113.6	116.0	111.1	115.4
寿阳县	100.8	130.3	128.1	124.1	126.7
太谷县	110.0	109.2	114.2	107.7	114.0
祁　县	119.7	103.3	101.1	91.7	109.1
平遥县	107.6	114.1	115.5	113.5	109.5
灵石县	113.8	112.8	104.0	102.8	105.4
介休市	112.2	108.6	106.9	112.1	102.8
开发区	124.4	116.4	112.3	112.6	111.8

16-7 总户数、总人口数

单位：人

地区	总户数（户）		总人口		按性别分				按城镇乡村分			
					男性		女性		城镇人口		乡村人口	
	2007	2006	2007	2006	2007	2006	2007	2006	2007	2006	2007	2006
晋中市	1070933	1044644	3109260	3095078	1598454	1595084	1510806	1499994	1293311	1257577	1815949	1837501
榆次区	176324	176013	551798	549345	279286	275963	272512	273382	391218	387618	160580	161727
榆社县	46788	45453	130839	130186	67391	66679	63448	63507	34752	33250	96087	96936
左权县	54625	50529	159354	158635	83344	81450	76010	77185	47709	43387	111645	115248
和顺县	49720	47355	137090	136726	71094	72580	65996	64146	46488	45967	90602	90759
昔阳县	87287	84660	224639	223871	116082	117085	108557	106786	51847	49386	172792	174485
寿阳县	78610	76624	213512	212739	112356	111540	101156	101199	54638	52270	158874	160469
太谷县	100729	102038	296878	295529	151547	152449	145331	143080	105511	102017	191367	193512
祁县	91034	87964	263028	261910	133638	133660	129390	128250	88220	84676	174808	177234
平遥县	161403	158349	493115	490526	252739	252433	240376	238093	146899	140732	346216	349794
灵石县	86880	83800	252300	251136	132177	133457	120123	117679	97292	94779	155008	156357
介休市	137533	131859	386707	384475	198800	197788	187907	186687	228737	223495	157970	160980

16-8 人口自然变动

单位：人

地区	出生				死亡				自然增长			
	人数		出生率（‰）		人数		死亡率（‰）		人数		增长率（‰）	
	2007	2006	2007	2006	2007	2006	2007	2006	2007	2006	2007	2006
晋中市	34615	34346	11.16	11.12	20432	19591	6.59	6.34	14183	14755	4.57	4.78
榆次区	4957	4863	9.01	8.87	2506	2610	4.58	4.76	2451	2253	4.43	4.11
榆社县	1523	1487	11.67	11.45	881	887	6.78	6.83	642	600	4.89	4.62
左权县	1920	1940	12.12	12.26	1217	1149	7.69	7.26	703	791	4.43	5.00
和顺县	1460	1456	10.67	10.67	1103	884	8.11	6.48	357	572	2.56	4.19
昔阳县	2730	2707	12.20	12.12	1963	1671	8.83	7.48	767	1036	3.37	4.64
寿阳县	2188	2181	10.27	10.27	1418	1510	6.71	7.11	770	671	3.56	3.16
太谷县	3621	3445	12.23	11.68	2260	2230	7.73	7.56	1361	1215	4.51	4.12
祁县	2980	3012	11.40	11.53	1887	1719	7.19	6.58	1103	1293	4.21	4.95
平遥县	5641	5637	11.47	11.52	3010	3146	6.23	6.43	2631	2491	5.24	5.09
灵石县	3073	3046	12.21	12.16	1903	1693	7.63	6.76	1170	1353	4.58	5.40
介休市	4522	4572	11.73	11.93	2294	2092	5.97	5.46	2228	2480	5.76	6.47

16-9-1 城镇单位从业人员(2007年)

单位: 人

地区	总计	#女性	在岗职工	其他从业人员	#国有单位	#集体单位	#港澳台投资经济	#外商投资经济	离开本单位仍保留劳动关系的职工
晋中市	320367	112189	309946	10421	185309	24413	11957	9808	30231
榆次区	86269	37694	81010	5259	52578	5226	5844	1525	13415
榆社县	12562	4807	12439	123	6126	251	—	90	594
左权县	14809	4024	14358	451	8810	814	—	—	961
和顺县	12796	4085	12624	172	8303	1138	—	—	539
昔阳县	15142	4289	15059	83	11123	2595	17	—	2174
寿阳县	22728	5748	22339	389	12967	1520	—	—	1629
太谷县	23308	10111	22605	—	16181	3703	180	368	930
祁　县	18588	8139	18182	406	10171	1838	3784	180	1043
平遥县	24678	8395	23504	1174	14474	2208	480	—	1303
灵石县	23058	7957	22673	385	12513	2539	135	416	3419
介休市	66429	16940	65153	1276	32063	2581	1517	7229	4224

16-9-2 城镇单位从业人员(2006年)

单位: 人

地区	总计	#女性	在岗职工	其他从业人员	#国有单位	#集体单位	#港澳台投资经济	#外商投资经济	离开本单位仍保留劳动关系的职工
晋中市	296724	107847	287235	9489	199789	26780	473	1411	33394
榆次区	82690	35367	78001	4689	50873	5463	4922	1296	13152
榆社县	12866	4806	12776	90	6093	315			674
左权县	14322	4045	14195	127	7873	923			934
和顺县	14546	3903	13958	583	8690	1055			719
昔阳县	15958	4500	15481	477	11746	2833	17		2433
寿阳县	20805	5048	20441	364	12339	1108			1961
太谷县	22321	9477	21830	491	15604	3882	173	85	1839
祁　县	12276	5669	11839	437	9736	1597			1388
平遥县	19575	7624	18249	1326	14405	2608			2827
灵石县	18704	7212	18621	83	12734	2407	133	30	2766
介休市	62661	20196	61844	817	49696	4589			4701

16-10-1　城镇单位从业人员劳动报酬（2007年）

地　区	从业人员平均人数（人）	在岗职工	其他从业人员	从业人员劳动报酬（千元）	在岗职工工资总额	其他从业人员劳动报酬	在岗职工平均工资（元）
晋中市	321608	311416	10192	5572672	5432284	140388	17444
榆次区	85443	80349	5094	1428745	1363215	65530	16966
榆社县	12568	12451	117	205298	203692	1606	16359
左权县	14813	14385	428	218934	215729	3205	14997
和顺县	12463	12284	179	173771	172043	1728	14005
昔阳县	15010	14927	83	249161	248093	1068	16620
寿阳县	26265	25861	404	465895	460138	5757	17793
太谷县	23568	22985	583	346731	337636	9095	14689
祁　县	18675	18275	400	270343	265677	4666	14538
平遥县	24586	23308	1278	370068	360551	9517	15469
灵石县	22578	22168	410	380625	369569	11056	16671
介休市	65639	64423	1216	1463101	1435941	27160	22289

16-10-2　城镇单位从业人员劳动报酬（2006年）

地　区	从业人员平均人数（人）	在岗职工	其他从业人员	从业人员劳动报酬（千元）	在岗职工工资总额	其他从业人员劳动报酬	在岗职工平均工资（元）
晋中市	301534	291892	9642	4644472	4542746	101726	15563
榆次区	82732	78009	4723	1120561	1069485	51076	13710
榆社县	12719	12629	90	159712	158465	1247	12548
左权县	13883	13756	127	170222	169690	532	12336
和顺县	14588	14003	585	171493	168183	3310	12010
昔阳县	15887	15416	471	208350	202472	5878	13134
寿阳县	25194	24818	376	387171	382103	5068	15396
太谷县	23213	22668	545	270579	265690	4889	11721
祁　县	12093	11622	471	174167	168788	5379	14523
平遥县	19489	18130	1359	273383	265387	7996	14638
灵石县	18544	18469	75	265448	264610	838	14327
介休市	63192	62372	820	1443386	1427873	15513	22893

16-11-1 国有单位从业人员(2007年)

单位：人

地 区	从业人员	#女 性	在岗职工	其他从业人员	离开本单位仍保留劳动关系的职工
晋中市	185309	74855	179553	5756	16037
榆次区	52578	23762	50472	2106	6569
榆社县	6126	2805	6034	92	401
左权县	8810	3163	8379	431	607
和顺县	8303	3199	8221	82	416
昔阳县	11123	3678	11046	77	1463
寿阳县	12967	4342	12746	221	846
太谷县	16181	7448	15577	604	427
祁 县	10171	4814	9793	378	536
平遥县	14474	6166	13812	662	311
灵石县	12513	5427	12232	281	1210
介休市	32063	10051	31241	822	3251

16-11-2 国有单位从业人员(2006年)

单位：人

地 区	从业人员	#女 性	在岗职工	其他从业人员	离开本单位仍保留劳动关系的职工
晋中市	199789	76171	194968	4821	17430
榆次区	50873	22222	49044	1829	5945
榆社县	6093	2696	6041	52	472
左权县	7873	2940	7759	114	301
和顺县	8690	3120	8212	478	479
昔阳县	11746	3834	11544	202	1761
寿阳县	12339	4148	12169	170	815
太谷县	15604	7001	15310	294	1283
祁 县	9736	4642	9328	408	824
平遥县	14405	6268	13887	518	910
灵石县	12734	5385	12694	40	1180
介休市	49696	13915	48980	716	3460

16-12-1 国有单位从业人员劳动报酬(2007年)

地 区	从业人员平均人数(人)	在岗职工	其他从业人员	从业人员劳动报酬(千元)	在岗职工工资总额	其他从业人员劳动报酬	在岗职工平均工资(元)
晋中市	184479	178951	5528	3715911	3648447	67464	20388
榆次区	51730	49610	2120	1025174	999396	25778	20145
榆社县	6125	6033	92	102760	101442	1318	16815
左权县	8855	8447	408	139618	136596	3022	16171
和顺县	8141	8052	89	118633	118335	298	14696
昔阳县	11007	10930	77	195093	194082	1011	17757
寿阳县	13870	13633	237	293244	289636	3608	21245
太谷县	16038	15554	484	272363.0	264131	8232	16982
祁 县	10184	9812	372	170639	166194	4445	16938
平遥县	14331	13730	601	243505	239785	3720	17464
灵石县	12401	12120	281	214874	209531	5343	17288
介休市	31797	31030	767	940008	929319	10689	29949

16-12-2 国有单位从业人员劳动报酬(2006年)

地 区	从业人员平均人数(人)	在岗职工	其他从业人员	从业人员劳动报酬(千元)	在岗职工工资总额	其他从业人员劳动报酬	在岗职工平均工资(元)
晋中市	200664	195740	4924	3574241	3528712	45529	18028
榆次区	50305	48464	1841	792310	775976	16334	16012
榆社县	6083	6031	52	81003	80451	552	13340
左权县	7776	7662	114	106965	106545	420	13906
和顺县	8739	8257	482	112275	111108	1167	13456
昔阳县	11674	11478	196	163929	161191	2738	14043
寿阳县	13343	13161	182	256341	253112	3229	19232
太谷县	15806	15488	318	211620	207936	3684	13426
祁 县	9651	9230	421	146217	141059	5158	15283
平遥县	14261	13699	562	212769	209717	3052	15309
灵石县	12684	12645	39	193654	193339	315	15290
介休市	50342	49625	717	1297158	1288278	8880	25960

16-13-1 集体单位从业人员(2007年)

单位：人

地　区	从业人员	#女　性	在岗职工	其他从业人员	离开本单位仍保留劳动关系的职工
晋中市	24413	8873	23721	692	4650
榆次区	5226	2334	4946	280	1199
榆社县	251	108	251		47
左权县	814	289	813	1	113
和顺县	1138	401	1128	10	66
昔阳县	2595	403	2589	6	380
寿阳县	1520	622	1507	13	579
太谷县	3703	1085	3624	79	190
祁　县	1838	682	1825	13	459
平遥县	2206	797	2080	128	783
灵石县	2541	1110	2528	11	581
介休市	2581	1042	2430	151	253

16-13-2 集体单位从业人员(2006年)

单位：人

地　区	从业人员	#女　性	在岗职工	其他从业人员	离开本单位仍保留劳动关系的职工
晋中市	26780	10455	25482	1298	5888
榆次区	5463	2493	5172	291	1321
榆社县	315	148	315		53
左权县	923	347	923		100
和顺县	1055	378	1049	6	83
昔阳县	2833	584	2558	275	417
寿阳县	1108	385	1098	10	952
太谷县	3882	1112	3685	197	304
祁　县	1597	702	1589	8	517
平遥县	2608	827	2194	414	1103
灵石县	2407	784	2405	2	469
介休市	4589	2695	4494	95	569

16-14-1 集体单位从业人员劳动报酬(2007年)

地区	从业人员平均人数（人）	在岗职工	其他从业人员	从业人员劳动报酬(千元)	在岗职工工资总额	其他从业人员劳动报酬	在岗职工平均工资(元)
晋中市	25120	24303	817	309132	293007	16125	12056
榆次区	5351	5114	237	43605	42553	1052	8321
榆社县	250	250		5130	5130	—	20520
左权县	814	813	1	11390	11366	24	13980
和顺县	1125	1115	10	16406	16186	220	14517
昔阳县	2579	2573	6	32029	31972	57	12426
寿阳县	1567	1554	13	17223	17147	76	11034
太谷县	4003	3924	79	38684	38244	440	9746
祁　县	1945	1932	13	24868	24767	101	12819
平遥县	2433	2135	298	33084	31905	1179	14944
灵石县	2391	2382	9	38645	38435	210	16136
介休市	2662	2511	151	48068	35302	12766	14059

16-14-2 集体单位从业人员劳动报酬(2006年)

地区	从业人员平均人数（人）	在岗职工	其他从业人员	从业人员劳动报酬(千元)	在岗职工工资总额	其他从业人员劳动报酬	在岗职工平均工资(元)
晋中市	27072	25764	1308	288339	273578	14761	10619
榆次区	5568	5320	248	42987	41866	1121	7870
榆社县	315	315		4843	4843		15375
左权县	906	906		10144	10144		11196
和顺县	1045	1039	6	12105	11905	200	11458
昔阳县	2834	2559	275	28276	25136	3140	9823
寿阳县	1109	1099	10	10482	10433	49	9493
太谷县	4324	4097	227	33100	31895	1205	7785
祁　县	1553	1524	29	18844	18750	94	12303
平遥县	2686	2272	414	31500	29105	2395	12810
灵石县	2406	2404	2	36549	36529	20	15195
介休市	4326	4229	97	59509	52972	6537	12526

16-15-1 其他单位从业人员(2007年)

单位：人

地 区	从业人员	#女 性	在岗职工	其他从业人员	离开本单位仍保留劳动关系的职工
晋中市	110645	28461	106672	3973	9544
榆次区	28465	11598	25592	2873	5647
榆社县	6185	1894	6154	31	146
左权县	5185	572	5166	19	241
和顺县	3355	485	3275	80	57
昔阳县	1424	8	1424		331
寿阳县	8241	784	8086	155	204
太谷县	3424	1578	3404	20	213
祁 县	6579	2643	6564	15	48
平遥县	7996	1432	7612	384	209
灵石县	8006	1620	7913	93	1728
介休市	31785	5847	31482	303	720

16-15-2 其他单位从业人员(2006年)

单位：人

地 区	从业人员	#女 性	在岗职工	其他从业人员	离开本单位仍保留劳动关系的职工
晋中市	70155	21221	66785	3370	10076
榆次区	26354	10652	23785	2569	5886
榆社县	6458	1962	6420	38	149
左权县	5526	758	5513	13	533
和顺县	4801	405	4697	104	157
昔阳县	1379	82	1379		255
寿阳县	7358	515	7174	184	194
太谷县	2835	1364	2835		252
祁 县	943	325	922	21	47
平遥县	2562	529	2168	394	814
灵石县	3563	1043	3522	41	1117
介休市	8376	3586	8370	6	672

16-16-1 其他单位从业人员劳动报酬(2007年)

地区	从业人员平均人数(人)	在岗职工	其他从业人员	从业人员劳动报酬(千元)	在岗职工工资总额	其他从业人员劳动报酬	在岗职工平均工资(元)
晋中市	112009	108162	3847	1547629	1490830	56799	13783
榆次区	28362	25625	2737	359966	321266	38700	12537
榆社县	6193	6168	25	97408	97120	288	15746
左权县	5144	5125	19	67926	67767	159	13223
和顺县	3197	3117	80	38732	37522	1210	12038
昔阳县	1424	1424		22039	22039		15477
寿阳县	10828	10674	154	155428	153355	2073	14367
太谷县	3527	3507	20	35684	35261	423	10054
祁　县	6546	6531	15	74836	74716	120	11440
平遥县	7822	7443	379	93479	88861	4618	11939
灵石县	7786	7666	120	127106	121603	5503	15863
介休市	31180	30882	298	475025	471320	3705	15262

16-16-2 其他单位从业人员劳动报酬(2006年)

地区	从业人员平均人数(人)	在岗职工	其他从业人员	从业人员劳动报酬(千元)	在岗职工工资总额	其他从业人员劳动报酬	在岗职工平均工资(元)
晋中市	73798	70388	3410	781892	740456	41436	10520
榆次区	26859	24225	2634	285264	251643	33621	10388
榆社县	6321	6283	38	73866	73171	695	11646
左权县	5201	5188	13	53113	53001	112	10216
和顺县	4804	4707	97	47113	45170	1943	9596
昔阳县	1379	1379		16145	16145		11708
寿阳县	10742	10558	184	120348	118558	1790	11229
太谷县	3083	3083		25859	25859		8388
祁　县	889	868	21	9106	8979	127	10344
平遥县	2542	2159	383	29114	26565	2549	12304
灵石县	3454	3420	34	35245	34742	5503	10158
介休市	8524	8518	6	86719	86623	96	10169

16–17 分行业全社会固定资产投资(2007年)

单位：万元

指 标	合 计	榆次区	榆社县	左权县	和顺县	昔阳县
总 计	**2837447**	**584931**	**98440**	**154259**	**98893**	**202735**
1.农、林、牧、渔业	**82480**	**14622**	**2891**	**15386**	**6182**	**6180**
农业	7875	4928		300		
林业	25931	2921	1180	5719	2181	
畜牧业	19081	3235	195	4805	1200	4880
农、林、牧、渔服务业	29593	3538	1516	4562	2801	1300
2.采矿业	**767276**	**12776**		**59936**	**28657**	**111762**
煤炭开采和洗选业	757370	12776		55651	27457	111762
石油和天然气开采业	4411				1200	
黑色金属矿采选业	3885			3885		
非金属矿采选业	1610			400		
3.制造业	**626195**	**145189**	**47390**	**23473**	**12674**	**8302**
农副食品加工业	26576	1035	1967	1850	2830	2847
食品制造业	18140	7461	515	3350		1135
饮料制造业	23224	2955		100	1300	900
纺织业	3835	3385				
纺织服装、鞋、帽制造业	2200					
木材加工及木、竹、藤、棕、草制造业	1330	150				380
家具制造业	2590	2250				
造纸及纸制品业	4180					
印刷业和记录媒介的复制	8300	8300				
石油加工、炼焦及核燃料加工业	145894	6407				
化学原料及化学制品制造业	69271	4925	41668			2280
医药制造业	17397	2060	430	770	4300	
塑料制品业	9209	4779	2310	2120		
非金属矿物制品业	73947	14866	500			360
黑色金属冶炼及压延加工业	75146	3296		12350		
有色金属冶炼及压延加工业	10699	245		2223	4244	
金属制品业	26776	16055				
通用设备制造业	33060	9901		250		
专用设备制造业	33928	21196				
交通运输设备制造业	5415	4655				400
电气机械及器材制造业	12410	9175				
通信设备、计算机及其他电子设备制造业	20920	20805				
仪器仪表及文化、办公用机械制造业	1288	1288				
工艺品及其他制造业	460			460		

16-17　分行业全社会固定资产投资(2007年)(续1)

单位：万元

指　　标	寿阳县	太谷县	祁县	平遥县	灵石县	介休市
总　计	**325688**	**145037**	**156160**	**194775**	**414046**	**462483**
1.农、林、牧、渔业	**6641**		**16409**	**2450**	**10034**	**1685**
农业	1153		1494			
林业	3160		820	1300	8650	
畜牧业	659		3322		600	185
农、林、牧、渔服务业	1669		10773	1150	784	1500
2.采矿业	**156671**	**30000**		**12615**	**168401**	**186458**
煤炭开采和洗选业	153460	30000		11405	168401	186458
石油和天然气开采业	3211					
黑色金属矿采选业						
非金属矿采选业				1210		
3.制造业	**19321**	**13630**	**73653**	**41021**	**85339**	**156203**
农副食品加工业	1077	1300	2240	11130		300
食品制造业	179	5200	300			
饮料制造业			9579	2390	5000	1000
纺织业				450		
纺织服装、鞋、帽制造业				2200		
木材加工及木、竹、藤、棕、草制造业	800					
家具制造业	340					
造纸及纸制品业			4180			
印刷业和记录媒介的复制						
石油加工、炼焦及核燃料加工业	5015		4097	200	53332	76843
化学原料及化学制品制造业	850	2000	3398		4750	9400
医药制造业		610	2227			7000
塑料制品业						
非金属矿物制品业	2700		34344	1820	19257	100
黑色金属冶炼及压延加工业						59500
有色金属冶炼及压延加工业				987	3000	
金属制品业		4020	4641			2060
通用设备制造业	280		7127	15502		
专用设备制造业	7720	500		4512		
交通运输设备制造业	360					
电气机械及器材制造业			1405	1830		
通信设备、计算机及其他电子设备制造业			115			
仪器仪表及文化、办公用机械制造业						
工艺品及其他制造业						

16-17 分行业全社会固定资产投资(2007年)(续2)

单位：万元

指　　标	合 计	榆次区	榆社县	左权县	和顺县	昔阳县
4.电力、燃气及水的生产和供应业	**251852**	**67133**	**14938**	**12616**	**2088**	**43762**
电力、热力的生产和供应业	219301	62400	14578	12316		43762
水的生产和供应业	15571	1500	360	300	2088	
5.建筑业	**2523**	**903**	**520**			
房屋和土木工程建筑业	2523	903	520			
6.交通运输、仓储和邮政业	**179630**	**5702**	**5820**	**7025**	**5643**	**8040**
铁路运输业	47035					
道路运输业	122435	4477	5820	7025	5643	8040
城市公共交通业	6384					
仓储业	3776	1225				
7.信息传输、计算机服务和软件业	**16776**	**46**	**13000**	**480**	**3000**	
电信和其他信息传输服务业	16776	46	13000	480	3000	
8.批发和零售业	**35408**	**13685**	**1196**	**2076**	**800**	**3700**
批发业	18077	5125	596	1576		
零售业	17331	8560	600	500	800	3700
9.住宿和餐饮业	**33839**		**1500**	**760**	**3050**	**6000**
住宿业	24005			760	50	6000
餐饮业	9834		1500		3000	
10.房地产业	**500130**	**207971**	**3470**	**16272**	**19671**	**10600**
房地产开发	227613	127041		730	6337	4500
11.科学研究、技术服务和地质勘查业	**1390**					
专业技术服务业	1390					
12.水利、环境和公共设施管理业	**221701**	**85820**	**5282**	**6706**	**9396**	**4229**
水利管理业	16361	1342	1729		1742	699
环境管理业	14623	14275				130
公共设施管理业	190717	70203	3553	6706	7654	3400
13.居民服务和其他服务业	**17311**			**4305**		
居民服务业	17311			4305		
14.教育	**55014**	**20676**	**1045**	**700**	**4047**	
教育	55014	20676	1045	700	4047	
15.卫生、社会保障和社会福利业	**10307**	**3910**			**1080**	
卫生	10307	3910			1080	
16.文化、体育和娱乐业	**10930**	**230**	**74**		**1290**	
广播、电视、电影和音像业	4556				720	
文化艺术业	6144		74		570	
体育	230	230				
17.公共管理和社会组织	**24685**	**6268**	**1314**	**4524**	**1315**	**160**
国家机构	24546	6268	1175	4524	1315	160
群众团体、社会团体和宗教组织	139		139			

16-17 分行业全社会固定资产投资(2007年)(续3)

单位：万元

指标	寿阳县	太谷县	祁县	平遥县	灵石县	介休市
4.电力、燃气及水的生产和供应业	**2204**	**7400**	**9672**	**55030**	**17918**	**19091**
电力、热力的生产和供应业		6000		48706	15748	15791
水的生产和供应业	2204		4525	2174	1120	1300
5.建筑业						**1100**
房屋和土木工程建筑业						1100
6.交通运输、仓储和邮政业	**55735**	**12925**	**6351**	**10110**	**42994**	**19285**
铁路运输业	39314			1721	3500	2500
道路运输业	16421	9715	5900	3900	39494	16000
城市公共交通业		3210		2389		785
仓储业			451	2100		
7.信息传输、计算机服务和软件业	**250**					
电信和其他信息传输服务业	250					
8.批发和零售业	**1310**		**3291**	**850**	**6500**	**2000**
批发业	310		1420	850	6500	1700
零售业	1000		1871			300
9.住宿和餐饮业	**2534**		**1773**	**10222**	**7200**	**800**
住宿业	1250		1773	6972	7200	
餐饮业	1284			3250		800
10.房地产业	**26027**	**49429**	**32382**	**31328**	**49943**	**53037**
房地产开发	6510	21780	2638	11145	16447	30485
11.科学研究、技术服务和地质勘查业	**1390**					
专业技术服务业	1390					
12.水利、环境和公共设施管理业	**34794**	**16893**	**6499**	**21749**	**14637**	**15696**
水利管理业		2473		240	6842	1294
环境管理业					218	
公共设施管理业	34794	14420	6499	21509	7577	14402
13.居民服务和其他服务业	**13006**					
居民服务业	13006					
14.教育	766	6800	2018	6857	5902	**6203**
教育	766	6800	2018	6857	5902	6203
15.卫生、社会保障和社会福利业	**800**	**2460**			**1642**	**415**
卫生	800	2460			1642	415
16.文化、体育和娱乐业	**560**	**5500**			**3276**	
广播、电视、电影和音像业	560				3276	
文化艺术业		5500				
体育						
17.公共管理和社会组织	**3679**		**4112**	**2543**	**260**	**510**
国家机构	3679		4112	2543	260	510
群众团体、社会团体和宗教组织						

16-18 固定资产投资主要指标

地区	投资项目个数(个)				本年完成投资(亿元)			
	2007	2006	比重%		2007	2006	比重%	
			2007	2006			2007	2006
晋中市	1002	811	100.0	100.0	283.7	201.3	100.0	100.0
榆次区	180	161	18.0	19.9	58.5	41.9	20.6	20.8
榆社县	53	32	5.3	3.9	9.8	7.9	3.5	3.9
左权县	105	52	10.5	6.4	15.4	10.9	5.4	5.4
和顺县	65	53	6.5	6.5	9.9	6.8	3.5	3.4
昔阳县	47	47	4.7	5.8	20.3	13.3	7.2	6.6
寿阳县	85	106	8.5	13.1	32.6	22.2	11.5	11.0
太谷县	40	43	4.0	5.3	14.5	10.1	5.1	5.0
祁县	78	47	7.8	5.8	15.6	11.1	5.5	5.5
平遥县	74	70	7.4	8.6	19.5	13.5	6.9	6.7
灵石县	177	138	17.7	17.0	41.4	31.8	14.6	15.8
介休市	98	62	9.8	7.6	46.2	38.5	16.3	19.1

16-19 房地产开发投资完成情况

单位：万元

地区	2007	2006	比上年增减%	比重%	
				2007	2006
晋中市	227613	206784	10.1	100.0	100.0
榆次区	127041	126156	0.7	55.8	61.0
榆社县					
左权县	730	1860	-60.8	0.3	0.9
和顺县	6337	3755	68.8	2.8	1.8
昔阳县	4500	2100	114.3	2.0	1.0
寿阳县	6510	7006	-7.1	2.9	3.4
太谷县	21780	9392	131.9	9.6	4.5
祁县	2638	3225	-18.2	1.2	1.6
平遥县	11145	16700	-33.3	4.9	8.1
灵石县	16447	13122	25.3	7.2	6.3
介休市	30485	23468	29.9	13.4	11.3

16-20 煤焦产销存情况

单位：万吨

地 区	原煤生产量		原煤销售量		焦炭生产量		焦炭销售量	
	2007	2006	2007	2006	2007	2006	2007	2006
晋中市	5687.1	5639.4	4486.0	4699.9	1087.1	816.9	1045.8	745.7
榆次区	290.0	330.0	290.0	330.1	89.3	47.2	89.5	46.4
榆社县								
左权县	299.4	300.0	284.5	267.0	18.8	17.2	15.9	14.4
和顺县	468.6	330.2	467.8	308.1				
昔阳县	411.9	355.0	413.0	363.9				
寿阳县	913.2	678.4	907.6	675.2	20.7		19.2	
太谷县					73.9	45.2	73.9	45.2
祁 县								
平遥县	140.6	145.2	140.6	145.2	127.0	122.9	129.5	123.9
灵石县	730.0	1250.0	750.8	1237.2	267.7	152.6	271.0	145.5
介休市	2433.5	2250.6	1231.6	1373.2	489.6	427.1	446.9	370.3

16-21 单位能耗情况

单位：吨标煤/万元

地 区	单位GDP能耗(等价值)			规模以上单位工业增加值能耗(当量值)			单位GDP电耗(千瓦小时/万元)		
	2005	2006	2007	2005	2006	2007	2005	2006	2007
晋中市	3.28	3.22	3.01	7.08	6.64	5.99	1879	1806	1896
榆次区	2.67	2.83	2.64	2.39	2.8	2.5	1785	1799	1854
榆社县	5.40	4.85	4.45	18.97	15.24	13.98	2067	2069	3621
左权县	5.73	5.89	5.53	11.28	12.39	10.76	2699	2188	1736
和顺县	3.26	3.22	2.5	5.76	5.46	3.15	2597	2547	2486
昔阳县	2.27	2.15	1.77	5.20	3.99	2.86	1734	1615	1756
寿阳县	2.18	2.06	1.94	2.51	2.32	2.22	1688	1740	1799
太谷县	3.02	3.01	2.84	7.14	5.47	4.8	1423	1375	1286
祁 县	2.89	2.69	2.53	5.17	4.67	3.01	1580	1520	1427
平遥县	3.14	3.25	3.06	5.51	5.46	5.07	1263	1327	1231
灵石县	4.89	4.78	4.58	9.61	9.37	7.94	907	962	946
介休市	4.33	4.29	3.98	6.82	6.75	6.03	2025	1854	1861

16-22 居民消费价格分类指数(2007年)

上年价格=100

指　　标	晋中	榆次	介休	和顺	平遥
居民消费价格总指数	**104.9**	**104.2**	**104.6**	**104.8**	**106.0**
一、食　　品	112.9	114.6	111.2	111.6	114.2
1.粮　　食	108.8	114.3	107.2	106.7	107.0
2.淀粉及薯类	109.3	128.4	100.0	102.7	105.9
3.干豆类及豆制品	111.6	116.2	104.8	118.1	107.4
4.油　　脂	120.0	120.4	114.9	116.0	128.6
5.肉禽及其制品	139.2	133.7	132.8	145.6	144.8
食用畜肉及副产品	142.7	145.0	145.2	124.0	156.4
禽	138.2	107.1	126.0	204.2	115.6
肉禽加工制品	110.4	108.3	103.8	109.9	119.4
6.蛋	125.2	125.4	121.7	126.4	127.3
7.水产品	100.8	105.3	95.3	100.0	102.5
鱼	98.8	100.3	93.2	100.0	101.9
其他水产品	105.8	118.9	99.8	100.0	104.7
8.菜	103.3	103.7	107.1	89.4	113.2
鲜　　菜	102.4	102.3	106.2	88.4	112.7
干菜及菜制品	113.6	119.2	102.1	104.2	129.1
9.调味品	108.8	126.6	99.0	100.0	109.6
10.糖	101.2	97.6	101.1	106.1	99.8
11.茶及饮料	102.0	108.3	98.1	101.0	100.5
茶　　叶	102.3	112.9	96.2	100.0	100.0
饮　　料	101.9	106.4	98.7	101.9	100.8
12.干鲜瓜果	109.8	100.5	132.0	101.7	104.9
鲜　　果	111.1	96.5	143.2	98.7	105.8
干(坚)果及瓜果制品	105.5	107.5	104.6	107.4	102.7
13.糕点饼干面包	100.4	97.3	100.8	100.0	103.4
14.奶及奶制品	107.3	128.5	99.7	100.0	101.1
15.在外用膳食品	105.2	104.9	105.5	106.7	103.6
主　　食	107.1	102.5	109.0	112.8	103.9
炒　　菜	102.3	105.2	101.2	100.0	102.9
地方小吃	110.0	119.5	105.0	110.8	104.7
16.其他食品及食品加工服务	102.5	100.2	99.0	104.7	105.9
二、烟酒及用品	103.4	106.6	101.7	100.0	105.4
1.烟　　草	102.2	105.3	102.7	100.0	100.8
2.酒	108.2	110.5	100.8	100.0	121.7
3.吸烟饮酒用品	71.2	86.0	98.8	90.1	100.0
三、衣　　着	98.5	90.0	102.7	100.3	101.2
1.服　　装	95.0	86.4	95.8	100.8	97.1
男式服装	96.4	86.7	97.5	102.3	99.1
女式服装	94.5	89.7	92.8	100.1	95.5
儿童服装	94.1	75.2	103.9	100.0	97.2
2.衣着材料	102.0	98.0	107.3	100.0	102.6
3.鞋袜帽	107.2	98.2	118.1	100.0	112.6
鞋	107.4	96.2	118.9	100.0	114.3
袜　　子	103.3	103.1	110.0	100.0	100.0
帽　　子	105.0	113.4	110.2	100.0	96.4
4.衣着加工服务	109.7	106.4	132.3	100.0	100.3

16-22 居民消费价格分类指数(2007年)(续)

上年价格=100

指 标	晋中	榆次	介休	和顺	平遥
四、家庭设备用品及维修服务	100.8	100.0	97.4	100.1	105.8
1.耐用消费品	100.1	96.2	97.9	100.1	106.3
家 具	101.8	93.4	98.6	100.3	114.7
家庭设备	99.3	97.3	97.4	100.0	102.5
2.室内装饰品	99.2	106.2	90.5	100.0	100.1
3.床上用品	99.4	99.1	96.8	100.0	101.8
4.家庭日用杂品	100.7	100.1	97.3	100.2	105.2
5.家庭服务及加工维修服务	108.8	119.9	101.8	100.0	113.6
五、医疗保健和个人用品	102.9	102.8	103.1	101.7	104.1
1.医疗保健	102.1	101.2	102.6	100.0	104.6
医疗器具及用品	93.4	82.8	101.2	100.0	89.7
中药材及中成药	110.4	116.4	111.4	100.0	113.8
西 药	98.3	95.6	97.9	100.0	99.7
保健器具及用品	96.6	99.4	94.4	100.0	92.5
医疗保健服务	100.3	100.0	100.0	100.0	101.3
2.个人用品及服务	104.4	105.7	105.2	103.6	103.2
化妆美容用品	99.8	98.9	99.1	100.0	101.2
卫生用品	100.8	100.7	102.9	100.0	99.5
个人饰品	107.7	109.3	110.1	113.9	97.4
个人服务	109.8	111.1	117.1	100.1	110.8
六、交通和通信	101.2	99.7	100.9	106.3	98.0
1.交 通	102.9	102.2	99.0	108.7	101.9
交通工具	99.5	104.1	95.1	99.8	98.9
车用燃料及零配件	104.0	103.3	104.4	106.7	101.6
车辆使用及维修	104.2	100.5	104.3	100.0	111.9
市区公共交通	102.8	100.0	100.0	111.1	100.0
城市间交通	107.3	103.1	100.0	120.0	106.0
2.通 信	98.8	97.8	102.6	99.4	95.2
通信工具	87.3	89.4	95.9	98.8	65.0
通信服务	101.9	101.0	105.4	100.0	101.1
七、娱乐教育文化用品及服务	100.0	99.3	100.5	100.7	99.4
1.文娱用耐用消费品及服务	94.3	91.5	97.6	100.0	88.0
2.教 育	100.7	99.7	100.7	102.5	100.0
教材及参考书	96.9	97.2	100.7	105.0	84.6
学杂托幼费	100.5	100.1	100.0	100.0	101.7
3.文化娱乐用品	100.4	101.3	102.2	100.0	98.0
文化娱乐	99.7	102.8	98.7	100.0	97.3
书报杂志	101.4	100.0	107.8	100.0	97.7
文娱费	99.9	100.0	100.0	100.0	99.6
4.旅游及外出	104.6	103.4	100.0	100.0	115.0
八、居 住	103.8	105.7	104.3	100.6	104.7
1.建房及装修材料	102.8	101.1	101.2	100.0	108.7
2.租 房	100.0	100.0	100.0	100.0	100.0
3.自有住房	107.4	111.9	108.8	100.0	108.7
4.水、电、燃料	103.8	108.3	103.0	101.8	102.0

16-23 商品零售价格分类指数(2007年)

上年价格=100

指　　标	晋中	榆次	介休	和顺	平遥
商品零售价格总指数	104.0	103.3	103.6	104.2	104.7
一、食品类	113.5	115.2	111.6	112.8	114.6
1.粮　　食	108.7	114.3	107.2	105.5	107.4
2.淀粉及薯类	109.3	128.4	100.0	102.7	105.9
3.干豆类及豆制品	111.6	116.2	104.8	118.1	107.3
4.油　　脂	120.1	120.4	114.9	116.0	129.0
5.肉禽及其制品	139.6	133.7	132.8	146.7	145.4
6.蛋	125.2	125.4	121.7	126.4	127.3
7.水产品	100.7	105.3	95.3	100.0	102.3
8.菜	103.4	103.7	107.1	89.4	113.3
9.调味品	109.0	126.6	99.0	100.0	110.2
10.糖	101.2	97.6	101.1	106.1	100.0
11.干鲜瓜果	109.8	100.5	132.0	101.7	105.0
12.糕点饼干面包	100.3	97.3	100.8	100.0	103.3
13.奶及奶制品	107.3	128.5	99.7	100.0	101.1
14.在外用膳食品	105.2	104.9	105.5	106.7	103.6
15.其他食品	102.5	100.2	99.0	104.7	105.9
二、饮料、烟酒	103.2	107.0	100.7	100.5	104.5
1.茶及饮料	101.8	108.7	97.0	101.0	100.4
2.烟　　草	102.2	105.3	102.7	100.0	100.8
3.酒	107.6	110.5	101.0	100.0	118.8
三、服装、鞋帽类	98.8	89.6	103.8	100.4	101.2
1.服　　装	95.6	86.4	97.9	100.8	97.2
2.鞋袜帽	107.0	98.2	118.1	100.0	111.9
3.其　　他	98.2	92.6	100.0	100.0	100.0
四、纺织品类	100.3	98.6	100.0	100.0	102.6
1.衣着材料	102.0	98.0	107.3	100.0	102.8
2.床上用品	99.6	99.1	96.8	100.0	102.4
五、家用电器及音像器材	96.3	94.0	96.5	100.0	94.6
1.家庭设备	99.2	97.0	97.4	100.0	102.4
2.文娱用耐用消费品	92.2	89.4	95.4	100.0	84.0
3.音像器材类	99.9	99.9			

16-23　商品零售价格分类指数(2007年)(续)

上年价格=100

指　　　　标	晋中	榆次	介休	和顺	平遥
六、文化办公用品	98.5	99.9	95.1	100.0	98.9
七、日用品	100.6	100.0	100.9	100.0	101.5
1.日用百货	100.9	98.8	103.8	100.0	101.0
2.日用杂品	102.5	100.3	100.3	100.0	109.3
3.洗涤用品	100.8	100.5	101.2	100.0	101.7
4.其他日用品	98.2	100.6	97.7	100.0	94.4
八、体育娱乐用品	99.4	99.5	97.4	100.0	100.7
1.体育用品	99.3	100.0	93.5	100.0	103.7
2.娱乐用品	99.4	99.0	100.0	100.0	98.6
九、交通、通信用品	94.3	95.6	95.2	99.2	87.4
1.交通运输机械	98.2	99.7	93.4	99.7	100.0
2.通讯器材类	88.0	90.2	96.4	98.6	67.0
十、家　　具	101.5	93.4	97.9	100.3	114.6
十一、化妆品类	100.1	98.6	100.5	100.0	101.3
十二、金银珠宝类	106.0	106.6	104.0	106.7	106.7
十三、中西药品及医疗保健用品类	102.5	102.8	103.0	100.0	104.0
1.医疗器具及用品	93.4	82.8	101.2	100.0	89.7
2.中药材及中成药	110.3	116.4	111.4	100.0	113.3
3.西　　药	98.3	95.6	97.9	100.0	99.7
4.保健器具及用品	97.1	99.4	94.4	100.0	94.5
十四、书报杂志及电子出版物类	99.6	99.4	104.9	101.7	92.4
1.教材及参考书	98.5	97.2	107.7	105.0	84.2
2.书报杂志	101.3	100.0	107.8	100.0	97.6
3.电子音像制品	103.0	109.6	101.3	100.0	101.1
十五、燃料类	107.9	103.5	107.7	116.8	103.6
1.煤炭及制品类	109.6	100.2	110.1	121.7	106.5
2.石油及制品类	105.2	104.8	101.7	112.0	102.4
十六、建筑材料及五金电料类	101.7	101.5	99.1	100.0	106.1
1.建筑装璜材料	102.9	101.2	101.2	100.0	109.0
2.五金电料类	100.0	102.2	96.8	100.0	101.0

16-24 农林牧渔业总产值(2007年)

按当年价格计算　　　　单位：万元

地　区	农林牧渔业总产值	农　业	林　业	牧　业	渔　业	农林牧渔服务业
晋中市	685263	461948	35119	170203	1360	16633
榆次区	117490	94630	748	17626	281	4205
榆社县	20475	10121	5672	3811	253	618
左权县	23731	9020	8943	5039	211	518
和顺县	26848	18516	3240	4424	39	629
昔阳县	28920	22532	1160	4356	101	771
寿阳县	94990	78907	4119	10347	36	1581
太谷县	112920	66079	2280	42531	84	1946
祁　县	89259	57304	1851	28176	77	1851
平遥县	118974	75605	3008	37823	169	2369
灵石县	16928	10373	2807	3251	53	444
介休市	34728	18861	1291	12819	56	1701

16-25 农林牧渔业增加值(2007年)

按当年价格计算　　　　单位：万元

地　区	总产值	物质消耗	增加值						增加值率(%)	物耗率(%)
				农业	林业	牧业	渔业	服务业		
晋中市	685263	279071	406192	301502	19809	75147	745	8989	59.3	40.7
榆次区	117490	47516	69974	59157	225	8171	148	2273	59.6	40.4
榆社县	20475	9290	11185	5041	4049	1619	142	334	54.6	45.4
左权县	23731	10706	13025	3942	6412	2272	118	280	54.9	45.1
和顺县	26848	10809	16039	12456	1333	1889	21	340	59.7	40.3
昔阳县	28920	10125	18795	15906	476	1940	55	417	65.0	35.0
寿阳县	94990	33017	61973	54279	2323	4498	20	854	65.2	34.8
太谷县	112920	47419	65501	44547	683	19172	46	1052	58.0	42.0
祁　县	89259	36867	52392	38456	823	12071	42	1000	58.7	41.3
平遥县	118974	46775	72199	53121	1308	16397	93	1280	60.7	39.3
灵石县	16928	7598	9330	6008	1676	1378	28	240	55.1	44.9
介休市	34728	18949	15779	8591	500	5740	30	919	45.4	54.6

16-26 农作物播种面积和产量（2007年）

单位：千公顷、吨

地 区	农作物播种面积	谷物		#小麦			豆类		薯类	
		播种面积	总产量	播种面积	总产量	平均单产	播种面积	总产量	播种面积	总产量
晋中市	340.23	248.61	1326686	34.8	132272	3801	28.07	45815	12.09	54991
榆次区	52.87	32.49	168830	1.62	7736	4775	1.86	2867	0.5	1472
榆社县	17.76	14.42	48358	0.06	70	1167	1.98	1219	0.7	2053
左权县	13.39	10.73	46611	0.12	360	3000	0.94	1423	0.78	4063
和顺县	15.82	10.3	56079				1.28	2085	2.53	13094
昔阳县	22.98	20.69	133782	0.02	73	3650	0.51	869	0.55	1730
寿阳县	53.82	40.48	231327				1.87	2951	3.54	15761
太谷县	33.91	23.29	152011	5.55	29288	5277	3.97	8862	0.79	6836
祁 县	33.18	22.92	160370	7.52	39049	5193	5.55	10115	0.31	1047
平遥县	51.24	37.53	197104	5.27	20131	3820	3.49	6245	1.48	5534
灵石县	15.58	13.13	51541	4.54	7765	1710	0.69	1018	0.46	1359
介休市	29.68	22.63	80673	10.1	27800	2752	5.93	8161	0.45	2042

16-26 农作物播种面积和产量(2007年)(续)

单位：千公顷、吨

地 区	棉花		油料		蔬菜		瓜类		附:农作物回茬面积	
	播种面积	总产量	播种面积	总产量	播种面积	总产量	播种面积	总产量		粮食作物回茬面积
晋中市	0.3	252	5.74	12671	40.34	2217422	2.76	99907	33.92	20.28
榆次区	0.04	46	0.41	459	16.73	959526	0.80	35859	7.76	0.62
榆社县			0.30	422	0.26	2950	0.07	826		
左权县			0.45	1030	0.48	9292		4	0.13	0.12
和顺县			0.68	880	0.61	20565				
昔阳县		1	0.15	172	1.08	33479			0.02	0.02
寿阳县			0.24	397	7.40	573328	0.10	3737	2.03	
太谷县	0.09	58	0.15	169	4.07	242512	0.66	28043	4.76	3.94
祁 县	0.15	133	0.57	1245	3.36	170827	0.28	7275	7.36	5.27
平遥县	0.02	14	2.29	7393	5.33	173994	0.81	22618	4.60	3.81
灵石县			0.43	346	0.61	11614	0.03	1410	0.42	0.23
介休市			0.07	158	0.41	19335	0.01	135	6.84	6.27

16-27 粮食播种面积和产量

地　区	播种面积(千公顷)			总产量(吨)			单产量(公斤/公顷)			附：粮食占用耕地面积(千公顷)
	2007	2006	为上年%	2007	2006	为上年%	2007	2006	为上年%	
晋中市	288.77	276.77	104.34	1427492	1309512	109.01	4943	4731	104.48	268.49
榆次区	34.85	33.56	103.84	173169	151205	114.53	4969	4506	110.28	34.23
榆社县	17.10	18.12	94.37	51630	50458	102.32	3019	2785	108.40	17.10
左权县	12.45	12.14	102.55	52097	51374	101.41	4184	4232	98.87	12.33
和顺县	14.11	15.80	89.30	71258	69683	102.26	5050	4410	114.51	14.11
昔阳县	21.75	20.43	106.46	136381	135664	100.53	6270	6640	94.43	21.73
寿阳县	45.89	40.87	112.28	250039	200171	124.91	5449	4898	111.25	45.89
太谷县	28.05	24.64	113.84	167709	152542	109.94	5979	6191	96.58	24.11
祁　县	28.78	26.97	106.71	171532	150850	113.71	5960	5593	106.56	23.51
平遥县	42.50	41.42	102.61	208883	197460	105.78	4915	4767	103.10	38.69
灵石县	14.28	13.92	102.59	53918	49712	108.46	3776	3571	105.74	14.05
介休市	29.01	28.90	100.38	90876	100393	90.52	3133	3474	90.18	22.74

16-28 牧业生产情况(2007年)

地　区	大牲畜年末数(头)	猪年末数(头)	羊年末数(只)	家禽年末数(万只)	猪出栏数(头)	肉类总产量(吨)	奶类产量(吨)	禽蛋产量(吨)
晋中市	198209	554345	687368	1255	692932	71992	77397	92703
榆次区	10474	66658	72079	124	86300	7886	11473	8614
榆社县	12023	9838	98343	56	10098	1654		1364
左权县	10091	9371	93450	27	16495	2262	251	2136
和顺县	60217	4147	19960	7	7250	3053	175	582
昔阳县	10217	38343	47981	24	26266	2512	930	1666
寿阳县	11404	22019	63356	76	37282	5026	1266	4549
太谷县	8674	155770	79383	287	225624	19003	18338	20286
祁　县	47649	55788	42076	170	64429	8676	23083	20622
平遥县	21147	107502	109164	352	134328	13008	17479	27078
灵石县	2199	11292	21392	32	11046	1425	169	2254
介休市	4114	73617	40184	100	73814	7487	7487	3552

16-29 水果产量和果园面积

地区	水果产量(吨)				年末果园(公顷)
	合计	#苹果	#梨	#红枣	
晋中市	243823	112505	85387	33774	24772
榆次区	20756	14434	3348	1278	4855
榆社县	3450	2525	140	292	1008
左权县	2378	1188	735	133	1554
和顺县	1285	550	274	15	58
昔阳县	273	235	30		388
寿阳县	7550	7059	96	84	1502
太谷县	3328	2330	478	84	2694
祁　县	49986	15573	2405	27889	3223
平遥县	80857	32846	45142	950	4082
灵石县	71765	34246	32537	2984	4675
介休市	2195	1519	202	65	733

16-30 林业生产情况(2007年)

地区	当年造林面积(公顷)	当年零星植树(万株)	年末育苗面积(公顷)	#本年新育面积(公顷)
晋中市	28613	866	7618	2711
榆次区	1167	100	234	135
榆社县	3627	56	331	135
左权县	4169	115	289	135
和顺县	5890	44	282	136
昔阳县	2660	86	367	147
寿阳县	2734	91	333	133
太谷县	2233	46	4667	1334
祁　县	933	80	362	200
平遥县	733	122	300	133
灵石县	3734	46	203	120
介休市	600	100	237	101

16-31 农村经济收入分配和效益(2007年)

单位：万元

地区	农村经济总收入	#出售产品收入	农村经济总费用	可分配净收入总额				农村居民人均纯收入(元)	汇入本表人口(万人)
				总计	乡村集体所得	农民经营所得	其他		
晋中市	6303919	2098833	4626579	1824632	9148	927507	887977	4207	229.27
榆次区	1308776	401540	1083455	238613	436	137857	100320	5311	26.67
榆社县	33061	13126	14364	25023	80	24189	754	2074	11.70
左权县	81278	13817	40720	43689	387	28973	14329	2171	13.80
和顺县	60016	24241	30757	32016	1213	21656	9147	2172	10.87
昔阳县	271047	103072	195744	83962	2325	62577	19060	3131	20.24
寿阳县	247477	63020	164396	95529	284	70781	24464	4099	17.18
太谷县	726265	476702	597313	143272	1325	118589	23358	5696	20.97
祁　县	566579	238178	457560	121017	332	100172	20513	4881	20.84
平遥县	561651	219929	410933	184189	1582	165327	17280	4029	41.86
灵石县	572655	297115	444194	136052	895	89272	45885	5175	17.44
介休市	1875114	248093	1187143	721270	289	108114	612867	4766	27.70

16-32 农业现代化情况（2007年）

地区	机耕地面积(千公顷)	农村用电量(万千瓦时)	化肥施用实物量(吨)	机收面积(千公顷)
晋中市	249.11	85015	355582	56.47
榆次区	32.16	16632	48146	5.33
榆社县	5.4	18072	22225	0.41
左权县	7.33	907	8627	0.25
和顺县	8.67	2356	11926	0.33
昔阳县	19.37	1872	11606	0.26
寿阳县	48	4137	11158	6.67
太谷县	20.01	1772	78076	8.13
祁　县	24.65	9735	55077	10.13
平遥县	43.78	13912	50512	5.94
灵石县	14.41	9484	48591	7.01
介休市	25.33	6136	9638	12

16-33 主要工业产品产量(2007年)

单位：万吨

地 区	原煤	洗精煤	焦炭	#机焦	发电量(亿千瓦时)
晋中市	5687.1	2788.5	1087.1	941.6	86.0
榆次区	290.0		89.3	89.3	3.3
榆社县					62.8
左权县	299.4	39.2	18.8	10.2	5.3
和顺县	468.6				
昔阳县	411.9				
寿阳县	913.2	179.4	20.7		
太谷县		65.6	73.9	73.9	
祁 县					
平遥县	140.6	69.6	127.0	88.8	
灵石县	730.0	839.7	267.7	267.7	4.6
介休市	2433.5	1595.0	489.6	411.6	10.0

16-33 主要工业产品产量(2007年)(续)

单位：万吨

地 区	化肥(折纯)	水泥	生铁	石墨及碳素制品	日用玻璃制品
晋中市	11.5	145.2	128.8	18.1	8.3
榆次区		8.6	10.6		
榆社县					
左权县		22.7	19.4		
和顺县	4.2				
昔阳县	1.3	14.2			
寿阳县	1.9	6.1			
太谷县	0.0	11.5			
祁 县				8.8	8.3
平遥县		13.0	2.3	1.4	
灵石县	1.1	23.0		5.3	
介休市	2.9	46.2	96.6	2.6	

16-34　工业企业主要经济指标（2007年）

单位：万元

地　区	企业单位数（个）	亏损企业	工业总产值	工业销售产值	出口交货值	工业增加值	资产总计
晋中市	580	177	5667867	5587955	420857	2006845	7255145
榆次区	138	65	981525	937786	76162	327935	1109321
榆社县	5		428863	436777		140229	475743
左权县	25	6	171003	162933	6084	64387	321473
和顺县	30	4	106553	107897		45268	226412
昔阳县	25	6	81899	77571		32513	89665
寿阳县	44	14	255558	251855	652	112613	603494
太谷县	54	15	276122	266440	11677	84124	246941
祁　县	47	14	261983	232036	41645	87586	182595
平遥县	51	13	344633	344340	2504	118170	314921
灵石县	118	25	752257	766328		323765	1064734
介休市	43	15	2007473	2003993	282133	670255	2619846

16-34　工业企业主要经济指标(2007年)(续1)

单位：万元

地　区	资产总计						
	流动资产	流动资产年平均余额	固定资产	固定资产原价	累计折旧	本年折旧	固定资产净值
晋中市	3127842	2882076	3315460	3932226	981625	234185	2950601
榆次区	595547	553799	414385	558947	168085	66583	390863
榆社县	90088	85391	363510	514227	153956	29909	360271
左权县	108903	95866	142800	164517	31884	9192	132632
和顺县	65943	53687	127248	123439	9492	5435	113947
昔阳县	39963	39575	34734	46791	16640	3423	30151
寿阳县	150986	137811	218208	250535	51588	8050	198947
太谷县	141692	131467	100051	119533	28462	5896	91071
祁　县	112771	103364	59565	85142	29222	5686	55920
平遥县	175690	165263	127161	132888	29664	5387	103225
灵石县	485969	439376	435666	449776	77341	18816	372435
介休市	1160289	1076477	1292133	1486431	385290	75809	1101141

16-34　工业企业主要经济指标(2007年)(续2)

单位：万元

地　区	资产总计	负债合计			所有者权益	实收资本	主营业务收入
	固定资产净值年平均余额		流动负债合计	长期负债合计			
晋中市	3069517	4801192	3725240	894769	2453953	1551175	5758908
榆次区	373169	787047	631144	151261	322274	261726	1074458
榆社县	351701	320614	144181	176433	155129	94755	372090
左权县	131960	268762	196065	72497	52711	39983	160132
和顺县	106020	143321	83620	58636	83092	58760	108230
昔阳县	29555	57337	49328	7701	32328	17484	79912
寿阳县	332717	302569	223771	62408	300925	97071	243621
太谷县	89334	181868	176739	5128	65073	43025	255853
祁　县	54446	137664	127396	10168	44931	37420	217774
平遥县	100423	224980	218337	6643	89941	72442	366549
灵石县	348485	749515	682295	60024	315219	225072	769231
介休市	1151707	1627516	1192363	283869	992330	603438	2111058

16-34　工业企业主要经济指标(2007年)(续3)

单位：万元

地　区	主营业务成本	主营业务税金及附加	营业费用	管理费用	财务费用		营业利润
						利息支出	
晋中市	4545909	72363	359509	351011	120390	115433	271681
榆次区	883140	4150	34934	66545	15040	11459	37648
榆社县	322541	1984	4415	8977	13631	13721	21927
左权县	122214	2340	1754	15849	8125	7825	9389
和顺县	73966	3947	4758	15047	3696	3625	6261
昔阳县	53078	3916	2359	10747	1345	1190	8398
寿阳县	187190	3793	13282	25048	1756	1335	12328
太谷县	215209	1117	13719	10037	4578	4803	11261
祁　县	162867	5267	14954	7146	2253	2073	24265
平遥县	297255	2170	32061	18443	5754	5722	13015
灵石县	575265	8953	95065	40931	17681	16289	38774
介休市	1653186	34725	142207	132242	46532	47390	88415

16-34 工业企业主要经济指标(2007年)(续4)

单位：万元

地　区	利润总额	亏损企业亏损总额	利税总额	本年应付工资总额	本年应付福利费总额	本年应交增值税	全部从业人员年平均人数(人)
晋中市	210950	35903	635472	424079	43406	351834	222173
榆次区	8285	15395	60930	52501	5464	48494	35447
榆社县	22163		47232	12870	2078	23085	5653
左权县	12509	4682	29101	16583	2120	14251	10624
和顺县	4180	1980	18556	14909	2082	10429	7201
昔阳县	8243	518	20321	10708	999	8162	5492
寿阳县	11077	4274	33050	38511	4208	18180	17729
太谷县	6694	1665	21119	19545	1418	13308	13806
祁　县	16163	422	29543	30356	3851	7789	20136
平遥县	13677	1261	33220	16776	1787	17373	14112
灵石县	23473	349	93142	32291	4143	60716	22346
介休市	84487	5359	249258	179030	15256	130046	69627

16-34 工业企业主要经济指标(2007年)(续5)

地　区	总资产贡献率(%)	资产负债率(%)	流动资产周转次数(次/年)	成本费用利润率(%)	全员劳动生产率(元/人年)	产品销售率(%)	工业增加值率(%)
晋中市	10.35	66.18	2.00	3.92	90328	98.59	35.41
榆次区	6.53	70.95	1.94	0.83	92514	95.54	33.41
榆社县	12.81	67.39	4.36	6.34	248061	101.85	32.7
左权县	11.49	83.6	1.67	8.46	60605	95.28	37.65
和顺县	9.8	63.3	2.02	4.29	62863	101.26	42.48
昔阳县	23.99	63.95	2.02	12.21	59201	94.72	39.7
寿阳县	5.7	50.14	1.77	4.87	63519	98.55	44.07
太谷县	10.5	73.65	1.95	2.75	60933	96.49	30.47
祁　县	17.31	75.39	2.11	8.63	43497	88.57	33.43
平遥县	12.37	71.44	2.22	3.87	83737	99.92	34.29
灵石县	10.28	70.39	1.75	3.22	144887	101.87	43.04
介休市	11.32	62.12	1.96	4.28	96264	99.83	33.39

16-35 国有控股工业企业主要经济指标（2007年）

单位：万元

地 区	企业单位数(个)	亏损企业	工业总产值	工业销售产值	出口交货值	工业增加值	资产总计
晋中市	35	12	1472629	1430893	36445	584290	2588108
榆次区	8	3	201105	191202	30361	62534	291278
榆社县	1		128846	128846		46212	262431
左权县	7	2	117764	110960	6084	42520	191902
和顺县	2	2	28734	27997		12347	64120
昔阳县	2		7312	6712		3030	13121
寿阳县	5	1	101705	102279		54375	310776
太谷县	1	1	1122	1178		66	605
祁 县	1		12500	9375		2750	4558
平遥县							
灵石县	4	1	182911	188156		81313	238383
介休市	4	2	690630	664187		279145	1210934

16-35 国有控股工业企业主要经济指标(2007年)(续1)

单位：万元

地 区	资产总计						
	流动资产	流动资产年平均余额	固定资产	固定资产原价	累计折旧	本年折旧	固定资产净值
晋中市	880154	842197	1322813	1668413	504442	93931	1163971
榆次区	180470	185997	81579	133255	56985	11869	76270
榆社县	31169	32152	226335	330566	104231	15194	226335
左权县	64148	62486	97401	113033	22778	6212	90255
和顺县	10125	7943	47617	48389	2807	2204	45583
昔阳县	2978	3873	8193	9444	3197	179	6248
寿阳县	50914	45591	80387	102585	30208	3277	72377
太谷县	413	517	192	192	104	14	88
祁 县	4015	4015	542	664	121	49	542
平遥县							
灵石县	81394	68283	151454	169421	24700	8218	144721
介休市	454527	431340	629112	760865	259313	46716	501552

16-35　国有控股工业企业主要经济指标(2007年)(续2)

单位：万元

地　区	资产总计	负债合计			所有者权益	实收资本	主营业务收入
	固定资产净值年平均余额		流动负债合计	长期负债合计			
晋中市	1244992	1770756	1161431	437747	817353	486957	1521200
榆次区	76712	199750	121821	73929	91528	78737	215304
榆社县	228612	191459	93668	97791	70972	61576	128846
左权县	90055	170620	113495	56925	21282	17844	105735
和顺县	46047	69915	24484	45430	-5795	9113	27970
昔阳县	6304	10355	6560	3487	2766	1769	6540
寿阳县	213630	85549	58497	11266	225227	48153	95951
太谷县	192	527	527		78	110	1081
祁　县	542	4289	4289		269	135	9322
平遥县							
灵石县	131721	203672	200241	3430	34711	32420	177569
介休市	451177	834621	537849	145488	376314	237099	752880

16-35　国有控股工业企业主要经济指标(2007年)(续3)

单位：万元

地　区	主营业务成本	主营业务税金及附加	营业费用	管理费用	财务费用		营业利润
						利息支出	
晋中市	1170853	20335	57034	161257	44215	43935	50079
榆次区	178728	537	5992	27688	833	1110	1268
榆社县	106393	1096		3771	9813	9903	7709
左权县	84733	1329	802	8070	5850	5555	3164
和顺县	21651	611	254	3714	2626	2624	-1467
昔阳县	3997	152	105	1642	42	44	531
寿阳县	72678	1664	5473	10912	961	865	4474
太谷县	1065	1	5	46	-1	-1	-35
祁　县	7306	27	341	67			1439
平遥县							
灵石县	128147	733	21350	8647	8695	8721	10042
介休市	566154	14185	22712	96700	15396	15114	22955

16-35 国有控股工业企业主要经济指标(2007年)(续4)

单位：万元

地　区	利润总额	亏损企业亏损总额	利税总额	本年应付工资总额	本年应付福利费总额	本年应交增值税	全部从业人员年平均人数(人)
晋中市	47121	7943	184493	200913	15356	117038	70130
榆次区	1490	543	8303	16765	2012	6276	9858
榆社县	7654		22485	5092	410	13735	1315
左权县	5761	3989	15530	7658	884	8440	4672
和顺县	-1547	1547	2007	6008	841	2943	1988
昔阳县	421		1236	1167	75	664	846
寿阳县	4476	183	15020	20900	1177	8879	8103
太谷县	-40	40	-36	79	2	3	68
祁　县	1439		1824	552	77	358	232
平遥县							
灵石县	8673	24	23327	4321	305	13922	2273
介休市	18794	1617	94797	138372	9574	61818	40775

16-35 国有控股工业企业主要经济指标(2007年)(续5)

地　区	总资产贡献率(%)	资产负债率(%)	流动资产周转次数(次/年)	成本费用利润率(%)	全员劳动生产率(元/人.年)	产品销售率(%)	工业增加值率(%)
晋中市	8.83	68.42	1.81	3.29	83315	97.17	39.68
榆次区	3.23	68.58	1.16	0.7	63435	95.08	31.1
榆社县	12.34	72.96	4.01	6.38	351420	100	35.87
左权县	10.99	88.91	1.69	5.79	91009	94.22	36.11
和顺县	7.22	109.04	3.52	-5.48	62107	97.44	42.97
昔阳县	9.76	78.92	1.69	7.27	35811	91.8	41.43
寿阳县	5.11	27.53	2.1	4.97	67105	100.57	53.46
太谷县	-6.05	87.05	2.09	-3.56	9662	104.99	5.86
祁　县	40.02	94.1	2.32	18.65	118526	75	22
平遥县							
灵石县	13.44	85.44	2.6	5.2	357734	102.87	44.45
介休市	9.08	68.92	1.75	2.68	68460	96.17	40.42

16-36 大中型工业企业主要经济指标（2007年）

单位：万元

地　区	企业单位数(个)	亏损企业	工业总产值	工业销售产值	出口交货值	工业增加值	资产总计
晋中市	112	23	4031196	4017263	346332	1426626	5113448
榆次区	21	6	578344	556632	46279	190926	680841
榆社县	3		424072	431897		139491	471393
左权县	10	1	129225	122083	6084	48556	169822
和顺县	3	2	42844	42107		16191	82147
昔阳县	5		33758	33306		13943	33150
寿阳县	15	2	172843	169420		90450	446298
太谷县	4	3	38658	37875	7950	8791	49113
祁　县	6		103516	95915	28649	37628	91027
平遥县	11	1	221894	220259	2504	79463	212635
灵石县	15	3	361259	386961		154752	457821
介休市	19	5	1924782	1920809	254865	646434	2419200

16-36 大中型工业企业主要经济指标(2007年)(续1)

单位：万元

地　区	资产总计						
	流动资产	流动资产年平均余额	固定资产	固定资产原价	累计折旧	本年折旧	固定资产净值
晋中市	2111444	1948043	2456459	2985827	791872	173036	2193955
榆次区	389727	361958	234466	338429	112481	37713	225949
榆社县	87810	83233	361754	511833	153301	29749	358533
左权县	62781	59249	61329	72738	19168	3819	53570
和顺县	16504	13986	55843	56348	3232	2394	53116
昔阳县	15543	14431	13215	20000	8822	1460	11178
寿阳县	110726	96838	125932	153862	42656	5927	111207
太谷县	35914	34515	11669	18165	7713	1239	10451
祁　县	48665	44104	34016	50600	17437	3466	33163
平遥县	113000	104964	91143	87346	17355	3374	69991
灵石县	209796	189802	222651	248342	38890	10179	209452
介休市	1020979	944963	1244442	1428165	370819	73717	1057346

16-36　大中型工业企业主要经济指标(2007年)(续2)

单位：万元

地　区	资产总计	负债合计			所有者权益	实收资本	主营业务收入
	固定资产净值年平均余额		流动负债合计	长期负债合计			
晋中市	2330071	3272498	2478664	622456	1840950	1101552	4213191
榆次区	205662	475887	376643	95244	204954	168322	687840
榆社县	350077	317094	142477	174617	154299	94095	367268
左权县	51729	133441	116746	16695	36382	19073	118176
和顺县	52161	69353	29111	40242	12794	18850	42064
昔阳县	10963	19898	16815	2776	13252	5681	32820
寿阳县	251553	170630	135949	18895	275668	70096	161436
太谷县	10961	38830	36404	2425	10283	9001	39124
祁　县	33507	62708	57800	4909	28319	22073	90549
平遥县	70013	160057	155278	4779	52579	40573	241406
灵石县	188432	337204	327084	10120	120617	71643	405699
介休市	1105013	1487397	1084358	251755	931804	582144	2026809

16-36　大中型工业企业主要经济指标(2007年)(续3)

单位：万元

地　区	主营业务成本	主营业务税金及附加	营业费用	管理费用	财务费用		营业利润
						利息支出	
晋中市	3319878	51197	251741	263696	90042	86228	204945
榆次区	560218	2901	24812	46613	8848	5471	20861
榆社县	318163	1976	4407	8771	13484	13575	21852
左权县	86394	1615	1307	9015	3931	3634	15454
和顺县	34690	647	231	4610	2328	2335	-994
昔阳县	19238	1246	1343	5474	568	568	4882
寿阳县	117432	3223	8043	18897	1090	815	12905
太谷县	36437	157	976	2317	368	371	-900
祁　县	67354	4852	4389	3952	1011	884	8423
平遥县	186071	1612	24396	15524	4023	4021	11720
灵石县	303647	2786	47618	23460	11973	11172	19888
介休市	1590236	30182	134220	125061	42419	43384	90854

16-36 大中型工业企业主要经济指标(2007年)(续4)

单位：万元

地　区	利润总额	亏损企业亏损总额	利税总额	本年应付工资总额	本年应付福利费总额	本年应交增值税	全部从业人员年平均人数(人)
晋中市	170064	13987	484244	313491	30414	262983	147578
榆次区	5699	8686	43052	33112	3249	34452	20416
榆社县	22088		47064	12436	2018	23000	5227
左权县	14951	132	26837	10386	1335	10271	7231
和顺县	-1109	1858	2571	7407	1037	3032	3085
昔阳县	4757		9525	3058	342	3522	2000
寿阳县	12339	516	30254	30894	3108	14691	13269
太谷县	-969	996	672	4219	459	1485	3931
祁　县	3563		10440	14399	1944	2024	10294
平遥县	11746	291	24626	9332	1108	11267	7398
灵石县	9926	78	44611	14671	1315	31899	9507
介休市	87073	1430	244593	173576	14500	127339	65220

16-36 大中型工业企业主要经济指标(2007年)(续5)

地　区	总资产贡献率(%)	资产负债率(%)	流动资产周转次数(次/年)	成本费用利润率(%)	全员劳动生产率(元/人.年)	产品销售率(%)	工业增加值率(%)
晋中市	11.16	64.18	2.16	4.33	96669	99.65	35.39
榆次区	7.13	69.9	1.9	0.89	93518	96.25	33.01
榆社县	12.86	67.27	4.41	6.41	266867	101.85	32.89
左权县	17.94	78.58	1.99	14.85	67150	94.47	37.57
和顺县	5.97	84.43	3.01	-2.65	52482	98.28	37.79
昔阳县	30.44	60.02	2.27	17.87	69717	98.66	41.3
寿阳县	6.96	38.23	1.67	8.48	68167	98.02	52.33
太谷县	2.12	79.06	1.13	-2.42	22363	97.97	22.74
祁　县	12.44	68.89	2.05	4.65	36554	92.66	36.35
平遥县	13.47	75.27	2.3	5.11	107412	99.26	35.81
灵石县	12.18	73.65	2.14	2.57	162777	107.11	42.84
介休市	11.9	61.48	2.14	4.6	99116	99.79	33.58

16-37　建筑业企业总产值和竣工产值（2007年）

单位：万元

地　区	建筑业总产值	建筑工程产值	安装工程产值	其他产值	竣工产值
晋中市	740310	687901	46883	5526	311119
榆次区	621751	581870	36435	3446	216867
榆社县					
左权县	2281	1971	310		1218
和顺县	8528	7147	1381		6928
昔阳县	8631	8031	500	100	5220
寿阳县	49		49		49
太谷县	11632	9777	1645	210	13558
祁　县	13365	12677		689	4279
平遥县	22428	20757	1671		24505
灵石县	7902	7902			7886
介休市	43742	37768	4893	1081	30609

16-38　建筑业企业按主要用途分的房屋建筑竣工面积（2007年）

地　区	房屋建筑竣工面积（平方米）	厂房、仓库	住宅	办公用房	批发和零售用房	住宿和餐饮用房	居民服务业用房	教育用房	文化、体育和娱乐用房	卫生医疗用房	科研用房	其他用房
晋中市	1528389	20878	1127711	88061	66474	43149	18473	86085	46015	17061		14482
榆次区	601263	12400	454462	32277	34787	17038	15307	22810				12182
榆社县												
左权县	4406						1366	1840		200		1000
和顺县	68000		23000			10000		23000		12000		
昔阳县	66000	6000	50000	5000				5000				
寿阳县												
太谷县	152324	1300	82337	14718	5760		1800	5890	37595	2924		
祁　县	49306		41503	2763				5040				
平遥县	190471		134209	32772	10999			2771	8420			1300
灵石县												
介休市	396619	1178	342200	531	14928	16111		19734		1937		

16-39 建筑业企业按主要用途分的房屋竣工价值（2007年）

地 区	竣工房屋价值（万元）	厂房、仓库	住宅	办公用房	批发和零售用房	住宿和餐饮用房	居民服务业用房	教育用房	文化、体育和娱乐用房	卫生医疗用房	科研用房	其他用房
晋中市	127224	1520	89247	8280	5396	4398	1837	8212	4798	1836		1699
榆次区	56767	687	42727	3538	2683	1615	1612	2282				1624
榆社县												
左权县	276						130	100		1		45
和顺县	6928		1900			1100		2465		1463		
昔阳县	5220	490	3800	450				480				
寿阳县												
太谷县	13262	260	5743	1767	443		95	640	4068	246		
祁 县	3710		2893	252				565				
平遥县	11483		6838	2242	1413			230	730			30
灵石县												
介休市	29577	83	25346	31	858	1684		1450		126		

16-40 建筑业企业房屋建筑面积（2007年）

地 区	房屋建筑施工面积（平方米）	其中：本年新开工面积	其中：实行投标承包面积	其中：本年新开工
晋中市	3462419	2102803	2077019	1720225
榆次区	1467216	975304	998504	975304
榆社县				
左权县	30241	10872	9635	9635
和顺县	108900	92290	92290	92290
昔阳县	192875	40000	39000	39000
寿阳县				
太谷县	233470	117427	229950	104427
祁 县	313849	230579	289739	215919
平遥县	294674	157417	193704	157417
灵石县				
介休市	821194	478914	224197	126233

16-41　建筑业企业资本金及资产（2007年）

单位：万元

地　区	流动资产	固定资产合计	固定资产原价	生产经营用	累计折旧	本年折旧	无形及递延资产小	资产合计	实收资本
晋中市	449623	125718	152174	101790	56395	10123	12783	595289	94276
榆次区	371798	89180	113419	68755	45190	8040	10151	475549	54808
榆社县									
左权县	1899	735	864	292	180	20	274	2908	738
和顺县	6110	4316	3986	2775	456	151		10426	3083
昔阳县	9323	9438	3357	3357	1022	216	81	18901	1657
寿阳县	182	133	192	10	59	8		315	30
太谷县	11469	2400	3930	2774	1648	242		14171	5203
祁　县	7136	5075	5442	5442	602	117	469	13332	5182
平遥县	13086	3582	5186	3309	1664	252	1068	17758	7850
灵石县	11116	3479	5533	5171	2055	512	86	14680	4823
介休市	17505	7380	10266	9906	3521	566	653	27250	10904

16-42　建筑业企业负债及所有者权益(2007年)

单位：万元

地　区	流动负债合计	长期负债合计	负债合计	所有者权益合计
晋中市	429198	42778	471977	123312
榆次区	360641	41039	401680	73870
榆社县				
左权县	512	1659	2171	738
和顺县	6531		6531	3895
昔阳县	12283	79	12362	6539
寿阳县	281		281	34
太谷县	8957	2	8959	5212
祁　县	7531		7531	5801
平遥县	9133		9133	8625
灵石县	8259		8259	6421
介休市	15071		15071	12179

16-43 建筑业企业工程结算收入（2007年）

单位：万元

地 区	工程结算收入	工程结算成本	工程结算税金及附加	工程结算利润
晋中市	699966	647823	22611	27511
榆次区	606748	565246	19334	20627
榆社县				
左权县	2558	2353	82	120
和顺县	8228	6950	296	982
昔阳县	6005	5128	207	665
寿阳县	50	25	2	22
太谷县	8433	7511	302	441
祁 县	10915	9662	566	604
平遥县	20592	17860	682	2032
灵石县	7902	7509	181	201
介休市	28535	25578	960	1818

16-44 建筑业企业费用情况（2007年）

单位：万元

地 区	经营费用	管理费用			财务费用
			差旅费	工会经费	
晋中市	2021	21058	712	413	1875
榆次区	1541	15725	543	319	1431
榆社县					
左权县	3	58	11	5	44
和顺县	0	446	19	25	84
昔阳县	5	668	6	2	42
寿阳县	1	24	10		1
太谷县	179	332	35	2	10
祁 县	83	497	8	0	3
平遥县	19	1318	37	38	57
灵石县	11	164	16	1	50
介休市	179	1826	29	21	154

16-45　建筑业企业工资和福利费情况（2007年）

单位：万元

地　区	应付工资总额	其中：主营业务应付工资总额	应付福利费总额	其中：主营业务应付福利费总额
晋中市	37982	37202	3970	3874
榆次区	19645	19265	2060	2016
榆社县				
左权县	181	163	8	8
和顺县	2698	2568	366	348
昔阳县	662	660	81	80
寿阳县	25	25	4	4
太谷县	2009	2006	173	173
祁　县	2126	2089	178	173
平遥县	3588	3519	414	400
灵石县	234	234	32	32
介休市	6815	6674	655	640

16-46　建筑业企业利润及税金情况（2007年）

单位：万元

地　区	税金总额	工程结算税金及附加	其他业务收入	其他业务利润	管理费用中的税金	营业利润	利润总额	劳动、失业保险费	住房公积金及住房补贴
晋中市	23424	22611	2483	857	813	5435	5429	339	1465
榆次区	19865	19334	509	235	531	3706	3718	216	1432
榆社县									
左权县	89	82			7	18	8	0	
和顺县	300	296			4	452	453	35	
昔阳县	264	207	7	5	57				
寿阳县	5	2			3				
太谷县	384	302			83	99	83		
祁　县	573	566	19	10	7	114	107	63	26
平遥县	708	682	9	9	27	667	659		
灵石县	216	181			35			22	
介休市	1020	960	1940	598	60	436	453	3	7

16-47 公路等级里程(2007年)

单位：公里

地 区	等级里程	高 速	一 级	二 级	三 级	四 级	等外里程	等级里程占总里程的百分比(%)
晋中市	13276.8	273.1	263.0	1684.8	1517.8	9538.0	208.9	98.5
榆次区	1178.8	44.2	92.0	201.8	27.8	813.3	26.2	97.8
榆社县	856.6	53.1	6.9	89.6	122.5	583.5	49.1	94.6
左权县	1202.6			202.0	117.1	883.5	4.5	99.6
和顺县	966.3			179.1	212.9	574.4		100.0
昔阳县	1527.9			230.4	185.3	1112.2	20.2	98.7
寿阳县	1308.9	45.9		161.9	83.6	1017.5	54.4	96.0
太谷县	1543.4	29.8	32.6	106.1	192.6	1182.9	20.4	98.7
祁 县	1163.4		34.4	92.6	86.9	934.5	15.3	98.7
平遥县	1175.0	16.0	22.2	117.4	191.4	820.0		100.0
灵石县	1309.0	59.1	22.2	121.1	186.4	955.0	7.1	99.5
介休市	1044.8	25.1	52.8	183.0	111.4	661.2	11.6	98.9

16-48 公路路面里程(2007年)

单位： 公里

地 区	有铺装路面里程	占总里程(%)	简易铺装路面里程	占总里程(%)	未铺装路面里程
晋中市	5559.2	41.2	3464.1	25.7	4462.3
榆次区	447.0	37.1	684.4	56.8	73.6
榆社县	524.3	57.9	139.6	15.4	241.8
左权县	568.8	47.1	82.6	6.8	555.7
和顺县	423.1	43.8	222.2	23.0	321.1
昔阳县	893.0	57.7	190.1	12.3	465.0
寿阳县	639.4	46.9	333.8	24.5	390.1
太谷县	374.0	23.9	299.6	19.2	890.2
祁 县	474.3	40.2	126.8	10.8	577.6
平遥县	709.5	60.4	285.8	24.3	179.8
灵石县	196.7	14.9	744.0	56.5	375.5
介休市	309.1	29.3	355.3	33.6	391.9

16-49　公路绿化里程(2007年)

单位：公里

地　区	绿化里程		在绿化里程中					
		占总里程(%)	国　道	省　道	县公路	乡公路	专用公路	村　道
晋中市	5064.1	37.6	464.3	667.2	1474.8	1832.4	45.0	580.5
榆次区	702.2	58.3	52.5	105.0	134.4	356.6		53.5
榆社县	337.7	32.3		109.1	94.4	114.1		20.1
左权县	198.5	16.4	37.2	50.6	69.2	21.0	5.3	15.3
和顺县	289.2	29.9	21.9	48.8	148.0	46.7		23.8
昔阳县	463.3	29.9	23.5	68.9	189.9	122.4		58.6
寿阳县	426.0	31.3	95.5	62.0	143.4	99.3		25.9
太谷县	484.5	31.0	18.0	65.7	133.4	232.6	17.0	17.8
祁　县	385.6	32.7	54.4	33.9	119.3	161.3		16.7
平遥县	955.7	81.3	46.3	57.8	144.9	416.7	10.9	279.1
灵石县	321.3	24.4	38.8	17.1	193.1	39.0		33.4
介休市	500.0	47.3	76.1	48.3	104.9	222.6	11.7	36.4

16-50　公路客货运输量(2007年)

地　区	客运量(万人)	旅客周转量(万人公里)	货运量(万吨)	货物周转量(万吨公里)
晋中市	3079	163576	7167	465406
榆次区	943	45350	2124	137381
榆社县	131	7022	144	9590
左权县	132	7371	281	16397
和顺县	141	14820	275	13583
昔阳县	247	12774	686	39409
寿阳县	115	8276	266	18649
太谷县	249	9708	440	65740
祁　县	170	9476	659	40469
平遥县	469	28070	419	17300
灵石县	247	8157	1085	71711
介休市	235	12552	788	35177

16-51 镇(乡)村通公路、通油路情况(2007年)

单位：个

地　区	乡、镇总数	#通油路数	镇总数	#通油路数	#占镇总数的比例(%)	乡总数	#通油路数	#占乡总数的比例(%)
晋中市	118	118	59	59	100	59	59	100
榆次区	10	10	6	6	100	4	4	100
榆社县	9	9	4	4	100	5	5	100
左权县	10	10	5	5	100	5	5	100
和顺县	10	10	5	5	100	5	5	100
昔阳县	12	12	5	5	100	7	7	100
寿阳县	14	14	7	7	100	7	7	100
太谷县	9	9	3	3	100	6	6	100
祁　县	8	8	6	6	100	2	2	100
平遥县	14	14	5	5	100	9	9	100
灵石县	12	12	6	6	100	6	6	100
介休市	10	10	7	7	100	3	3	100

16-51 镇(乡)村通公路、通油路情况(2007年)(续)

单位：个

地　区	行政村总数	通公路	#通油路	通公路村比重(%)	通油路村比重(%)
晋中市	2755	2755	2684	100	97.4
榆次区	289	289	289	100	10.0
榆社县	275	275	264	100	96.0
左权县	204	204	204	100	100.0
和顺县	294	294	282	100	95.9
昔阳县	335	335	323	100	96.4
寿阳县	206	206	195	100	94.7
太谷县	197	197	197	100	100.0
祁　县	160	160	160	100	100.0
平遥县	273	273	271	100	99.3
灵石县	291	291	269	100	92.4
介休市	231	231	230	100	99.6

16-52　城镇居民家庭生活基本情况(2007年)

单位：人

地　区	调查户数(户)	平均每户家庭人口	平均每户就业人口数	平均每一就业者负担系数	平均每人可支配收入(元)	平均每人消费支出(元)
晋中市	600	2.98	1.98	1.50	10862.1	7160.6
榆次区	100	2.84	1.62	1.75	12075.0	8356.4
榆社县	50	3.28	1.52	2.16	8120.9	4401.6
左权县	50	3.04	1.81	2.34	8392.3	5070.2
和顺县	50	3.34	1.60	2.09	7566.9	6421.0
昔阳县	50	2.77	1.38	2.00	8112.7	5154.0
寿阳县	50	2.82	1.58	1.78	10117.1	6945.5
太谷县	50	2.84	1.66	1.71	10421.6	7155.0
祁　县	50	2.84	1.56	1.82	10760.7	5984.0
平遥县	50	3.00	1.56	1.92	10453.0	7006.0
灵石县	50	3.45	1.71	1.00	12704.9	6694.9
介休市	50	2.80	1.69	1.65	10818.1	7347.9

16-53　社会消费品零售总额

单位：万元

地　区	2007	2006	同比增长(%)
晋中市	1621356	1320112	22.8
榆次区	443769	362651	22.4
榆社县	36895	29826	23.7
左权县	42957	34755	23.6
和顺县	40512	32803	23.5
昔阳县	77037	62646	23.0
寿阳县	77500	62543	23.9
太谷县	125011	101010	23.8
祁　县	113534	92117	23.2
平遥县	197796	161102	22.8
灵石县	215773	176597	22.2
介休市	250572	204062	22.8

16-54 城乡居民收入

单位：元

地区	城镇居民人均可支配收入		农村居民人均纯收入		城镇占人口20%的低收入者收入		农村占20%的低收入者收入	
	2007	2006	2007	2006	2007	2006	2007	2006
晋中市	10862	9188	4206.7	3647.9			1346	1146
榆次区	12075	10123	5311.4	4603.0	5612	4385	2488	2185
榆社县	8121	6793	2074.3	1906.0	3858	3303	810	644
左权县	8392	7257	2170.8	1996.0	4384	3771	1064	900
和顺县	7567	6580	2171.6	1998.4	3302	2851	1147	1045
昔阳县	8113	6975	3130.7	2866.0	3153	2886	1022	919
寿阳县	10117	8023	4098.7	3458.1	4010	3038	1491	957
太谷县	10422	8831	5696.3	4751.3	6574	5302	2638	2177
祁　县	10761	8857	4881.3	3989.9	5903	5066	2215	1825
平遥县	10453	8858	4028.9	3496.0	4201	3386	2267	1863
灵石县	12705	10471	5175.1	4756.5	5177	3277	2290	2019
介休市	10818	9277	4765.6	4095.2	5821	4964	2020	1877

16-55 海关进出口情况

单位：万美元

地区	2007			2006		
	进出口总额	进口	出口	进出口总额	进口	出口
晋中市	50628	720	49908	41615	842	40773
榆次区	10028	625	9403	7637	793	6844
榆社县	316	1	315	446	1	445
左权县						
和顺县						
昔阳县						
寿阳县	97	17	80	30	1	29
太谷县	2148	15	2133	2061	11	2050
祁　县	5147	1	5146	4219	1	4218
平遥县	4812		4812	6697	13	6684
灵石县	1476		1476	954		954
介休市	25227		25227	18618		18618
开发区	1375	59	1316	954	23	931

16-56　利用外商直接投资额

单位：万美元

地　区	2007		2006	
	合同金额	实际使用金额	合同金额	实际使用金额
晋中市	16384	4356	16336	2320
榆次区	413	325	4410	2065
榆社县	3263	65		
左权县	205	200		
和顺县	1467	67		
昔阳县	2640	2715		
寿阳县	5421		7891	
太谷县			227	98
祁　县	528	272	903	19
平遥县	272	219	1350	
灵石县	1419	240	1005	
介休市	497	254		
开发区	260		549	138

16-57　旅游事业发展情况

单位：万人次

地　区	2007				2006			
	海外旅游人　数	旅游创汇（万美元）	国内旅游接待人次	国内旅游接待收入（亿元）	海外旅游人　数	旅游创汇（万美元）	国内旅游接待人次	国内旅游接待收入（亿元）
晋中市	12.1	2891.3	882.9	51.0	9.7	1870.9	786.5	36.0
榆次区	3.2	783.6	234.0	14.0	2.1	416.3	221.6	10.3
榆社县			0.5	…			12.0	…
左权县	0.1	14.5	5.0	0.3	0.1	9.7	4.5	0.2
和顺县			2.0	0.1			1.8	0.1
昔阳县	0.2	47.8	20.0	1.2	0.2	32.9	18.0	0.8
寿阳县	0.1	11.6	3.0	0.2	0.1	9.7	2.6	0.1
太谷县	0.2	57.4	25.0	1.5	0.2	40.5	22.0	0.9
祁　县	1.3	310.7	157.0	8.9	1.1	212.3	132.0	6.1
平遥县	5.6	1326.3	180.4	9.9	4.7	912.8	144.0	6.8
灵石县	0.8	179.3	132.0	7.8	0.6	124.2	118.0	5.5
介休市	0.7	160.1	124.0	7.2	0.6	112.5	110.0	5.2

16-58　普通中学基本情况(2007年)

单位：人

地　区	学校数(所)				毕业生数			招生数
	合 计	初级中学	高级中学	完全中学	合 计	初 中	高 中	合 计
晋中市	273	211	25	19	66700	48888	17812	62503
榆次区	35	21	3	9	10719	7409	3310	9513
榆社县	10	9	1		2904	2315	589	2899
左权县	16	12		1	3026	2344	682	3461
和顺县	16	14	1		2760	2113	647	2161
昔阳县	28	23	3		4234	3276	958	4452
寿阳县	22	18	3		4369	3317	1052	3194
太谷县	23	14	3	3	6181	3699	2482	7383
祁　县	29	24	1	2	6088	4344	1744	4594
平遥县	40	33	4	3	11422	8524	2898	10691
灵石县	23	18	2		5367	4123	1244	5014
介休市	28	22	4	1	9456	7250	2206	8712
市辖区	3	3			174	174		429

16-58　普通中学基本情况(2007年)(续)

单位：人

地　区	招生数		在校学生数			专任教师数		
	初　中	高　中	合　计	初　中	高　中	合　计	初　中	高　中
晋中市	43195	19308	212256	152881	59375	14731	10518	4213
榆次区	5785	3728	32064	20907	11157	2264	1554	710
榆社县	2097	802	8751	6549	2202	619	447	172
左权县	2661	800	10077	7742	2335	659	495	164
和顺县	1459	702	7601	5544	2057	522	366	156
昔阳县	3232	1220	14087	10508	3579	1009	785	224
寿阳县	2009	1185	11255	7872	3383	943	698	245
太谷县	4480	2903	23545	14265	9280	1396	854	542
祁　县	3294	1300	16337	11677	4660	1252	851	401
平遥县	8127	2564	40252	32086	8166	2574	1901	673
灵石县	3623	1391	18395	14029	4366	1330	921	409
介休市	5999	2713	28251	20061	8190	2056	1539	517
市辖区	429		1641	1641		107	107	

16-59　小学基本情况(2007年)

单位：人

地　　区	学校数(所)	毕业生数	招生数	在校学生数	专任教师数
晋中市	1271	43338	42033	264312	15705
榆次区	130	5785	6034	40069	2476
榆社县	58	2151	2321	14045	846
左权县	107	2662	2158	12534	735
和顺县	85	1460	1604	9496	621
昔阳县	130	3233	2618	17377	1174
寿阳县	150	2009	2031	14631	1082
太谷县	88	4483	4141	26958	1345
祁　县	103	3295	3693	23545	1268
平遥县	210	8127	7460	46305	2607
灵石县	67	3699	4247	23612	1381
介休市	128	5999	5161	33000	2003
市辖区	15	435	565	2740	167

16-60　特殊教育学校基本情况(2007年)

单位：人

地　　区	学校数　(所)	毕业生数	招生数	在校学生数	专任教师数
晋中市	3	72	154	947	88
榆次区	2	27	57	431	73
榆社县		2		11	
左权县		1	4	9	
和顺县		3	1	5	2
昔阳县		3	11	31	
寿阳县		1	9	50	3
太谷县		10	16	98	2
祁　县		1	17	40	
平遥县	1	5	8	81	4
灵石县		13	19	121	3
介休市		3	11	61	1
市辖区		3	1	9	

16-61 教育主要指标

单位：%

地　区	小学五年巩固率		初中三年保留率	
	2007	2006	2007	2006
晋中市	99.9	99.6	99.8	100.0
榆次区	106.6	105.6	100.0	104.9
榆社县	99.3	81.3	95.8	96.0
左权县	96.7	100.0	99.7	97.5
和顺县	94.8	97.9	99.4	91.8
昔阳县	100.0	112.1	100.0	100.0
寿阳县	99.9	100.0	99.9	99.8
太谷县	99.9	94.1	100.0	99.9
祁　县	99.9	99.9	100.0	100.0
平遥县	97.7	99.7	99.9	100.0
灵石县	99.2	96.6	100.4	100.0
介休市	99.0	99.9	100.0	100.0

16-62 卫生机构、床位数

地　区	医院、卫生院数(所)		医院、卫生院床位数(张)	
	2007	2006	2007	2006
晋中市	227	229	9971	9885
榆　次	34	37	2580	2461
榆　社	10	10	218	176
左　权	20	19	395	337
和　顺	12	12	318	318
昔　阳	22	22	636	638
寿　阳	26	26	706	699
太　谷	17	17	1480	1478
祁　县	11	11	484	484
平　遥	30	27	885	889
灵　石	19	19	873	789
介　休	26	29	1396	1616

16-63　卫生机构人员数

地　区	医院卫生院卫生技术人员数(人)		卫生防疫监督卫生技术人员数(人)	
	2007	2006	2007	2006
晋中市	10858	10881	636	674
榆　次	2697	2576	225	217
榆　社	278	287	30	30
左　权	527	572	26	26
和　顺	424	425	34	32
昔　阳	603	612	52	52
寿　阳	934	977	55	40
太　谷	1264	1251	34	58
祁　县	579	587	42	39
平　遥	956	871	39	62
灵　石	932	931	59	59
介　休	1664	1792	40	59

16-64　卫生主要指标

地　区	参加农村合作医疗的人数(人)		县乡村三级医疗卫生机构达标率(%)		每千人拥有医生(人)	每千人拥有病床(张)
	2007	2006	2007	2006	2007	2007
晋中市	1379749	671251	69.0		1.9	3.4
榆次区			98.0	84.7	2.8	5.0
榆社县	102249	88926	80.0	11.0	1.4	1.5
左权县	110609		65.0	43.3	1.7	2.1
和顺县	96621	96490	36.0	38.8	1.8	2.8
昔阳县			53.0	23.6	1.5	2.9
寿阳县	158514	150834	55.0	45.7	2.4	3.4
太谷县	183615		61.0	42.1	2.0	5.0
祁　县			57.0	44.7	1.3	1.9
平遥县	353944	335001	90.0	43.6	1.1	1.9
灵石县	143130		62.0	41.8	2.3	3.6
介休市	231067		98.0	70.0	2.8	4.3

16-65　单位耗水情况

单位：立方米

地　区	万元GDP平均耗水量		万元工业增加值耗水量	万元农业增加值耗水量
	2007	2006	2007	2007
晋中市	126.8	151.3	35.4	1007.6
榆次区	133.3	157.0	52.6	1264.2
榆社县	112.0	147.0	65.6	1881.9
左权县	143.8	163.9	56.2	660.3
和顺县	62.1	73.4	22.8	252.4
昔阳县	100.1	121.0	19.8	631.8
寿阳县	39.8	47.7	16.3	115.6
太谷县	236.6	279.0	30.8	1030.7
祁　县	268.2	316.6	17.8	1419.9
平遥县	196.2	250.0	9.1	1221.3
灵石县	33.2	37.8	32.7	408.2
介休市	92.4	107.9	29.7	2443.2

16-66　科技主要指标

地　区	研究与开发经费占GDP比重(%)	高新技术产业增加值占GDP比重(%)		每10万人专利申请数（件）		科技进步指数（%）
	2007	2007	2006	2007	2006	2007
晋中市	1.0	6.3	6.1	9.6	7.3	5.2
榆次区	1.1	12.6	13.4	23.0	18.0	4.8
榆社县	1.1	35.3	33.3	10.7	7.7	0.6
左权县	0.9	2.0	4.5	5.6	1.3	4.3
和顺县	0.7	2.7	5.6	3.6	3.7	1.0
昔阳县	0.8	2.3	2.4	2.7	1.8	2.6
寿阳县	0.9	0.5	0.3	16.4	15.5	1.8
太谷县	0.8	5.7	5.4	6.4	7.1	3.7
祁　县	0.9	13.7	13.5	11.4	8.8	4.0
平遥县	0.9	0.6	0.6	3.9	1.8	1.5
灵石县	0.8	1.4	1.3	6.7	2.0	1.1
介休市	0.9	0.9	0.7	4.4	3.9	6.1

16-67 城建情况

单位：%

地　区	城市建成区绿化覆盖率		城镇化率	
	2007	2006	2007	2006
晋中市	29.0	22.6	41.6	40.6
榆次区	30.8	27.9	70.9	70.6
榆社县	32.9	14.4	26.6	25.5
左权县	30.4	25.0	29.9	27.4
和顺县	30.7	25.7	33.9	33.6
昔阳县	31.0	25.0	23.1	22.1
寿阳县	26.5	10.7	25.6	24.6
太谷县	21.2	14.1	35.5	34.5
祁　县	27.5	22.0	33.5	32.3
平遥县	28.3	18.5	29.8	28.7
灵石县	28.0	27.6	38.8	37.7
介休市	35.0	28.1	59.2	58.1

16-68 社会保障情况

单位：%

地　区	城镇基本社会保障覆盖率		城镇登记失业率	
	2007	2006	2007	2006
晋中市	86.1	85.8	2.1	3.2
榆次区	97.0	73.8	2.1	3.0
榆社县	98.0	74.3	2.1	1.5
左权县	93.0	86.8	3.0	3.5
和顺县	85.0	73.3	3.4	3.3
昔阳县	94.8	88.4	0.0	0.6
寿阳县	95.0	80.0	2.4	3.7
太谷县	91.5	86.3	3.0	3.0
祁　县	95.0	85.8	2.1	2.4
平遥县	93.0	82.5	1.6	1.7
灵石县	92.5	91.0	0.9	0.5
介休市	90.7	73.0	3.2	3.2

16-69 耕地、林业情况

地区	耕地保有量(万亩)	造林合格面积(万亩)	实有林木率(%)	
	2007	2007	2007	2006
晋中市	545.8	36.9	29.1	27.9
榆次区	72.9	1.9	17.4	16.2
榆社县	33.2	4.4	25.7	24.4
左权县	25.6	5.7	35.1	33.6
和顺县	30.7	4.5	34.5	33.3
昔阳县	43.9	4.2	38.0	36.8
寿阳县	97.0	4.4	17.6	16.4
太谷县	43.3	3.4	27.6	26.3
祁　县	43.0	1.4	22.4	21.2
平遥县	77.0	1.2	22.9	21.8
灵石县	40.0	4.9	42.4	40.9
介休市	39.4	0.7	31.8	30.6

16-70 资源环境情况（2007年）

地区	大气污染综合指数	二氧化硫排放量(吨)	COD排放量(吨)	城市集中供热普及率(%)	矿区煤炭资源回采率(%)
晋中市		103584	23792		63.4
榆次区	2.7	9320	2826		61.8
榆社县	3.8	19782	532	70.0	
左权县	4.1	4459	1293	76.0	61.3
和顺县	4.2	1329	1195	26.0	62.3
昔阳县	5.4	4077	977	40.0	63.7
寿阳县	4.4	3525	1206	10.0	62.2
太谷县	5.4	6196	2731	50.0	
祁　县	4.8	7179	2336	35.0	
平遥县	5.7	8967	2962	62.5	69.0
灵石县	4.3	16062	2520	87.0	65.0
介休市	4.1	22687	5218	50.0	64.0

16-71 文化、体育情况

地区	每百人拥有电话(部)		每千人拥有计算机(台)	公共文化服务体系建设达标率(%)	每万人公共馆藏图书(册)	人均公共体育场馆面积(平方米)
	2007	2006	2007	2007	2007	2007
晋中市	69.4	55.9	92.4	0.2	32944	1.3
榆次区	99.9	84.5	149.9	2.0	37661	1.6
榆社县	46.4	37.7	55.8	1.5	25033	1.1
左权县	56.4	42.1	68.5	0.7	31560	1.9
和顺县	59.4	44.3	61.2	1.3	29417	1.1
昔阳县	51.8	40.0	38.1	1.2	30804	0.9
寿阳县	63.3	46.6	81.6	1.5	29424	0.8
太谷县	69.1	52.6	80.1	1.3	36945	1.8
祁　县	61.0	47.3	79.3	1.4	33813	1.1
平遥县	47.1	36.9	61.6	0.8	31638	1.9
灵石县	81.1	69.2	117.1	1.5	30770	1.0
介休市	74.0	59.7	137.3	1.0	34970	1.2

16-72 财政收支情况

单位：万元

地区	财政总收入				一般预算收入				一般预算支出	
	2007		2006		2007		2006		2007	2006
	含两权收入	不含两权收入	含两权收入	不含两权收入	含两权收入	不含两权收入	含两权收入	不含两权收入		
晋中市	880588	781636	797966	627257	410155	311203	409643	238932	721064	664054
榆次区	131204	130202	116321	80212	46524	45524	39870	29579	83041	72908
榆社县	44788	44788	35872	32489	13003	13003	9885	9885	29180	22550
左权县	46399	32398	35579	25618	23996	9996	17981	8122	48783	35704
和顺县	30098	30098	52939	22565	11051	11051	37247	9789	34807	54165
昔阳县	30329	30328	34668	22022	10620	10620	19555	6908	37126	42125
寿阳县	72344	60118	57679	41068	33611	21385	31215	14530	59731	50810
太谷县	35816	35816	28212	28166	12990	12990	9455	9455	44525	29552
祁县	34044	34043	29180	29058	12087	12087	9870	9870	37569	29143
平遥县	52774	52548	52481	40069	19121	18895	25405	13255	65319	59818
灵石县	150549	134548	151718	121205	55321	39321	59097	30182	67871	74388
介休市	165669	145664	125057	97026	62008	42008	47543	32339	83884	67431
开发区	23605	23604	17494	17218	9611	9611	6417	6417	11318	8072
市直	62969	27481	60766	70541	100212	64712	96103	61601	117913	117388

16-73 财政对科技、教育、农业投入增幅(2007年)

单位：%

地区	财政对科技投入增幅	财政对教育投入增幅	财政对农业投入增幅
晋中市	1020.0	35.7	65.4
榆次区	182.5	25.5	32.3
榆社县	18.1	19.8	26.9
左权县	48.7	21.7	17.0
和顺县	250.0	30.2	36.1
昔阳县	52.6	28.7	95.5
寿阳县	83.7	36.0	208.4
太谷县	16.5	29.6	22.8
祁县	16.5	29.6	27.7
平遥县	23.7	29.6	50.2
灵石县	15.5	18.0	57.3
介休市	49.7	31.1	164.7

第十七部分

企业篇

17-1 规模以上工业

单位名称	工业总产值	工业增加值	主营业务收入
山西汾西矿业(集团)有限责任公司	645858	261260	703107
介休市新泰钢铁有限公司	345989	99106	366726
山西安泰集团股份有限公司	292016	86879	290896
山西榆社化工股份有限公司	279699	85602	223812
灵石县中煤九鑫焦化有限责任公司	154144	69093	155379
山西三佳煤化有限公司	144979	44183	148400
山西宏安焦化科技有限公司	142164	41729	130377
华能榆社发电有限责任公司	128846	46212	128846
经纬纺织机械股份有限公司榆次分公司	122971	33242	117315
山西省晋中万邦工贸有限公司	71515	26750	117225
山西省介休市茂胜煤化有限公司	91100	27186	98144
山西榆次医联制管有限公司	45877	14538	89908
山西省平遥县煤化(集团)有限责任公司	72105	28842	86969
山西省介休市路鑫煤炭气化有限公司	70447	21920	79476
山西聚源煤化有限公司	56581	22047	69986
山西省灵石县存山实业有限公司	58240	25608	55518
阳煤集团寿阳开元矿业有限责任公司	49562	29589	50021
榆次液压有限公司	40412	16153	50015
山西兰田专用车有限公司	45869	11430	45659
山西经纬合力机械制造公司	39174	7795	45591
太谷县恒达煤焦有限公司	48800	11942	45457
左权县鑫瑞冶金矿山有限公司	44223	19666	44412
山西神龙能源焦化有限责任公司	34112	9614	41905
山西省平遥县龙海实业有限公司	40724	13161	40692
榆缆线缆集团有限公司	35200	14778	39375
山西天星煤气化有限公司	32994	13956	38937
汾西矿务局工贸总公司	32361	11345	34144
山西介休三盛焦化有限公司	34100	10125	34100
山西省平遥兴华煤焦有限公司	29255	9654	33431
山西鸿基科技股份有限公司	30008	9799	30019
山西义棠煤业有限责任公司	25849	12462	30002
寿阳县段王煤化有限责任公司	29660	14383	29505
山西介休安泰焦化有限公司	27127	5567	28527
山西省太谷县中煤京达焦化有限公司	27089	7188	27250
山西金昌煤炭气化有限公司	25706	8427	26900
山西丹源碳素股份有限公司	12980	4294	26333
山西省灵石通宇煤运有限公司	11055	4406	25348
山西和顺天池能源有限责任公司	26034	11534	25297
山西榆次长兴焦化有限公司	27227	6849	25014
灵石县中新煤化有限责任公司	22267	11071	24296
山西娃哈哈食品有限公司	24417	9889	23829
灵石县宇泰焦化有限公司	18090	7779	23100
灵石县夏门梁家圪塔鸿运洗煤厂	18777	7791	21914
山西远大线材制品有限公司	14270	3033	21654
经纬机械(集团)有限公司	11944	3568	21430

企业主要经济指标

单位：万元

利税总额	利润总额	年末资产	固定资产原价	全部从业人员数（人）
86986	15109	1111147	723631	37993
11301	9087	167106	133788	1504
38518	14750	312103	156528	5305
23233	14211	173722	158525	2662
18960	6524	154259	100566	1389
18636	11330	153600	71000	6100
27647	16072	137482	91682	940
22485	7654	262431	330566	1315
3893	987	135746	80515	4205
4741	824	48503	10589	665
24803	12798	157303	110894	2100
6925	-886	66012	11445	572
9387	5060	79880	34529	1790
8122	1011	92106	24000	1144
8121		46856	30521	602
6270	1837	46283	5340	295
6022	11	60791	53156	3270
2068	505	84174	13910	1474
313	303	11875	9932	145
2369	98	32123	20009	3439
8930	4510	41365	29648	295
13170	8825	26631	17022	662
3880	450	34694	34282	508
1223	1223	18715	11915	605
5226	22	33161	9187	315
1807	475	43345	8005	658
1537	-76	30264	8582	2323
7744	387	53198	20852	855
3331	1297	15653	10155	580
6149	3308	21489	3633	298
8460	5302	47381	23108	2061
8273	4628	38860	21033	1731
3945	108	89000	7351	251
2849	1011	39085	25404	295
3097	1050	25893	10947	570
1352	1008	21072	12054	400
1310		31265	7452	901
1705	-1479	55674	45130	1737
300	-1055	40812	27322	473
4019	1462	16876	3100	71
8234	6630	23188	10401	344
2507	-44	23432	3332	413
2852	212	6367	1697	100
973	5	11658	4353	250
717	23	42613	24928	1410

17-1 规模以上工业

单位名称	工业总产值	工业增加值	主营业务收入
山西鑫兴煤电化集团有限责任公司	27718	8379	21267
河南正龙食品有限公司山西分公司	19861	6150	19919
山西海锐五金工业有限公司	21748	6398	19628
祁县鑫昌盛洗煤厂	22613	5674	19593
山西省平遥县牛肉集团有限公司	18391	8073	19331
介休市昌盛煤化公司	16480	5308	19256
晋中开发区贝斯特机械制造有限公司	19057	6304	18914
山西宏艺玻璃器皿有限责任公司	17817	6012	18404
左权县龙泉冶金铸造有限公司	22235	4485	18130
山西聚义实业集团股份有限公司	17645	7676	17645
山西省焦炭集团益兴焦化股份有限公司	17585	5253	17585
介休市参树煤化有限公司	16805	5525	17053
山西大华玻璃实业有限公司	21125	8235	16200
太原智海集团有限公司榆次水泥分公司	15044	4402	15504
山西广生医药包装股份有限公司	15527	7678	14610
北京红星股份有限公司六曲香分公司	20048	7619	14445
灵石县宏源选煤有限公司	9773	4251	14092
山西新和太明化工有限公司	14555	2975	13952
和顺银河化工有限公司	13756	3075	13756
山西晋阳碳素股份有限公司	14068	4662	13685
祁县长信煤化有限公司	13750	3158	13568
榆次通用挂车制造有限公司	13087	4155	13076
灵石县力源煤化有限公司	13484	5015	13056
晋中市永宏煤化有限公司	8279	3595	12955
山西利民机电有限责任公司	11096	1270	12690
山西太谷纺织有限责任公司	13724	2645	12674
山西三明重工机械制造有限公司	12166	3199	12283
山西省寿阳富东煤业有限责任公司	12275	8858	12181
山西兴盛大运煤业有限公司	8449	3401	12179
介休市光华化工有限公司	12528	1799	12132
寿阳县聚金湾实业有限责任公司	12033	1506	12054
山西省平遥县昌旺洗煤有限公司	10558	3537	11531
和顺县凤台联营煤矿	9504	4277	11478
山西省平遥县峰岩焦化有限公司	11353	5109	11458
灵石县金利煤化有限公司	9013	3907	11360
山西省平遥县双庆铸造有限公司	12493	3798	11280
祁县恒兴果汁有限公司	15239	4592	11171
山西省晋中灵石煤矿有限公司	10986	4844	11031
山西省寿阳县博大工贸有限责任公司	13716	3734	10973
山西省平遥减速器厂	10841	2202	10865
山西省平遥县华兴电机铸造有限公司	11168	3589	10825
山西太谷玛钢有限责任公司	10500	3058	10733
晋中榆次北山煤化有限责任公司	10571	5496	10586
山西灵石县红杏煤矿有限公司	10593	4881	10489
山西金恒化工集团股份有限公司	10212	3431	10405

企业主要经济指标(续1)

单位：万元

利税总额	利润总额	年末资产	固定资产原价	全部从业人员数（人）
1586	28	34578	11734	1615
-168	-622	8419	6210	700
922	863	7383	9957	480
4580	3153	7475	256	115
789		13721	5033	650
4046	-130	14820	3717	600
1685	253	10448	1088	255
862	108	18013	12748	2945
2161	618	25450	8586	1044
1677	347	10322	2779	105
66	-749	46143	10635	458
872	20	8689	1151	193
334	174	21554	14385	3066
527	-273	40012	40688	283
1346	223	35239	22742	1250
5471	281	18058	5800	356
1253	60	10788	5604	333
202	76	10421	7052	192
-379	-379	9927	5005	980
1090	192	28199	19640	560
2937	2008	2820	149	34
93	12	6401	2998	82
1518	182	14785	5985	125
1028	-12	19284	6419	150
-30	-208	14054	3322	1099
-166	-715	8677	5146	1155
380	-13	8105	2608	272
6504	4848	10321	6583	480
1645	53	7045	1547	430
409	82	9796	9163	467
557	384	2111	383	36
499	5	3492	425	150
1670	138	23277	8767	218
2964	776	40625	7438	516
839	-26	4892	1108	38
3624	2385	8309	2065	500
443	431	12023	5400	70
2091	619	15810	12624	976
978	3	31512	4856	849
586	78	9400	4275	786
430	15	2337	1293	480
387	-73	15621	2138	1200
2775	1641	7740	4929	762
2724	1319	13781	7601	585
1370	311	9392	4749	1004

17-1 规模以上工业

单位名称	工业总产值	工业增加值	主营业务收入
山西俄铝碳素有限公司	9637	4144	10383
介休市大佛寺煤化有限公司	7739	3239	10237
山西恒能热电有限责任公司	11116	3823	10144
灵石县鑫海德煤化有限责任公司	7682	3177	9865
寿阳星光焦化有限公司	12832	1594	9590
华润雪花啤酒(山西)有限公司	9813	2060	9553
左权永兴煤化有限责任公司	7421	2933	9542
祁县大正洗煤厂	12500	2750	9322
山西格芙兰纺织有限公司	10941	3584	9299
昔阳县三都乡三都村煤矿	9225	3690	9225
山西天石电力有限公司	9139	3918	9139
山西安特生物制药股份有限公司	13806	7230	9028
左权县同达煤气化有限公司	7337	2788	8930
山西省平遥县晋阳焦化厂	8884	2932	8892
山西晶鹏玻璃器皿有限公司	19349	7546	8889
晋中榆次区泽森煤化有限责任公司	8810	7612	8878
榆次经纬化纤机械有限公司	9103	2481	8774
山西省平遥县金众煤焦有限责任公司	8442	3059	8759
山西翔晨煤化集团有限公司	7746	3345	8663
昔阳县天圆化工有限责任公司	8610	3444	8633
祁县利达洗煤厂	8382	3334	8382
山西省灵石鸿腾洗煤有限公司	9228	4007	8266
山西省平遥县福利焦化厂	5703	1825	8224
山西介休巨源炭素有限公司	6312	1620	8170
山西榆次长城电缆厂	7222	2606	8143
晋中新大宇不锈钢制品有限公司	8220	3865	8100
山西新元煤炭有限公司	14968	8398	8081
山西晋阳乳业有限公司	10251	3042	8037
山西保利星晨煤焦化有限公司	12617	5288	7869
山西中远威药业有限公司	8728	4924	7804
山西省平遥县亮宇炭素有限公司	7282	2163	7295
山西古船食品有限公司	6447	2377	7265
山西省灵石县双金煤化有限公司	5122	2204	6946
山西省平遥县四贡煤化有限公司	6624	2289	6929
山西凯翕克化工有限公司	7407	2638	6925
山西新大地煤业有限公司	6903	2854	6903
山西省介休市维群生物工程有限公司	6547	1380	6809
榆次开发区华茂纺业有限公司	7207	1417	6739
山西榆次昶力高科有限公司	6707	2515	6594
山西省寿阳县亨元煤化有限公司	6792	5359	6550
山西省平遥县永坚重型铸造有限公司	6139	2087	6507
山西太谷县山晋碳素有限公司	7800	3120	6403
山西曙光药业有限公司	12196	3922	6278
山西广瑞达煤机制造有限公司	6239	1521	6238
榆次强大饲料有限公司	6248	2152	6230

企业主要经济指标(续2)

单位：万元

利税总额	利润总额	年末资产	固定资产原价	全部从业人员数（人）
277	277	6412	4790	387
1597	718	19016	13452	1059
-226	-1092	31672	28637	184
1540	113	4361	1384	70
-28	-333	18212	7558	400
-3510	-4920	26613	13875	762
4593	3321	22192	8277	764
1824	1439	4558	664	232
438	-205	20445	24240	956
3691	2171	4887	262	320
2602	2123	26844	31899	135
1185	828	16045	8815	505
602	-331	22367	11874	284
1540	333	1486	233	238
1316	1001	4907	3348	2600
1528	951	8519	5162	334
-611	-998	15441	6048	464
1798	1005	6448	2148	516
827	1	12598	4061	125
1102	355	11294	11044	424
283	-6	3172	65	20
1997	1203	6254	2490	61
844	99	1761	277	415
235	13	6492	3667	330
159	33	4230	1536	110
383	21	9768	4002	150
316	16	200786	21358	2149
132	40	3708	1081	88
1388	-24	39799	27667	419
1021	-50	23238	5007	120
353	58	4349	2032	506
-149	-173	5652	4005	122
569	134	10239	719	120
916	237	3106	2759	240
943	810	3388	1856	70
1819	1001	15775	7265	161
-425	-460	21744	7508	540
281	12	11695	3696	523
247	9	14146	9638	258
1815	1036	15851	6496	730
485	158	6922	3932	499
854	505	5993	2887	295
1105	993	7424	2265	927
230	22	3287	1271	106
155	154	1755	832	50

17-1 规模以上工业

单位名称	工业总产值	工业增加值	主营业务收入
灵石县四方煤化有限责任公司	4380	1862	6209
介休安益煤炭有限责任公司	4365	2100	6200
山西三利碳素有限公司	7652	2454	6148
山西省平遥县永华铸造有限公司	6149	1933	6146
榆次经纬机电设备厂	6150	1281	6089
山西新和机械设备有限公司太谷分公司	8920	3383	6017
山西环界石油钻具制造有限公司	5414	861	6000
山西左权华实热电有限公司	6394	2086	5965
灵石县长兴煤化有限公司	5931	2579	5931
太谷县永星铸造有限公司	5684	1750	5914
榆次区晋北油脂制造有限公司	5604	1586	5838
山西和顺东盛煤业有限责任公司	5893	2883	5826
寿阳县友众煤业有限公司	5149	3426	5755
太谷盛德有色金属有限公司	6000	2458	5740
昔阳县胜利煤业有限责任公司	5700	2031	5737
山西省平遥县北三狼腾胜铸造有限公司	5877	1881	5660
太谷县君兴铸造有限公司	6190	1316	5522
山西省灵石县长虹煤化有限责任公司	7460	3208	5495
山西西海峰煤业有限公司	8121	3447	5492
太谷县龙城玛钢有限公司	5950	1832	5434
晋中嘉业商品混凝土有限公司	5294	1632	5349
山西太谷晋钢硅钢制造有限公司	5098	1468	5329
灵石县昌源选煤有限公司	8502	3699	5235
山西晋投夏工水泥有限公司	7012	3014	5182
昔阳县李夫峪煤业有限责任公司	5931	2603	5025
和顺县联松联办煤矿	4996	2687	4996
寿阳县欣正洁净煤有限公司	5070	270	4962
山西左权宏远煤化有限公司	7679	4149	4932
寿阳县祥升煤业有限公司	3937	2674	4913
寿阳县宏源煤碳加工有限公司	4833	287	4833
山西省平遥县陆源实业有限公司	4871	1315	4820
灵石县聚鑫煤化有限责任公司	5749	2472	4724
山西秋林机械有限公司	4103	1150	4691
寿阳麦捷实业有限责任公司	4572	2536	4630
山西和顺运通煤业有限公司	4540	2270	4540
山西鼎正钢结构有限公司	5063	1921	4500
山西省寿阳县金星煤化有限责任公司	4510	177	4496
山西省平遥县西郭永兴橡胶厂	3543	1240	4496
左权县丈八煤业有限责任公司	4510	2876	4481
灵石县晋辽煤化有限公司	6732	2928	4459
灵石县腾飞煤化公司	4018	1617	4433
山西省祁县宇通碳素有限公司	7618	2264	4401
晋中地区夏门煤矿	2626	1874	4390
山西左权盘城岭煤业有限责任公司	4808	1971	4389

企业主要经济指标(续3)

单位：万元

利税总额	利润总额	年末资产	固定资产原价	全部从业人员数（人）
677	7	3293	383	48
1403	793	7420	3202	471
1423	934	6493	3901	186
369	105	2158	640	380
808	497	10914	2022	171
246	16	4187	554	260
275	179	5168	1461	130
-3366	-3658	54107	57288	101
279	-21	2893	2163	55
246	23	2703	209	300
31	-2	1312	276	51
2269	818	8727	3947	180
960	278	12412	8587	490
540	421	1425		20
1685	918	5897	2309	360
252	44	2227	920	245
169	-30	2557	100	380
570	261	2581	928	56
23	-143	5613	1922	116
157	48	803	128	480
34	-176	4412	3485	110
98	3	2600	1838	148
440	21	5369	1688	20
377	49	17481	9289	330
1013	330	6770	5497	546
1465	463	5437	2917	260
10	-69	1694	573	64
877	62	25173	5177	696
1126	513	9659	2260	490
102	4	941	341	36
88	-291	8615	3825	450
456	-14	2874	2231	52
29	-88	1837	237	105
491	12	17038	11313	571
1508	808	7993	3117	161
233	101	4359	2079	150
113	-82	3942	141	26
145	-36	1888	870	360
1070	460	8839	5179	550
146	-8	1675	966	28
813	-8	3780	1727	40
744	430	6915	3002	125
1026	436	9351	4815	1074
1235	704	5728	2314	340

17-1 规模以上工业

单位名称	工业总产值	工业增加值	主营业务收入
山西省东华制衣厂	3593	1015	4359
灵石县敬鑫洗煤有限公司	3803	1521	4254
山西省灵石县锐利煤化有限责任公司	4503	1959	4241
山西省寿阳县化工燃料有限责任公司	4267	35	4239
山西昔阳罗庄煤业有限公司	4292	2175	4200
灵石县星海镁业有限公司	5059	2222	4188
寿阳县昌盛煤化厂	4879	590	4183
昔阳县铁炭窑沟煤矿	2943	1102	4173
介休市义棠镇桃园煤化有限公司	2657	1113	4149
山西省平遥县福龙冶炼有限公司	4627	1130	4143
山西古城乳业集团有限公司八分厂	4126	1511	4126
山西省寿阳县地方国营长榆河煤矿	3248	1971	4105
山西景福煤业有限公司	5090	3570	4087
左权县昌鑫矿山有限责任公司	3775	1589	4061
左权县双玉电化有限责任公司	3780	1171	4038
灵石县永恒煤化有限公司	3862	1743	3948
山西天河泵业有限公司	8336	2883	3942
山西省平遥县北海橡胶厂	3561	1203	3879
太谷县晋通钢管厂	4570	1342	3849
太谷西蒙铸锻有限公司	3128	938	3842
山西省平遥县永发铸造有限公司	2482	896	3842
灵石县恒丰洗煤有限责任公司	3688	1512	3813
寿阳县昌泰煤业有限责任公司	3880	2491	3764
左权县万顺冶金矿山有限责任公司	3433	1179	3670
灵石县宇昕化工有限公司	2637	1113	3649
山西远力化工有限公司	3753	1126	3577
灵石县诚信煤化有限公司	2842	1235	3548
寿阳县创益实业有限公司	2789	179	3513
北京铁路局榆次工务器材厂	3337	1637	3505
太谷县通宝醋业有限公司	3505	2234	3505
晋中市榆次区乌金山镇结岭石煤矿	3109	901	3502
山西省平遥县福利橡胶厂	3655	1079	3475
晋中供水有限责任公司	3425	1893	3425
山西省平遥县云青肉制品有限责任公司	3388	1423	3388
太谷县富利铸造有限公司	3451	1008	3376
山西左权恒隆煤业有限公司	3420	1748	3316
太谷新平碳素有限公司	3560	1364	3246
太谷县宝光碳素有限公司	3520	1309	3246
山西和顺益德煤业有限公司	3236	1631	3240
山西省平遥县思瑞沃重工有限公司	3231	969	3231
山西金源酒业有限公司	3500	741	3200
和顺县新马杂粮开发有限公司	2937	525	3194
山西省太谷县明兴碳素玛钢有限公司	3880	1453	3164
灵石县河西煤矿有限责任公司	3161	1422	3161

企业主要经济指标(续4)

单位：万元

利税总额	利润总额	年末资产	固定资产原价	全部从业人员数（人）
537	208	3952	1981	390
389	-4	9318	964	35
401	-13	3271	519	40
-139	-183	5316	4650	488
2034	984	4302	888	350
49	-24	4069	2136	264
310	-125	1050	181	30
1269	737	4017	1001	208
411	-16	6187	1809	400
86	10	5138	2870	95
110	92	6810	2065	110
547	5	5023	2389	465
510	33	9142	1536	411
1697	1194	6593	1082	114
192	-132	12404	10871	360
249	-6	1665	533	62
443	345	3959	2018	970
-14	-164	981	369	62
26	25	659	243	58
64	12	601	475	220
417	263	3424	776	210
248	-3	1564	783	35
1637	1202	5445	1215	345
1344	887	4227	2256	750
34	-10	10000	4890	450
740	501	2898	1071	115
323	89	3893	401	63
93	-43	627	400	35
-103	-301	5342	3165	278
51	2	3248	2124	65
195	140	1873	272	130
190	26	2170	271	150
491	242	8122	8163	521
421	346	1432	1295	100
184	-10	404	1226	220
611	176	4599	1322	450
217	32	4213	1298	280
164	33	2386	1028	200
634	154	11823	5685	225
129	40	9239	1982	289
970	470	7000	3500	132
412	231	2198	480	78
55	13	2485	1279	180
1317	469	3684	1259	287

17-1 规模以上工业

单位名称	工业总产值	工业增加值	主营业务收入
灵石县顺丰煤化有限公司	6626	2717	3151
太谷县通和铸造有限公司	2880	837	3141
祁县光华玻璃有限公司	3351	1329	3135
左权县神头冶金矿业有限责任公司	3560	982	3117
寿阳县金鹏煤化有限责任公司	2605	149	3062
寿阳县宗艾镇宗艾煤矿	2895	1833	3044
山西丰盛尔鹏玻璃工艺制品有限公司	4825	1876	3040
寿阳县世纪精细化工有限公司	3436	419	3027
山西广誉远国药有限公司	3338	1818	3026
山西中凯集团灵石热电有限公司	2600	1131	3017
山西昔阳杏庐峪煤业有限公司	3015	1508	3015
山西和顺隆华煤业有限责任公司	3054	1582	3010
灵石县荣达煤化有限公司	4810	2018	3000
山西省平遥聚贤橡胶有限公司	2952	874	2997
灵石县宏达煤化有限公司	2755	1198	2981
山西和顺宏源煤业有限公司	2805	1137	2955
山西双友包装制品有限公司	5400	2270	2955
山西省寿阳县晋荞基地米业有限公司	2762	261	2938
山西平遥汇丰机车有限公司	3508	1250	2938
晋中市榆次北山煤化有限责任公司长安分	2936	1119	2936
山西明华纺织机械有限公司	4279	1293	2934
山西省寿阳县平安煤炭有限责任公司	3355	2730	2923
介休市顺达碳素有限公司	2856	719	2918
灵石县沙峪煤矿有限公司	3021	1329	2894
榆次方盛液压机电设备有限公司	3088	1752	2883
昔阳县大寨镇前进煤矿	2782	1150	2876
太谷县金谷碳素铸造有限公司	2750	774	2861
灵石县南关镇办煤矿	2307	1092	2834
寿阳县瑞龙矿业有限公司	2957	1913	2831
山西天星能源产业有限公司	8696	4080	2831
山西太谷北阳镁业有限公司	3070	916	2824
晋中市榆次区乌金山镇东子沟煤矿	3240	2809	2823
山西成信油脂有限公司	2006	626	2803
山西省太谷县化工总厂	2127	425	2798
山西省祁县会龙玻璃器皿有限公司	3357	1488	2767
榆次金泰钡盐化工有限公司	2754	1086	2763
左权县佳新能源有限责任公司	2727	1046	2727
山西左权龙泉煤业有限责任公司	2723	1428	2722
寿阳县龙宝煤化有限责任公司	2419	165	2716
榆次兴安煤化有限责任公司	3259	2644	2712
山西省平遥县盛达铸造厂	2206	771	2704
山西省灵石县晋汾煤化有限公司	2656	1094	2704
榆次高行液压有限公司	2690	967	2685
山西和顺富阳煤业有限公司	2700	813	2673

企业主要经济指标(续5)

单位：万元

利税总额	利润总额	年末资产	固定资产原价	全部从业人员数（人）
395	117	1068	543	30
192	-14	577	125	280
335	60	1193	1009	635
487	6	3267	350	80
189	133	1138	398	36
1241	271	5929	874	400
207	-11	2187	1464	904
-46	-62	2225	820	80
481	27	10760	7559	477
472		28391	7440	285
1647	1038	3004	1261	150
1245	749	16546	6214	368
176	1	2172	417	30
55	-90	2558	650	245
426	13	2900	844	50
603	64	5853	2863	185
1162	1010	6256	4287	450
1		433	158	22
-26	-126	9530	9086	376
480	139	3205	1505	202
-365	-437	6771	1104	258
736	368	6202	2092	311
96	4	2278	959	112
839	469	5835	2910	533
36	-59	1711	686	172
777	429	3120	1680	180
285	-72	961	531	390
196	22	3623	2154	120
728	420	4195	1040	300
905	435	21796	4892	60
155	13	723	336	400
94	4	1092	423	68
-114	-118	7258	1622	40
304	17	1288	2355	200
143	-19	1748	710	450
122	-8	2392	2046	170
360	52	16004	5066	471
397	54	3798	1320	238
60	8	333	122	22
427	157	2279	1932	304
523	428	1999	27	210
450	224	3709	929	55
81	2	2374	718	108
302	-68	8446	3260	251

17-1 规模以上工业

单位名称	工业总产值	工业增加值	主营业务收入
昔阳县乐平镇煤矿	2666	735	2666
山西恒泰铸业有限公司	3263	982	2657
寿阳县裕民煤业有限责任公司	2717	1916	2656
山西省介休市创新碳素厂	2501	463	2638
山西左权阜生煤业有限公司	2608	1010	2636
山西省平遥县黎基大仁水泥制造有限公司	2705	811	2625
山西银源煤焦开发有限公司	3334	1450	2601
太谷中晋化工有限公司	2381	1269	2598
山西省平遥县曙光工业有限公司	2611	789	2548
山西美岳塑料包装制品有限公司	2821	520	2540
寿阳县正泰煤业有限责任公司	2659	1213	2538
山西省第三轴承厂(有限公司)	2878	1063	2518
山西省灵石县常青建材有限公司	1956	807	2500
山西昔阳丰汇煤业有限责任公司	2909	1213	2425
灵石县两渡镇宏胜煤矿	3156	1357	2411
山西灵石兴庆煤业有限公司	1285	591	2399
山西榆次安泰煤业有限公司	3219	2040	2385
晋中榆次乌金山镇官窑煤矿	6488	3531	2375
山西灵石县思普瑞能源有限责任公司	1872	955	2371
山西恒成特种车辆制造有限公司	2584	895	2361
昔阳县金星硫化厂	2300	628	2359
太谷县神宝玛钢有限公司	2570	825	2350
山西怡园酒庄有限公司	2732	2471	2349
山西海玉食品有限公司	1902	595	2339
和顺县西喂马煤业有限公司	2310	1155	2310
榆社县永泰福利塑料有限公司	1970	218	2282
左权县后南冶华鑫选矿厂	2890	1220	2274
寿阳县泰祥煤业有限公司	2357	1765	2247
介休市绵山水泥有限公司	2349	913	2209
山西昇力元保健品有限公司	1920	1262	2207
介休市飞翔碳化有限公司	2137	370	2201
山西泽榆畜牧业开发有限公司	4167	2138	2194
山西寿阳金鑫城煤业有限公司	2425	1738	2192
山西省电力公司管道工程公司	1339	170	2186
灵石县交口乡金庄振兴煤矿	2183	869	2178
榆次科迪尔造纸有限公司	3163	1448	2177
太谷县通远电力器材有限公司	2514	937	2176
山西昔阳兴利煤业有限公司	2500	1000	2150
山西省第二锻压机床有限责任公司	2595	721	2137
太谷县金泰电力器材有限公司	2410	740	2132
山西省天波制泵有限公司	4138	1447	2115
灵石县万世通选煤有限公司	5231	2276	2115
灵石县交口乡旺丰煤矿	2114	860	2114
山西石港煤业有限责任公司	2180	968	2100

企业主要经济指标(续6)

单位：万元

利税总额	利润总额	年末资产	固定资产原价	全部从业人员数（人）
379	53	560	263	120
-154	-160	3972	3668	435
488	187	5424	933	405
-109	-154	4048	3528	68
70	-259	5622	1709	315
373	172	2791	1334	150
388	28	16662	8785	209
810	570	1631	1500	180
89	3	2065	849	203
143	73	2876	1666	300
-194	-452	13737	10625	403
411	264	2241	805	326
156	-8	1423	1786	230
382	40	9753	3795	405
193	6	3835	1000	74
368	76	13889	4024	560
1057	916	2790	1208	152
346	101	3711	1475	490
976	462	12965	6019	450
40	1	2481	644	60
687	336	1658	715	90
91	23	233	182	260
612	118	6531	3647	91
-60	-78	840	611	56
998	527	1918	538	150
25	2	1474	728	126
408	62	2359	176	107
504	240	3901	958	300
342	81	1822	1710	215
1097	884	2777	1314	145
40		1306	464	30
1	-8	1505	1002	34
620	336	2722	1069	230
-715	-869	6263	3491	263
645	386	2662	726	270
344	143	4565	1402	370
113	31	743	34	330
413	-157	3597	1748	360
76	-3	1482	996	240
122	20	766	311	275
353	310	2261	414	490
317	86	569	421	25
528	264	4899	2169	150
500	217	3595	1352	270

17-1 规模以上工业

单位名称	工业总产值	工业增加值	主营业务收入
祁县三益永磁材料有限公司	2100	612	2100
山西省平遥县五阳实业有限公司	2265	570	2092
山西省平遥减速器有限责任公司	2558	394	2080
左权天一煤业有限公司	1680	850	2071
榆次正太油脂厂	2367	789	2060
山西昔阳广进煤业有限公司	1672	686	1998
灵石县晋泰煤化有限公司	4026	1751	1982
太谷县申达铸造有限公司	1650	495	1981
灵石县恒发煤化有限公司	2654	1062	1980
灵石县汇丰工业有限责任公司	3818	1661	1972
太谷县雍和铸造有限公司	2110	633	1963
灵石县金庄煤矿有限公司	1237	569	1952
太谷县星利玛钢有限公司	2150	643	1930
灵石县金山煤化有限责任公司	3356	1351	1924
山西省介休市经天空间结构有限公司	828	100	1924
山西昔阳乐安煤业有限公司	2168	1024	1923
介休市连福镇左则沟煤矿	1893	841	1921
山西省平遥县西郭卫星焦化厂	1902	666	1917
昔阳县乐平镇镇办红土沟煤矿	1845	930	1887
祁县锦富达玻璃器皿有限公司	1974	682	1886
山西灵石天辰煤业有限公司	1938	791	1881
太谷太宏玛钢有限公司	1950	551	1853
山西瑞翔挂车制造有限公司	1833	498	1838
晋中市榆次区西沛霖鑫窑煤矿	818	265	1838
山西省祁县华宇碳素有限公司	2703	905	1836
寿阳县宝鑫洗煤厂	1593	288	1833
山西太谷县宏远铸造有限公司	3730	1123	1830
和顺县西沟联营煤矿	1568	842	1823
山西省平遥县国青同盈禽业有限公司	1620	486	1822
灵石县夏门镇堡二坑煤矿有限责任公司	1907	1060	1798
太谷裕鑫玛钢铸造有限公司	1920	568	1793
晋中市洪鑫泰实业有限公司	2120	466	1772
太谷县九洲精铸实业有限公司	1910	568	1769
山西永丰汽车机械有限责任公司	1878	597	1766
介休市东泉煤矿	1418	492	1761
山西赵家庄煤业有限公司	1766	773	1759
山西省平遥县祺昌铸造厂	1553	514	1731
山西万升五金铸造有限公司	1625	463	1725
山西和顺顺发煤业有限公司	1713	743	1713
晋中榆次乌金山镇施家凹煤矿	2231	892	1709
晋中开发区光明机械厂	1708	600	1708
太谷县永强电力金具制造有限公司	2420	717	1704
山西省平遥县中都永通铸造厂	1288	451	1701
灵石县汇灵煤化有限公司	3179	1367	1697
山西经东机械制造有限公司	2439	602	1686

企业主要经济指标(续7)

单位：万元

利税总额	利润总额	年末资产	固定资产原价	全部从业人员数（人）
342	320	1051	485	95
7	7	4207	2634	60
151	105	9140	3443	60
302	1	10512	780	346
27	-37	1325	842	58
753	109	1206	767	102
187	-13	4802	2516	25
33	-17	547	283	145
42	-18	4971	886	50
260	81	2874	1141	38
60	2	438	90	150
430	139	12039	5685	300
130	45	2158	165	180
203	37	1230	493	43
64		6972	3042	136
325	-49	5986	2420	160
427	210	6306	930	255
-13	-119	1683	244	55
739	228	1172	318	170
139	107	943	120	310
464	243	2850	1050	302
37	-58	756	195	160
31	-2	1312	293	100
31	-2	1312	241	120
458	276	2054	998	248
47	-2	787	203	21
78	-30	1763	277	225
334	62	4675	1553	120
8	8	1230	350	75
587	345	4342	2132	228
-24	-89	556	51	120
20	-115	7264	4037	300
72	6	475	200	180
81	14	2409	838	260
193	79	1773	1213	185
273	131	4250	2948	150
47	-41	733	43	107
-129	-132	496	362	150
344	30	4040	2539	105
575	498	717	471	120
108	19	1301	453	180
138	52	1476		150
312	245	1112	100	170
52	-22	1183	408	25
24	-13	886	112	66

17-1 规模以上工业

单位名称	工业总产值	工业增加值	主营业务收入
晋中市榆次区乌金山镇永安煤矿	2484	1171	1684
山西榆次华益型钢实业有限公司	2464	712	1683
灵石县昶泰煤化有限责任公司	2731	1188	1681
榆次巨元不锈钢制品有限公司	1675	203	1668
沈阳电机集团榆次电机制造有限公司	1621	112	1668
山西荣发车辆集团股份有限公司	1510	476	1660
山西省太谷县制胶厂	2061	409	1652
昔阳县李家庄乡南渡海煤矿	1240	496	1649
山西福泉水泥有限公司	2665	871	1645
太谷县新海玛钢铸造厂	1960	593	1642
山西力源健身器材有限公司	1915	517	1632
晋中市远征机械制造有限公司	1536	278	1632
山西佳信机械制造有限公司	1360	381	1626
晋中开发区众恒实业有限公司	1622	343	1622
寿阳县天泰煤业有限责任公司	1448	808	1622
太谷县荣欣堂食品厂	1765	416	1621
山西昔阳阳坡煤业有限公司	1682	920	1620
山西宝源煤业有限公司	1011	454	1617
晋中市榆次山底煤炭有限责任公司	2177	1791	1598
山西昔阳丰茂煤业有限公司	1665	666	1597
晋中市榆次区惠安煤矿	1806	1117	1593
山西省平遥县延虎肉制品有限公司	1593	478	1593
寿阳县北河坡煤矿	1733	822	1588
山西灵石兴胜煤业有限公司	1061	492	1586
榆次万胜企业有限公司	1578	369	1584
山西大寨中策水泥有限公司	1245	436	1580
山西昔阳平盛煤业有限公司	1585	891	1579
祁县宏鑫洗煤有限公司	1578	354	1578
山西辽州水泥有限公司	1700	541	1574
祁县鑫辉机械有限公司	1650	419	1573
山西永盛铁路器材有限公司	1558	578	1558
山西昌鑫包装制品有限公司	2182	676	1555
晋中市榆次区乌金山镇小西沟煤矿	1806	992	1543
昔阳县乐平镇瑶湾煤矿	1489	596	1542
山西灵石冯家坛煤矿有限公司	889	384	1541
山西泰星椒仲煤业股份有限公司	1669	734	1540
山西锦源煤业有限公司	1430	676	1540
山西亨通饲料有限公司	1476	498	1534
太谷县宏升铸造有限公司	1740	511	1528
山西浩源精密机械有限公司	1249	344	1524
昔阳县大业水泥有限责任公司	1381	427	1516
晋中丰亿纺机有限公司	4182	473	1512
山西省榆次筑路机械制造有限公司	2336	947	1510
榆次经纬纺配有限公司	1245	330	1492
山西和顺县北关煤业有限公司	1485	823	1485

企业主要经济指标(续8)

单位：万元

利税总额	利润总额	年末资产	固定资产原价	全部从业人员数（人）
242	53	1954	831	136
156	125	3637	2205	137
291	-7	1555	263	35
100	24	797	342	45
100	24	797	412	80
16	-1	2973	2639	180
27	22	1059	764	146
217	-19	3265	315	280
21	-102	4820	2302	276
38	3	710	188	180
-166	-241	1141	448	475
45	-13	1511	1276	48
-11	-16	2264	747	70
72	3	1184	1062	85
-2609	-2657	8448	7155	444
485	113	1392	565	135
544	298	1237	493	120
222	80	5800	1995	275
198	38	5311	1302	227
493	93	1254	1289	108
-23	-56	1885	1130	70
326	181	1210	588	60
300	123	4061	1039	196
248	44	9313	2096	750
25	-13	1494	416	200
99	-41	2827	3007	160
507	174	599	646	120
282	232	394	50	15
236	80	1896	1250	215
18	-23	316	74	188
41		656	53	21
266	243	1170	356	206
133	60	1183	555	110
136	-187	1515	1138	141
345	130	4365	1819	205
520	312	5497	1843	180
57	-112	3672	2604	273
10	10	870	389	40
28	2	245	156	100
113	67	1642	578	38
224	91	6351	3948	300
12	-44	5393	1941	117
-61	-103	1509	443	128
20	1	424	338	80
346	11	1791	1710	120

17-1 规模以上工业

单位名称	工业总产值	工业增加值	主营业务收入
太谷县永安玛钢铸造有限公司	1535	458	1465
山西省平遥县永祥实业有限公司	1447	369	1461
灵石县通业煤化有限责任公司	2222	967	1458
山西农大恒远药业有限公司	1780	974	1454
山西和顺吉运煤业有限公司	1433	661	1433
寿阳县宝顺煤化有限责任公司	1614	1273	1433
灵石县南关洗煤厂	5294	2157	1429
山西灵石南涓煤业有限公司	925	373	1426
山西宇峰包装印业有限公司	3359	840	1387
山西省平遥县北三狼宝发铸造厂	1227	429	1377
山西黄河中药有限公司	3980	1960	1372
山西榆次万嘉化工有限公司	1805	760	1371
山西隆克尔生物制药有限公司	1780	1038	1362
山西沪晋纺织机械有限公司	1386	244	1335
山西省平遥县隆倡庆铸造厂	1246	436	1329
山西星火匡迪玻璃有限公司	1689	721	1305
祁县富源玻璃器皿有限公司	1449	609	1302
山西宝泰药业有限公司	2087	1097	1291
山西新华时信包装印刷有限公司	1593	490	1289
榆次中冶液压机械有限公司	1493	608	1288
山西威特食品有限公司	1281	277	1281
山西昔阳森隆煤业有限公司	1280	512	1280
晋中市榆次区乌金山镇官山煤矿	1906	1463	1273
晋中中效工贸有限公司	1359	413	1273
和顺县李阳镇阳卷村煤矿	1260	603	1260
和顺县喂马乡上元村煤矿	1260	641	1260
山西和顺同安煤业有限责任公司	1260	682	1260
榆次杰龙铁制品有限公司	1250	371	1244
山西云盛工贸有限公司门窗工程分公司	1244	881	1244
山西天顺玻璃有限公司	915	436	1241
灵石县汾州煤化有限公司	5658	2207	1224
昔阳县梁河煤矿	1523	609	1222
山西省平遥县汇众橡胶厂	1358	335	1212
山西省平遥县福龙包装彩印有限责任公司	1215	288	1207
祁县星宇化工有限公司	1159	338	1205
山西省寿阳县志通建材有限责任公司	1169	441	1200
灵石县骏马煤化发展有限公司	3202	1274	1183
山西平舒煤业有限公司	1167	636	1167
祁县兴盛玻璃有限公司	1809	680	1156
寿阳县三联煤业有限责任公司	1046	45	1150
灵石县水峪煤炭有限公司	1015	487	1150
榆次金恒精工有限公司	1254	329	1147
灵石县翠峰镇荡荡岭沟煤矿有限责任公司	2155	1034	1138
灵石县静升镇集广煤矿	1186	486	1136
和顺县喂马乡吉窑村煤矿	1131	562	1131

企业主要经济指标(续9)

单位：万元

利税总额	利润总额	年末资产	固定资产原价	全部从业人员数（人）
59	2	681	274	120
141	-11	1756	842	40
87	20	1942	1051	54
180	171	1723	422	80
265	57	2890	1847	125
140	-47	2057	454	290
159	34	446	140	12
301	21	2603	837	300
-117	-201	5631	3456	236
59	11	700	64	85
65	21	3125	1741	136
98	4	4359	1433	125
383	358	6974	355	89
38	-9	2355	1336	126
93	37	1173	116	84
217	150	752	411	280
-58	-132	1225	205	398
-171	-324	6647	4134	112
-134	-187	6625	5016	107
17	-30	2378	990	49
-153	-153	4676	886	108
542	-65	669	588	100
-10	-17	1092	118	152
-10	-17	1092	118	50
355	170	3774	2059	110
370	152	1654	982	100
580	238	2654	980	120
52	8	540	233	78
-23	-31	620	602	61
29	-13	675	275	216
66	14	1271	785	25
533	338	1021	1320	130
39	-10	785	452	35
181	143	1230	782	54
200	186	798	192	73
166	83	2344	1126	105
182	13	1094	1022	38
120	9	72132	60519	238
233	185	2014	710	218
51	3	1607	559	28
273	147	10389	3859	180
26	-39	2622	1341	50
201	86	4385	1775	160
191	35	5032	686	230
180	30	596	473	120

17-1 规模以上工业

单位名称	工业总产值	工业增加值	主营业务收入
和顺县天井煤矿	1122	568	1122
祁县旺中塑料制品厂	973	275	1089
山西省太谷县粮食局加工厂	1122	66	1081
山西和顺德成煤业有限公司	1080	561	1080
榆次恒达挂车有限公司	1076	307	1076
寿阳县庆源化工有限责任公司	1051	192	1064
祁县鑫源碳素厂	1095	491	1052
山西德元堂药业有限公司	1025	472	1051
山西天江电力设备制造有限公司	956	303	1047
山西省平遥县宽发内燃机配件有限公司	1750	508	1043
晋中市立昌机械制造有限公司	1041	138	1041
山西和顺佳顺煤业有限公司	1032	563	1032
晋中开发区顺隆机械制造有限公司	977	245	1012
晋中市供气有限公司	2190	1111	1010
山西华珠生物科技有限公司	953	360	996
灵石县翠峰镇回来峪煤矿	1067	656	988
山西邦力合成材料有限公司	1019	464	985
榆次华丰塑料厂	1000	223	983
山西榆次太阳锅炉有限公司	1200	572	982
祁县拓新玻璃器皿有限公司	980	332	976
祁县通元玻璃有限公司	991	337	968
山西隆腾煤业有限公司	1053	489	967
山西省灵石县正和实业有限公司	4193	1719	955
山西恒天纺织新纤维科技有限公司	1365	475	953
洪山陶瓷厂	1184	101	949
祁县远通玻璃器皿厂	1084	466	942
山西孟氏实业有限公司	999	183	937
介休晋阳纸业有限公司	1134	319	934
榆次航天液压制造有限公司	1133	299	932
晋中开发区精瑞工具制造有限公司	939	271	929
山西华辉凯德制药有限公司	872	318	925
榆次中意德电子液压有限公司	820	184	921
山西汇亚赛尔玻璃器皿有限公司	919	384	919
山西恒源玻璃工艺公司	916	480	916
寿阳县万利达煤业有限公司	928	130	915
榆次桥西铸造有限公司	1406	424	902
山西省平遥县远江玻璃器皿有限公司	1094	383	898
山西左权鑫森煤业有限公司	935	440	897
灵石县伊鸿镁业有限公司	900	352	873
山西省平遥县兴隆铸造厂	744	191	848
榆次力同液压工程有限公司	1107	412	837
榆次永合力铸造有限公司	853	137	832
山西嘉恩玻璃器皿有限公司	876	436	827
晋中开发区经纬余辉高新技术开发有限公	748	190	817

企业主要经济指标(续10)

单位：万元

利税总额	利润总额	年末资产	固定资产原价	全部从业人员数（人）
317	152	3426	1762	108
12	6	637	43	130
-36	-40	605	192	68
285	90	5017	1433	140
26		1569	865	25
-67	-138	1827	1574	80
215	139	2269	512	80
-441	-572	6449	4984	32
24	1	1555	412	45
49	5	1125	486	165
25	4	1083	252	60
297	101	4280	1062	106
54	4	505	520	51
-29	-69	4408	1	975
110	6	1382	334	30
144	50	1262	453	120
-172	-274	5462	3684	105
27		312	152	33
14	6	1180	630	153
-6	-45	696	244	300
201	144	459	337	121
85	20	2937	488	150
141	73	2904	1380	80
61	6	4991	1550	122
-455	-473	2428	1995	628
37	-12	465	36	220
-71	-106	3665	1832	104
	-2	764	35	73
32	1	1007	366	62
41	10	607	69	62
87	-9	2682	2545	27
31		310	8	24
44	-3	476	237	180
89	-7	198	133	210
15	5	1071	356	42
-74	-112	729	116	151
-45	-92	1068	132	300
-80	-187	3845	1327	290
37	2	4502	2588	90
38		3630	990	150
23	6	1968	173	82
18	-4	264	45	21
-52	-79	2174	751	120
82	2	648	326	60

17-1 规模以上工业

单位名称	工业总产值	工业增加值	主营业务收入
灵石县两渡镇景家沟煤矿	686	268	811
介休市沟底煤业有限公司	810	369	810
山西省介休市塑料工业有限公司	660	101	810
榆次因特液压锻造厂	1150	299	806
寿阳县安吉煤业有限责任公司	1028	470	774
山西恒顺老陈醋有限公司	959	286	773
介休市鸿发煤业有限公司	763	357	764
晋中榆次区乌金山镇赵家坡煤矿	1863	915	754
祁县永昌糠醛有限责任公司	752	260	742
灵石县夏门镇尹家庄煤矿	736	286	738
和顺同鑫煤业有限公司	720	345	736
山西峰威煤业有限公司	635	243	730
介休市北贾煤业有限公司	730	287	730
灵石石村沟煤业有限公司	795	336	727
灵石县两渡镇兴星煤矿	730	271	727
山西灵石新生煤矿有限公司	725	316	725
灵石县坛镇乡水牛沟煤矿	725	316	725
晋中市德圣射孔器材有限公司	1149	251	719
祁县金旺机械有限公司	796	239	711
祁县华达玻璃厂	1348	564	710
晋中市远东铝型材有限公司	585	129	700
灵石县后沟联营煤矿	700	306	700
山西安鸿健身器材有限公司	886	298	682
祁县冠中耐火制品有限公司	681	286	682
山西省平遥东瑞线缆有限公司	862	216	680
山西灵石鑫鼎泰煤业有限公司	680	300	680
榆次金晶钡盐化工有限公司	846	265	677
山西灵石孙家沟煤矿有限公司	674	266	673
晋中天亮木业有限公司	651	44	672
介休市南窑头煤矿有限责任公司	670	288	670
山西介休沟口煤业有限公司	606	260	670
灵石县西许乡西许村煤矿	658	228	664
山西灵石天悦煤业有限公司	676	261	654
山西瑞昇煤业有限公司	753	293	653
山西顺成彩印包装科技有限公司	634	50	653
山西灵石红岩煤业有限公司	645	282	645
山西灵石龙鑫发煤业有限公司	643	281	643
山西星海工艺玻璃器皿有限公司	650	241	639
灵石县宏昌煤化有限公司	1021	398	629
灵石县英武乡新长征煤矿三坑	625	283	625
山西远景康业制药有限公司	940	416	624
灵石县两渡镇铁新煤矿有限公司	620	273	620
山西斯普瑞机械制造有限公司	807	329	616

企业主要经济指标(续11)

单位：万元

利税总额	利润总额	年末资产	固定资产原价	全部从业人员数（人）
106	7	1195	422	120
58	29	4289	818	120
-8	-27	1697	483	51
-14	-36	500	74	80
39	-37	2966	585	110
-98	-131	2171	2089	60
-371	-427	9257	6439	158
-6	-88	7663	2565	210
66	16	547	127	97
120	3	1382	243	164
186	28	2665	1851	150
70	-24	2229	611	86
-482	-679	5485	3757	181
141	4	1954	884	120
115	46	2996	571	120
126	42	3673	706	80
116	50	689	106	120
-100	-121	1418	44	263
36	1	1405	943	146
106	60	270	122	200
19	3	333	300	34
102	42	630	550	100
-39	-56	814	170	204
56	-22	585	559	100
-2	-33	1022	679	70
116	59	12464	249	150
28	1	729	462	65
142	22	1069	430	110
18	-4	923	404	12
-1020	-1044	13461	3799	202
157	110	5537	3645	190
79	3	2002	504	135
80	33	1201	695	100
12	-6	331	207	130
12	-6	331	212	20
50	-6	645	184	55
126	49	2116	1322	90
-20	-47	1594	305	200
88	4	992	731	35
112	63	7145	5777	160
-211	-225	2800	1387	78
142	102	32827	836	200
21		879	545	32

17-1 规模以上工业

单位名称	工业总产值	工业增加值	主营业务收入
晋中开发区司丰纺织机械有限公司	574	136	615
灵石县银亿宏峰煤焦化有限公司	680	293	612
晋中市榆次区杨庄煤矿有限公司	594	345	610
灵石县梁家焉乡茹泊煤矿	570	344	610
和顺县牛川乡其林台联营煤矿	600	246	600
山西省平遥晋源实业有限公司	600	216	600
山西剑光漆业有限公司	871	339	599
山西四眼井酿造实业有限公司	1403	616	593
榆次经纬纺机备件制造厂	877	416	592
山西省平遥县金宇工贸有限公司	605	171	591
山西左权寒旺煤业有限公司	600	180	590
灵石县英武乡彭张煤矿	503	163	590
灵石县翠峰镇三尺煤矿	501	179	590
和顺县东泰氧化镁有限公司	650	269	586
晋中市鹿坡岭煤矿	533	191	585
山西省平遥县开元特种铸造有限公司	475	158	577
山西灵石更新煤业有限公司	473	147	573
灵石县回来峪煤矿有限公司	354	170	573
灵石县交口乡孙义煤矿	546	273	572
山西灵石旺岭煤业有限公司	570	216	570
灵石县两渡镇南庙沟煤矿	563	228	565
灵石县赵家沟煤矿	559	192	562
榆次天鑫彩钢有限公司	1152	421	559
山西万科医用设备有限公司	512	163	557
山西陈世家酿业有限责任公司	554	85	555
山西中捷钢结构彩板有限公司	730	298	554
祁县亨昌玻璃器皿有限公司	814	309	547
灵石县静升镇致富煤矿	516	204	546
晋中市灵石县两渡镇八一一煤矿	614	251	545
灵石县翠峰镇西岭沟煤矿	497	219	543
太谷县菲克斯达金工制造有限公司	550	190	538
太谷县炳记食品厂	520	104	534
山西省平遥县恒华机电有限公司	546	190	530
山西灵石八赋恒安煤业有限公司	610	225	530
山西灵石新安发煤业有限公司	523	210	530
山西灵石王家岭煤业有限公司	460	190	530
和顺县银海镁业有限公司	568	242	528
太谷县飞象三轮车制造厂	530	106	523
灵石县翠峰镇张家峪煤矿	502	199	522
左权县突堤联营煤矿	550	237	520
灵石县静升镇静李煤业有限公司	530	219	520
灵石县两渡镇圪台煤矿	893	411	515
灵石县王禹乡后背掌煤矿	515	228	515
山西金汉德环保设备有限公司	1386	484	505
和顺县牛川乡黄岭村煤矿	504	257	504
山西寿阳友胜暖通有限公司	841	321	503
山西和顺神磊煤业有限公司	500	238	500

企业主要经济指标(续12)

单位：万元

利税总额	利润总额	年末资产	固定资产原价	全部从业人员数（人）
16		2628	674	80
89	1	27923	137	150
-74	-152	2220	1043	108
133	70	6674	2069	68
138	60	2937	2100	120
17	15	953	800	45
11	-7	1302	470	65
-23	-56	1885	1130	60
20	1	424	338	174
39	4	857	607	111
475	392	6090	580	170
92	26	1668	504	125
64	5	1344	291	70
97	10	658	319	160
59	4	6076	3561	169
64	16	667	329	93
58	29	1429	717	82
44	-20	2442	733	92
29	-23	541	111	120
155	6	9962	4815	60
47	-5	2486	713	105
95	5	887	512	120
-161	-176	2685	1125	75
18	1	672	462	63
-126	-157	2849	828	75
1	-14	772	561	30
89	72	721	109	129
49	-8	428	242	80
34	1	3513	1551	70
95	11	2189	796	60
25	3	1388	440	200
4		138	12	55
-35	-47	2593	1478	61
76		813	478	90
114	58	10800	4076	100
152	86	290	240	50
86	8	2895	2763	180
26	9	330	274	68
121	68	1784	855	120
156	53	4333	3588	92
67	2	157	105	32
54		4691	501	26
102	33	180	257	80
3	1	5781	312	38
101	10	1088	300	110
-30	-44	1644	570	180
24	-54	7781	4520	253

17-2 重大项目投资一览表(2007年)

单位：万元

项目名称	开工年月	投产年月	计划总投资	累计完成投资	2007年完成投资
美国远东能源公司驻山西寿阳办事处天然气风险勘探开采	200410		500000	23310	3211
山西国电榆次瑞光热电厂60万千瓦机组	200705		290000	60600	60600
山西国电榆次热电厂60万千瓦机组			261879	1800	1800
介休市安泰股份有限公司240万吨机焦	200301	200712	220000	221300	31300
寿阳县新元矿业有限责任公司矿井续建工程	200212	200712	210000	207425	52097
昔阳煤业集团有限责任公司寺家庄煤矿	200507		170000	70877	42072
介休市安泰钢铁有限公司120万吨H型钢	200708		153439	7000	7000
昔阳县煤矸石发电厂27万千瓦机组	200310		144735	73078	43762
介休市汾局矿业集团生产线改造	200512	200712	139041	130223	130222
大运公路介休-霍州段	200708		103300	3912	3912
灵石县中煤九鑫焦化有限责任公司200万吨焦化	200403		102940	109645	16192
介休市安泰股份有限公司200万吨钢铁	200301	200712	100000	100000	36500
榆社化工股份有限公司“双20”烧碱、PVC	200511		94536	97738	21208
介休市绵山风景区开发公司	199604	200712	90000	90000	50
晋中市建设局城区市政道路工程	200604		86274	43000	24000
左权永兴煤化有限责任公司煤化工综合项目	200608		84000	8400	5400
介休市三佳煤化有限公司6万吨有机硅单体及深加工项目	200704		81000	8000	8000
介休市汾西矿业集团采煤沉陷区治理	200605		69412	32525	500
平遥热电厂30万千瓦机组	200703		68693	46556	46556
和顺县星光煤电有限公司镍电热联产	200606		65520	1148	944
榆次郭家堡乡人民政府近城南苑花园	200603	200704	63000	14200	9220
介休市益隆公司96万吨机焦	200708		63000	2500	2500
榆次新兴房地产有限公司国际文教城	200704		58300	20000	20000
左权华实热电有限公司2乘50MW热电联产	200310		54822	54715	2000
山西紫杉树生物药业有限公司红豆杉开发	200608		54500	200	100
介休市城建局城市道路建设	200601		54000	35653	12000
太谷县新和太明化工工业有限公司12万吨顺酐	200609		48000	7000	2000
寿阳平舒煤业有限公司续建矿井	200406	200712	47332	52212	23850
寿阳县麦捷有限责任公司综采升级	200705		42765	15580	15580
介休市益兴焦化股份有限公司60万吨机焦	200603		42600	37213	29213
榆次区郭家堡乡小东关村新村建设	200603		40000	7200	4200
榆次开发区秋村村委新农村建设	200605		40000	8000	2000
寿阳县星光焦化有限公司续建煤焦生产线	200404	200701	40000	26950	3950
太谷县山西农业大学办公楼和住宅楼	200306		39651	43106	5600
灵石县两渡镇崔家沟村民委员会移民小区	200601		39400	11730	3330
平遥县龙海实业有限公司肉鸡生产线	200506		37138	22580	5200
太谷县建设局西环中路综合开发	200208		36000	25990	200
祁县大华实业公司机制自动化生产	200504		36000	23582	8582
灵石银亿宏峰煤焦化有限公司100万吨焦化	200303		36000	28000	16000
左权石港煤业有限责任公司90万吨煤矿技改	200411		35000	35000	12254
灵石县交通局改扩建三双线	200506		35000	27000	13000
灵石石膏旅游文化发展有限公司旅游开发	200208		34929	4205	835
寿阳县中胜伟业有限公司洗煤厂及扩建东湾铁路专用线	200603		32000	19800	16000
灵石县聚源煤化有限公司新建60万吨机焦	200307	200712	32000	42940	12940
榆次神龙能源焦化有限责任公司70万吨焦化	200403		31000	30270	3050
榆次郭家堡乡直隶庄住宅小区	200603		30000	14000	6000
左权佳瑞煤业有限公司30万吨煤矿技改	200707		30000	7500	7500
左权天一煤业有限公司45万吨煤矿技改	200708		30000	6696	6696
左权县鑫瑞冶金矿山有限公司60万吨铸造产业	200709		30000	12350	12350
太谷县恒达煤焦有限公司脱硫装置、发电及新建洗煤线	200606		30000	37300	30000
介休市路鑫煤炭气化有限公司10万吨粗苯加氢精制项目	200710		30000	6500	6500

17-3　房地产企业一览表

单位：万元

企业名称	本年完成投资	
	2007	2006
晋中市通宇房地产开发有限公司	14402	23042
榆次榆缆集团房地产开发有限公司	13182	5833
太谷县房地产开发公司	12000	4000
介休市绵山房地产开发有限公司	9726	4781
榆次东方房地产开发有限公司	9095	7059
山西清华金元房地产开发有限公司	8800	3500
榆次区经济适用住房发展中心	7817	13508
晋中天星地产发展有限公司	7000	
灵石县横店置业房地产开发有限公司	6900	3500
晋中银海房地产开发有限公司	6800	
山西振鹏投资开发有限公司	6717	9699
灵石县建设开有限公司	6580	6640
太谷县晋中市太塑地热采暖房地产开发	6200	
榆次新兴房屋开发有限公司	5350	7974
榆次联辉房地产有限公司	5000	
榆次泰鑫经济技术发展有限公司	5000	1500
山西洋洋房地产开发有限公司晋中分公司	4948	
山西峰岩房地产开发公司平遥分公司	4900	2900
榆次区安居合作社	4780	3744
寿阳县同力房地产开发有限公司	4500	173
昔阳县新安房地开发有限责任公司	4500	1000
山西颐景房地产开发有限责任公司	4460	9500
介休市宏顺房地产开发有限公司	3928	4800
平遥县东昇房地产开发有限公司	3535	
晋中东升经济适用房发展有限公司	3332	2440
介休市彦泰房地产开发有限公司	3117	2753
山西恒兴房地产开发有限公司	3027	10511
榆次顺驰房地产开发有限公司	2900	5792
介休市鸿瑞房地产开发有限公司	2800	1093
介休市大华房地产有限责任公司	2733	4431
平遥县承志房地产开发有限公司	2710	1800
榆次远东房地产开发有限责任公司	2670	3694
榆次城市建设综合开发总公司	2619	5699
晋中田森房地产开发有限公司	2580	3446
祁县房地产开发总公司	2413	1300

17-3 房地产企业一览表(续)

单位：万元

企业名称	本年完成投资	
	2007	2006
灵石县中凯房地产开发有限公司	2200	1500
寿阳县房地产开发有限公司	1910	856
和顺中兴房地产开发有限公司	1900	
介休市瑞泰房地产开发有限公司	1790	
太谷县奥泰房地产开发有限公司	1700	1335
榆次中博房地产开发有限公司	1611	900
山西经纬机械(集团)建设开发有限公司	1520	
介休市天宝房地产开发有限公司	1500	
晋中恒基房地产有限责任公司	1394	1077
介休市大运房地产开发有限公司	1390	
介休市城市建设开发总公司	1307	1400
和顺县安利房地产开发有限公司	1284	1235
和顺县建安房地产开发公司	1200	
山西天杰房地产开发有限公司	1067	1000
晋中晋华房地产开发有限公司	999	150
和顺县房地产开发公司	886	1520
介休市亚泰房地产开发有限责任公司	844	1200
太谷县城市建设开发有限公司	780	4000
灵石县晋鲁房地产建设开发有限公司	767	1482
介休市凌云房地产开发有限公司	750	860
太谷县美宝房地产开发有限公司	750	445
左权县经济适用住宅开发公司	730	1860
晋中华晟房地产有限公司(榆次)	695	280
介休市正达房地产开发有限公司	600	2150
太谷县荣新房地产开发有限公司	350	2962
晋中市金地房地产开发有限公司	343	1000
祁县冠通房地产开发有限公司	225	1025
寿阳县新业基房地产开发有限公司	100	2500
晋中东方盛泰房地产开发有限公司		690
晋中华瑞房地产开发公司寿阳县分公司		3685
晋中金阁房地产开发有限公司		600
晋中金辉房地产开发有限公司		730
晋中市华瑞房地产开发有限公司		600
晋中同力达房地产开发有限公司		173
祁县巨峰房地产开发有限公司		900

17-4 建筑业企业一览表

单位：千元

企业名称	建筑业总产值	
	2007	2006
中铁三局集团第五工程有限公司	1906550	1848957
中铁三局集团第六工程有限公司	1706110	1686251
中铁三局集团电务工程有限公司	978870	791039
晋中路桥建设集团有限公司	400927	462167
晋中建设集团有限公司	308200	217378
介休市绵山建筑有限公司	240000	142958
晋中市中都建筑工程有限公司	163570	50937
晋中通宇建筑工程有限公司	145931	136500
晋中交通建设有限公司	101665	91947
平遥县古陶建筑总公司	90310	112820
山西同力达电业工程有限公司	76182	47328
灵石交通工程有限公司	71000	79240
介休市建筑安装工程有限公司	66200	35600
平遥县第二建筑工程总公司	62500	60100
祁县第二建筑安装工程公司	61182	56600
和顺县建筑安装工程有限责任公司	61000	27000
晋中市鑫阳顺建筑工程有限公司	60000	60000
晋中市水利建筑工程总公司	54310	43804
山西环都建筑有限公司	48158	76028
晋中市九江通建筑有限公司	40950	52384
华北石油九普油气建设工程公司	40755	81192
平遥县城南建筑安装有限公司	33720	17500
太谷县建筑工程公司	28818	29400
晋中市龙腾铁路工程有限公司	27398	30220
太谷县兴民建筑安装有限公司	26710	21500
介休市城区建筑安装有限公司	26403	39521
介休市凌云建筑安装工程有限公司	26400	24900
晋中新兴建筑有限责任公司	26396	-
祁县东观建筑工程公司	26125	15540

17-4 建筑业企业一览表(续1)

单位：千元

企业名称	建筑业总产值	
	2007	2006
祁县建筑工程公司	26000	30000
晋粮建筑安装有限公司	25672	20060
介休市汾河建筑安装工程有限公司	24694	–
和顺中兴建筑有限责任公司	24280	20000
昔阳县大业建安有限责任公司	24000	16048
晋中供电分公司送变电公司	23623	4320
太谷县荣新建筑工程有限公司	21650	19520
介休市义安建筑安装工程有限公司	19500	17500
太谷城关建筑工程有限公司	17360	9532
平遥县古建筑工程公司	16440	8220
榆次北关建筑工程总公司	16000	10000
太谷县第二建筑工程有限公司	15680	13262
榆次恒利建筑有限公司	15000	10000
山西巨力岩土工程有限公司	14714	8973
左权建筑工程有限责任公司	14210	22130
介休市北城区建筑安装有限公司	14000	–
祁县汾河水利建筑工程队	13459	4974
晋中三晋装饰有限公司	12000	15800
榆次城乡建设有限公司	11060	18650
介休市高云广告装饰工程有限公司	10320	5500
山西明亮建筑装饰有限公司	9785	3913
平遥县东城建筑工程公司	9700	15000
灵石县建设开发有限公司	8024	7655
平遥县佳隆运输筑路有限公司	7354	4152
介休市麟盛建安工程有限公司	6900	–
祁县国立铝门窗幕墙工程有限公司	6885	6803
晋中沪晋市政公用工程有限公司	6708	6927
山西晋亚路桥建设有限公司	6547	370
榆次王湖建筑工程有限公司	5526	7328
左权县兴新装潢有限公司	5500	5327
太谷县玛钢建筑有限公司	4430	2150
平遥县南政建筑安装有限公司	4260	4552
晋中宏光建筑有限公司	3913	1250

17-4 建筑业企业一览表(续2)

单位：千元

企业名称	建筑业总产值	
	2007	2006
山西安宁基础工程有限公司	3910	–
山西安泰集团介休建筑工程有限公司	3800	3900
晋中银桥广告装潢有限公司	3773	2888
晋中市鸿远住宅建设有限公司	3430	3120
晋中晋力煤气建筑安装有限公司	3334	3025
晋中鑫发石油安装有限公司	3260	5526
左权县太安装修装饰有限责任公司	3100	2600
介休市铁巩建筑安装工程有限公司	3000	–
榆次亿隆钢结构建筑有限公司	2885	3545
榆次北方建筑装饰有限公司	2600	2100
山西东兴特种建筑结构技术有限公司	2169	444
榆次宏昌建筑装饰有限公司	2146	2928
榆次兴晋装饰有限公司	2027	2776
晋中开发区宏兴装饰有限公司	1980	1690
山西远通地质工程有限公司	1800	4689
榆次新型装饰有限公司	1500	500
榆次经纬水电安装有限公司	1402	2669
昔阳县万银建筑装潢工程队	1300	559
山西安华消防工程有限公司	1290	858
山西晋工自动门有限公司	1150	682
晋中国源装潢有限公司	1126	785
晋中市宏泰达工程有限责任公司	1014	4848
山西省太谷县金茂装饰有限公司	1000	458
晋中市东煌岩土有限公司	929	1293
晋中鑫宏装饰有限责任公司	820	820
太谷县圣洁塑钢门窗装饰有限公司	672	650
寿阳县创鑫安装有限公司	490	2909
太谷县聚鑫工程安装有限公司	450	420
榆次鼎立建筑工程有限公司	342	595
榆次贯神建筑装饰工程有限公司	312	622
山西省昔阳县春暖水电安装有限责任公司	300	100
榆次鲲鹏装饰工程有限公司	285	687
榆次安宁建筑装饰工程有限公司	221	870
山西太塑地热采暖安装有限公司	150	3580
榆次宝山建筑有限公司	49	36
山西永鑫装饰工程有限公司	38	168

17-5 零售、批发企业30强

单位：千元

零售企业		批发企业	
法人单位名称	销售总额	法人单位名称	销售总额
中国石油化工股份有限公司山西晋中石油分公司	1763790	晋中南铁路煤炭销售有限公司晋中分公司	2169857
山西和田中油石化有限公司晋中开发区分公司	720423	山西省烟草公司晋中市公司	1567287
晋中田森超市有限公司	234635	山西省煤炭运销总公司晋中分公司寿阳县公司	1184646
山西吉隆斯商贸股份有限公司	232189	山西金利恒物贸有限公司	757577
山西兰田汽贸有限公司	231573	山西省煤炭运销公司晋中分公司昔阳县公司	498425
左权县供销合作总社	155123	山西省平遥县煤炭运销公司	487582
晋中华润汽车贸易有限公司	151634	山西国阳新能天元煤炭销售有限公司	458616
灵石县石油兴盛有限责任公司	128240	榆次煤炭运销公司	442263
山西华晋汽车销售服务有限公司	116845	山西昌泰工贸有限公司	317925
榆次天元购物中心有限公司	100836	山西力新公路物资有限公司	315826
榆次元隆商贸有限公司	97939	左权县煤炭运销公司	271754
太原铁路分局侯马北机务段介休经营公司	96252	山西省平遥县对外贸易公司	235669
山西省榆次百货大楼有限责任公司	85042	太谷县东海有限责任公司	201899
灵石县粮食局直属库	78229	山西省煤炭运销总公司晋中分公司和顺县公司	198630
山西晋中领先汽车销售服务有限公司	61017	昔阳县驰宇煤焦有限责任公司	192163
介休市通鑫荣兴汽车贸易有限责任公司	54662	山西中胜统配煤炭销售有限公司	177755
晋中三友电器商厦有限公司	49950	山西省介休市煤炭运销公司	164846
榆次双茂糖酒蔬菜有限公司	36332	山西新联汽车销售有限公司	161592
山西荣信汽车贸易有限公司	33263	山西榆次锦华冶金实业有限公司	141747
平遥县万福隆商贸有限公司	33088	中油华北太谷港源石油销售有限公司	120464
太谷县金牛商贸有限责任公司	27508	晋中鸿安民爆器材专营有限公司	119499
介休市惟志汽车销售有限公司	26948	中油华北祁县港盛石油销售有限公司	114551
介休市通和汽车服务有限公司	26705	寿阳县先行煤炭集运站	113019
山西祥瑜汽车销售服务有限公司	26293	晋中威远能源有限责任公司	80561
山西普家乐商贸有限公司	26030	山西省灵石县煤炭运销公司	66671
介休家家利购物广场有限责任公司	24927	介休市粮食局直属库	65301
山西新发展汽车贸易集团晋中汽贸有限公司	23571	晋中市榆次粮食储备库	55615
山西省介休市新华书店	23087	榆次开发区晋宏能源贸易有限公司	53015
山西省介休市通鑫石化有限公司	22860	介休市中信物资有限公司	51841

17-6　旅游三星级以上饭店基本情况

名　称	星 级	床位数(张)	地　址
颐景国际大酒店	四星级	330	榆次区西顺城街71号
百乐泰度假城	四星级	106	介休市义安镇安泰工业区
金融大酒店	三星级	218	榆次区道北街71号
金华苑宾馆	三星级	108	榆次区迎宾路99号
榆次浅水湾大酒店	三星级	108	晋中开发区
太谷鑫隆宾馆	三星级	120	太谷县108国道
世纪园度假村	三星级	211	介休市罗王庄村北
丽泽大酒店	三星级	158	介休市新建东路238号
介休远帆宾馆	三星级	120	介休市
翠峰山庄	三星级	50	灵石县翠峰公园
宏源大酒店	三星级	74	灵石县天石新城西侧
乔家宾馆	三星级	109	祁县乔家堡村

第十八部分

比较篇

18-1 人

年 份	太 原	大 同	阳 泉	长 治	晋 城
1978	201.17	207.28	97.20	255.85	174.50
1979	204.56	208.22	98.20	258.03	175.27
1980	210.90	212.89	99.30	260.55	176.16
1981	214.91	216.66	100.50	262.90	177.83
1982	219.86	220.79	102.00	266.17	179.83
1983	224.96	224.12	103.10	268.07	180.98
1984	229.68	228.78	103.90	269.82	181.28
1985	234.44	231.15	104.80	271.40	182.03
1986	239.31	233.70	108.40	273.19	182.44
1987	244.46	236.89	109.80	275.56	184.44
1988	248.23	240.68	111.50	278.96	186.43
1989	253.69	245.29	113.00	283.16	188.95
1990	261.20	250.11	114.80	288.15	191.94
1991	263.91	253.03	115.60	291.00	194.44
1992	267.02	255.11	116.90	293.41	196.92
1993	271.35	257.26	117.80	297.02	199.57
1994	276.68	259.61	118.90	299.48	201.69
1995	282.77	262.41	120.00	301.82	203.93
1996	287.41	265.90	121.00	304.18	205.50
1997	293.28	269.68	122.30	306.02	206.94
1998	295.69	272.18	122.90	307.63	208.39
1999	299.92	275.61	123.47	309.91	210.03
2000	334.44	300.30	127.31	313.90	216.10
2001	336.40	302.70	127.87	316.17	217.07
2002	338.30	305.03	128.42	318.26	218.31
2003	339.84	307.38	128.95	319.93	218.96
2004	341.38	309.73	129.59	321.66	219.71
2005	342.85	311.93	130.23	323.41	220.54
2006	344.27	314.07	130.87	325.18	221.45
2007	345.71	315.97	131.37	326.93	222.33

口数

单位：万人

朔州	晋中	运城	忻州	临汾	吕梁
103.92	251.21	356.95	240.88	289.48	246.00
104.66	253.77	359.22	242.25	292.89	248.30
105.80	255.94	363.60	243.21	297.55	250.60
107.52	258.71	368.61	245.53	301.80	253.80
109.50	262.00	373.54	248.31	304.94	258.90
110.34	264.11	377.81	250.01	306.88	262.00
110.53	266.68	381.40	251.39	311.63	265.20
111.45	268.94	385.10	252.72	315.58	268.90
112.35	269.73	389.94	253.84	319.54	272.60
114.02	272.05	396.38	255.77	324.39	277.00
116.40	274.91	403.10	258.45	331.04	281.90
118.11	277.91	410.74	261.06	336.32	286.20
120.76	283.32	423.57	266.54	346.64	298.20
122.97	286.18	430.02	272.42	352.02	302.60
123.74	287.84	436.70	275.85	358.23	307.40
125.78	290.12	443.66	277.74	364.12	311.10
128.47	291.90	450.98	283.68	368.48	315.50
130.55	293.87	456.76	280.62	372.94	320.00
131.75	295.44	462.98	281.95	378.99	324.40
132.59	296.61	469.03	282.57	384.21	328.08
133.59	297.70	473.37	284.20	387.25	330.42
134.89	298.85	477.63	286.61	393.62	334.54
145.21	301.65	482.10	293.83	395.57	338.16
146.36	302.64	484.90	296.04	400.13	341.38
147.47	303.96	488.50	298.06	403.15	344.25
148.56	305.26	491.90	299.98	406.17	347.36
149.68	306.57	495.30	301.90	409.20	350.36
150.72	308.03	498.50	303.87	412.05	353.08
151.73	309.51	501.70	305.67	414.70	355.44
152.66	310.93	504.60	307.26	417.22	357.60

18-2 城镇

年 份	太 原	大 同	阳 泉	长 治	晋 城
1978	110.29	60.52	43.70	39.66	14.56
1979	114.91	62.87	44.80	41.18	15.23
1980	123.66	67.02	45.50	42.29	15.94
1981	127.19	69.20	46.30	43.58	17.23
1982	130.83	70.99	47.30	45.17	18.18
1983	134.86	73.99	48.20	46.97	19.15
1984	138.85	79.63	66.40	131.38	19.30
1985	142.52	81.53	70.60	132.86	19.93
1986	147.54	83.80	74.40	134.88	20.87
1987	151.61	85.95	75.60	136.85	22.38
1988	154.47	89.34	78.40	139.65	23.21
1989	158.57	92.14	79.70	142.64	23.69
1990	163.63	93.52	81.10	145.34	24.95
1991	165.46	94.60	81.80	147.18	25.73
1992	167.65	96.48	83.10	148.87	26.59
1993	171.96	99.20	84.20	151.89	28.02
1994	177.42	101.12	87.30	165.04	29.67
1995	183.26	103.83	88.30	167.06	30.89
1996	187.27	107.42	89.50	166.65	33.07
1997	191.78	110.64	91.00	166.92	34.51
1998	193.73	113.07	91.80	165.30	35.86
1999	196.84	115.48	92.50	165.39	37.51
2000	275.57	130.73	58.05	89.65	73.88
2001	277.02	131.59	58.33	90.06	74.06
2002	277.13	138.53	59.93	104.48	83.79
2003	279.02	140.93	60.87	107.29	86.10
2004	281.19	143.91	62.06	110.98	88.16
2005	282.54	150.35	71.85	120.49	91.07
2006	279.06	154.18	73.56	125.06	93.45
2007	281.89	158.40	75.39	129.50	96.09

人口数

单位：万人

朔州	晋中	运城	忻州	临汾	吕梁
8.13	36.65	27.70	21.84	38.25	19.80
8.91	38.56	28.90	23.94	43.94	21.30
9.44	40.17	30.70	24.76	47.10	22.90
9.83	42.33	33.00	25.82	48.64	24.00
10.37	43.13	34.90	26.75	49.60	25.10
10.87	44.24	36.00	27.27	51.70	25.60
11.21	45.78	36.90	28.06	54.35	28.30
11.69	46.98	39.00	28.58	56.90	29.50
12.38	48.41	41.30	31.41	59.50	31.60
13.36	49.86	43.10	33.25	62.32	33.40
15.07	51.01	45.20	34.71	65.55	34.30
15.92	52.14	46.90	35.74	68.58	35.20
15.94	54.24	48.50	36.65	72.73	36.60
16.52	55.20	50.00	37.78	75.93	37.60
17.52	55.70	51.50	39.09	79.38	38.60
18.93	59.17	54.70	41.95	82.84	39.70
22.77	60.44	58.40	48.83	86.00	41.80
24.86	62.05	61.20	47.52	89.24	43.30
26.01	64.67	64.00	49.05	92.93	45.10
26.94	66.86	66.20	50.33	96.48	46.84
27.73	68.46	69.10	51.81	99.52	48.36
28.77	70.17	72.00	54.18	103.48	50.96
51.66	97.53	73.60	79.30	106.29	75.14
51.85	97.75	105.50	79.53	106.93	75.35
54.37	106.68	131.10	88.71	122.75	87.08
55.83	109.36	138.30	91.44	126.60	90.53
57.69	112.75	143.80	94.99	131.50	94.65
63.25	121.58	154.90	101.67	142.79	112.23
65.05	125.76	163.10	105.76	148.31	118.10
66.89	129.33	171.00	109.47	153.83	124.14

18-3 城镇

年 份	太 原	大 同	阳 泉	长 治	晋 城
1978	54.8	29.2	45.0	15.5	8.3
1979	56.2	30.2	45.6	16.0	8.7
1980	58.6	31.5	45.8	16.2	9.1
1981	59.2	31.9	46.1	16.6	9.7
1982	59.5	32.2	46.4	17.0	10.1
1983	59.9	33.0	46.8	17.5	10.6
1984	60.5	34.8	63.9	48.7	10.6
1985	60.8	35.3	67.4	49.0	10.9
1986	61.7	35.9	68.6	49.4	11.4
1987	62.0	36.3	68.9	49.7	12.1
1988	62.2	37.1	70.3	50.1	12.5
1989	62.5	37.6	70.5	50.4	12.5
1990	62.6	37.4	70.6	50.4	13.0
1991	62.7	37.4	70.8	50.6	13.2
1992	62.8	37.8	71.1	50.7	13.5
1993	63.4	38.6	71.5	51.1	14.0
1994	64.1	39.0	73.4	55.1	14.7
1995	64.8	39.6	73.6	55.4	15.1
1996	65.2	40.4	74.0	54.8	16.1
1997	65.4	41.0	74.4	54.5	16.7
1998	65.5	41.5	74.7	53.7	17.2
1999	65.6	41.9	74.9	53.4	17.9
2000	82.4	43.5	45.6	28.6	34.2
2001	82.3	43.5	45.6	28.5	34.1
2002	81.9	45.4	46.7	32.8	38.4
2003	82.1	45.8	47.2	33.5	39.3
2004	82.4	46.5	47.9	34.5	40.1
2005	82.4	48.2	55.2	37.3	41.3
2006	81.1	49.1	56.2	38.5	42.2
2007	81.5	50.1	57.4	39.6	43.2

化率

单位：%

朔州	晋中	运城	忻州	临汾	吕梁
7.8	14.6	7.8	9.1	13.2	8.0
8.5	15.2	8.0	9.9	15.0	8.6
8.9	15.7	8.4	10.2	15.8	9.1
9.1	16.4	9.0	10.5	16.1	9.5
9.5	16.5	9.3	10.8	16.3	9.7
9.9	16.8	9.5	10.9	16.8	9.8
10.1	17.2	9.7	11.2	17.4	10.7
10.5	17.5	10.1	11.3	18.0	11.0
11.0	17.9	10.6	12.4	18.6	11.6
11.7	18.3	10.9	13.0	19.2	12.1
12.9	18.6	11.2	13.4	19.8	12.2
13.5	18.8	11.4	13.7	20.4	12.3
13.2	19.1	11.5	13.8	21.0	12.3
13.4	19.3	11.6	13.9	21.6	12.4
14.2	19.4	11.8	14.2	22.2	12.6
15.1	20.4	12.3	15.1	22.8	12.8
17.7	20.7	12.9	17.2	23.3	13.2
19.0	21.1	13.4	16.9	23.9	13.5
19.7	21.9	13.8	17.4	24.5	13.9
20.3	22.5	14.1	17.8	25.1	14.3
20.8	23.0	14.6	18.2	25.7	14.6
21.3	23.5	15.1	18.9	26.3	15.2
35.6	32.3	15.3	27.0	26.9	22.2
35.4	32.3	21.8	26.9	26.7	22.1
36.9	35.1	26.8	29.8	30.4	25.3
37.6	35.8	28.1	30.5	31.2	26.1
38.5	36.8	29.0	31.5	32.1	27.0
42.0	39.5	31.1	33.5	34.7	31.8
42.9	40.6	32.5	34.6	35.8	33.2
43.8	41.6	33.9	35.6	36.9	34.7

18-4 社会

年 份	太 原	大 同	阳 泉	长 治	晋 城
1978	95.97	85.80	41.00	98.33	71.28
1979	102.49	86.20	41.90	99.84	71.77
1980	105.63	88.80	42.80	102.09	72.85
1981	112.36	92.50	44.90	103.24	73.50
1982	117.49	97.50	46.40	104.27	73.65
1983	123.14	100.60	47.30	108.23	74.52
1984	132.03	104.90	47.20	110.45	77.32
1985	137.75	112.30	49.10	111.40	79.64
1986	139.98	115.80	51.60	110.50	81.60
1987	148.12	121.50	53.30	117.30	83.96
1988	152.76	122.50	54.20	119.20	85.99
1989	155.07	123.90	56.00	125.50	87.72
1990	159.22	121.10	57.90	121.50	89.58
1991	162.02	123.20	59.40	125.30	92.35
1992	165.59	125.70	61.70	127.00	95.49
1993	165.73	128.90	61.80	124.20	96.15
1994	168.80	131.20	61.60	127.90	98.60
1995	177.30	133.30	60.60	128.50	99.15
1996	183.10	136.50	59.90	130.30	99.85
1997	179.90	137.00	61.20	130.70	101.80
1998	170.08	135.50	60.00	131.80	102.70
1999	159.18	135.80	58.40	141.50	103.56
2000	161.12	136.30	57.30	144.80	105.02
2001	165.87	136.90	55.40	145.90	105.22
2002	159.30	135.10	55.40	145.52	105.40
2003	161.91	136.80	57.00	150.70	107.13
2004	164.54	137.90	58.50	152.52	109.51
2005	161.62	138.10	59.50	154.18	112.13
2006	166.24	140.60	61.00	148.05	115.03
2007	167.94	141.10	60.72	151.04	118.76

从业人员

单位：万人

朔州	晋中	运城	忻州	临汾	吕梁
36.60	94.80	143.50	90.75	111.40	81.70
37.10	95.44	148.00	92.34	111.10	83.00
38.40	97.06	152.30	95.83	113.30	83.40
39.00	101.06	156.50	98.00	115.80	90.00
40.00	103.58	160.80	101.72	118.90	92.60
41.80	105.57	167.80	103.06	122.20	93.80
43.60	109.64	176.30	102.75	128.00	97.00
45.10	114.20	182.10	104.72	134.20	101.50
45.90	118.04	186.40	104.87	136.60	103.80
47.90	120.75	191.90	105.76	142.30	105.80
47.30	125.79	197.40	107.55	146.30	111.30
51.00	127.63	202.60	109.03	149.40	114.60
55.40	128.77	208.30	113.73	158.10	118.00
56.10	132.83	212.50	116.95	161.40	122.40
58.10	135.19	217.80	127.91	166.50	124.30
56.90	136.12	221.80	129.08	167.70	125.90
55.90	138.27	224.80	122.31	172.20	128.50
60.00	144.22	227.70	124.02	178.40	131.40
58.30	144.85	231.50	124.99	180.73	132.60
58.91	141.14	239.00	115.41	182.08	129.81
59.52	137.58	239.70	115.66	177.40	137.73
59.88	137.55	232.20	112.53	176.93	136.69
67.30	136.07	224.70	111.42	176.72	135.64
67.50	134.05	225.20	112.26	178.10	133.96
67.90	133.69	232.20	121.20	179.40	132.70
68.20	133.78	234.80	121.36	180.87	131.30
70.10	136.92	237.30	122.82	183.75	130.09
70.50	138.80	239.00	125.90	185.63	134.70
70.80	138.65	240.80	114.50	186.53	136.20
74.04	146.88	247.00	123.63	190.83	137.80

18-5 地区

年 份	太 原				大 同			
	地区生产总值	第一产业	第二产业	第三产业	地区生产总值	第一产业	第二产业	第三产业
1978	18.7	1.1	14.0	3.6	10.2	2.6	6.1	1.5
1979	20.8	1.2	15.2	4.4	12.8	2.4	8.4	2.0
1980	22.3	1.4	15.7	5.2	15.7	3.0	10.3	2.4
1981	24.2	1.4	16.7	6.0	16.3	3.3	10.2	2.8
1982	27.5	1.8	19.1	6.6	19.6	4.4	11.6	3.6
1983	32.7	2.1	23.0	7.7	21.8	4.5	13.0	4.3
1984	39.5	2.3	27.1	10.0	25.3	4.1	15.7	5.5
1985	44.2	2.9	29.6	11.7	28.3	4.1	17.2	7.0
1986	48.4	3.1	31.5	13.8	32.7	3.7	21.1	7.9
1987	55.1	3.4	34.2	17.6	37.6	5.5	23.7	8.4
1988	69.9	3.9	43.1	22.9	41.4	6.4	24.4	10.6
1989	84.2	4.5	47.3	32.5	46.9	4.1	29.4	13.4
1990	93.9	5.9	52.1	36.0	56.8	6.5	34.1	16.2
1991	106.7	5.3	58.6	42.8	69.5	6.1	41.9	21.5
1992	128.4	5.6	68.8	54.0	78.3	5.9	51.7	20.7
1993	159.2	6.2	83.0	69.9	88.1	6.6	58.9	22.6
1994	191.3	10.0	94.3	87.0	106.6	13.6	63.1	29.9
1995	233.0	11.8	109.8	111.3	123.8	7.7	80.1	36.0
1996	281.7	15.5	129.7	136.4	145.5	17.1	86.0	42.4
1997	327.1	15.6	146.4	165.1	151.3	13.7	85.2	52.4
1998	350.8	16.2	154.0	180.6	166.1	16.2	85.7	64.2
1999	364.6	14.5	155.9	194.2	158.8	6.2	82.0	70.6
2000	396.3	15.5	165.7	215.1	174.4	13.3	83.0	78.1
2001	451.2	14.3	192.0	244.9	196.2	7.8	96.6	91.8
2002	503.1	17.5	208.1	277.5	226.7	13.7	111.2	101.8
2003	613.7	18.0	267.7	327.9	264.9	15.5	134.9	114.5
2004	763.8	20.9	353.5	389.3	324.5	19.0	167.8	137.7
2005	893.2	20.2	418.5	454.4	370.2	21.9	199.4	148.9
2006	1013.6	19.4	475.6	518.6	405.9	24.1	212.0	169.8
2007	1254.9	19.6	639.4	595.9	490.8	27.8	257.5	205.5

生产总值

单位：亿元

阳泉				长治		
地区生产总值	第一产业	第二产业	第三产业	地区生产总值	第一产业	第二产业
5.6	0.6	4.2	0.8	10.2	2.7	4.7
6.0	0.6	4.5	0.9	11.3	2.8	5.4
6.2	0.7	4.7	0.8	14.7	3.0	7.3
6.2	0.9	4.4	0.9	15.8	3.0	8.0
6.8	0.8	4.9	1.1	16.7	3.4	8.3
9.4	1.1	6.6	1.7	19.5	3.8	9.8
9.2	1.0	6.0	2.2	21.6	5.1	10.4
11.6	1.0	8.0	2.6	24.7	5.9	11.4
13.8	1.0	10.0	2.8	26.1	5.0	12.4
15.3	0.9	11.0	3.4	29.6	5.7	14.4
18.1	1.8	12.1	4.2	35.2	5.9	17.5
22.1	2.5	13.6	6.0	39.3	6.7	19.5
23.9	2.6	16.0	5.3	46.1	8.3	21.6
25.1	2.0	17.0	6.1	53.6	8.5	25.8
32.9	2.1	22.3	8.5	58.6	9.3	27.2
38.3	2.4	24.8	11.1	65.3	10.7	30.7
48.9	3.5	30.6	14.8	75.3	16.0	33.7
65.1	4.0	41.3	19.8	96.8	21.9	45.0
73.9	4.6	47.1	22.2	118.6	24.2	56.9
82.0	2.9	53.4	25.7	132.2	19.2	68.6
87.9	3.2	53.5	31.2	142.2	23.2	69.1
91.5	2.1	54.1	35.3	156.6	23.0	78.6
98.1	2.7	55.8	39.6	174.4	24.5	85.3
106.8	2.9	59.8	44.1	191.0	25.6	90.1
117.8	3.5	65.6	48.7	215.0	26.3	100.1
137.8	2.6	78.1	57.1	263.7	27.4	135.6
168.6	3.4	97.0	68.2	326.9	29.8	176.2
205.4	3.5	120.6	81.3	398.7	28.9	230.6
237.4	4.0	141.0	92.4	460.4	29.0	270.2
273.2	5.1	161.4	106.7	550.6	32.2	328.2

18-5 地区

年份		晋城				朔州			
	第三产业	地区生产总值	第一产业	第二产业	第三产业	地区生产总值	第一产业	第二产业	第三产业
1978	2.8	6.0	1.7	3.3	1.0	3.5	1.3	1.4	0.8
1979	3.1	6.6	1.9	3.6	1.1	3.9	1.5	1.4	1.0
1980	4.4	6.9	1.8	3.8	1.3	4.2	1.6	1.5	1.1
1981	4.7	7.0	1.5	4.0	1.4	5.0	2.0	1.7	1.3
1982	5.0	8.1	2.1	4.5	1.6	5.7	2.4	1.9	1.4
1983	5.9	9.3	2.5	4.9	1.8	6.6	2.6	2.2	1.8
1984	6.0	11.5	3.5	6.1	1.9	7.7	3.0	2.7	2.0
1985	7.5	13.8	2.9	8.5	2.4	8.7	3.0	3.4	2.3
1986	8.7	15.5	3.6	8.9	3.0	10.0	2.9	4.2	2.9
1987	9.6	16.7	3.9	9.2	3.7	11.9	3.4	5.1	3.4
1988	11.7	19.5	4.4	10.8	4.4	14.9	3.7	7.2	4.0
1989	13.0	23.6	4.9	13.3	5.4	17.6	4.5	8.5	4.6
1990	16.2	26.9	6.0	13.7	7.2	21.7	5.4	11.0	5.3
1991	19.3	29.4	4.1	15.8	9.4	23.7	5.0	12.8	5.9
1992	22.2	37.8	6.1	20.0	11.7	29.9	5.5	17.0	7.4
1993	23.9	54.1	7.1	30.6	16.5	37.0	7.6	19.4	10.0
1994	25.6	65.2	9.1	34.9	21.1	46.6	10.8	22.2	13.6
1995	29.9	83.1	11.0	43.7	28.3	52.4	11.3	23.5	17.6
1996	37.5	100.8	13.1	51.7	36.0	63.3	13.2	29.2	20.9
1997	44.5	111.1	8.4	60.1	42.6	73.6	13.6	36.1	23.9
1998	49.9	124.6	13.4	64.7	46.4	80.2	14.8	39.3	26.1
1999	54.9	133.6	11.0	71.4	51.2	78.1	12.1	36.4	29.6
2000	64.6	146.2	11.9	77.3	57.0	84.8	15.8	36.7	32.3
2001	75.3	161.8	9.2	87.0	65.6	87.0	9.6	40.4	37.0
2002	88.6	180.4	10.0	98.7	71.7	102.9	14.3	47.3	41.3
2003	100.6	212.6	11.1	120.3	81.1	120.4	17.4	56.9	46.3
2004	120.9	268.3	13.9	167.6	86.8	147.7	18.6	76.4	52.7
2005	139.2	316.0	14.7	202.7	98.5	181.7	18.6	106.1	57.0
2006	161.2	364.4	16.1	235.5	112.8	234.1	21.1	145.0	68.0
2007	190.3	420.0	20.2	267.0	132.8	332.2	29.1	201.6	101.5

生产总值(续1)

单位：亿元

晋中				运城	
地区生产总值	第一产业	第二产业	第三产业	地区生产总值	第一产业
8.4	2.4	4.2	1.8	9.4	3.9
9.7	2.8	4.9	2.0	10.1	3.9
10.1	2.4	5.5	2.2	10.8	4.4
10.8	2.5	5.5	2.7	12.7	5.6
12.2	3.1	5.9	3.2	15.8	8.0
14.1	3.9	6.4	3.7	15.9	7.5
16.7	4.9	7.5	4.3	18.6	8.9
20.0	5.3	9.4	5.2	18.9	8.2
22.1	4.8	11.0	6.3	20.2	8.3
24.8	4.9	12.7	7.2	23.9	7.6
29.8	6.7	14.8	8.3	29.9	10.8
34.6	7.0	17.8	9.8	38.3	14.9
37.7	8.9	18.2	10.6	44.9	18.2
39.3	8.0	19.6	11.7	45.4	16.1
42.0	8.7	20.0	13.3	54.4	17.6
55.3	11.4	26.1	17.8	69.3	22.7
75.0	18.1	32.9	24.1	85.0	26.0
98.6	20.2	46.3	32.2	102.8	30.6
116.6	21.5	54.7	40.3	118.9	34.9
130.2	21.4	60.5	48.3	136.7	34.4
138.1	23.7	62.5	51.9	155.6	35.3
136.2	20.0	62.5	53.7	166.8	32.3
148.8	20.7	69.2	58.9	187.9	34.1
161.6	22.6	74.8	64.2	217.2	34.3
186.5	25.4	86.6	74.4	259.3	37.9
223.4	27.5	110.0	85.9	323.8	43.5
281.7	33.0	143.2	105.5	407.1	50.4
331.0	36.9	173.4	120.6	470.8	53.6
385.7	35.4	209.7	140.5	550.2	60.0
470.2	40.7	258.4	171.1	619.5	72.3

18-5 地区

年 份			忻　州			
	第二产业	第三产业	地区生产总值	第一产业	第二产业	第三产业
1978	2.5	3.0	5.2	2.4	1.9	0.9
1979	2.8	3.4	6.4	2.9	2.2	1.3
1980	2.6	3.8	6.3	2.8	2.3	1.2
1981	2.9	4.2	6.8	3.0	2.4	1.4
1982	3.4	4.4	7.8	3.7	2.8	1.3
1983	3.6	4.8	9.5	4.7	3.0	1.8
1984	4.5	5.3	11.1	5.8	3.2	2.1
1985	5.0	5.7	10.8	5.1	3.5	2.2
1986	5.9	6.0	9.9	4.3	3.6	2.0
1987	9.1	7.1	11.9	4.8	4.3	2.8
1988	11.5	7.6	15.9	6.3	5.8	3.8
1989	14.5	8.9	19.0	6.5	7.6	4.8
1990	16.0	10.8	20.7	6.8	8.1	5.8
1991	16.8	12.5	23.8	5.8	9.1	8.9
1992	21.2	15.6	28.3	8.0	10.1	10.2
1993	26.3	20.3	37.1	10.5	14.1	12.5
1994	34.0	25.0	46.0	14.7	17.0	14.3
1995	41.1	31.1	55.8	12.3	24.6	18.9
1996	49.3	34.7	72.7	16.2	29.4	27,1
1997	60.4	41.9	76.8	16.0	30.0	30.8
1998	72.8	47.5	81.7	17.4	30.2	34.1
1999	79.8	54.8	83.4	13.4	30.4	39.6
2000	90.1	63.7	86.3	17.1	29.2	40.0
2001	108.2	74.7	87.0	13.9	32.8	40.3
2002	132.3	89.0	99.0	17.7	36.4	44.9
2003	173.4	106.9	117.6	19.4	45.3	52.9
2004	229.8	126.8	145.4	22.1	55.6	67.7
2005	265.4	151.9	167.2	21.5	67.6	78.1
2006	309.0	181.2	194.4	22.1	87.1	85.2
2007	334.7	212.5	257.3	25.3	133.3	98.7

生产总值(续2)

单位：亿元

临汾 地区生产总值	临汾 第一产业	临汾 第二产业	临汾 第三产业	吕梁 地区生产总值	吕梁 第一产业	吕梁 第二产业	吕梁 第三产业
8.4	2.3	4.2	1.9	5.7	2.1	2.3	1.3
9.5	2.4	5.0	2.1	6.2	2.5	2.4	1.3
10.5	3.0	5.4	2.2	6.1	2.2	2.5	1.4
9.5	3.2	4.0	2.3	6.3	2.2	2.5	1.6
12.4	4.6	5.3	2.5	7.1	2.5	2.7	1.9
13.8	5.2	5.5	2.9	7.7	2.5	3.1	2.1
18.0	7.5	7.0	3.5	10.3	3.6	4.1	2.6
20.2	7.0	8.8	4.4	12.7	4.1	5.7	2.9
19.8	5.8	8.3	5.7	14.4	4.2	7.0	3.2
21.6	5.3	9.5	6.8	16.3	4.4	8.2	3.7
27.2	7.1	11.6	8.5	18.8	5.5	9.4	3.9
31.9	8.7	14.1	9.2	22.3	6.2	11.5	4.6
38.1	11.6	15.8	10.8	26.5	8.3	12.3	5.9
38.8	9.9	16.0	12.9	28.1	6.1	14.0	8.0
47.4	12.9	19.6	14.9	34.0	7.1	17.1	9.8
63.6	15.1	29.7	18.8	56.3	12.4	29.6	14.3
82.1	20.6	38.5	23.1	69.0	15.2	35.0	18.8
99.3	26.8	42.9	29.6	80.2	16.7	41.7	21.8
124.9	31.3	55.5	38.1	92.2	21.3	46.5	24.4
147.9	28.6	69.9	49.5	95.9	18.3	50.5	27.1
168.0	29.6	81.8	56.6	98.5	19.2	47.7	31.6
174.0	24.9	85.7	63.3	92.2	13.0	43.1	36.1
190.8	22.8	95.3	72.8	105.2	15.7	48.9	40.6
219.2	23.8	112.6	82.7	114.9	11.3	55.6	48.0
258.8	25.8	139.2	93.9	137.9	18.2	64.1	55.6
338.0	28.7	198.6	110.7	177.9	17.7	95.6	64.6
448.7	34.0	279.9	134.9	241.0	21.3	142.9	76.8
523.2	30.5	337.3	155.4	309.5	19.6	201.3	88.6
588.7	34.0	377.8	177.0	405.8	19.7	273.6	112.5
658.1	38.6	425.6	193.9	507.7	25.5	349.1	133.1

18-6 地区生产总值构成

单位：%

年 份	太 原				大 同				阳 泉		
	地区生产总值	第一产业	第二产业	第三产业	地区生产总值	第一产业	第二产业	第三产业	地区生产总值	第一产业	第二产业
1978	100.0	5.9	75.0	19.1	100.0	25.5	59.8	14.7	100.0	10.7	75.0
1979	100.0	6.0	73.0	21.1	100.0	18.8	65.6	15.6	100.0	10.0	75.0
1980	100.0	6.3	70.4	23.4	100.0	19.1	65.6	15.3	100.0	11.3	75.8
1981	100.0	6.0	69.0	25.0	100.0	20.2	62.6	17.2	100.0	14.5	71.0
1982	100.0	6.4	69.5	24.1	100.0	22.4	59.2	18.4	100.0	11.8	72.1
1983	100.0	6.3	70.2	23.5	100.0	20.6	59.6	19.7	100.0	11.7	70.2
1984	100.0	5.9	68.7	25.4	100.0	16.2	62.1	21.7	100.0	10.9	65.2
1985	100.0	6.5	66.9	26.6	100.0	14.5	60.8	24.7	100.0	8.6	69.0
1986	100.0	6.3	65.1	28.6	100.0	11.3	64.5	24.2	100.0	7.2	72.5
1987	100.0	6.1	62.0	31.9	100.0	14.6	63.0	22.3	100.0	5.9	71.9
1988	100.0	5.6	61.6	32.8	100.0	15.5	58.9	25.6	100.0	9.9	66.9
1989	100.0	5.3	56.1	38.6	100.0	8.7	62.7	28.6	100.0	11.3	61.5
1990	100.0	6.3	55.5	38.3	100.0	11.4	60.0	28.5	100.0	10.9	66.9
1991	100.0	5.0	54.9	40.1	100.0	8.8	60.3	30.9	100.0	8.0	67.7
1992	100.0	4.4	53.6	42.0	100.0	7.5	66.0	26.4	100.0	6.4	67.8
1993	100.0	3.9	52.1	43.9	100.0	7.5	66.9	25.7	100.0	6.3	64.8
1994	100.0	5.2	49.3	45.5	100.0	12.8	59.2	28.0	100.0	7.2	62.6
1995	100.0	5.1	47.1	47.8	100.0	6.2	64.7	29.1	100.0	6.1	63.4
1996	100.0	5.5	46.0	48.4	100.0	11.8	59.1	29.1	100.0	6.2	63.7
1997	100.0	4.8	44.8	50.5	100.0	9.1	56.3	34.6	100.0	3.5	65.1
1998	100.0	4.6	43.9	51.5	100.0	9.8	51.6	38.7	100.0	3.6	60.9
1999	100.0	4.0	42.8	53.3	100.0	3.9	51.6	44.5	100.0	2.3	59.1
2000	100.0	3.9	41.8	54.3	100.0	7.6	47.6	44.8	100.0	2.8	56.9
2001	100.0	3.2	42.5	54.3	100.0	4.0	49.2	46.8	100.0	2.7	56.0
2002	100.0	3.5	41.4	55.2	100.0	6.0	49.1	44.9	100.0	3.0	55.7
2003	100.0	2.9	43.6	53.4	100.0	5.9	50.9	43.2	100.0	1.9	56.7
2004	100.0	2.7	46.3	51.0	100.0	5.9	51.7	42.4	100.0	2.0	57.5
2005	100.0	2.3	46.9	50.9	100.0	5.9	53.9	40.2	100.0	1.7	58.7
2006	100.0	1.9	46.9	51.2	100.0	5.9	52.2	41.8	100.0	1.7	59.4
2007	100.0	1.6	50.9	47.5	100.0	5.7	52.5	41.9	100.0	1.9	59.1

18-6　地区生产总值构成(续1)

单位：%

年　份		长　治				晋　城				朔　州	
	第三产业	地区生产总值	第一产业	第二产业	第三产业	地区生产总值	第一产业	第二产业	第三产业	地区生产总值	第一产业
1978	14.3	100.0	26.7	45.6	27.7	100.0	27.5	55.6	16.9	100.0	37.1
1979	15.0	100.0	25.1	47.7	27.2	100.0	28.7	54.2	17.1	100.0	38.5
1980	12.9	100.0	20.7	49.6	29.7	100.0	26.7	55.0	18.3	100.0	38.1
1981	14.5	100.0	19.2	50.8	30.0	100.0	21.9	57.5	20.6	100.0	40.0
1982	16.2	100.0	20.6	49.4	30.0	100.0	25.4	55.2	19.4	100.0	42.1
1983	18.1	100.0	19.7	50.2	30.0	100.0	27.4	53.3	19.2	100.0	39.4
1984	23.9	100.0	23.8	48.3	27.9	100.0	30.4	52.8	16.9	100.0	39.0
1985	22.4	100.0	23.7	46.1	30.2	100.0	20.8	62.1	17.1	100.0	34.5
1986	20.3	100.0	19.2	47.3	33.5	100.0	23.2	57.2	19.6	100.0	29.0
1987	22.2	100.0	19.1	48.6	32.3	100.0	23.3	54.8	22.0	100.0	28.6
1988	23.2	100.0	16.8	49.8	33.4	100.0	22.4	55.1	22.5	100.0	24.8
1989	27.1	100.0	17.0	49.8	33.2	100.0	20.9	56.3	22.8	100.0	25.6
1990	22.2	100.0	18.0	46.8	35.2	100.0	22.3	50.9	26.7	100.0	24.9
1991	24.3	100.0	15.9	48.1	36.0	100.0	14.1	53.8	32.1	100.0	21.1
1992	25.8	100.0	15.8	46.4	37.8	100.0	16.1	53.0	30.9	100.0	18.4
1993	29.0	100.0	16.3	47.1	36.6	100.0	13.0	56.5	30.5	100.0	20.5
1994	30.3	100.0	21.2	44.8	34.0	100.0	14.0	53.6	32.4	100.0	23.2
1995	30.4	100.0	22.7	46.5	30.8	100.0	13.2	52.7	34.1	100.0	21.6
1996	30.0	100.0	20.4	47.9	31.6	100.0	13.0	51.3	35.7	100.0	20.9
1997	31.3	100.0	14.5	51.9	33.6	100.0	7.6	54.1	38.3	100.0	18.5
1998	35.5	100.0	16.3	48.6	35.1	100.0	10.7	52.0	37.3	100.0	18.5
1999	38.6	100.0	14.7	50.2	35.1	100.0	8.2	53.5	38.3	100.0	15.5
2000	40.4	100.0	14.1	48.9	37.0	100.0	8.2	52.8	39.0	100.0	18.6
2001	41.3	100.0	13.4	47.2	39.4	100.0	5.7	53.8	40.5	100.0	11.0
2002	41.3	100.0	12.2	46.5	41.2	100.0	5.5	54.7	39.7	100.0	13.9
2003	41.4	100.0	10.4	51.4	38.2	100.0	5.2	56.6	38.2	100.0	14.5
2004	40.5	100.0	9.1	53.9	37.0	100.0	5.2	62.5	32.3	100.0	12.6
2005	39.6	100.0	7.2	57.8	34.9	100.0	4.7	64.2	31.2	100.0	10.2
2006	38.9	100.0	6.3	58.7	35.0	100.0	4.4	64.6	30.9	100.0	9.0
2007	39.1	100.0	5.8	59.6	34.6	100.0	4.8	63.6	31.6	100.0	8.8

18-6 地区生产总值构成(续2)

单位：%

年份			晋中				运城				忻州
	第二产业	第三产业	地区生产总值	第一产业	第二产业	第三产业	地区生产总值	第一产业	第二产业	第三产业	地区生产总值
1978	40.0	22.9	100.0	28.6	50.3	21.1	100.0	41.1	26.4	32.4	100.0
1979	35.9	25.6	100.0	29.2	50.1	20.7	100.0	38.3	27.7	34.1	100.0
1980	35.7	26.2	100.0	23.8	54.8	21.4	100.0	40.4	24.3	35.2	100.0
1981	34.0	26.0	100.0	23.4	51.4	25.2	100.0	44.4	22.5	33.1	100.0
1982	33.3	24.6	100.0	25.6	48.4	26.0	100.0	50.6	21.6	27.8	100.0
1983	33.3	27.3	100.0	28.1	45.5	26.5	100.0	47.3	22.4	30.4	100.0
1984	35.1	26.0	100.0	29.2	45.1	25.7	100.0	47.7	24.0	28.3	100.0
1985	39.1	26.4	100.0	26.6	47.2	26.2	100.0	43.2	26.7	30.1	100.0
1986	42.0	29.0	100.0	21.8	49.8	28.4	100.0	40.9	29.4	29.8	100.0
1987	42.9	28.6	100.0	19.7	51.3	29.0	100.0	32.0	38.1	29.9	100.0
1988	48.3	26.8	100.0	22.4	49.8	27.9	100.0	36.0	38.6	25.4	100.0
1989	48.3	26.1	100.0	20.1	51.6	28.4	100.0	38.9	37.8	23.3	100.0
1990	50.7	24.4	100.0	23.6	48.3	28.1	100.0	40.4	35.6	24.0	100.0
1991	54.0	24.9	100.0	20.3	49.8	29.9	100.0	35.4	37.1	27.5	100.0
1992	56.9	24.7	100.0	20.7	47.7	31.6	100.0	32.4	38.9	28.7	100.0
1993	52.4	27.0	100.0	20.6	47.2	32.2	100.0	32.8	37.9	29.3	100.0
1994	47.6	29.2	100.0	24.1	43.8	32.1	100.0	30.5	40.0	29.4	100.0
1995	44.8	33.6	100.0	20.5	46.9	32.6	100.0	29.8	40.0	30.3	100.0
1996	46.1	33.0	100.0	18.5	46.9	34.6	100.0	29.4	41.4	29.2	100.0
1997	49.0	32.5	100.0	16.4	46.5	37.1	100.0	25.1	44.2	30.7	100.0
1998	49.0	32.5	100.0	17.2	45.2	37.6	100.0	22.7	46.8	30.5	100.0
1999	46.6	37.9	100.0	14.7	45.9	39.4	100.0	19.3	47.8	32.8	100.0
2000	43.3	38.1	100.0	13.9	46.5	39.6	100.0	18.1	48.0	33.9	100.0
2001	46.4	42.5	100.0	14.0	46.3	39.7	100.0	15.8	49.8	34.4	100.0
2002	46.0	40.1	100.0	13.6	46.5	39.9	100.0	14.6	51.0	34.3	100.0
2003	47.3	38.5	100.0	12.3	49.2	38.4	100.0	13.4	53.6	33.0	100.0
2004	51.7	35.7	100.0	11.7	50.8	37.4	100.0	12.4	56.5	31.1	100.0
2005	58.4	31.4	100.0	11.2	52.4	36.4	100.0	11.4	56.4	32.3	100.0
2006	61.9	29.0	100.0	9.2	54.4	36.4	100.0	10.9	56.2	32.9	100.0
2007	60.7	30.6	100.0	8.6	55.0	36.4	100.0	11.7	54.0	34.3	100.0

18-6 地区生产总值构成(续3)

单位：%

年 份				临 汾				吕 梁			
	第一产业	第二产业	第三产业	地区生产总值	第一产业	第二产业	第三产业	地区生产总值	第一产业	第二产业	第三产业
1978	46.2	36.5	17.3	100.0	27.0	50.7	22.3	100.0	36.8	40.4	22.8
1979	45.3	34.4	20.3	100.0	25.7	52.4	21.8	100.0	40.3	38.7	21.0
1980	44.3	36.7	19.0	100.0	28.4	51.2	20.4	100.0	36.1	41.0	23.0
1981	44.2	35.8	20.0	100.0	33.4	42.0	24.4	100.0	34.9	39.7	25.4
1982	47.1	35.9	17.0	100.0	37.0	42.6	20.4	100.0	35.2	38.0	26.8
1983	49.3	31.2	18.9	100.0	38.1	39.7	20.9	100.0	32.5	40.3	27.3
1984	52.0	29.0	19.0	100.0	41.4	39.0	19.5	100.0	35.0	39.8	25.2
1985	47.7	32.3	20.0	100.0	34.5	43.7	21.8	100.0	32.3	44.9	22.8
1986	43.6	36.0	20.4	100.0	29.3	41.9	28.8	100.0	29.2	48.6	22.2
1987	40.5	36.0	23.5	100.0	24.4	44.0	31.6	100.0	27.0	50.3	22.7
1988	39.6	36.6	23.8	100.0	26.2	42.6	31.2	100.0	29.3	50.0	20.7
1989	34.3	40.2	25.5	100.0	27.2	44.0	28.8	100.0	27.8	51.6	20.6
1990	32.9	39.0	28.1	100.0	30.3	41.4	28.3	100.0	31.3	46.4	22.3
1991	24.4	38.2	37.4	100.0	25.5	41.3	33.2	100.0	21.7	49.8	28.5
1992	28.4	35.7	35.9	100.0	27.2	41.4	31.4	100.0	20.9	50.3	28.8
1993	28.4	38.1	33.5	100.0	23.7	46.7	29.6	100.0	22.0	52.6	25.4
1994	32.0	37.0	31.0	100.0	25.0	46.8	28.1	100.0	22.0	50.7	27.2
1995	22.1	44.1	33.8	100.0	26.9	43.2	29.8	100.0	20.8	52.0	27.2
1996	22.3	40.5	37.3	100.0	25.0	44.4	30.5	100.0	23.1	50.4	26.5
1997	20.8	39.1	40.1	100.0	19.3	47.3	33.4	100.0	19.1	52.7	28.3
1998	21.3	37.0	41.7	100.0	17.6	48.7	33.7	100.0	19.5	48.4	32.1
1999	16.1	36.4	47.5	100.0	14.3	49.3	36.4	100.0	14.1	46.7	39.2
2000	19.8	33.8	46.4	100.0	11.9	49.9	38.1	100.0	14.9	46.5	38.6
2001	16.0	37.7	46.3	100.0	10.9	51.4	37.7	100.0	9.8	48.4	41.8
2002	17.9	36.8	45.4	100.0	10.0	53.8	36.3	100.0	13.2	46.5	40.3
2003	16.5	38.5	45.0	100.0	8.5	58.8	32.7	100.0	9.9	53.7	36.3
2004	15.2	38.2	46.6	100.0	7.6	62.4	30.1	100.0	8.8	59.3	31.9
2005	12.9	40.4	46.7	100.0	5.8	64.5	29.7	100.0	6.3	65.0	28.6
2006	11.4	44.8	43.8	100.0	5.8	64.2	30.1	100.0	4.9	67.4	27.7
2007	9.8	51.8	38.4	100.0	5.9	64.7	29.5	100.0	5.0	68.8	26.2

18-7 地区生产总值指数

以上年为100　　　　单位：%

年份	太原				大同				阳泉		
	地区生产总值	第一产业	第二产业	第三产业	地区生产总值	第一产业	第二产业	第三产业	地区生产总值	第一产业	第二产业
1979	112.2	112.3	109.6	122.7	120.0	107.9	123.3	126.0	104.0	116.5	101.8
1980	106.5	112.1	102.5	118.9	105.4	106.5	104.7	106.4	103.6	95.6	106.8
1981	101.3	101.2	97.1	114.1	101.6	121.6	92.3	117.5	105.4	132.9	100.3
1982	112.4	114.3	113.8	108.5	106.6	93.7	111.7	106.2	106.3	77.8	107.5
1983	118.9	116.5	121.3	113.2	102.3	102.6	99.9	110.6	111.3	147.4	105.0
1984	114.4	98.7	112.8	123.3	125.3	110.2	144.0	112.9	110.8	101.1	107.8
1985	105.4	91.7	105.4	108.2	104.5	98.4	100.4	126.5	107.1	121.7	105.1
1986	107.9	100.0	106.2	113.9	104.1	63.8	119.4	90.0	107.5	89.2	107.7
1987	111.3	93.8	107.8	122.6	104.8	113.3	100.8	116.4	107.1	78.8	106.5
1988	108.9	114.3	108.4	109.5	106.7	137.4	100.4	112.1	109.3	137.2	107.5
1989	107.8	110.0	108.7	105.6	96.8	64.5	102.4	101.1	107.1	105.5	107.4
1990	109.1	126.8	108.0	109.3	116.5	155.3	105.9	133.6	101.1	112.6	106.4
1991	108.6	86.6	109.2	111.3	109.0	85.7	109.9	117.9	105.3	75.4	107.7
1992	115.6	105.8	116.7	115.2	108.2	88.8	122.8	110.6	121.1	110.2	119.2
1993	114.7	105.0	114.5	116.2	107.6	122.6	107.2	104.3	113.2	114.4	111.3
1994	112.3	107.7	111.0	114.7	107.9	119.4	108.6	103.3	110.2	106.9	110.0
1995	113.0	102.6	113.5	113.3	105.7	50.6	110.8	111.4	111.6	94.5	112.1
1996	112.6	115.9	112.5	112.6	118.6	222.5	113.8	114.5	110.9	109.7	110.9
1997	110.5	103.3	109.9	112.2	105.7	76.7	103.5	118.4	108.9	82.9	110.9
1998	108.8	105.0	110.7	106.5	107.3	115.6	98.1	120.0	108.7	107.6	107.0
1999	107.7	96.9	105.7	111.2	99.7	49.1	95.5	114.2	106.4	75.7	105.0
2000	109.0	106.8	107.6	111.1	110.7	189.2	105.8	110.8	106.1	108.4	102.9
2001	111.8	90.9	110.6	114.2	109.8	57.7	113.1	115.4	108.2	101.0	107.0
2002	112.0	121.0	112.2	111.3	115.1	175.5	112.4	113.4	110.1	116.1	110.1
2003	115.6	104.1	118.8	113.8	115.0	112.3	112.0	110.3	113.8	77.7	116.5
2004	115.9	102.7	119.6	113.7	115.9	106.2	114.9	120.3	115.0	107.2	114.6
2005	114.7	101.1	115.9	114.4	112.2	113.6	115.7	108.4	111.6	101.7	112.7
2006	111.5	93.8	110.5	113.2	108.0	105.2	105.4	111.9	109.4	102.8	108.7
2007	116.4	100.5	120.6	113.1	115.3	94.1	116.9	116.2	110.6	106.0	110.5

18-7 地区生产总值指数(续1)

单位：%

年份		长治				晋城				朔州	
	第三产业	地区生产总值	第一产业	第二产业	第三产业	地区生产总值	第一产业	第二产业	第三产业	地区生产总值	第一产业
1979	112.5	107.5	102.1	108.4	110.9	108.0	105.8	109.9	106.9	109.0	109.2
1980	86.7	112.6	104.2	114.8	116.5	104.9	99.8	106.4	111.4	108.1	109.6
1981	126.2	107.0	94.4	104.8	116.6	101.1	84.2	108.1	114.5	111.2	113.6
1982	123.3	109.3	110.3	104.2	110.2	111.6	114.7	112.2	105.2	112.2	114.6
1983	150.6	106.7	105.5	109.4	105.2	114.7	124.5	111.2	109.3	109.3	107.3
1984	131.6	112.1	123.9	106.1	111.3	120.2	126.7	120.1	108.5	116.3	115.3
1985	108.2	105.1	99.2	106.4	108.4	114.6	76.5	137.6	119.1	110.7	98.6
1986	111.5	111.3	85.9	109.4	117.7	110.3	120.4	102.8	125.2	113.9	98.2
1987	117.0	107.2	104.0	106.4	110.0	104.1	96.6	102.6	118.9	115.7	106.6
1988	107.1	111.2	105.6	118.2	106.4	109.1	102.2	111.7	109.5	123.7	106.6
1989	112.8	106.7	102.3	110.9	102.0	107.4	111.4	104.6	111.1	114.9	118.4
1990	84.1	104.9	104.4	106.3	99.3	107.5	103.4	102.9	123.7	111.8	111.5
1991	111.9	107.0	93.4	110.2	110.1	104.2	65.5	108.5	127.1	109.1	94.7
1992	133.1	108.4	97.2	112.3	106.6	118.3	144.1	112.3	118.4	113.5	102.9
1993	127.4	115.0	116.7	116.0	112.7	122.5	114.8	119.2	132.4	120.2	119.7
1994	111.4	114.7	115.5	105.7	116.6	111.6	107.1	109.8	125.2	117.5	119.6
1995	113.3	117.1	112.5	120.7	113.6	111.3	106.7	109.0	123.9	109.8	85.3
1996	111.0	113.6	108.2	116.4	111.1	114.9	115.2	113.8	116.3	113.2	117.0
1997	110.9	110.3	81.4	116.7	112.5	113.8	66.9	121.0	118.3	109.7	96.7
1998	111.8	109.2	118.2	105.4	111.8	111.5	162.3	108.3	107.2	108.8	101.8
1999	111.6	107.1	99.2	106.9	109.7	107.2	91.9	106.6	111.7	96.6	80.0
2000	110.9	109.5	103.9	108.8	110.9	107.6	110.7	105.1	110.1	108.3	123.7
2001	110.3	110.1	106.9	107.0	115.4	108.4	79.4	110.2	112.1	101.8	59.8
2002	109.7	112.3	104.3	111.5	115.1	111.5	112.5	111.3	111.5	114.2	133.6
2003	112.6	115.2	100.2	120.6	113.0	113.5	110.7	115.7	111.0	112.8	109.9
2004	116.0	115.5	104.4	115.9	118.1	115.0	108.7	118.8	110.2	116.2	106.0
2005	110.5	113.7	113.8	117.8	113.4	114.6	100.7	117.1	112.9	113.6	96.6
2006	110.8	111.4	100.1	113.3	111.0	111.8	108.9	112.7	110.4	116.2	105.2
2007	111.0	114.3	102.3	116.1	113.3	116.0	117.2	115.7	116.4	116.0	103.7

18-7 地区生产总值指数(续2)

单位：%

年份			晋中				运城				忻州
	第二产业	第三产业	地区生产总值	第一产业	第二产业	第三产业	地区生产总值	第一产业	第二产业	第三产业	地区生产总值
1979	102.7	119.7	111.5	122.6	107.2	100.4	104.7	101.2	105.7	110.1	107.5
1980	105.0	110.3	100.1	79.8	115.4	105.0	99.2	98.5	98.4	111.2	98.9
1981	107.1	113.3	106.4	101.1	100.0	139.9	103.5	109.0	91.5	108.3	102.2
1982	109.5	112.3	110.8	114.0	106.2	117.9	122.5	132.9	120.6	109.3	107.6
1983	107.3	115.4	112.8	122.3	106.4	114.1	103.3	97.4	105.9	110.9	108.2
1984	123.9	108.4	120.0	119.3	121.9	117.1	120.7	126.3	121.9	110.8	109.7
1985	120.9	115.3	112.6	99.6	118.3	120.1	105.0	98.4	116.7	108.8	96.8
1986	123.0	121.6	104.8	83.7	112.5	115.1	110.2	102.2	118.5	112.2	91.8
1987	121.9	116.3	107.2	96.6	109.9	111.4	115.6	116.9	119.6	108.8	104.6
1988	138.4	118.5	109.9	114.9	106.1	114.0	117.0	110.6	129.4	109.6	112.4
1989	113.7	113.2	105.9	103.0	107.3	105.6	105.7	113.0	122.5	105.5	107.2
1990	115.5	104.7	103.4	106.5	100.1	107.5	103.2	97.1	106.5	110.2	105.1
1991	116.6	109.2	101.9	92.6	102.5	108.2	102.5	95.6	106.8	109.6	101.7
1992	112.8	124.0	108.0	106.5	107.3	110.3	111.8	105.1	113.1	119.0	111.2
1993	10.6	136.8	116.0	109.6	120.4	113.3	114.8	111.5	118.6	111.7	110.3
1994	1131.8	125.0	113.9	109.0	115.2	111.2	113.6	106.8	118.4	114.0	109.6
1995	111.1	123.4	117.4	102.3	123.5	116.6	115.1	105.6	120.7	114.6	109.2
1996	110.5	115.5	116.1	116.3	115.7	116.5	113.8	104.3	119.7	114.8	116.5
1997	113.2	110.7	110.4	96.4	112.7	113.8	112.7	97.2	118.8	115.5	109.1
1998	112.6	106.2	108.5	113.8	104.6	112.7	113.2	103.6	117.3	114.5	108.7
1999	92.1	109.5	102.9	95.9	100.1	110.2	109.8	94.6	112.6	114.3	103.2
2000	104.8	108.4	110.5	107.2	112.5	109.1	111.6	100.3	113.8	112.4	107.8
2001	109.4	113.8	108.3	106.0	108.0	110.2	114.5	98.9	118.0	114.3	102.8
2002	112.9	110.7	112.8	111.3	112.2	113.9	115.6	106.7	119.0	115.1	110.5
2003	116.0	110.2	113.7	102.0	119.5	112.0	115.9	108.1	119.1	116.1	113.5
2004	122.6	111.8	115.7	101.7	117.8	117.4	116.1	109.1	119.3	115.7	114.8
2005	123.3	106.2	112.7	103.8	114.7	112.6	113.3	102.1	115.9	113.5	111.8
2006	120.4	111.9	112.0	95.6	114.6	113.3	113.5	109.2	115.3	111.8	111.8
2007	118.0	115.9	114.7	100.7	116.6	115.5	113.6	106.5	114.9	113.8	116.2

18-7　地区生产总值指数（续3）

单位：%

年份				临汾				吕梁			
	第一产业	第二产业	第三产业	地区生产总值	第一产业	第二产业	第三产业	地区生产总值	第一产业	第二产业	第三产业
1979	110.3	104.1	110.0	111.2	107.8	114.5	110.4	100.8	103.3	96.6	104.1
1980	95.8	103.7	94.0	101.9	95.5	105.5	103.5	96.7	86.6	105.2	100.7
1981	106.4	101.4	100.0	87.9	94.6	74.7	105.9	101.1	97.1	98.3	113.3
1982	120.4	105.6	101.2	126.8	133.7	130.0	105.9	109.6	107.0	104.7	121.1
1983	115.8	107.2	103.1	108.1	117.7	98.3	112.6	104.4	97.4	107.6	108.3
1984	117.3	115.1	95.0	127.6	131.7	124.9	125.0	129.8	137.1	133.2	117.2
1985	88.8	110.3	101.9	105.8	89.6	117.4	114.1	119.5	111.0	134.1	107.6
1986	83.9	102.4	93.9	95.3	76.4	93.4	129.3	110.3	98.3	118.8	109.6
1987	100.7	105.5	106.8	102.6	84.7	108.5	110.4	110.1	100.4	114.3	112.8
1988	114.8	114.3	107.5	111.1	118.3	108.7	110.3	111.9	119.6	111.5	104.6
1989	104.8	108.5	107.7	106.4	123.9	102.5	99.6	104.4	76.3	115.6	112.7
1990	104.5	103.2	108.1	107.1	115.2	105.8	101.7	108.9	114.3	100.4	124.5
1991	85.3	101.2	113.4	99.6	82.2	102.6	114.0	92.7	71.7	100.3	118.9
1992	116.5	107.8	111.1	117.4	121.9	120.6	110.9	118.0	107.3	130.8	113.3
1993	111.7	107.5	104.0	123.1	109.1	138.8	114.8	140.4	130.3	145.3	143.8
1994	108.1	109.5	106.7	112.7	103.0	120.2	108.6	114.3	107.9	119.0	113.4
1995	84.0	117.9	120.3	110.2	112.5	109.0	110.7	110.6	93.9	118.0	113.7
1996	116.3	111.8	124.0	115.9	111.1	119.2	113.9	110.9	113.1	111.3	108.8
1997	99.7	106.4	113.1	112.9	96.9	115.7	117.2	105.0	82.8	112.5	109.7
1998	112.4	103.8	112.0	111.5	108.1	109.9	115.0	101.8	110.4	91.0	115.1
1999	84.8	100.3	109.8	105.6	95.9	105.5	109.6	98.5	70.3	100.5	111.5
2000	113.9	100.2	107.3	109.3	96.8	110.9	111.7	109.6	116.1	107.3	110.0
2001	81.7	107.2	106.2	113.4	104.8	116.3	112.2	108.7	72.3	113.2	116.7
2002	126.5	109.8	110.2	115.0	108.4	118.0	113.0	112.9	121.3	113.2	110.8
2003	105.9	119.6	114.5	116.0	108.5	119.4	113.3	113.8	93.3	120.4	111.2
2004	107.5	115.6	122.4	116.5	107.8	118.2	116.3	117.3	107.8	124.8	109.8
2005	103.2	116.8	110.4	114.6	94.1	119.7	112.0	113.8	96.9	118.3	110.8
2006	101.5	120.2	107.4	113.3	109.0	114.3	111.9	119.3	100.3	124.4	111.8
2007	110.4	122.4	111.8	110.3	105.4	111.6	108.4	116.1	100.1	119.9	109.6

18-8 地区生产总值指数

以1978年为100　　单位：%

年份	太原 地区生产总值	太原 第一产业	太原 第二产业	太原 第三产业	大同 地区生产总值	大同 第一产业	大同 第二产业	大同 第三产业	阳泉 地区生产总值	阳泉 第一产业	阳泉 第二产业
1979	112.2	112.3	109.6	122.7	120.0	107.9	123.3	126.0	104.0	116.5	101.8
1980	119.5	125.9	112.3	145.9	126.5	114.9	129.1	134.1	107.7	111.4	108.7
1981	121.0	127.4	109.1	166.5	128.5	139.7	119.2	157.5	113.5	148.1	109.0
1982	136.1	145.6	124.1	180.6	137.0	130.9	133.1	167.3	120.6	115.2	117.2
1983	161.8	169.6	150.6	204.5	140.1	134.3	133.0	185.0	134.2	169.8	123.1
1984	185.1	167.4	169.9	252.1	175.6	148.0	191.5	208.9	148.7	171.6	132.7
1985	195.1	153.5	179.0	272.8	183.5	145.7	192.2	264.2	159.3	208.9	139.5
1986	210.5	153.5	190.1	310.7	191.0	92.9	229.5	237.8	171.2	186.3	150.3
1987	234.3	144.0	205.0	380.9	200.2	105.3	231.4	276.8	183.4	146.8	160.0
1988	255.1	164.6	222.2	417.1	213.6	144.7	232.3	310.3	200.4	201.4	172.0
1989	275.0	181.1	241.5	440.4	206.8	93.3	237.9	313.7	214.7	212.5	184.7
1990	300.0	229.6	260.8	481.4	240.9	144.9	251.9	419.2	217.0	239.3	196.5
1991	325.8	198.8	284.8	535.8	262.6	124.2	276.8	494.2	228.5	180.4	211.6
1992	376.7	210.4	332.4	617.2	284.1	110.3	340.0	546.6	276.8	198.8	252.3
1993	432.0	220.9	380.6	717.2	305.7	135.2	364.4	570.1	313.3	227.4	280.8
1994	485.2	237.9	422.4	822.6	329.8	161.4	395.8	588.9	345.3	243.1	308.8
1995	548.2	244.1	479.5	932.0	348.6	81.7	438.5	656.0	385.3	229.8	346.2
1996	617.3	282.9	539.4	1049.5	413.5	181.8	499.0	751.1	427.3	252.1	383.9
1997	682.1	292.2	592.8	1177.5	437.0	139.4	516.5	889.3	465.3	209.0	425.8
1998	742.2	306.8	656.2	1254.1	468.9	161.2	506.7	1067.2	505.8	224.8	455.6
1999	799.3	297.3	693.6	1394.5	467.5	79.1	483.9	1218.8	538.2	170.2	478.4
2000	871.2	317.5	746.3	1549.3	517.6	149.7	511.9	1350.4	571.0	184.5	492.3
2001	974.0	288.7	825.4	1769.3	568.3	86.4	579.0	1558.3	617.8	186.3	526.7
2002	1090.9	349.3	926.2	1969.2	654.1	151.6	650.8	1767.2	680.2	216.3	579.9
2003	1261.1	363.6	1100.3	2241.0	752.2	170.3	728.9	1949.2	774.1	168.1	675.6
2004	1461.6	373.4	1315.9	2548.0	871.8	180.8	837.5	2344.9	890.2	180.2	774.2
2005	1676.5	377.5	1525.2	2914.9	978.2	205.4	969.0	2541.8	993.5	183.3	872.6
2006	1869.3	354.1	1685.3	3299.7	1056.4	216.1	1021.3	2844.3	1086.9	188.4	948.5
2007	2175.8	355.9	2032.5	3732.0	1218.0	203.3	1193.9	3305.1	1202.1	199.7	1048.1

18-8 地区生产总值指数(续1)

单位：%

年份		长治				晋城				朔州	
	第三产业	地区生产总值	第一产业	第二产业	第三产业	地区生产总值指数（1978年=100）	第一产业	第二产业	第三产业	地区生产总值	第一产业
1979	112.5	107.5	102.1	108.4	110.9	108.0	105.8	109.9	106.9	109.0	109.2
1980	97.5	121.1	106.4	124.4	129.2	113.3	105.6	116.9	119.1	117.8	119.7
1981	123.0	129.5	100.4	130.4	150.6	114.5	88.9	126.4	136.4	131.0	136.0
1982	151.7	141.6	110.8	135.9	156.0	127.8	102.0	141.8	143.4	147.0	155.9
1983	228.5	151.1	116.9	148.7	174.6	146.6	127.0	157.7	156.8	160.6	167.3
1984	300.8	169.3	144.8	157.7	194.4	176.2	160.9	189.4	170.1	186.8	192.9
1985	325.4	178.0	143.6	167.8	210.7	202.0	123.1	260.6	202.7	206.8	190.2
1986	362.8	198.1	123.4	183.6	248.0	222.7	148.2	267.9	253.6	235.6	186.8
1987	424.5	212.3	128.3	195.4	272.8	231.9	143.1	274.9	301.6	272.6	199.1
1988	454.7	236.1	135.5	230.9	290.3	253.1	146.3	307.1	330.2	337.3	212.2
1989	512.9	251.9	138.6	256.1	296.1	271.8	163.0	321.2	367.0	387.4	251.3
1990	431.3	264.3	144.7	272.2	294.0	292.2	168.6	330.5	454.0	433.3	280.2
1991	482.6	282.8	135.2	300.0	323.7	304.4	110.4	358.6	577.0	472.9	265.3
1992	642.4	306.5	131.4	336.9	345.1	360.1	159.1	402.7	683.2	536.8	273.0
1993	818.4	352.5	153.3	390.9	388.9	441.1	182.7	480.0	904.5	645.2	326.7
1994	911.7	404.3	177.1	413.0	453.5	492.3	195.6	527.1	1132.4	758.1	390.6
1995	1033.0	473.4	199.2	498.4	515.1	547.9	208.7	574.5	1403.1	832.4	333.0
1996	1146.6	537.9	215.6	580.0	572.4	629.6	240.5	653.8	1631.8	942.2	389.5
1997	1271.6	593.3	175.5	676.6	543.9	716.4	160.9	791.1	1930.4	1033.6	376.6
1998	1421.6	647.9	207.4	713.4	719.8	798.8	261.1	856.7	2069.4	1124.6	383.4
1999	1586.6	693.9	205.8	762.5	789.4	856.3	240.0	913.3	2311.5	1086.4	306.7
2000	1759.5	760.0	213.8	829.7	875.9	921.4	265.6	959.8	2545.0	1176.6	379.4
2001	1940.7	836.8	228.5	887.8	1019.6	998.8	210.9	1057.7	2853.0	1197.8	226.9
2002	2129.0	939.8	238.4	989.9	1183.9	1113.7	237.3	1177.3	3181.0	1367.9	303.1
2003	2397.2	1082.6	238.8	1193.8	1338.0	1264.0	262.7	1362.1	3531.0	1543.0	333.1
2004	2780.8	1250.1	249.3	1383.9	1579.6	1453.6	285.5	1618.2	3891.1	1793.0	353.1
2005	3072.7	1421.3	283.7	1630.2	1791.2	1665.9	287.5	1895.6	4393.4	2036.8	341.1
2006	3404.6	1583.4	284.0	1847.1	1988.3	1862.6	313.2	2136.0	4852.1	2366.8	358.8
2007	3779.1	1809.8	290.6	2144.4	2252.7	2160.6	367.1	2471.3	5647.9	2745.5	372.1

18-8 地区生产总值指数(续2)

单位：%

年份			晋中				运城				忻州
	第二产业	第三产业	地区生产总值	第一产业	第二产业	第三产业	地区生产总值	第一产业	第二产业	第三产业	地区生产总值
1979	102.7	119.7	111.5	122.6	107.2	100.4	104.7	101.2	105.7	110.1	107.5
1980	107.8	132.0	111.6	97.8	123.7	105.4	103.9	99.7	104.0	122.4	106.3
1981	115.5	149.6	118.8	98.9	123.7	147.5	107.5	108.7	95.2	132.6	108.6
1982	126.5	168.0	131.6	112.8	131.4	173.9	131.7	144.4	114.8	144.9	116.9
1983	135.7	193.9	148.4	137.9	139.8	198.4	136.0	140.6	121.5	160.7	126.5
1984	168.2	210.2	178.1	164.5	170.4	232.3	164.2	177.6	148.2	178.1	138.8
1985	203.4	242.3	200.5	163.9	201.6	279.0	172.4	174.8	172.9	193.7	134.3
1986	250.2	294.7	210.2	137.2	226.8	321.2	190.0	178.6	204.9	217.4	123.3
1987	305.0	342.7	225.3	132.5	249.2	357.8	219.6	208.8	245.1	236.5	129.0
1988	422.1	406.1	247.6	152.2	264.4	407.9	257.0	231.0	317.1	259.2	145.0
1989	479.9	459.7	262.2	156.8	283.7	430.7	271.6	261.0	388.4	273.5	155.4
1990	554.3	481.3	271.1	167.0	284.0	463.0	280.3	253.4	413.7	301.4	163.3
1991	646.3	525.6	276.3	154.6	291.1	501.0	287.3	242.3	441.8	330.3	166.1
1992	729.1	651.7	298.4	164.7	312.4	552.6	321.2	254.6	499.7	393.1	184.7
1993	77.3	891.2	346.1	180.5	376.2	626.1	368.7	283.9	592.6	439.1	203.7
1994	874.9	1114.3	394.2	196.7	433.5	696.2	418.9	303.2	701.7	500.5	223.3
1995	972.4	1375.4	462.7	201.3	535.6	811.8	482.1	320.2	846.9	573.6	243.9
1996	1074.1	1589.0	537.0	234.1	619.8	945.8	548.7	334.0	1013.8	658.5	284.1
1997	1215.7	1759.1	593.0	225.6	698.8	1076.5	618.4	324.6	1204.4	760.6	309.9
1998	1368.5	1867.6	643.6	256.8	730.7	1213.2	700.0	336.3	1412.7	870.8	336.9
1999	1260.4	2045.0	662.5	246.2	731.8	1337.1	768.6	318.1	1590.8	995.4	347.7
2000	1320.9	2216.8	732.2	264.0	823.3	1458.4	857.7	319.1	1810.3	1118.8	374.8
2001	1445.1	2522.7	793.2	279.8	889.2	1606.8	982.1	315.6	2136.1	1278.8	385.3
2002	1631.5	2792.6	894.7	311.4	998.0	1830.6	1135.3	336.7	2542.0	1471.9	425.8
2003	1892.5	3077.4	1017.7	317.7	1192.6	2051.0	1315.8	364.0	3027.5	1708.8	483.2
2004	2320.2	3440.5	1177.3	323.1	1404.9	2407.2	1527.7	397.1	3611.8	1977.1	554.8
2005	2860.8	3653.8	1326.8	335.3	1611.5	2710.5	1730.9	405.5	4186.1	2244.0	620.2
2006	3444.4	4088.6	1486.0	320.6	1846.7	3071.0	1964.5	442.8	4826.6	2508.8	693.4
2007	4064.4	4738.7	1704.5	322.8	2153.3	3547.0	2231.7	471.5	5545.7	2855.1	805.7

18-8 地区生产总值指数(续3)

单位：%

年 份				临 汾				吕 梁			
	第一产业	第二产业	第三产业	地区生产总值	第一产业	第二产业	第三产业	地区生产总值	第一产业	第二产业	第三产业
1979	110.3	104.1	110.0	111.2	107.8	114.5	110.4	100.8	103.3	96.6	104.1
1980	105.7	108.0	103.4	113.3	102.9	120.8	114.3	97.5	89.5	101.6	104.8
1981	112.5	109.5	103.4	99.6	97.4	90.2	121.0	98.6	86.9	99.9	118.7
1982	135.5	115.6	104.6	126.3	130.2	117.3	128.1	108.1	93.0	104.6	143.7
1983	156.9	123.9	107.8	136.5	153.3	115.3	144.3	112.9	90.6	112.6	155.6
1984	184.0	142.6	102.4	174.2	201.8	144.0	180.4	146.5	124.2	150.0	182.4
1985	163.4	157.3	104.3	184.3	180.8	169.1	205.8	175.1	137.8	201.2	196.3
1986	137.1	161.1	97.9	175.6	138.2	157.9	266.1	193.1	135.4	239.0	215.1
1987	138.1	170.0	104.6	180.2	117.0	171.3	293.8	212.6	136.0	273.2	242.6
1988	158.5	194.3	112.4	200.2	138.4	186.3	324.0	237.9	162.6	304.6	253.8
1989	166.1	210.8	121.1	213.0	171.5	190.9	322.7	248.4	124.1	352.2	286.0
1990	173.6	217.5	130.9	228.2	197.6	202.0	328.2	270.5	141.9	353.6	356.1
1991	148.1	220.1	148.4	227.2	162.4	207.2	374.2	250.7	101.8	354.6	423.4
1992	172.5	237.3	164.8	266.8	198.0	249.9	414.9	295.9	109.2	463.9	479.7
1993	192.7	255.1	171.4	328.3	216.0	346.8	476.3	415.4	142.3	674.0	689.8
1994	208.3	279.3	182.9	370.0	222.5	416.9	517.2	474.8	153.5	802.0	782.3
1995	175.0	329.3	220.0	407.8	250.3	454.4	572.5	525.1	144.2	946.4	889.5
1996	203.5	368.2	272.8	472.6	278.1	541.5	652.2	582.4	163.1	1053.3	967.7
1997	202.9	391.7	308.6	533.5	269.5	626.4	764.4	611.5	135.0	1185.0	1061.6
1998	228.0	406.6	345.6	594.7	291.3	688.5	879.4	622.5	149.1	1078.4	1221.9
1999	193.4	407.9	379.5	627.9	279.4	726.6	964.1	613.2	104.8	1083.8	1362.4
2000	220.3	408.7	407.2	686.5	270.4	805.7	1076.6	672.0	121.7	1162.9	1498.7
2001	179.9	438.1	432.4	778.2	283.4	936.7	1208.1	730.5	88.0	1316.4	1748.9
2002	227.6	481.0	476.5	895.2	307.2	1105.0	1365.3	824.7	106.7	1490.1	1937.8
2003	241.1	575.3	545.6	1038.6	333.3	1319.8	1546.5	938.5	99.5	1794.1	2154.9
2004	259.1	665.1	667.8	1209.8	359.3	1560.0	1798.0	1100.9	107.3	2239.0	2366.1
2005	267.4	776.8	737.3	1386.7	338.1	1867.4	2013.9	1252.8	104.0	2648.8	2621.6
2006	271.5	933.8	791.9	1570.8	368.6	2134.1	2253.8	1494.6	104.3	3295.1	2930.9
2007	299.7	1142.9	885.3	1733.3	388.6	2382.1	2444.2	1735.3	104.4	3950.8	3212.3

18-9 人均地区

年 份	太 原	大 同	阳 泉	长 治	晋 城
1978	937	496	575	401	345
1979	1024	618	616	442	378
1980	1075	744	619	562	393
1981	1137	759	622	602	393
1982	1266	895	672	633	452
1983	1469	982	921	730	513
1984	1738	1140	892	801	636
1985	1905	1234	1116	913	758
1986	2044	1410	1302	971	851
1987	2279	1597	1398	1078	913
1988	2838	1734	1633	1278	1053
1989	3356	1932	1966	1398	1256
1990	3648	2291	2094	1614	1415
1991	4063	2763	2178	1851	1523
1992	4837	3081	2826	2006	1930
1993	5915	3439	3264	2210	2730
1994	6981	4119	4127	2524	3248
1995	8331	4717	5453	3221	4095
1996	9879	5471	6136	3916	4924
1997	11265	5651	6744	4332	5388
1998	11912	6129	7170	4634	5998
1999	12242	5798	7418	5072	6386
2000	13021	7036	7810	5579	6958
2001	13453	6689	8371	6063	7472
2002	14915	7460	9198	6778	8288
2003	18099	8653	10682	8264	9724
2004	22423	10514	13012	10189	12234
2005	26107	11913	15812	12363	14356
2006	29504	12970	18188	14197	16490
2007	36377	15581	20836	16887	18926

生产总值

单位：元

朔州	晋中	运城	忻州	临汾	吕梁
334	337	263	220	291	232
370	388	281	264	326	250
400	395	308	260	357	242
462	417	342	279	318	250
522	464	410	315	408	278
597	532	420	379	449	294
701	625	482	444	582	392
784	742	490	428	643	476
894	817	520	391	624	532
1052	912	600	467	671	594
1288	1085	752	619	830	674
1498	1246	941	730	956	786
1818	1337	1010	779	1115	905
1955	1369	1063	877	1112	936
2425	1454	1246	1034	1333	1116
2961	1893	1574	1342	1761	1820
3664	2556	1900	1648	2242	2202
4041	3338	2266	1978	2679	2524
4827	3942	2586	2554	3323	2862
5566	4389	2933	2676	3877	2940
6027	4641	3302	2821	4355	2993
5816	4551	3508	2856	4456	2775
6192	4917	3915	2941	4835	3127
6234	5323	4493	2951	5509	3382
7319	6135	5327	3332	6444	4023
8318	7335	6611	3932	8353	5144
9907	9209	8247	4832	11007	6907
12094	10772	9473	5519	12741	8800
15481	12491	11001	6380	14242	11453
21828	15157	12313	8395	15821	14241

18-10 财政

年 份	太 原	大 同	阳 泉	长 治	晋 城
1978	35883	16733	7573	7530	6344
1979	36027	16424	6881	7109	7021
1980	37703	19679	8328	8102	7278
1981	36711	19288	8667	8056	7611
1982	40733	21523	10832	9200	7506
1983	50180	24066	12760	8931	8802
1984	60746	28920	16387	12084	10619
1985	50872	25273	14261	13457	10927
1986	54020	28825	15622	15561	11669
1987	62588	34470	16747	20060	11640
1988	71623	40406	17992	25053	14326
1989	88892	47587	23128	31853	18119
1990	92130	52308	24726	32786	20118
1991	100769	55773	26361	35845	22869
1992	100562	56938	26408	36753	23967
1993	131855	70759	35153	55736	30952
1994	159800	122035	45208	67130	41174
1995	387034	110338	61500	89190	58211
1996	409098	134507	70053	108026	73462
1997	482939	145601	77984	128017	89292
1998	531883	159734	81600	140106	101567
1999	507581	146257	78800	140582	110318
2000	517308	149956	80566	150475	115512
2001	641700	167693	89093	179127	139205
2002	725100	294395	167017	257848	222870
2003	916232	362226	204185	365187	301223
2004	1201736	456149	274518	510092	430941
2005	1630473	619888	371214	713898	616693
2006	1921901	751502	438121	1012351	790065
2007	2404002	930428	570210	1251925	965529

总收入

单位：万元

朔州	晋中	运城	忻州	临汾	吕梁
2553	15628	10384	5992	9411	5311
2586	14529	9363	5712	8530	5385
3087	16940	8548	6219	9251	5728
3549	16559	8556	5833	9008	6010
5877	15956	8848	6814	10275	6985
7756	16241	11979	8382	12948	8069
9983	17831	12710	10338	14859	9835
9290	19120	15816	12958	14943	11560
10447	19815	15756	14216	16996	11920
11404	22851	19637	16444	19792	15490
14091	26356	22163	18097	23021	20590
15070	34564	26367	20248	28388	23645
18223	36561	26661	24026	30860	26636
20037	33318	30458	25835	30513	30924
21647	35463	30106	27682	33025	34630
29452	45937	39723	35585	49123	50593
39161	61084	53425	38522	59989	75279
48010	81473	77516	52191	80578	64322
56157	100249	100016	62696	100114	106308
60852	110045	113774	70945	113221	69166
64118	115562	132913	76407	126187	77970
61509	114466	143042	73762	133988	92388
64626	120696	151380	75593	149265	100401
72424	138528	173952	80292	187777	117045
124211	193541	273884	120454	260168	163285
147118	248571	359678	152789	372191	231916
212990	354418	463237	202258	588628	376996
350533	525503	556118	307868	830466	600830
514210	797966	697801	397865	1021975	771241
800166	880588	863957	551593	1234815	1051137

18-11 一般

年 份	太 原	大 同	阳 泉	长 治	晋 城
1978	35883	16733	7573	7530	6344
1979	36027	16424	6881	7109	7021
1980	37703	19679	8328	8102	7278
1981	36711	19288	8667	8056	7611
1982	40733	21523	10832	9200	7506
1983	50180	24066	12760	8931	8802
1984	60746	28920	16387	12084	10619
1985	50872	25273	14261	13457	10927
1986	54020	28825	15622	15561	11669
1987	62588	34470	16747	20060	11640
1988	71623	40406	17992	25053	14326
1989	88892	47587	23128	31853	18119
1990	92130	52308	24726	32786	20118
1991	100769	55773	26361	35845	22869
1992	100562	56938	26408	36753	23967
1993	131855	70759	35153	55736	30952
1994	94084	51277	26899	35651	27852
1995	134263	65887	36510	50519	37421
1996	156263	80159	42963	58575	46280
1997	162284	84252	45472	72595	54870
1998	184972	94130	48217	78121	61784
1999	203277	93086	48218	79920	67162
2000	214828	94878	48772	84515	70794
2001	241578	106520	52806	99812	85943
2002	267822	113270	58169	95785	80676
2003	333473	131995	69526	131595	102779
2004	426374	153184	93492	170548	138483
2005	569525	204173	129255	238747	200454
2006	753306	260891	153756	445216	264926
2007	884170	367059	216203	497506	340783

预算收入

单位：万元

朔州	晋中	运城	忻州	临汾	吕梁
2553	15628	10384	5992	9411	5311
2586	14529	9363	5712	8530	5385
3087	16940	8548	6219	9251	5728
3549	16559	8556	5833	9008	6010
5877	15956	8848	6814	10275	6985
7756	16241	11979	8382	12948	8069
9983	17831	12710	10338	14859	9835
9290	19120	15816	12958	14943	11560
10447	19815	15756	14216	16996	11920
11404	22851	19637	16444	19792	15490
14091	26356	22163	18097	23021	20590
15070	34564	26367	20248	28380	23645
18223	36561	26651	24026	30860	26636
20037	33318	30460	25835	30513	30924
21647	35463	30105	27682	33025	34630
29452	45937	39723	35585	26564	50593
26641	34896	32895	24186	32466	24861
32421	47647	49904	32957	44224	33669
36883	59203	63660	41053	56977	39452
37983	66719	72161	45700	62782	41097
39727	70748	84912	52223	74533	47515
38407	71565	95591	51997	81135	48344
40619	72519	99121	54078	88205	51237
45180	82146	105957	55423	105802	59831
45386	77512	107584	53005	103145	58459
52835	94768	119497	64067	135985	79869
66702	129790	151564	79470	197009	118849
113127	192131	184077	117734	292650	186500
251823	409643	213140	166748	399313	256741
302023	410153	290097	231768	471259	383317

18-12 全社会固定

年 份	太 原	大 同	阳 泉	长 治	晋 城
1978	38930	33411	23354	12395	4318
1979	49443	34747	23264	14109	7704
1980	61316	38179	27847	16481	7151
1981	66329	42768	26247	17161	4870
1982	88769	57052	34225	26167	5658
1983	108722	65155	37861	36096	8864
1984	147907	77631	48080	67463	12188
1985	194510	85134	62195	112556	37018
1986	212774	100800	61592	90797	36012
1987	228535	126847	51833	71053	37013
1988	250620	148386	59738	67556	44510
1989	242409	126665	80898	93964	49241
1990	262924	181381	97294	101509	65255
1991	309434	201992	113533	150325	90791
1992	460913	223572	125281	127082	112367
1993	672115	272637	185365	183726	201984
1994	731619	306511	211084	190610	160003
1995	701894	331311	216553	217609	182758
1996	823902	256144	315450	193100	275185
1997	977429	338499	396556	269365	386096
1998	1093638	376528	320347	306832	472368
1999	917161	418023	235003	293067	684231
2000	1047702	426143	211482	463175	576225
2001	1227084	443084	218769	508455	576648
2002	1475955	639438	290678	681595	681263
2003	2044542	864246	378322	1278629	823249
2004	3476681	1116321	491461	1630700	1078759
2005	4253276	1519607	650029	1832683	1308989
2006	5011273	1600593	923059	1840150	1647534
2007	5767355	2147943	1240873	2244457	2154911

资产投资

单位：万元

朔州	晋中	运城	忻州	临汾	吕梁
9895	11032	16634	8636	22900	8044
16011	11079	16445	8874	20549	9937
13272	17765	14241	9750	19584	10471
6530	12344	10855	6684	14300	16376
9802	14332	20463	10160	21384	18401
19641	16252	30335	14644	21616	20326
47343	21446	38879	19082	28954	25233
62563	30043	47415	25780	38554	32530
81556	33858	53453	22903	47225	35451
67102	35997	71530	29729	49850	39020
51009	38375	82775	30771	55486	43876
46682	48197	96217	24556	47766	50675
63210	53949	98169	29590	63280	52933
81996	81269	128073	41250	80401	55666
95601	86511	148367	44775	90791	68625
97012	171742	149071	63536	137988	114926
57296	210724	230510	54495	165419	173187
44270	207883	157142	57742	154184	206490
52159	208329	197028	60322	225521	251123
75143	211427	219210	64508	243038	187457
201878	279506	387915	141157	346200	175567
175373	328755	499083	185608	421326	192014
204861	351842	546320	219464	451096	265450
253132	398711	681019	587954	518832	265184
314016	473866	809561	753692	655846	399345
506444	951739	1024331	523313	1084871	678126
603127	1217770	1380117	666601	1261423	1026714
719455	1508881	1604837	899636	1530558	1537190
950962	2013297	2224345	971195	1909646	2029172
1529396	2837447	2718341	980453	2342429	3010995

18-13 社会消费品

年份	太原	大同	阳泉	长治	晋城
1978	77413	45814	21059	39825	15984
1979	86934	50270	22095	40635	17361
1980	104408	58238	25887	46077	20265
1981	120382	64260	28605	49230	22995
1982	129050	72150	30504	55422	25886
1983	143245	81104	35554	64930	28655
1984	174473	101077	46061	78682	36623
1985	229781	119708	57738	97693	46477
1986	257584	132371	62621	102255	53263
1987	295965	161004	68119	113197	56207
1988	401328	194877	83700	135109	66216
1989	449889	212220	96069	148893	76939
1990	456637	217617	99183	153895	78869
1991	531069	271567	111358	164344	85635
1992	660119	318394	124727	176276	110366
1993	763758	335233	160103	170949	155724
1994	937131	398988	181775	199389	182586
1995	1116123	452543	218361	265993	238745
1996	1295819	564801	256868	321814	281481
1997	1466867	614728	279207	340839	345068
1998	1616487	684372	299421	354256	389030
1999	1745806	728346	319527	367678	405007
2000	1894200	784684	381765	391007	433833
2001	2066600	891763	427523	419857	460808
2002	2320700	1002106	485181	471320	500446
2003	2733800	1043399	536219	504521	535462
2004	3338000	1186545	608156	964819	596039
2005	3840302	1329000	703175	1135591	751191
2006	4364712	1529403	811535	1335650	875858
2007	5159090	1849535	980554	1618807	1155018

零售总额

单位：万元

朔州	晋中	运城	忻州	临汾	吕梁
11279	46140	38005	25341	33151	23000
12477	48913	41516	27875	35540	25247
15403	52988	50594	33196	44334	30228
17764	55165	56888	38402	47236	33667
18371	60749	58067	40721	52688	35967
21913	67086	66460	46938	57407	29384
28614	79509	77887	57181	63677	46008
36751	97416	90849	65079	79585	60227
38611	106204	99136	79596	91262	65108
45646	124266	109639	88399	102419	79002
54341	155735	141390	108781	141046	97907
60971	169597	133334	116658	135274	102319
68322	141118	143633	117050	134538	106205
75397	152485	174413	125479	148080	113032
86329	178539	194923	141551	172337	133360
121157	245821	212236	164479	199593	144113
139800	360662	267508	193657	257282	165332
176300	433673	337704	247495	356084	198645
208900	544329	394329	264757	438957	247278
251100	636300	452879	283833	516102	267040
281327	687863	485141	316268	561188	256398
305794	709948	522758	342231	618228	265041
310073	739828	798756	371973	666388	288587
334879	771781	876826	400652	725267	312453
366358	818177	1009227	440671	814082	336115
421312	733083	1162250	493678	945521	357424
479874	1018472	1433938	580954	1153257	730936
540613	1147322	1581807	643886	1320377	838257
655134	1320112	1801177	738235	1540191	1010340
815857	1621356	2141940	890955	1856354	1254786

18-14 工业

年 份	太 原	大 同	阳 泉	长 治	晋 城
1978	31.6	13.6	8.6	8.3	4.4
1979	34.5	15.8	8.8	9.1	4.7
1980	36.3	17.4	9.7	8.7	5.0
1981	35.1	17.3	10.3	10.2	5.1
1982	40.8	19.4	11.5	12.6	5.8
1983	48.7	22.0	12.9	14.1	6.5
1984	53.4	25.6	15.5	16.0	8.1
1985	62.0	31.9	18.8	13.9	9.7
1986	67.9	35.3	21.2	15.8	10.0
1987	76.9	41.3	23.4	19.1	11.3
1988	99.1	49.1	27.7	23.8	13.5
1989	122.1	60.5	34.7	28.2	16.8
1990	124.6	75.9	39.3	29.9	18.3
1991	139.7	80.3	41.8	38.4	20.2
1992	165.5	90.8	50.6	44.6	24.4
1993	219.8	105.1	69.0	60.1	35.0
1994	255.4	124.9	94.7	75.4	36.6
1995	257.0	138.1	99.8	84.3	45.6
1996	280.9	161.0	146.7	96.6	53.4
1997	285.5	156.3	176.3	115.5	58.9
1998	268.6	126.3	77.7	95.6	65.1
1999	273.8	113.2	71.6	95.9	66.3
2000	310.5	126.1	75.3	101.5	58.6
2001	332.1	159.8	83.0	114.0	71.9
2002	385.4	187.7	99.9	144.9	102.5
2003	518.3	239.1	129.3	241.8	135.6
2004	719.9	319.1	201.5	380.8	209.4
2005	921.4	368.1	222.6	518.0	286.9
2006	1096.4	410.2	253.1	621.2	321.1
2007	1624.7	524.4	324.6	810.0	405.5

注 1978-1997年为独立核算工业企业；1998-2006年为全部国有及年产品销售收入500万元以上非国有工业企业；2007年为年主营业务收入500万元以上工业法人企业。

总产值

单位：亿元

朔州	晋中	运城	忻州	临汾	吕梁
2.1	10.1	7.8	4.6	8.0	3.1
2.4	11.5	8.1	4.6	8.7	3.1
2.9	12.0	7.7	5.1	8.7	3.1
4.5	12.3	7.1	5.7	8.3	3.3
5.5	12.9	8.5	6.2	9.6	3.6
6.6	15.1	9.3	6.2	11.1	4.0
8.0	16.5	10.2	7.2	12.7	4.8
8.8	19.8	12.4	7.5	15.1	6.0
8.4	22.4	14.1	8.5	15.9	6.4
11.1	25.7	17.6	10.4	18.5	7.8
13.4	32.2	24.4	13.4	23.6	9.3
18.7	38.7	31.1	16.6	30.1	15.6
25.1	41.3	36.4	17.2	32.8	15.6
25.5	44.0	41.3	18.5	35.2	17.4
30.5	48.9	47.2	19.8	42.7	21.0
38.6	63.1	59.6	26.0	60.0	28.4
46.4	78.5	78.4	30.3	70.5	32.3
53.8	101.8	106.4	34.2	75.1	39.5
69.2	100.0	115.5	40.2	90.1	45.3
72.4	110.8	131.0	42.9	100.9	47.4
61.4	97.9	140.6	29.5	100.0	46.7
57.8	87.9	151.8	28.6	103.5	53.0
62.0	106.5	177.8	32.0	115.9	64.4
71.4	113.5	201.2	35.8	149.6	144.0
84.8	136.7	245.4	41.8	198.9	60.2
102.8	177.6	347.8	61.0	342.8	144.0
159.8	274.6	433.8	87.0	563.1	251.7
230.3	350.3	510.6	113.4	725.2	365.7
313.4	419.8	676.3	152.0	823.7	534.2
428.4	566.8	839.1	235.0	960.5	711.9

18-15 工业

年 份	太 原	大 同	阳 泉	长 治	晋 城
1978	10.2	5.1	2.6	4.0	1.9
1979	11.7	6.2	3.1	4.2	2.1
1980	14.1	7.6	3.5	4.4	2.6
1981	13.2	7.7	3.7	4.7	2.7
1982	15.5	8.9	3.9	4.9	3.4
1983	17.4	9.2	4.0	5.2	3.7
1984	20.6	10.8	5.1	5.5	4.0
1985	20.7	14.7	5.1	5.7	4.8
1986	19.3	17.6	5.3	7.0	5.3
1987	25.5	19.5	6.2	7.9	5.3
1988	31.8	21.6	8.7	9.9	6.6
1989	38.6	27.5	8.8	11.7	6.8
1990	37.6	34.2	9.9	11.8	8.0
1991	47.2	38.6	11.3	15.3	8.4
1992	51.2	41.8	13.2	16.2	9.9
1993	69.1	51.3	18.2	24.8	15.1
1994	80.0	52.3	22.1	27.9	14.2
1995	79.2	67.2	23.2	30.6	18.9
1996	82.7	77.3	31.1	35.4	21.2
1997	88.1	76.4	35.6	47.0	25.0
1998	81.6	59.8	31.8	37.0	27.2
1999	85.3	49.9	26.9	36.4	29.2
2000	90.5	57.6	29.5	42.5	24.5
2001	99.5	69.1	33.9	45.8	32.5
2002	120.5	79.6	43.6	55.7	51.3
2003	167.2	102.6	55.1	94.5	69.8
2004	228.5	136.1	77.0	129.4	106.9
2005	282.3	154.6	99.5	179.5	158.3
2006	335.7	174.3	115.6	226.4	179.4
2007	497.6	228.6	137.0	275.2	214.2

注:1978-1997年为独立核算工业企业；1998-2006年为全部国有及年产品销售收入500万元以上非国有工业企业；2007年为年主营业务收入500万元以上工业法人企业。

增加值

单位：亿元

朔州	晋中	运城	忻州	临汾	吕梁
0.7	3.0	2.6	4.0	2.7	
1.0	3.4	2.7		3.1	
1.4	3.9	2.5	6.0	3.3	
1.7	4.0	2.3		3.0	
1.9	4.0	2.8		3.6	
2.2	4.3	3.1		3.7	
2.4	5.0	3.4		4.9	
2.6	5.7	4.1	8.1	5.6	
2.4	6.9	4.6	8.2	5.1	
3.3	7.6	5.8	8.3	5.7	
4.2	9.8	8.0	8.4	7.4	
6.2	12.2	10.2	9.4	9.6	6.3
8.9	12.7	12.0	10.4	10.8	5.9
10.0	13.7	13.6	10.5	11.6	6.9
10.1	15.6	13.9	11.6	14.1	8.6
17.3	23.9	23.9	11.7	21.9	17.2
14.8	24.2	27.7	12.2	21.8	13.1
18.3	29.2	35.5	11.9	22.6	11.5
32.2	36.3	35.2	14.1	28.6	15.8
30.8	38.9	41.2	15.3	33.2	20.1
22.2	33.5	45.0	11.1	33.4	20.3
24.9	29.1	54.1	9.9	34.6	19.4
25.4	33.6	59.8	10.9	37.8	18.8
29.4	37.2	68.5	11.3	48.1	24.8
35.1	45.8	86.8	14.2	65.4	35.3
42.1	61.2	125.4	21.4	116.1	54.8
64.9	97.3	157.9	30.3	187.0	85.3
90.3	124.3	183.1	46.3	242.4	140.7
133.2	150.2	222.2	63.3	278.4	201.5
183.0	200.7	247.3	102.9	329.7	277.6

18-16 原煤

年 份	太 原	大 同	阳 泉	长 治	晋 城
1978	1100.0	2926.0	1825.0	689.0	927.0
1979	1236.0	3241.0	1894.0	793.0	1198.0
1980	1355.4	3581.0	2099.0	845.0	1307.0
1981	1489.0	3955.0	2260.0	939.0	1418.0
1982	1603.8	4301.0	2422.0	1096.0	1544.0
1983	1756.0	4695.0	2582.0	1248.0	1748.0
1984	1947.9	5519.0	2927.0	1432.0	1991.0
1985	2139.6	6170.0	3163.0	1705.0	2248.0
1986	2253.0	6545.0	3208.0	1807.0	2327.0
1987	2390.0	6848.0	3154.0	1840.0	2581.0
1988	2541.0	7066.0	3155.0	2068.0	2823.0
1989	2881.0	7604.0	3358.0	2265.0	3084.0
1990	2840.0	8403.0	3475.0	2373.0	3099.0
1991	2910.0	8030.0	3416.0	2396.0	3129.0
1992	2947.0	7796.0	3347.0	2405.0	3271.0
1993	2916.0	8266.0	3132.0	2598.0	3292.0
1994	3140.0	8142.0	3397.0	2633.0	3226.0
1995	3133.0	8486.0	3444.0	3027.0	3549.0
1996	3159.0	8607.0	3498.0	3032.0	3985.0
1997	2993.0	8083.0	3408.0	3033.0	3825.0
1998	2969.0	6950.0	2834.0	2916.0	4021.0
1999	2644.0	5568.0	2727.0	2306.0	2551.0
2000	2544.0	5440.0	2569.0	2073.0	3807.0
2001	2673.3	5988.0	2913.0	2527.0	3294.0
2002	3309.3	7454.0	3554.0	3135.0	4902.0
2003	4204.4	8332.0	4302.0	4361.0	6561.0
2004	4641.9	8431.0	5381.0	4534.0	7499.0
2005	4482.1	8034.0	5560.0	4699.6	7628.0
2006	3986.9	6916.0	5920.0	5483.6	7667.0
2007	3987.3	7394.0	6011.0	5768.3	7867.0

产量

单位：万吨

朔州	晋中	运城	忻州	临汾	吕梁
309.8	703.7	42.2	449.0	553.0	330.4
366.3	837.5	44.8	497.0	610.0	333.2
501.5	946.8	48.1	558.0	695.1	382.4
642.3	1006.8	58.5	595.0	736.0	418.2
694.2	1157.2	82.1	661.0	801.0	464.7
796.6	1253.5	84.7	689.0	875.0	502.9
978.3	1578.9	89.6	873.0	1152.0	586.8
1280.0	1919.6	118.0	1051.0	1328.0	770.0
1251.0	2004.8	95.8	995.0	1342.3	765.8
1454.0	1983.5	116.0	1088.0	1316.4	805.0
1538.0	2115.4	124.2	1139.0	1445.3	842.0
2502.0	2299.9	166.5	1242.0	1714.9	961.8
2857.0	2472.1	149.5	1222.0	1699.0	986.6
3304.0	2381.4	135.9	1281.0	1591.9	950.6
3314.0	2264.7	134.9	1272.0	1961.7	914.9
3534.0	2259.8	183.2	1501.0	2352.4	1137.0
3684.0	2412.8	209.4	1497.0	2719.3	1260.0
3938.0	2386.6	275.0	1514.0	3270.7	1404.8
3869.0	2374.0	283.4	1668.0	3110.2	1301.4
3764.0	2299.0	114.9	1647.0	2939.9	1538.8
3523.0	2140.0	299.3	1112.0	3221.6	1494.8
3082.0	1541.9	197.6	804.0	2405.4	1067.7
2882.7	1370.8	172.2	747.0	2539.7	394.7
3589.9	1776.3	110.2	459.5	2623.0	459.6
4749.4	2566.8	92.8	617.1	3394.0	718.1
5541.8	3111.5	157.2	1139.3	3727.4	1007.5
7194.4	3956.9	139.3	1985.0	3884.2	1346.7
7948.5	4813.4	118.0	1965.4	5244.7	1895.4
9274.9	5639.4	83.6	2472.5	5592.9	3678.6
10822.8	5687.1	111.5	2900.7	4766.4	6187.6

18-17 焦炭

年份	太原	大同	阳泉	长治	晋城
1978	125.7		18.0	34.8	
1979	135.2		15.0	40.0	
1980	121.4		13.0	34.0	
1981	117.0		11.0	31.4	
1982	122.3		12.0	27.6	
1983	120.5		14.0	37.9	
1984	123.7		15.0	43.9	
1985	152.5		19.0	31.5	
1986	215.5		21.0	93.4	
1987	223.0		29.0	118.9	
1988	270.0	1.0	27.0	126.8	
1989	344.0	10.0	26.0	127.8	
1990	386.0	20.0	28.0	141.5	
1991	374.0	21.0	22.0	123.6	
1992	434.8	25.0	27.0	132.0	
1993	534.0	36.0	31.0	185.8	
1994	785.1	44.0	28.0	331.4	
1995	893.0	88.3	33.4	553.6	
1996	1008.0	103.7	32.8	521.6	3.3
1997	966.0	96.1	32.9	475.1	13.7
1998	1109.0	80.6	41.8	515.4	12.0
1999	1110.0	58.4	61.7	363.9	11.8
2000	836.0	38.5	19.9	406.3	12.0
2001	687.9	67.3	19.8	429.2	7.0
2002	1050.5	40.0	21.5	503.3	7.6
2003	1017.8	65.7	32.9	670.8	11.4
2004	1229.4	132.6	28.0	717.7	21.8
2005	1200.2	90.7	34.1	961.4	23.1
2006	1261.4	71.8	43.6	1105.6	37.5
2007	1445.2	79.9	58.1	1223.4	69.6

产量

单位：万吨

朔州	晋中	运城	忻州	临汾	吕梁
	30.7		21.0	67.0	53.4
	18.4		15.0	74.3	43.3
	15.2	2.4	13.0	83.8	44.3
	14.1	0.8	6.0	81.2	34.6
	9.6	0.6	7.0	111.3	36.8
	12.6	0.5	6.0	106.1	47.7
	16.2	0.3	13.0	123.2	73.7
	18.9	0.9	22.0	119.2	87.5
	67.7	2.9	13.0	177.3	84.4
	107.2	11.0	30.0	226.3	97.3
	168.2	17.0	41.0	282.6	120.7
	242.6	80.8	64.0	310.8	188.7
	261.8	115.9	65.0	348.7	234.6
	210.2	123.0	52.0	302.0	223.1
	238.9	153.5	68.0	410.8	321.6
	335.0	379.7	87.0	808.6	459.6
	604.5	255.3	156.0	1354.5	775.9
	678.8	228.3	130.0	1680.6	1008.8
	688.0	248.0	147.0	1566.4	1071.6
	684.0	143.5	157.0	1678.1	1055.4
	656.0	384.4	117.0	1795.5	987.9
	596.0	454.6	99.0	1381.9	818.2
	724.2	285.0	62.3	1406.1	324.1
	752.0	340.4	35.5	1477.2	320.3
	830.4	423.6	17.7	1464.0	367.2
	907.2	624.8	53.8	1705.3	481.6
	702.9	741.6	71.2	1909.3	1006.4
	683.0	892.3	76.5	2173.5	1345.3
	816.9	1069.5	101.1	2431.5	2009.3
	37.1	1101.4	133.7	2312.2	2331.5

18-18 发

年 份	太 原	大 同	阳 泉	长 治	晋 城
1978	33.9	10.6	11.8	4.0	5.9
1979	34.9	10.9	12.9	3.7	5.8
1980	34.2	10.9	12.9	3.6	5.4
1981	31.4	10.7	15.7	3.5	5.1
1982	32.4	10.8	18.9	3.8	5.0
1983	33.4	10.4	22.4	3.9	5.3
1984	34.3	15.8	24.2	3.9	5.5
1985	34.8	28.5	24.5	4.7	5[illegible]
1986	37.0	43.7	27.7	11.8	[illegible]
1987	36.9	57.2	30.4	17.1	[illegible]
1988	37.6	64.4	26.5	19.9	[illegible]
1989	37.6	70.3	28.2	21.5	[illegible]
1990	36.8	70.3	28.6	32.8	[illegible]
1991	42.3	74.8	27.9	54.8	[illegible]
1992	50.3	79.8	33.9	[illegible]	[illegible]
1993	60.5	78.9	34.7	[illegible]	[illegible]
1994	68.0	80.6	34.5	[illegible]	[illegible]
1995	87.3	87.6	35.9	[illegible]	[illegible]
1996	95.3	89.5	36.6	[illegible]	[illegible]
1997	97.0	80.0	51.1	[illegible]	[illegible]
1998	95.9	90.9	68.3	[illegible]	[illegible]
1999	106.9	88.3	81.0	[illegible]	[illegible]
2000	113.6	90.2	[illegible]	[illegible]	[illegible]
2001	117.4	83.6	[illegible]	[illegible]	[illegible]
2002	126.3	86.3	[illegible]	[illegible]	[illegible]
2003	141.7	97.9	[illegible]	[illegible]	[illegible]
2004	151.6	131.9	[illegible]	[illegible]	[illegible]
2005	159.4	162.7	[illegible]	[illegible]	[illegible]
2006	199.5	185.8	[illegible]	[illegible]	[illegible]
2007	219.8	212.4	[illegible]	[illegible]	[illegible]

注:1978-1997年为独立核算工业企业；1998-2006年为全部国有及年产[illegible]
500万元以上工业法人企业。

电量

单位：亿千瓦时

朔州	晋中	运城	忻州	临汾	吕梁
4.6	0.4	7.6	3.1	22.7	1.5
5.6	0.4	8.0	4.0	25.8	1.8
9.4	0.3	8.8	4.2	28.5	1.8
18.9	0.3	7.0	4.3	26.1	1.6
24.1	0.3	6.8	4.4	28.8	1.8
30.5	0.3	7.4	4.9	30.9	1.8
33.3	0.3	8.2	5.1	34.6	1.7
33.8	0.4	8.7	6.2	35.9	1.8
35.5	0.4	10.1	5.8	35.4	1.8
62.0	0.3	9.8	4.6	35.1	1.9
63.1	0.9	16.2	5.5	34.8	1.9
69.9	1.8	18.3	7.6	37.8	1.9
70.2	1.9	19.1	6.4	36.9	2.2
66.9	2.2	21.5	5.6	36.0	2.4
73.9	2.5	19.6	6.3	33.5	2.8
97.0	2.6	27.4	8.4	34.1	2.6
109.9	5.3	29.3	8.5	35.2	2.4
120.2	15.4	29.2	8.6	35.8	2.8
122.1	14.9	32.4	8.3	36.8	11.7
124.4	15.3	31.7	7.4	37.7	14.8
113.7	13.5	33.7	8.9	33.8	14.0
109.5	12.5	30.5	13.9	34.2	12.7
116.1	14.2	49.2	15.7	36.4	12.8
118.8	14.6	75.3	18.7	39.4	13.0
142.3	20.7	82.8	21.3	43.1	13.6
159.3	23.5	89.6	20.5	50.6	14.8
169.4	32.3	92.0	27.1	57.0	16.6
198.5	70.4	94.3	101.2	72.3	16.0
222.5	80.6	101.7	112.0	104.4	18.9
224.2	86.0	162.0	131.6	106.2	18.9

18-19 农林牧渔业

年份	太原	大同	阳泉	长治	晋城
1978	18299	27680	9108	34099	23387
1979	20937	31305	13017	30106	25444
1980	17399	26027	8787	40008	27200
1981	20300	50683	10740	38263	22494
1982	24122	54272	10385	42977	30580
1983	28018	72986	15558	49286	38436
1984	30791	97386	15001	62286	47773
1985	38744	51048	16665	64143	41326
1986	41562	58112	14900	54435	51294
1987	45962	70880	13761	63684	52293
1988	61806	102856	23389	91262	62053
1989	65385	89827	31683	108740	71534
1990	73925	92979	32244	119993	86806
1991	71631	136842	23921	119894	68292
1992	80987	138483	27093	132000	84283
1993	93552	117424	37134	165362	111665
1994	149971	219525	50093	247819	140793
1995	193432	178725	60606	335533	170611
1996	239666	283192	67855	366740	200585
1997	246580	243372	47724	294532	141180
1998	254449	279755	51989	367363	194710
1999	236038	132844	38135	352176	166525
2000	246156	231272	44547	377365	182925
2001	233361	134785	46468	407590	152474
2002	268475	292875	57953	447110	171729
2003	293739	319911	54576	487575	205994
2004	327679	377242	68638	532279	246484
2005	344060	421187	69412	526427	274363
2006	304137	453522	64194	535385	298414
2007	356150	523103	86444	633064	372252

总产值

单位：万元

朔州	晋中	运城	忻州	临汾	吕梁
26329	37683	71892	35432	32439	21424
32101	44832	76140	44462	37390	23904
31658	37849	68134	41161	48987	20874
31364	41118	73759	40363	47175	53380
49030	47527	97002	55621	65271	50119
58839	61132	93247	69894	76908	57711
74919	71687	117880	86367	108481	70981
51136	76907	100820	76762	101287	71081
45823	67860	101398	65165	87964	69544
55903	70205	128566	72061	82005	69232
74290	104408	178564	98566	108466	65336
74159	107848	208834	104826	131990	95494
77297	138133	254519	121505	170174	127710
83225	126373	259330	101113	158316	105231
90106	144514	275044	135320	195474	126054
116309	186968	366129	172621	224095	183649
189172	295812	509575	282742	307522	287074
202372	363670	617009	247648	401480	312180
256054	420056	609363	286809	466666	378455
262019	399579	550404	267127	431391	330833
285248	425337	639104	314880	454609	323672
218363	379087	575992	226898	396361	215872
277939	378921	613004	305932	378062	279370
172471	401353	572201	223901	391115	224710
287882	461345	658675	319132	427505	309276
300485	511974	772688	352672	480596	298854
326280	585388	877983	388743	567116	364618
348992	644113	959022	391989	543248	340781
343235	566040	1094700	390313	597848	351614
519504	685263	1361562	494114	689314	461989

18-20 主要农产品产量

年份	太原				大同				阳泉			
	粮食(吨)	水果(吨)	蔬菜(万吨)	肉类总产量(吨)	粮食(吨)	水果(吨)	蔬菜(万吨)	肉类总产量(吨)	粮食(吨)	水果(吨)	蔬菜(万吨)	肉类总产量(吨)
1978	324515	17370	27.0	10970	490135	9115	23.8	12255	224870	8170	10.6	4523
1979	351510	16740	39.4	10356	561205	4870	23.4	10328	331225	9360	12.6	3385
1980	278440	16329	28.1	10959	478265	6820	18.6	12162	219830	6345	8.6	4951
1981	279740	16891	30.7	12714	490235	6775	20.7	14644	258390	10090	9.6	6645
1982	317435	19615	41.0	13109	620515	8495	26.5	13987	226670	5805	9.0	5615
1983	357085	22975	39.9	14536	583680	7635	28.0	14360	315840	12610	12.7	5763
1984	306500	22637	44.2	14871	622395	12775	35.5	21618	243845	8060	9.5	6740
1985	304534	29260	46.0	12001	603593	14077	33.4	20421	233994	12465	10.7	7356
1986	290207	26800	47.2	12568	435351	17956	31.7	20171	181822	9231	10.0	7295
1987	274165	24660	51.5	12014	507670	10271	33.1	20544	137961	10279	7.9	7882
1988	325301	33691	52.3	13928	649335	10872	36.1	24148	246936	11517	11.2	7028
1989	338472	32819	56.4	15708	460230	17614	39.9	26075	250077	9436	10.8	5867
1990	387806	28280	59.2	17109	707623	11597	22.5	31325	257631	7652	11.3	8765
1991	269316	32742	55.5	19094	485311	11472	39.9	34889	137481	5902	8.9	8873
1992	322625	31407	59.3	20963	649470	9792	50.0	36347	148710	6196	9.0	8437
1993	345840	32804	65.1	23141	565116	12627	51.5	40913	252619	8154	12.4	7873
1994	384823	27908	64.3	27873	738595	11627	72.0	57242	221844	8988	9.7	9757
1995	334171	31869	68.4	33603	336325	9187	55.5	61382	178713	12405	12.1	10312
1996	406325	30127	92.4	36584	800054	14308	98.6	71560	203866	14051	15.4	10834
1997	320072	22617	114.7	40875	552986	11720	88.2	67238	143978	9320	12.5	10197
1998	356357	25433	111.0	43618	771839	12219	108.9	70239	186593	11936	11.8	11275
1999	268039	25487	116.5	45511	150508	9044	52.7	57898	86959	10095	8.5	11434
2000	294557	30074	125.1	47606	662555	10366	88.0	57619	131706	9379	9.9	10186
2001	207611	35359	126.6	48856	127702	9506	49.2	57016	142938	9620	11.2	9828
2002	263280	44559	131.5	51584	635054	10161	106.6	65278	196251	11261	13.8	10816
2003	240924	46917	134.4	55948	591280	11565	105.8	74426	152917	9084	10.3	11223
2004	300431	53939	138.5	59718	784296	12071	97.2	84332	221888	10470	7.6	11294
2005	291865	57943	143.2	65135	772129	12777	90.4	93292	200516	9023	6.5	15383
2006	285398	35482	141.0	37020	762909	10975	85.1	99598	202492	10049	7.3	9523
2007	306347	56380	134.5	38833	492328	11167	61.2	106832	227285	10808	8.0	10093

18-20 主要农产品产量(续1)

年份	长治				晋城				朔州			
	粮食(吨)	水果(吨)	蔬菜(万吨)	肉类总产量(吨)	粮食(吨)	水果(吨)	蔬菜(万吨)	肉类总产量(吨)	粮食(吨)	水果(吨)	蔬菜(万吨)	肉类总产量(吨)
1978	726331	36235	16.1	20792	502025	38475	14.1	11875	338985	1025	5.1	6386
1979	774353	34150	16.0	16896	491740	29700	13.8	11570	410345	1645	6.9	6684
1980	805753	11148	16.9	13180	555040	42675	16.7	13630	351650	1460	5.3	9839
1981	622041	27470	13.1	19381	381820	33730	12.2	18301	345770	1480	3.4	10678
1982	826918	30815	16.7	20462	486535	44620	13.2	16958	513940	2285	4.2	10331
1983	796770	41127	15.8	21548	621115	38975	14.8	16976	440455	2360	9.9	9978
1984	916975	46692	25.7	25247	670315	62030	20.5	18397	595585	2765	8.9	11877
1985	899301	41497	29.3	26579	434434	53551	14.0	18952	376737	3282	7.4	11601
1986	616493	33241	25.6	26359	595172	59801	18.2	16741	332254	2771	7.6	12729
1987	808095	35656	28.6	25683	582801	47612	17.8	19053	410619	2881	6.3	11943
1988	902510	39720	34.5	27256	550696	60317	18.9	19167	490800	3143	9.9	11728
1989	1098614	32283	39.0	31428	670643	40847	21.0	19828	495826	3584	10.9	12923
1990	1200416	33973	38.6	37649	685540	31911	18.8	24886	595354	2989	9.3	15855
1991	1072253	27309	38.1	44133	446488	25163	13.0	25211	533304	3311	10.8	20619
1992	1072396	33060	42.8	49497	574305	34350	20.7	27398	523529	2759	18.8	21359
1993	1261601	30812	44.2	55619	767546	36956	24.1	30067	606134	3485	20.4	23612
1994	1175344	34986	67.0	64886	595706	31974	21.5	32380	651356	2610	25.4	27350
1995	1296249	40905	94.3	81937	649303	29450	24.1	36136	408409	2521	35.7	35334
1996	1416481	41472	87.6	100541	763473	34659	27.8	42240	696096	2429	49.0	42265
1997	1051119	41455	83.3	59139	447110	32967	13.1	32533	634593	2218	44.8	35006
1998	1492176	42480	108.3	64801	836392	41079	30.1	34814	658699	2084	67.4	40669
1999	1382489	45233	122.2	67344	732643	49995	25.0	37583	431984	2017	58.9	47336
2000	1149090	49954	135.6	75082	751277	47836	24.9	39135	656493	2702	86.7	50373
2001	1380775	49310	130.1	78610	533077	39220	19.7	39950	126544	2296	34.5	54503
2002	1446816	44836	145.9	85875	641378	42911	26.3	41665	600511	2132	68.8	51726
2003	1341443	45806	144.7	91575	724373	46585	30.8	49188	600619	1605	52.1	52546
2004	1500029	45355	99.4	95514	800301	47536	28.3	59458	717563	1474	49.4	59300
2005	1298535	44878	95.3	101593	790466	50820	27.2	74533	667373	1555	63.5	60533
2006	1430845	40250	90.6	98769	852991	57039	28.3	84257	728066	1247	69.2	37032
2007	1413464	36521	91.3	99492	781092	57035	27.6	116673	732484	3656	123.2	37810

18-20 主要农产品产量(续2)

年 份	晋中				运城				忻州			
	粮食(吨)	水果(吨)	蔬菜(万吨)	肉类总产量(吨)	粮食(吨)	水果(吨)	蔬菜(万吨)	肉类总产量(吨)	粮食(吨)	水果(吨)	蔬菜(万吨)	肉类总产量(吨)
1978	976205	39670	25.6	16557	1165255	80195		22710	708400	27815	12.8	20745
1979	1132925	33980	34.1	14506	1234435	70440			899135	34210	15.7	16110
1980	825165	27410	23.3	17901	1062215	69665	19.2	35678	730420	27670	12.5	23079
1981	815360	36555	23.0	20073	1131755	82620	15.0	36955	732980	35760	13.1	23981
1982	880020	36585	26.5	20201	1321795	71980	19.7	29332	965560	38025	15.5	25288
1983	1040310	45525	25.0	18373	1454650	77694	17.7	25873	943650	35095	14.1	25054
1984	1034450	45410	33.0	22235	1679815	65894	24.7	23582	974320	44640	21.3	29535
1985	958788	58775	39.4	23008	1488570	101501	24.1	19909	877385	46103	23.4	29356
1986	780033	44806	37.7	22582	1596129	112620	25.3	24791	648140	38260	19.1	27496
1987	783079	58195	39.0	22285	1420719	117875	29.2	28288	656869	40027	19.9	26477
1988	1041387	55982	40.7	23976	1461775	133789	33.0	25563	928204	37127	19.6	25834
1989	1111410	47567	44.1	26668	1736518	96602	29.9	31074	1007889	47571	27.6	28486
1990	1222596	40694	47.2	31718	1742676	95169	27.7	44759	1067783	38825	25.1	35938
1991	924325	39685	45.0	38241	1596936	110493	27.1	52230	663564	34555	20.1	45023
1992	1014358	42752	66.5	42661	1653046	165909	33.2	52556	1010590	39167	25.3	40535
1993	1129038	46840	72.2	47882	2133519	240640	39.4	61008	1061380	38645	26.7	47305
1994	1177124	49853	85.2	59286	1790273	481653	42.2	60687	1170675	28879	30.0	48976
1995	1147694	64118	94.2	76319	1772000	570326	50.6	79302	838994	35068	23.4	62840
1996	1256614	89364	124.2	66749	1777974	733908	48.2	96681	1175000	31357	30.3	70387
1997	1012960	110519	125.5	79506	1792099	888932	50.4	47495	909720	42970	27.9	78855
1998	1209569	108473	139.7	87464	2005261	1182107	61.9	50954	1137883	45405	34.8	83903
1999	955583	120624	145.7	92021	1587024	1519838	62.9	54855	557618	43366	24.7	86831
2000	788387	111214	200.6	94377	1566390	1423312	93.0	61535	917225	38079	34.8	83264
2001	828699	108213	242.9	98613	1113957	1388433	102.0	66243	505500	29464	25.5	84621
2002	1005052	136424	287.7	105567	1255862	1586872	121.4	73352	936000	29959	29.1	88783
2003	991355	141703	287.0	109344	1365957	1698718	107.8	81031	1034587	36280	25.6	92553
2004	1271135	185495	259.9	111773	1596254	1915637	94.8	89978	1185514	39293	20.1	93528
2005	1240267	222238	268.2	122012	1593028	1654401	78.3	96748	1022009	39545	18.4	97083
2006	1309512	149003	249.8	69566	1957328	1983642	84.5	97611	1089803	36407	16.0	58010
2007	1427492	243823	221.7	71992	1800046	1957637	109.5	98716	1230716	61781	15.1	60073

18-20 主要农产品产量(续3)

年份	临汾				吕梁			
	粮食(吨)	水果(吨)	蔬菜(万吨)	肉类总产量(吨)	粮食(吨)	水果(吨)	蔬菜(万吨)	肉类总产量(吨)
1978	861260	27897	18.8	15029	753110	20520	13.3	14489
1979	970170	23250	19.4	12976	848135	15195	16.7	13523
1980	839600	25370	17.2	19138	710675	17995	12.0	16921
1981	748405	27914	14.4	25061	699985	23915	11.6	19611
1982	933805	28903	21.2	18283	722380	14830	14.5	17106
1983	1165995	31423	20.0	18007	612940	17320	13.5	16235
1984	1492460	39836	32.8	23710	865735	35548	23.0	19665
1985	1316487	43540	33.1	28540	732890	47787	31.0	22763
1986	1125325	42491	32.7	24840	723041	49345	28.5	22308
1987	936010	42026	36.3	25541	606487	57084	25.1	22357
1988	1111569	59117	42.4	26295	851824	52335	26.6	22771
1989	1401219	46719	37.5	31048	762785	56859	27.1	23052
1990	1502065	52121	38.4	38256	1003714	62475	28.6	20694
1991	1199482	53654	34.3	40194	614349	51508	19.9	34414
1992	1378453	79585	44.7	42878	720843	60948	26.7	35945
1993	1565192	90168	46.3	48192	950076	62798	33.5	42223
1994	1442589	101712	44.5	59091	1007920	87307	32.7	50788
1995	1524000	136973	56.5	74960	706045	92590	27.9	57576
1996	1711561	152460	59.5	90945	1107474	55902	35.9	63802
1997	1518227	179578	69.7	66237	736831	122112	28.6	46815
1998	1714908	204553	78.9	70830	783229	97350	31.5	51173
1999	1530932	202312	76.7	73575	401610	81465	25.9	49427
2000	1208506	196479	84.8	77363	545827	125464	37.1	53910
2001	1216150	188781	87.7	80313	402447	105978	33.7	56210
2002	1373435	196438	92.1	84900	747229	107739	48.6	60945
2003	1501890	213985	99.0	91269	783446	102017	36.3	58659
2004	1725164	239520	86.0	100441	809508	171320	35.0	63527
2005	1356452	220896	82.5	109924	681461	140886	28.1	69634
2006	1667271	225946	82.7	120155	769195	175487	24.1	70282
2007	1720396	244361	92.8	131135	772145	109900	24.5	74234

18-21 职工

年 份	太 原	大 同	阳 泉	长 治	晋 城
1978	627	659	694	581	596
1979	721	742	757	619	640
1980	800	801	843	692	714
1981	786	823	854	703	731
1982	800	862	878	730	768
1983	827	901	899	766	814
1984	1118	1062	1066	913	941
1985	1199	1168	1181	1006	1067
1986	1384	1389	1388	1159	1279
1987	1536	1477	1476	1258	1387
1988	1802	1656	1806	1467	1579
1989	2105	2058	2184	3111	1823
1990	2351	2328	2384	1951	2018
1991	2537	2571	2508	2101	2119
1992	2803	2851	2787	2319	2348
1993	3519	2940	3239	2771	2694
1994	4765	4428	4344	3671	3697
1995	5538	5396	5085	4377	4466
1996	5990	5905	5583	4824	5036
1997	6242	6328	5725	5037	5344
1998	6838	5745	4617	5779	5770
1999	7378	5739	4786	6284	6322
2000	8394	6658	5823	6997	7163
2001	9601	7544	7441	8212	8790
2002	10995	8966	8827	9349	10321
2003	12679	10447	10919	11007	11735
2004	15400	12591	14169	13628	14472
2005	18547	15629	18323	16221	18736
2006	21424	18110	21546	19398	21678
2007	24688	20905	25621	21917	26393

平均工资

单位：元

朔州	晋中	运城	忻州	临汾	吕梁
512	614	590	605	585	550
660	655	621	638	662	586
709	745	678	696	697	665
714	757	696	701	701	657
753	762	727	736	732	677
798	802	746	773	757	722
1007	977	920	1003	950	819
1058	1001	981	960	983	890
1397	1160	1119	1134	1114	1031
1250	1283	1231	1211	1212	1108
1450	1540	1423	1417	1417	1279
1795	1793	1764	1619	1614	1424
2061	1925	1813	1767	1898	1586
2005	2090	1936	1936	2045	1711
2458	2343	2127	2133	2291	2017
3089	2687	2399	2407	2706	2376
3869	3487	3112	3138	3507	3082
4013	4134	3946	3555	4225	3446
4357	4500	4436	3842	4652	4034
4676	4801	4928	3898	4953	4177
5443	4770	4931	3801	4969	4518
6072	4769	5789	4650	6045	4886
6910	5443	6728	5316	6790	5611
7808	6686	8078	6517	8080	7020
8893	7826	9040	7122	8823	8137
9715	9388	9820	8007	10079	9301
11763	11077	11339	9150	12347	10612
14853	13344	12308	9822	13962	13413
18710	15563	13910	11960	16506	16783
23422	17444	16241	14813	18729	19582

18-22 城乡居民收支

单位：元

年份	太原				大同			
	城镇居民人均可支配收入	城镇居民人均消费性支出	农村居民人均纯收入	农村居民人均生活消费支出	城镇居民人均可支配收入	城镇居民人均消费性支出	农村居民人均纯收入	农村居民人均生活消费支出
1978	313	306	116		277	275	96	90
1979	362	340	147		301	300	114	98
1980	385	374	156		326	323	112	99
1981	418	389	155		372	383	126	108
1982	454	403	259		401	388	242	196
1983	479	418	312		435	414	312	287
1984	601	501	458		515	462	431	328
1985	646	585	526		586	567	430	319
1986	804	723	556		743	704	351	287
1987	933	846	590		804	752	398	299
1988	1104	1070	660		857	958	462	344
1989	1417	1261	715		1118	1008	444	338
1990	1573	1357	763		1260	1101	515	367
1991	1819	1601	776		1319	1149	482	389
1992	2188	1884	864		1506	1304	598	458
1993	2723	2314	970		1691	1498	652	564
1994	3209	2762	1166		2519	2129	886	643
1995	3939	3409	1444		3238	2875	939	670
1996	4109	3490	2017		3845	3335	1511	821
1997	5086	4257	2407		4438	3527	1766	843
1998	5391	4473	2681		4190	3471	1980	861
1999	5627	4693	2581	1634	4306	3635	1042	941
2000	6019	5341	2643	1634	4606	3736	1539	910
2001	6500	5165	2738	1595	5054	4006	1055	879
2002	7376	5989	3077	2000	6151	4695	1855	1000
2003	8264	6374	3356	2146	6770	5059	2010	1038
2004	9353	7110	3873	2430	7306	5476	2241	1106
2005	10476	7806	4402	2601	8526	6389	2464	1385
2006	11741	9157	4917	2826	9765	6962	2709	1445
2007	13745	10941	5561	3190	11508	7849	3034	1717

18-22 城乡居民收支(续1)

单位：元

年份	阳泉				长治			
	城镇居民人均可支配收入	城镇居民人均消费性支出	农村居民人均纯收入	农村居民人均生活消费支出	城镇居民人均可支配收入	城镇居民人均消费性支出	农村居民人均纯收入	农村居民人均生活消费支出
1978	251	256	132	99	348	283	62	
1979	278	277	168	124	351	295	74	
1980	308	300	171	125	375	325	78	
1981	341	325	191	138	386	337	65	
1982	377	352	227	163	379	346	109	
1983	418	384	328	239	407	366	178	
1984	463	406	478	349	486	404	290	
1985	575	540	584	418	665	533	318	
1986	711	658	599	437	775	629	279	
1987	828	739	605	436	828	655	314	
1988	902	910	642	462	1040	868	361	
1989	1201	1166	660	475	1161	1024	425	
1990	1527	1176	684	486	1276	1040	463	
1991	1767	1354	702	498	1760	1147	479	
1992	2038	1581	810	567	1893	1253	544	
1993	2423	1849	941	871	1960	1555	668	
1994	2972	2485	1224	1005	2392	1854	831	
1995	3503	2949	1639	1085	3102	2397	1211	
1996	3833	2993	2055	1393	3548	3033	1518	
1997	3954	3171	2466	1438	4192	3570	1770	
1998	3621	3137	2661	1552	4131	3162	2030	
1999	3912	3275	2599	1255	4179	2972	2080	
2000	4295	3724	2596	1534	4570	3509	2203	
2001	4871	3553	2723	1639	5244	3904	2427	
2002	5924	3777	2877	1928	6185	4521	2650	1441
2003	6637	4169	3112	2129	7072	5030	2886	1418
2004	7998	5031	3437	2636	8136	5642	3263	1601
2005	8992	6092	3748	2684	9128	6194	3573	1831
2006	10122	6314	4140	3494	10160	7358	3890	2066
2007	11676	7353	4724	3753	12419	9039	4411	2332

18-22 城乡居民收支(续2)

单位：元

年份	晋城				朔州			
	城镇居民人均可支配收入	城镇居民人均消费性支出	农村居民人均纯收入	农村居民人均生活消费支出	城镇居民人均可支配收入	城镇居民人均消费性支出	农村居民人均纯收入	农村居民人均生活消费支出
1978	300	230	114	101			73	
1979	303	236	132	113			96	
1980	308	257	138	146			101	
1981	315	299	145	146			108	
1982	321	305	183	138			270	
1983	330	315	254	180			342	
1984	468	369	298	185			471	
1985	508	451	369	291			353	
1986	573	547	397	320			316	
1987	712	671	425	357			356	
1988	835	838	519	442			428	
1989	1061	976	553	443	1272	1009	445	
1990	1141	1002	611	463	1364	1173	521	
1991	1254	1097	587	507	1489	1102	728	
1992	1479	1299	695	512	1762	1299	750	444
1993	1752	1444	890	579	2236	1687	807	471
1994	2426	1938	1001	623	3032	2083	1098	527
1995	3091	2394	1552	948	3606	2747	1229	690
1996	3369	2685	2009	1096	3977	3370	1660	905
1997	4150	2853	2393	1418	4412	3507	2160	819
1998	4171	2513	2582	1316	4417	3446	2306	712
1999	4384	2909	2576	1252	4658	3752	1806	849
2000	4842	3284	2629	1364	5055	4322	2223	806
2001	5374	3552	2594	1547	5218	3893	1485	855
2002	6107	4249	2707	1672	6304	4702	2307	958
2003	7071	4793	2942	1893	7057	4915	2521	1543
2004	8097	5696	3278	2101	7769	5444	2795	1665
2005	8911	5882	3593	2375	8787	6152	3081	1721
2006	10132	6605	3939	2588	9853	6926	3399	1877
2007	12404	7637	4435	2982	11779	8899	4147	2288

18-22 城乡居民收支(续3)

单位：元

年份	晋中				运城			
	城镇居民人均可支配收入	城镇居民人均消费性支出	农村居民人均纯收入	农村居民人均生活消费支出	城镇居民人均可支配收入	城镇居民人均消费性支出	农村居民人均纯收入	农村居民人均生活消费支出
1978			98				101	
1979			125				119	
1980			108				117	
1981			119				128	
1982			181				239	
1983			274	192			185	
1984			315	228			343	
1985			355	252			303	
1986			385	283			306	
1987			425	328			303	
1988			517	375			329	
1989	1016	796	550	428			360	
1990	1092	841	606	496			417	
1991	1313	1140	590	507	1062	1052	428	
1992	1357	1056	654	518	1196	1038	480	
1993	1667	1313	761	692	1603	1159	586	
1994	2099	1587	1016	792	2029	1494	753	
1995	2550	1938	1317	1109	2525	1911	1054	
1996	3015	2488	1703	1191	2973	2277	1556	1200
1997	3116	2454	2032	1226	3055	2456	1783	1150
1998	3289	2474	2159	1145	3438	2315	1937	1138
1999	3406	2776	2100	1321	3703	2649	1886	1138
2000	3964	3307	2202	1252	4009	2882	1961	1175
2001	4496	3511	2268	1306	4582	3168	2004	1294
2002	5316	4014	2426	1535	5507	4010	2157	1386
2003	6056	4393	2612	1659	6172	4383	2321	1425
2004	6943	4790	2949	1986	6808	4702	2587	1599
2005	8033	5572	3315	2173	7507	5165	2806	1872
2006	9188	6135	3648	2399	8416	5614	3050	2283
2007	10862	7161	4207	2642	9716	6332	3389	2560

18-22 城乡居民收支(续4)

单位：元

年份	忻州				临汾			
	城镇居民人均可支配收入	城镇居民人均消费性支出	农村居民人均纯收入	农村居民人均生活消费支出	城镇居民人均可支配收入	城镇居民人均消费性支出	农村居民人均纯收入	农村居民人均生活消费支出
1978	286	245	66		260	236	57	53
1979	318	293	89		335	308	68	55
1980	345	327	78		377	350	63	57
1981	340	343	79		384	357	58	63
1982	373	360	138		424	399	116	145
1983	376	376	248		452	425	210	190
1984	436	380	344		562	527	334	214
1985	560	530	324		636	598	335	258
1986	634	679	283		745	692	315	256
1987	676	659	296		787	732	314	271
1988	877	833	364		836	786	366	330
1989	908	858	407		932	780	426	354
1990	974	933	439		1020	795	501	390
1991	1095	1065	412		1208	946	514	403
1992	1278	1155	525		1364	975	618	403
1993	1541	1242	651		1610	1147	709	511
1994	2193	1957	783		2153	1492	868	561
1995	2407	2339	1027		2780	1940	1130	613
1996	2462	2300	1170		3178	2344	1528	972
1997	3067	2419	1480		3277	2527	1872	990
1998	3175	2218	1606		3405	2504	2038	904
1999	3533	2772	1106		3769	2679	2012	964
2000	3751	2977	1207		4158	3073	2195	1048
2001	4157	3048	1095	881	4697	3330	2320	1115
2002	4945	3914	1425	916	5160	4064	2465	1199
2003	5640	4160	1617	1026	5820	4329	2666	1332
2004	6355	4341	1778	1114	6857	4924	2976	1657
2005	7005	4642	1925	1748	7852	5481	3326	1846
2006	8114	4968	2087	1856	8853	6181	3598	2089
2007	9501	6250	2516	2309	9997	6982	4065	2528

18－22　城乡居民收支(续5)

单位：元

年　份	吕　梁			
	城镇居民人均可支配收入	城镇居民人均消费性支出	农村居民人均纯收入	农村居民人均生活消费支出
1978	189	165	62	
1979	204	178	70	
1980	243	211	62	
1981	250	231	58	
1982	297	251	81	
1983	330	291	120	
1984	390	351	298	
1985	448	438	318	
1986	477	459	265	
1987	538	468	303	
1988	651	566	335	
1989	757	659	392	
1990	855	739	448	
1991	951	828	398	
1992	1144	996	465	
1993	1336	1163	572	
1994	1804	1570	738	
1995	2038	1980	869	852
1996	2225	2009	1128	1079
1997	2587	2076	1368	979
1998	2708	2104	1417	940
1999	2996	2202	893	878
2000	3251	2623	1105	
2001	4692	3377	1015	
2002	5721	4711	1442	
2003	6415	4270	1515	
2004	7185	4992	1732	
2005	8130	6181	1973	
2006	9234	6735	2462	
2007	10736	6832	2778	